中国高教研究名家论丛

韩延明 张茂聪 主编

高等教育组织与治理

李立国 著

山东教育出版社

·济南·

图书在版编目（CIP）数据

高等教育组织与治理 / 李立国著. -- 济南：山东
教育出版社，2025. 2. --（中国高教研究名家论丛 / 韩
延明，张茂聪主编）. -- ISBN 978-7-5701-3317-8

Ⅰ. G649.2

中国国家版本馆 CIP 数据核字第 2024Y19H77 号

ZHONGGUO GAOJIAO YANJIU MINGJIA LUN CONG
GAODENG JIAOYU ZUZHI YU ZHILI

中国高教研究名家论丛　　　　　　　韩延明　张茂聪　主编
高等教育组织与治理　　　　　　　　　　　　李立国　著

主管单位：山东出版传媒股份有限公司
出版发行：山东教育出版社
　　　　　地址：济南市市中区二环南路 2066 号 4 区 1 号　邮编：250003
　　　　　电话：（0531）82092660　　网址：www.sjs.com.cn
印　　刷：济南精致印务有限公司
版　　次：2025 年 2 月第 1 版
印　　次：2025 年 2 月第 1 次印刷
开　　本：787 mm × 1092 mm　1/16
印　　张：26
字　　数：349 千
定　　价：128.00 元

（如印装质量有问题，请与印刷厂联系调换）印厂电话：0531-88783898

总序

　　习近平总书记在党的二十大报告中强调，要"加快建设教育强国、科技强国、人才强国"，"加快建设高质量教育体系"，"加快建设中国特色、世界一流的大学和优势学科"。这些重要论述，为新时代高等教育高质量发展提供了根本遵循。在推进中国式现代化建设的当下，党和国家对高等教育高质量发展的期盼比以往任何时候都更为迫切。新形势下要实现高等教育高质量发展，需要有清醒的判断和正确的选择；需要进一步拓宽视野，守正创新；需要积极应对新技术和新方法给高等教育发展带来的新挑战；需要研究探索新时代高等教育服务治国理政和国家重大发展战略的新路径与新方法。

　　山东师范大学与山东教育出版社联袂推出的这套《中国高教研究名家论丛》（以下简称《论丛》），着眼于国家重大需求，探讨了高等教育发展的内在规律，回应了社会各界对高等教育发展的重大关切，是按照理论研究的科学范式和实践探索的应用要求编撰而成的一套高水平的高等教育书系。

《论丛》不拘一格，尊重每位学者的兴趣和专长，初定学术专著20本，分2辑出版，共600余万字。《论丛》站在高等教育的学科前沿，紧紧围绕"高等教育发展与前瞻"的主旨，遵循理论研究与实践应用相结合、应然建构与实然建设相结合、国际借鉴与国内经验相结合、历史回眸与未来前瞻相结合的原则，采用多学科、多视域、多元化的研究方法，以专题探索与体系构建为根基，以传承、改革、发展为主线，以国内外高等教育理论研究和实践经验探索为主题，从高等教育大系统、大拓展、大革新、大跨越的角度，对高等教育发展战略与宏观政策、高等教育组织与治理、高等教育研究何为、高等教育学及其理论问题、中国高等教育的时代命题、高等教育的理论探究、改革时代的高等教育发展、学科与研究生教育高质量发展，以及大学转型、大学治理、大学创新、大学文化、大学的未来等诸多层面和视角进行了全景式理论研究和全方位实践探索。《论丛》站位高远、立意新颖、中外结合、古今贯通，设计前卫、异彩纷呈，以国际视野打造中国高等教育的实践案例，彰显教育创新精神，凸显扎根中国大地办教育的理念，是新时代具有高等教育舆论导向、决策参考、理论指导和实践应用价值的精品力作。

本《论丛》的作者包括中国高等教育学科创始人、厦门大学资深教授潘懋元先生在内的20多位高等教育学界专家，分别来自厦门大学、北京大学、中国人民大学、浙江大学、中国教育科学研究院等全国知名高校和科研院所。这些作者绝大部分我都比较熟悉，有的已经认识、交往多年，也经常读到他们的论文或著作，他们在高等教育理论领域躬耕多年，贡献了许多真知灼见。他们扛起了高等教育学科理论大旗，创榛辟莽、研精覃思，坚守学术责任，攘袂引领国家教育改革决策，为中国高等教育改革和发展作出了重要贡献。

据韩延明教授介绍，潘懋元先生生前对这套《论丛》很支持、很关心，曾一度答应为丛书作序，这彰显了这位国内外著名教育家对我国高等教育研究的高度重视和对后辈学人的鼎力扶持。我和潘先生是多年的学界挚友，我一直视他为我的先辈，40多年来，我们的交往最多、最频繁、最亲密。现在他走了，但他的精神永存，我们永远怀念他！

"最是书香能致远"，欣闻《中国高教研究名家论丛》即将出版，甚为高兴，聊抒所感，是为序。

2023年5月25日于北京

编撰说明

党的十八大以来，习近平总书记站在中华民族伟大复兴战略全局的高度，对新时代教育强国、高等教育高质量发展、建设世界一流大学等，作出了一系列重要指示批示，深情似海，厚望如山。《中国高教研究名家论丛》（以下简称《论丛》）正是在这一宏阔发展愿景和踔厉奋进背景下由山东师范大学和山东教育出版社联袂策划、组织、编撰、出版的一套接续性大型理论研究丛书。

（一）《论丛》基于新时代教育强国建设的使命担当

习近平总书记在党的二十大报告中强调，要"加快建设教育强国、科技强国、人才强国"。2023年5月29日，他在主持中共中央政治局第五次集体学习时又明确指出："建设教育强国，是全面建成社会主义现代化强国的战略先导，是实现高水平科技自立自强的重要支撑，是促进全体人民共同富裕的有效途径，是以中国式现代化全面推进中华民族伟大复兴的基础工程。"而"建设教育强国，龙头是高等教育"。这些重要论述，指明了新时代教育强国和高等教育高质量发展的方向，开启了高等教育强国建设的新征程。我国高等教育要立足实现中华民族伟大复兴，心怀"国之大者"，勇攀世界高峰，提升高等教育服务强国建设的能力和水平，强化高质量高等教育支撑中国式现代化建设的责任意识和使命担当。

（二）《论丛》致力于打造高水平的高教研究智库

本丛书整合集聚了国内高等教育学界领航专家和全国知名高校教授有影响力、有代表性的创新学术成果，倾力打造高等教育高水平研究与高质量发展的理论智库、决策智库与实践智库，致力于为新时代高等教育发展编撰一套具有学术价值、实践指导、高水平决策咨询作用的精品书系。

作者队伍由来自北京大学、中国人民大学、北京师范大学、大连理工大学、华东师范大学、上海师范大学、苏州大学、南京师范大学、浙江大学、厦门大学、中国石油大学（华东）、山东师范大学、华南师范大学、云南大学、西北工业大学、兰州大学、中国教育科学研究院等全国知名高校（以教育部官网公布的《全国高等学校名单》排列）和科研院所的高等教育专家学者构成。这些作者扛起高等教育学科理论大旗，为高等教育研究、改革、发展作出重要贡献。特别是著名教育家、中国高等教育学科创始人、中国高等教育学会高等教育学专业委员会首任理事长、厦门大学原副校长、资深教授潘懋元先生，更是殚精竭虑、建言献策、著作等身，构建了中国高等教育的学科体系、学术体系、话语体系，开创了中国特色、中国风格、中国气派的高等教育理论。

在遴选内容上，《论丛》着眼于国家重大发展战略，聚焦于高等教育发展规律，旨在与国家发展大局同向同行、与社会发展布局同频共振、与教育发展格局相辅相成。书稿均是经作者反复斟酌、精心选择的具有较高学术价值的代表性学术成果。有的成果虽已公开发表，但作者也进行了适当的修改和完善，还有一些是首次正式发表的具有学术含量的论文、报告、演讲、随笔、访谈、政论等，凝练了高等教育的中国智慧、中国方案和中国实践。有的著作还研究、解析、借鉴了国外高等教育发展的经验和创见。

（三）《论丛》科学建构高等教育的理论研究体系

《论丛》站在高等教育研究与发展的前沿，以多学科、多视域、多元化研究路径，按照理论研究的科学范式和实践探索的应用要求，遵循高等教育科学方法论，深入探讨创新人才培养、科研成果转化、教学质量提升、大学文化传承以及人文精神培育等高等教育实践中的热点、难点和焦点问题，为高等教育理论研究"描全貌"，为高等教育实践探索"留档案"，为高等教育发展"绘蓝图"。

《论丛》由潘懋元先生担任编委会主任，教育部原副部长、教育部普通高等学校本科教育教学评估专家委员会主任、中国高等教育学会副会长（主持工作）林蕙青任编委会副主任，临沂大学原校长、山东师范大学特聘教授韩延明与山东师范大学副校长张茂聪教授任丛书主编，计划分2辑出版（共20册），倾力打造国内高等教育理论研究丛书中的标志性、创新性书系。

　　《论丛》在编撰出版过程中，得到了教育部领导、全国相关专家学者、山东省委宣传部、山东师范大学、山东教育出版社的大力支持。潘懋元先生生前多次电话催问和指导《论丛》的编撰工作；著名教育家、教育部教师教育专家委员会主任、中国教育学会名誉会长、北京师范大学原副校长、资深教授顾明远先生不仅多次悉心指导，还在百忙中为《论丛》撰写"总序"；林蕙青同志欣然担任《论丛》编委会副主任，为圆满完成潘先生的遗愿而尽心竭力；各位作者认真梳理、修改、完善文稿，精益求精，付出了艰辛劳动；厦门大学教育研究院副教授陈斌博士，为搜集、整理、校对潘懋元先生《教育的未来》一书的文稿精辑细核、倾情奉献；山东教育出版社杨大卫社长、孟旭虹总编辑积极筹划、悉心组织；李红主任、郑伟副教授协助丛书主编做了大量相关工作。在此，我们一并表示诚挚的感谢！

　　由于编撰出版时间紧迫，加之面广量大，难免有疏漏，不妥之处，恳请同人和读者批评指正。

韩延明　张茂聪　谨识

2023年11月10日于济南

目录

第一章

高等教育的组织特性

第一节　高等教育的基本特征

从11世纪诞生到现在，大学组织经过了800余年的发展历史，在发展过程中逐步形成了一些稳定的制度。教育专家安德森（G.L.Anderson）在比较了现代大学和中世纪大学的诸多特征后指出："当代的大学，即使其机构已经扩大并且变得更加复杂，但在结构上与中世纪大学相比没有发生变化。"[①]没有哪个组织像大学一样受历史影响最深、最持久而又能保持其基本特征不变，大学是唯一能称为历史发展和文化积淀的产物。大学随历史进程而永恒地追求、传播真理和创造、传播知识的本质属性，构成了世界各国所有大学的共性，即"它们都有共同的价值准则和办学宗旨，吸收共同的遗产"[②]。这就是大学的同一性，同一性使处在多样性发展的世界各国的大学具有共同的本质属性，并因此区别于其他社会组织。

同时，作为社会的一个组成部分，大学自诞生之日起就受到社会环境的影响，并被一定的社会环境所塑造。大学作为一个高度社会化的组织，它需要通过努力竞争来获取稀缺的社会资源，并在学校内部进行合理配置才能生存和发展。这样我们就不能把大学单纯看作是只强调理性的知识组织，还应承认它是需要适应环境的社会组织。

---

① 中央教育科学研究所比较教育研究室编译：《简明国际教育百科全书·教育管理》，教育科学出版社1992年版，第289页。

② ［澳］马尔科姆·斯基尔贝克等：《高等教育的管理与资金筹措》，载《教育展望（中文版）》1999年第3期。

从管理学角度看，不同组织的竞争具有不同的特点，大学组织具有非营利性、利益相关性、模糊性、二元权力结构、教师的"双重忠诚"、趋同性、连带性、复杂性和多样性、非进步性与成本最大化等特性。

大学组织的性质特征——非营利性。在社会系统中，大学的使命是独特的。它虽然不直接创造物质财富，但是担负着决定社会发展方向的重要使命，探求新知识、新技术、新的生产方法和管理方法，培养具有创新意识和能力的人才，并履行社会批评的责任。大学独特的社会使命决定了大学的非营利机构性质，办学经费来自政府拨款、学费、社会捐赠及其他收入，办学盈余只能用于学校的进一步发展。这种非营利性与企业以追求利润为目标的营利性形成了鲜明对比。由于学校本身不营利，因此在战略管理中，一方面学校比企业更要高度重视外部机遇，争取更多的社会资源，另一方面也使得大学的寿命普遍长于企业。

大学组织的产权特征——利益相关性。企业的主人是股东，他们投资于企业，因此享有对企业的控制权。这样，公司的治理结构有比较明确的运行目标，即股东利益的最大化。与企业不同，大学是一个利益相关者的组织，政府、教师、学生、家长、校友、捐赠者、校长及行政管理人员等都是大学的利益相关者。大学在进行战略决策时，就必须平衡各个利益相关者的利益，必须以社会价值为目标，必须具有社会责任，而不能以现有的教师、行政人员或学生的利益最大化为目标。决策者必须在诸多利益主体之间寻求平衡，不能仅仅强调某一方面的利益，这会导致战略管理的难度增加、速度减慢。

大学组织的目标特征——模糊性。对于大学而言，制定组织目标是重要的，但这种目标本身具有模糊性，难以进行操作性评价。公司、企业的组织目标很明确，就是赚钱；警察的组织目标就是维护社会安定，这类组织的目标很容易细化和进行操作性评价。现代大学的功能是创造知识、传授知识，培养人才，并服务于社会。无论创造知识，还是传授知识，都决定了大学组织目标的模糊性。与物质生产相比，知识生产很难定价和市场化，知识的价值也不容易被立即鉴别出来。从历史的角度看，某些观点、理论被认为"迂腐无用"，基本是"异端邪说"，但在经历长时间的考验之后，却发现当时被人们所摒弃的"无用之学"反而是最有价值的。市场不会给无人问津的产品以任何的"宽容"和"理解"，而学术界却必须为某些"不实用"的研究和探索保留必要的生存空间。知识产品只能求助于生产知识的同行来评价，因为除知识创造者群体本身外，没有他人真正有能力去评价一个学者的研究成果。①从知识传授的角度看，一方面由于人才培养的复杂性，一个学生的成功或失败很难归咎于某位教师的培养责任；另一方面学生作为受教育者，他们可能也没有能力去评价教师的教学水平。因此，教师传授知识的工作难以量化。由于没有一些非常容易量化的指标，所以大学的声誉变得非常重要。在现实中，我们一方面痛恨大学排名，另一方面又非常关注大学排名，因为排名关系着学校的声誉和未来。在战略管理中，如何使大学的每一个成员、每一个利益相关者都关心学校的声誉，是一个非常重要的问题。现代组织理论认为，当组织目标模糊不清时，组织对于制度环境很敏感，为了获得社会的认同，获取外在环境的合法性支持，可能会将一些重要的使命和职责暂时放在一边，仅仅注重"形象工程"。大学组织的目标模糊性也会导致学校容易模仿其他成功的大学，故高校之间容易出现趋同的现象。

大学组织的权力特征——二元权力结构。科森较早就发现，大学管理表现出"组织结构上的一种奇特的二重性"。在大学中同时存在着两种结构：一种是传统管理科层结构，另一种是教师在其权力范围内对学校有关事务作出决策的结构。这种二元控制系统由于没有统一的授权或结构形式，因此更为错综复杂。埃茨尼指出，这两种控制系统不但在结构上相互分离，而且是建立在不同的权力系统之上的。管理权力的基础是上级对活动的控制与协调，专业权力的基础是自主性和个人的知识。两种权力的来源非但不同，而

---

① 张维迎：《大学的逻辑》，北京大学出版社2004年版，第15、125页。

且相互对立。大学的基本特点决定了大学有其自身特殊的权力结构，即要求学术权力和行政权力两种权力并存。大学内部学术权力和行政权力可以做到互补和协调，二者互相协调的基础是遵循知识和学术发展的内在要求，又使大学适应自身运行和外界需要，实现大学的目标。学术权力与行政权力的二元权力结构决定了大学在进行战略管理中，必须考虑到二者的平衡，既要防止行政权力对学术事务介入太多，又要防止学术权力对行政事务的过分干预，影响行政机构和行政人员按规章制度处理问题。

大学组织的人员特征——教师的"双重忠诚"（dual loyalties）。教师职业具有"双重忠诚"的特点，与忠诚于所在学校相比，大学教师更加忠诚于自己的学科或专业，所以教师的组织属性相对较弱，学科归属感较强。在大多数情况下，学科领域比大学对于教师的发展具有更为重要的作用。高等学校的教师每人都有自己的学科专业和学术领域，专门化不仅是高等学校知识的特征，也是高等学校教师职业的基本特征。鲍德里奇（J.V.Baldridge）等在《决策与有效领导》一书中谈论高等教育组织的基本特征时，阐述了高等学校中教师的专门化的学术活动。高度专门化的人们支配着学术工作，这些专门人员的重要特性如下：一是要求工作上的自主与不受监督；二是专业人员有"世界主义"倾向，他们对于全国范围内的学科同行的忠诚有时会与他们所在的组织喜好的"地方主义"倾向相冲突；三是在一个组织内部，"专业人员的价值标准"与"官僚主义"的种种期望之间存在尖锐的矛盾，由此会加剧专业人员与管理者之间的冲突；四是专业人员要求同行评价他们的工作，拒绝非同行的管理者评价，同时，高等学校的专业人员又被分割为各个专业领域，没有哪一个领域的人员能够占有支配地位。[①]

高等学校教师自身的职业特性决定了他们每个人都生活在一个或几个学科领域，他们终生的事业也是和这些学科紧密联系在一起的，他们中的

---

① 陈学飞主编，邢克超等著：《美国 日本 德国 法国高等教育管理体制研究》，教育科学出版社1995年版，第78页。

绝大多数人几乎是倾其所能，把毕生的精力和才华都投入了为之奋斗的教学和研究的学科领域。他们往往把对本学科、本专业知识体系的深刻理解看得高于一切。在他们心中，最有权威的人不是握有行政权力的官员，而是具有高深专业造诣、忠诚于学科发展规律的专家。这种特有的学术旨趣决定了在高等学校中应该由教师广泛地"控制"学术活动，因为"他们最清楚高深学问的内容，因此他们最有资格决定应该开设哪些科目以及如何讲授。此外，教师还应该决定谁最有资格学习高深学问（招生），谁已经掌握了知识（考试）并应该获得学位（毕业要求）。更显而易见的是，教师比其他人更清楚地知道谁最有资格成为教授"[①]。

大学组织的制度特征——趋同性。现代社会组织运行主要遵循两类机制：一是效率机制，二是合法性机制。效率机制强调的是成本的最小化或产出的最大化，其基本假设是无论个人还是组织，其行为都为追逐私利的动力所驱使。按照效率机制，一个组织的定位应依据组织的目标、任务和环境的不同而不同，组织之间因为目标、任务、环境等方面的不同，需要在组织结构设计上表现出差异性与多元性。合法性机制是指诱使或迫使组织采纳外部环境中具有合法性的组织结构或做法的一种制度力量。合法性机制的基本思想是社会的法律制度、文化期待、观念成为人们广为接受的社会事实，并具有强大的约束力量，规范着人们的行为。合法性机制就是寻求"正当性"和"合理性"。合法性不仅约束组织的行为，而且可以帮助组织提高社会地位，得到社会承认，从而促进组织间的资源交换。

不同社会组织的运行机制不同，其合法性来源及其提供的合法性支持的大小和程度也存在差别。企业、公司等商业组织是典型的追逐利润的组织，尽管在其运行中也必须遵照合法性要求，还要遵循基本的社会性参与要求，但支配其运行的更多的是效率机制。政府、学校等非营利组织尽管也会因为资源有限，从而必须考虑资源的利用效率问题，但其主导的运行

[①] ［美］约翰·S·布鲁贝克著，郑继伟等译：《高等教育哲学》，浙江教育出版社2001年版，第31、32页。

机制是合法性机制。合法性机制使得组织不得不接受制度环境里构建起来的具有合法性的形式和做法。合法性机制可以从两个方面来讨论：一种是强意义上的合法性机制，这类研究认为组织的行为和组织形式都是制度，在环境面前，组织没有自主选择性；另一种是弱意义上的合法性机制，这类研究认为，制度通过影响资源分配或激励方式来影响组织的行为。

随着我国市场经济体制的逐步确立和高校管理体制改革的展开，从理论上分析，大学的合法性机制正在由政府强意义上的合法性支持转为弱意义上的合法性支持。但是，我国绝大多数高校仍由政府主办，政府对高校的投资和激励政策对学校的发展起着关键的导向作用，政府对于高校办学资源的分配决定着高校的发展甚至命运，故政府对于高校而言，仍是关键性的合法性支持。对于高校而言，最主要的不是追求效率，形成特色，而是寻求合法性，取得政府的支持。当学校办学特色与寻求合法性支持产生矛盾时，学校的选择当然只能是舍弃特色，寻求合法性。因为只有扎根于制度环境，才能得到合法性支持，从而提高生存与发展的能力，也才不会受到环境的冲击。所以，大学是典型的制度型组织，受制度环境影响大，受技术环境影响小。

大学的产品特征——连带性。耶鲁大学的汉斯曼教授指出大学教育的产品属于"连带产品"（associative goods）。所谓连带产品，是指教育是一种通过亲身经历才能掌握其品质的产品，人们在接受教育之前不能作出准确的判断，因此，人们在选择教育时会参考选择此类教育的其他人的特征，教育质量与接受者的水平是联系在一起的。从商品生产的眼光看，大学组织实现了高级劳动力商品和科技知识商品的生产和再生产过程。大学组织具有与其他组织尤其是企业组织在产品和客户方面所不同的特性。当学生在接受教育时，学校需要为他们提供服务，可以说他们是大学组织的客户；但当这些学生学成毕业时，他们成为一种什么样的人才，能创造什么样的价值，又取决于大学教育，也可以说他们本身是大学组织通过教学活动输出的"产品"。从这种意义上来说，学生是所有组织的客户中最忠实的客户，因为他们诋毁学校就等于诋毁自己。对于大学教育这一产品的需求，还取决于其他客户的质量。校友和在校学生的质量越高，学校对新学生的吸引力就越大。对教育这种产品而言，品牌价值非常重要，而这种品牌价值不是在短时期内就能形成的。反过来说，一所大学一旦建立起来，要倒闭也是非常难的。同样带来的问题是大学改革和变革的压力可能比较小。

大学组织的管理特征——复杂性和多样性。大学是我们迄今看到的最复杂的社会组织之一。大学组织的成员复杂，既包括教师、学生、行政管理人员，又包括教辅人员、技术支撑人员、后勤服务人员以及附属中小学、出版社、医院的人员。大学组织的结构复杂，既具有科层性质的庞大的管理机构，又有非科层化的教师、学生群体。大学内部成员的复杂性也导致了其结构关系的复杂性，如组织成员之间既有制度化的正规关系，又存在非制度化的非正规关系，不容忽视的是非正规关系对大学各级组织的影响作用。此外，大学组织的权力结构也较为复杂，它具有教授个人权力、教授行会权力（学院式权力）、大学行政权力及董事会权力并存的权力架构。大学职能具有多样性。在各类社会组织中，很难找到类似于大学集人才培养、科学研究和社会服务于一身的组织，而且每项职能下面都包含了更多的与其内涵相关的具体职能，譬如社会服务就包括了咨询、专利出售、资源共享、产学研合作、社区改革、人员培训等。大学职能的多样性，一方面与人类社会发展对大学不断提出要求的压力有关，另一方面也是大学本质属性必然外显的结果。大学目标具有多样性，体现在各国都确立了自己的教育目标，但每一所大学均形成了具有各自办学特色的目标倾向及多目标体系。同时，大学的多样性还明显地反映在办学模式、办学风格、学科体系、课程体系、教学内容和方法体系等诸多方面。

大学组织的技术特征——非进步性与成本最大化。大学是一个"非技术进步型"的机构，自身无法通过技术进步来降低对教师数量的需求，从而提高教师的工资水平和教师职业的竞争力。因此，在劳动力市场上，大学往往不是工资的主动定价者，而是工资的被动接受者，教师工资水平的变化常常落后于经济领域具有相同背景人员工资水平的变化，并且前者工资的增长是随着后者工资的增长而增长的。[1]大学是一个非营利性的组织，不以经济收入作为考评标准。政府财政预算、学费和社会捐赠是大学办学经费的主要来源，不论是政府拨款、学生学费还是社会捐赠，都倾向于流向学术水平卓越的大学。在这种机制作用下，大学成为发展目标无限和成本最大化的机构。因此，大学教学、科研活动的特征决定了在劳动力机制作用下，学校成本呈递增趋势，具有技术非进步特性；同时，大学运行机制不是建立在节约成本的基础上，而是以追求卓越与提升声誉为目标，具有成本最大化的倾向。

第二节　高等教育的性质特征——非营利性

世界上绝大多数大学都是不以营利为目的的非营利组织。非营利组织是指对组织实施控制权的个体，如董事会成员、管理人员、指挥者、受托人等不能够分配其净收益的组织。非营利组织概念的核心在于这种组织并非不能盈利，关键是盈余不能用于自行分配。传统上，我们一般从经济学的公共产品理论视角来论述大学组织的非营利性。从管理学上看，大学与政府、社会之间，教师与学校、学生之间存在着严重的信息不对称，决定了大学组织的非营利性。

---

① 阎凤桥：《大学组织与治理》，同心出版社2006年版，第150页。

一、大学组织的变革，尤其是经费来源的多元化并没有改变大学组织的非营利性

当前，高等教育经费来源呈现出多元化的趋势，大学由传统的接受政府拨款和社会资助日益走向独立，愈加成为独立的社会机构，成为一个可以自己运营的带有企业化色彩的组织，但是这并没有改变大学组织的非营利性。从全球来看，最近十几年，世界高等教育投入呈现出新特点，高等教育社会投入占国内生产总值（GDP）的比重总体呈上升趋势。从1998年到2009年，经济合作与发展组织（OECD）国家的平均高等教育投入占GDP的比重不断增长，从1998年的1.13%上升到2009年的1.6%，但高等教育财政投入占GDP的比重一直徘徊在1.0%～1.1%，而高等教育社会投入占GDP的比重从0.29%上升到0.5%。美国的高等教育社会投入占GDP的比重最高，2007年，美国高等教育投入占GDP的比重为3.1%，其中财政投入为1.0%，社会投入为2.1%；到2008年，这一数据分别变为2.7%、1.0%、1.7%。列入世界教育指标计划（World Education Indicators Program，WEI）的发展中国家平均高等教育投入占GDP的比重不断增长，从1998年的1.04%上升到2009年的1.245%，其中高等教育财政投入占GDP的比重从0.41%上升到0.59%，高等教育社会投入占GDP的比重从0.63%上升到0.695%，高等教育社会投入高于政府财政投入。我国2009年的高等教育经费来源中，高等教育总投入占GDP的比重为1.405%，其中高等教育财政投入占GDP的比重为0.684%，高等教育社会投入占GDP的比重为0.721%；高等教育财政投入和高等教育社会投入分别占高等教育总投入的48.7%和51.3%。财政经费投入低于社会投入。[①]从美国来看，自20世纪80年代以来，公立高校经费来源结构发生了较大变化，出现了所谓的"公立高校私立化"倾向，如2004—2005学年公立研究型大学经费来源中，学费收入占25%，州政府的拨款收入占31%，合

---

① 刘红宇：《高等教育社会投入占GDP比重的政策研究》，北京航空航天大学博士学位论文，2012年。

同收入占26%，联邦拨款、私人捐赠、投资收入等占17%。金融危机给美国高校带来强大冲击，难以看到政府加大对教育的投入力度。加州大学伯克利分校校长在2011年全球大学校长峰会的演讲中指出，美国所有的公立大学都存在财务方面的压力。在2004年时，加州大学伯克利分校最大的投入方是州政府，接下来是联邦政府、慈善集团，还有一部分是学费。到2010年，最大的出资方变成联邦政府，其次才是州政府。当然，这位校长也表示，虽然面临财政压力，但他们依然要做一所公立大学，依然关注公益，为社会中处于劣势的人提供良好的教育。而这种公益不仅针对加州，而且针对美国，更是针对全球。

然而，大学经费来源的多元化、大学组织的变革并没有改变大学的非营利性。传统的理论解释是从公共产品角度解读的，这一理论并不能完全说明大学组织的非营利性，信息不对称（information asymmetry）理论可以更好地解释大学的组织变革并没有导致非营利性的改变。

二、公共产品理论只是从经济学角度论述了大学组织的非营利性

我们一般把社会产品分成私人产品、公共产品以及介于二者之间的准公共产品。公共产品具有效用的不可分割性（non-divisibility）、消费的非竞争性（non-rivalness）和受益的非排他性（non-excludability）。其中，消费的非竞争性是指某个人或某个群体对公共产品的享用不会妨碍或减少其他人或群体对这种产品同时享用，即新增加的消费人数所带来的边际成本为零。非排他性是指无法将另一些人或群体排除在公共产品的受益范围之外，或者是因为实现排他在技术上是不可能的，或者是由于实现排他的成本过高。教育产品可以分为三类：基本上具有公共产品性质的教育服务，即义务教育、特殊教育、以广播电视等形式进行的公开教育等；具有准公共产品特性的教育服务，即义务教育阶段以上的各类以公立教育机构为主要办学形式的学校；具有较强私人产品性质的教育服务，包括收取报酬的家庭教师进行的教育，各种为满足个人自身发展或消遣而开办的兴趣班和

补习班的教育等。

但教育，特别是高等教育不同于一般的公共产品。高等教育具有排他性和消费的竞争性。大学招生是有人数限制的，社会上只能有部分人接受高等教育，特别是优质高等教育更是稀缺资源，一旦少数人进入名牌大学读书，就意味着另一些人将不能享用这种优质高等教育服务。对于高等教育和大学而言，技术上是可以实现收益排他性的。通过接受高等教育，大学毕业生可以提高自己的就业竞争力，提高自己的物质收益和社会地位。接受高等教育的受益者首先是受教育者自己和他们的家庭，当然，高等教育也具有正的外部效应，可使社会受益。从这个角度看，高等教育的受益是可以分割的。从理论上讲，高等教育并不是纯粹的公共产品，把它定义为准公共产品，由政府和社会提供经费支撑，确保大学组织的非营利性，这只是一种制度安排。严格地说，把高等教育定义为准公共产品，这只是一个制度性概念，是制度安排，即由政府直接或间接介入提供供给，而不是一个技术性概念，因为在技术层面是可以实现排他性的。

问题的关键是，准公共产品的供给是否只能由政府或者非营利组织提供？是否可由营利性组织提供或通过服务外包的形式实现？比如，水资源是公共产品，近年来许多地方开始进行用水制度改革，实现了市场化供水，取得了一定成效。自20世纪80年代以来，公共服务市场化成为西方国家公共管理的一股潮流，没有任何逻辑理由证明公共服务必须由政府官僚机构来提供。近年来，我国公共服务领域逐步进行了市场化改革，公共产品和服务的质量得到改善，当然，也出现了一系列问题。在这里要说明的观点是，高等教育属于准公共产品的理论并不能充分证明大学组织的非营利性，并不能证明高等教育这种产品必须由非营利组织提供，不能走市场化之路。要想证明高等教育不能走市场化产业化之路，高等教育产品和服务不能通过市场机制提供，证明大学组织的非营利性还必须寻求其他理论的支持和解释。

三、高度信息不对称决定了大学组织的非营利性

2001年度诺贝尔经济学奖授予了三位美国经济学家——约瑟夫·斯蒂格利茨（Joseph E. Stiglitz）、乔治·阿克尔洛夫（George A. Akerlof）、迈克尔·斯彭斯（A. Michael Spence），以表彰他们20世纪70年代在"使用不对称信息进行市场分析"领域所作出的重要贡献。所谓"信息不对称"是指市场交易中参与交易的一方比另一方拥有更多的信息，处于信息优势地位，从而便有利用信息不对称进行投机的意图与动机。信息比较充分的人员，往往处于比较有利的地位，而信息贫乏的人员，则处于比较不利的地位。各类人员对有关信息的了解是有差异的。在传统经济学的基本假设前提中，重要的一条就是"经济人"拥有完全信息。然而，在现实生活中，市场主体不可能占有完全的市场信息。信息不对称必定导致信息拥有方为牟取自身更大的利益使另一方的利益受到损害，这种行为在理论上就称作道德风险和逆向选择。为减少或避免这类行为的发生或者降低信息搜寻的成本，提高社会资源配置效率，经济学家为此提出了许多理论和模型。上述三位2001年度诺贝尔经济学奖得主正是在信息具有价值这一基础上，将信息不对称理论广泛应用于各个领域，并得到了实践的验证。在人类社会的各个领域，都存在着信息不对称。可以说，信息不对称无处不在，关键是看其严重程度。大学组织存在着严重的信息不对称，这主要是由教师的劳动特性和工作性质决定的。

从教师的工作性质看，大学教师的工作具有专业性、自主性和创新性特征。现代大学是人类知识生产、创造与传播的中心，常被称为"学问之府"或"知识的加工厂"。但大学所加工的知识并非普通知识，而是"高深的知识"。这种"高深的知识"与普通的知识相比，具有许多不同之处。伯顿·克拉克（Burton R. Clark）认为，大学的高深知识具有专门化、自主性与创造性的特征。专业与专业之间、专业知识与普通知识之间的距离正在不断拉大，越来越多的知识领域表现为内在的深奥性和固有的自主性。大学"高

深知识"的上述特征也决定了大学教师作为专业人员的固有特征。① "强调学科的观点，以及强调学术专业的研究自由和教学自由，这本身就说明高等教育系统本身具有一种特殊的核心信念结构，而这种信念结构在其他地方是很少见到的。"②

大学教师所从事的专业活动的特点决定了他们工作的自主性，对于他们的评价是同行评价而非一般工作意义上的顾客评价。一般产品是由消费者评价、顾客评价的，而大学的知识生产一般只能由同行评价。政府、企业的活动和工作业绩，一般是由顾客来评价的，而对于大学教师的工作，政府、社会很难进行评价。学生是受教育者，校方只是管理者和服务者，也很难评价教师的劳动和工作业绩。因此，国际上对于大学教师一般是采用同行评价的方式，由他们自己评价自己。当代社会，知识最有价值，创造创新最宝贵。但是，知识创新与创造没有办法定价，不可能市场化，如陈景润的"哥德巴赫猜想"、爱因斯坦的"相对论"是人类知识创新的典范，谁来评价他们的价值？只有学者才能评价；谁来给他们定价？谁又购买他们的研究成果？没法定价，他们的成果是无价之宝，推动人类社会的前进，但谁也不可能出资购买。

教师的劳动具有难以测量性和不易监督性。教师的工作没有固定的时间限制（除上课时间外），许多活动是在大学组织外进行的，并且带有个体劳动的特性。世界上各个国家的大学教师都是不用固定上下班的，没有严格的时间限制，不用像政府、企业那样"朝九晚五""打卡上下班"，因为大学教师是从事创造性、自主性工作的，他们有自己的研究兴趣和工作安排，许多人是"夜猫子"，喜欢晚上"开夜车"，如果非要他们按时上下班，可以想象，那就不会有那么多创造性成果的涌现。大学知识的获得是

① ［美］伯顿·R·克拉克著，王承绪等译：《高等教育系统——学术组织的跨国研究》，杭州大学出版社1994年版，第10—18页。
② 王承绪主编：《高等教育新论——多学科的研究》，浙江教育出版社1988年版，第139页。

可以跨越大学组织边界的，并且任何限定交往的制度对于大学组织来说都是有害的，所以，大学必须是开放的，鼓励教师与外校进行合作研究，参加学术研讨，并且为社会发展服务，所以，大学教师的工作场所经常是在大学之外。大学教师的劳动虽有合作与团体特征，但更为根深蒂固的是个体特征，他们的教学活动、研究工作是一种高智力脑力活动。由于他们工作的时间、空间与个体特征，故很难有效地监督他们的工作过程与劳动进程。

由于大学教师的劳动具有难以测量性，加强监督的关键是工作表现的测量问题。也就是说，如果我们要增加对教师的监督强度，那么我们首先要把工作质量与效率的标准定义清楚，最好能够精确量化，具有可操作性。但是，正如我们前面已提到的，由于教师工作的特殊性，对他们的工作根本无法监督或者监督成本太高，比如我们现在许多大学制定衡量教师学术水平的标准是发表论文的数量，量化指标的优点非常清楚，但是导致了学术泡沫化和粗制滥造的行为。如果我们组织同行专家来评价每篇论文的质量，监督成本又太高，并且一篇学术论文的价值，在短期内可能是无法评估的。现在，大部分大学运用核心期刊来衡量论文的质量，这也是有问题的。美国数学家约翰·纳什（John Nash）在1950年发表的《n人博弈平衡点》的论文不满一页纸，在当时并不受人重视，10多年后才有人发现其中蕴含的深刻思想，从此博弈论开始在此思想基础上迅速发展，使约翰·纳什于1994年获得诺贝尔经济学奖。美国物理学家柯马克（Allan M. Cormack）研究放射性同位素治疗中如何测定病人体内同位素剂量分布，并于1963年把研究成果写成论文，其中用到了奥地利数学家拉东（Johann Radon）在1917年发表的一个几乎已被人遗忘的变换公式，柯马克的论文一开始也无人问津，直到10年以后，人们用他的理论造出了"计算机辅助断层扫描仪"（简称"CT"）这一神奇装置，拯救了无数人的生命。柯马克因此于1979年获得诺贝尔生理学或医学奖，"拉东变换"也重新受到数学家的注意，被深入研究和推广。再如，以色列科学家达尼埃尔·谢赫特曼（Danielle Shechtman）因发现准晶体独享2011年诺贝尔化学奖。1982年，

41岁的谢赫特曼在美国霍普金斯大学从事研究工作，当谢赫特曼发现"准晶体"时，他面对的是来自主流科学界、权威人物的质疑和嘲笑，因为当时大多数人都认为"准晶体"违背科学界常识，发现"准晶体"后，谢赫特曼花费了好几个月的时间，试图说服他的同事，但一切都是徒劳的，没人认同他的观点，不仅如此，他还被要求离开所在的研究小组。无奈之下，谢赫特曼只得返回以色列，在那里，他的一个朋友愿意帮助他，将"准晶体"的有关研究成果公开发表。最开始，这篇论文也没能摆脱被拒绝的命运，但在谢赫特曼和他朋友的艰苦努力下，论文终于在1984年得以发表，立即在化学界引发轩然大波。一些化学界的权威也站出来，公开质疑谢赫特曼的发现，其中包括著名化学家、两届诺贝尔奖得主鲍林（Linus Carl Pauling）。30年后，勇敢质疑"常识"的谢赫特曼终于获得全世界最权威的科学奖项的认可。再如，大学为了鼓励教师认真上课，在学期结束前要让学生对教师课堂教学质量作出评价，于是，学生的评价成为教师业绩考核的一个重要内容。但是，教学质量本身就是一个很难测量的工作，再加上学生是受教育者，他们本身并没有充分的学术能力去评价课程的优劣。现在美国大学里有一个新词"edutainment"，是由education（教育）和entertainment（娱乐）两个词组合而成的，即上课变成一项娱乐活动，教师上课的目的是让课堂变得越来越有趣味性，对学生的要求百般依顺，却忽略了教学的实质性内容。

由于大学教师的工作业绩难以测量，故大学设计的激励机制难以奏效。所谓"激励"，就是使用物质的或精神上的报酬来促使教师采取与学校目标一致的行为。组织目标与教师的行为之间需要通过激励加以连接。大学聘用一位教师，学校期待这位教师全身心地投入工作中。但是，由于双方之间的信息不对称，校方无法知道对方的努力程度，并且很多工作的结果或质量是不能被直接观察到或直接测量出来的。在信息不完备、信息不对称的情况下，学校以数量为导向的激励机制可能适得其反。如果强调教师的晋升机制只是发表文章的数量，而对其质量无法测量，那么加大激励的强度只能诱使学术人员粗制滥造。因此，针对大学教师的激励机制应侧重于长期机制，而在众多激励方式中，终身聘任制度是最好的选择。所以，单纯依靠大学内部的激励与管理制度并不能有效地约束教师的行为，如果靠加强监督强度或以学术数量来实施激励，结果很可能适得其反，并不能有效地解决大学教师的工作质量和效率问题。相关研究表明，以量化业绩指标为基础的评估机制在很大程度上导致了高校教师职业压力的过度膨胀，这种压力不但无法推动教师学术生产效率的提高，反而抑制了教师的学术研究热情和职业认同感。

综上所述，由于大学是"高深学问"之府，教师工作具有专业性、自主性、创新性和教师劳动的难以测量性及不易监督性，使得教师与学校之间存在着严重的信息不对称，导致大学的人才培养、科学研究难以为社会监督和评价，从而大学与社会、政府之间存在严重的信息不对称。对于存在严重信息不对称的组织，不适合作为营利性组织。大学一旦变成营利性机构，它就会追求利益最大化和利润最大化，以营利和盈利为目标，而大学提供的产品和服务难以监督，也难以定价，这样的营利性机构能够存在吗？就如同阿克尔洛夫（George Akerlof）在考察二手车市场时发现，由于买卖旧车时，买主与卖主存在严重的信息不对称，使得二手车交易市场难以为继。

再如医院大部分为非营利机构，就是因为医生和患者之间存在着严重的信息不对称，病人在医生面前一无所知，只能听医生的，按照医生的治疗方案治病。如果把医院变为营利机构，就可能会导致医生和医院唯利是图，出现治个感冒花费几千元甚至上万元的例子。医患之间的信息不对称决定了医院应为公益性的非营利组织。公立医院公益性的原因在于医疗领域存在严重的信息不对称，患者缺乏判断性价比的能力，因此医院需要作为消费者的代理人进行选择。医疗服务市场有效运作的最大障碍在于供给方和需求方信息的高度不对称。疾病的诊断、治疗需要专业知识，供给方（医院、医生）在医疗服务市场中具有掌握信息的绝对优势，需求方（病人）通常缺乏必要的医疗知识。虽然病人可以选择医生和医院，但对疾病的治疗主要还是由医生决定。医生或医院有可能会为减小风险或增加收入推荐没有必要的或昂贵的医疗服务。如果医疗服务提供者追求利益最大化，并诱导消费者（病人）过度消费，就会出现所谓"不完全代理行为"。单个消费者（病人）显然无从或者无力约束这种行为，最终导致供需双方的"契约失灵"。①因此，中共中央、国务院《关于深化医药卫生体制改革的意见》（2009年3月）和卫生部等五部委《关于公立医院改革试点的指导意见》（2010年2月）中都明确规定，要"加强公立医院公益性""坚持公立医院的公益性质"。

如何从理论上论证高度信息不对称的组织适合以非营利的形式存在？大部分人都同意政府应该为一些事情买单（例如基础设施建设）。但是，无法明确的是，为什么政府需要拥有某些东西的所有权，例如学校可以为企业所有，而政府可以发给学生有价证券以支付学费；监狱同样可以为私人企业所有，甚至国防和警察服务也能由私人企业提供。此外，美国医疗保险制度和医疗补助制度的服务也可由政府雇用医生所形成的一个网络来提供。是什么因素决定政府可以在这些领域"直接提供或是购买"（make-or-buy）呢？哈特（Hart）等分析了一个不完全契约/所有权模型来回答这个问题。②他们用监狱的例子来阐明他们的逻辑。在他们的模型中，监狱中存在两种可能的投资方式：一个是提高质量，另一个是减少成本。提高质量的投资也许包括囚犯的康复和教育、对犯人的人性化对待，以及减少犯人脱逃的机会；降低成本的投资伴随着一种权衡替代，某种程度上也意味着更低的质量，例如也许成本的降低会使得犯人逃跑机会增大或者更容易产生监狱暴力。在一个完美缔约的世界里，政府和监狱的私人提供者会签订这样一个契约，规定对质量提高与成本减少的投资量的一个合理水平。然

---

① 吴敬琏：《公立医院公益性问题研究》，载《经济社会体制比较》2012年第4期。

② ［美］菲利普·阿洪、理查德·霍尔登著，谢来辉译：《不完全契约与企业理论：我们在过去25年里学到了什么？》，载《经济社会体制比较》2012年第3期。

而，由于契约的不完全性，这一选择是不可能的。在他们的模型中，考虑监狱被一位私人承包商所拥有的情况，私人承包商承担投资成本。然而，私人只能从降低成本中获得利润，而政府需要承担由于成本降低所带来的质量恶化的后果。一所私人监狱相对于社会最优水平将会过分强调成本的降低，因此，监狱、医院、学校等高度信息不对称的组织适合以非营利的形式存在和发展，这是由其特性所决定的。

四、作为信息不对称的大学组织，建立声誉制度至关重要

大学组织与生俱来的严重信息不对称性决定了其应为非营利组织，大学不能只追求效率，讲求投入与产出，更要关心并重视长期效益。非营利组织的核心是，组织不是不能盈利，而是其利润不进行分配。这类组织没有所有者，其经营者往往对组织的整体目标有着高度的认同，他们所拥有的是一种精神的激励。高等教育机构的价值目标：追求卓越，可以用"声誉最大化"来概括。如果忽视大学组织存在严重信息不对称的特点，按照市场化、产业化的模式建设大学，按照营利机构模式发展大学，会给大学带来灾难性的影响。世界范围内新自由主义对于高等教育的影响，就是历史的见证。自20世纪80年代以来，在新自由主义的影响下，全球范围的教育改革风起云涌，包括高等教育在内的整个教育领域掀起了此起彼伏的改革热潮。从本质上讲，新自由主义对于高等教育的影响就是促进了高等教育的市场化、产业化和商业化，就是运用"私有领域"或者"市场"的理念、原则和做法来改革高等教育事业。于是，经济逻辑取代了教育逻辑，企业逻辑取代了大学逻辑，资本逻辑取代了学术逻辑，高等教育日益走向市场化、产业化和商业化的道路，割裂并异化了作为学术共同体的大学。学术不能急功近利，不能求速效，不能以数量计，不是"计划生产与组织"的，在大多数情况下，学术是个人独立、自由的精神劳动。真正做学问的方式，看似无用，其实有大用、真用；看似无效率，其实有大效率、真效率。政府、社会和学校要给教师创造良好的教学科研环境，给予广大教师"宽容"的政

策，营造"宽松"的学术环境，提供相对"宽裕"的生活与工作条件，放手让教师教自己的书，做自己的学问。据季镇淮回忆，朱自清在西南联合大学讲"文辞研究"课时，只有王瑶一人选修，还有季镇淮这位旁听生，总共只有两个学生。按照市场标准来看，可谓"效率很低"，应在淘汰之列，但就是这样超越市场要求的培养方式，却培养出了王瑶、季镇淮这样的文学大师。这种培养方式在新的历史时期也为我国一些大学所传承。据复旦大学复旦学院的老师讲，复旦大学有一位老师开设"古代陶瓷艺术鉴赏"的课程，该学院只有一个学生选修，教务处竟同意了开课。一开始让教师在办公室上课，但教师提出必须在教室上课，因为上课要用幻灯片，学校便同意了教师的请求。再据北京大学元培学院的老师讲，该学院开设了古生物学专业，只招收一名学生，该学生是山东省理科状元，学习一半生物学课程，再学习一半考古学课程，同时单独为他开设一些课程。这样的人才培养方式就是真正的因材施教，看似无效率，其实有大效率，是培养拔尖创新人才的重要方式。从国际经验看，斯坦福大学在2000年共开设了5700门次的课程，其中1人选修的课程占21%，2—8人选修的课程占31%，30人选修的课程占20%左右。哈佛大学、麻省理工学院每个学生约0.5门次课程。我国的北京大学、清华大学、复旦大学可能在0.25—0.3门次。如果只讲效率，规定多少人选修才能开设课程，是永远不可能培养出杰出人才的。按照市场机制进行资源配置，学分制就是一句空话。学生若没有多元化的选择空间，因材施教、个性化发展就成为空谈，人的全面发展也就成了空中楼阁。

作为信息不对称的大学组织，注重声誉，建立声誉制度至关重要。在信任市场中运行是高等教育的一个特征。信任市场的特征之一是存在着信息不对称，即卖方比买方掌握更多有关产品和服务的信息。在信誉市场中，经营状况在很大程度上取决于买方对卖方的信任程度。大学声誉是指在办学历程中，社会各界，尤其是大学的利益相关者根据自己的直接经验、大学的行为及其对比高校的相关信息对大学作出的全面评价。类似企业声誉的形成，大学声誉是公众认知的结果。大学声誉是在大学发展过程中起着重要作用的无形资产，是大学竞争优势的重要来源。正如科尔所说：
"声誉一旦形成就是高等院校独一无二的最大资源。"这种资源具有较强的磁场效应，能带来一系列的良性循环。良好的声誉源源不断地吸引着优秀的教师、优异的学生、充足的科研经费等，同时条件的改善又反过来提高了学校的声誉。企业追求的目标是成本最小、利润最大，而大学以声誉最大化为追求目标，而不是以投入—产出最大化为标准。为了追求学术声誉，大学甚至有成本最大化的趋势。根据经济学中的利润递减原则，1988年美国加利福尼亚大学管理学院教授麦克居里（McGuire）对美国40所著名大学进行了比较研究，他发现如果把教师薪水作为衡量劳动力的指标，把研究经费作为衡量资本投入的指数，则10%的教师薪水变化将引起1.73%的声誉变化，而10%的资本变化将引起1.09%的声誉变化；如果用教师数代替教师薪水数，则10%的在编教师的变化将引起1.46%的声誉变化，而10%的资本变化将引起1.30%的声誉变化。[1]可见高等学校的声誉生产是一个高消耗的、缓慢的渐进过程，大学要想明显改变自己的声誉，需要花费相当的财力与时间积累，急功近利只能是欲速则不达。

解决大学教师工作信息不对称的问题及提高工作质量和效率的关键也是建立以学术同行评价与监督为基础的声誉制度。声誉是解决信息不对称的一种有效手段，例如，面对两个不同品牌的同一种产品，我们作为消费者，在对它们的质量很可能都不了解的情况下，一般是选择信誉好的品牌产品。由于大学教师所从事知识活动的专业化、自主性与创新性等特征，大学管理者与其他学科专业的教师不了解他们的学术价值，但是同行的专家学者是十分清楚的，因此，建立大学教师声誉制度的关键是建立由全国本专业学术同行构成的学术共同体。学术共同体可以增加学术研究信息的流量，通过各种途径使大学教师的行为表现在学术同行的视野中，从而对采取投机行为的教师形成有力的制约。如果一位大学教师不努力工作，长

---

① J. W. McGuire, *The Efficient Production of "Reputation" by Prestige Research Universities in the United States*, Journal of Higher Education, 1988（4），59.

时间没有高质量的学术论文发表，他在学术界的威望就会降低；反之，则有可能成为学术权威，成为学术同行尊敬的对象。如果一位大学教师搞学术欺诈，抄袭别人的观点或伪造数据，抑或粗制滥造学术论文，他的劣迹就会被广为告知，就有可能在学术圈"混"不下去了，这样就产生了一种多边惩罚的效果。也就是说，如果教师学术造假，欺骗了所在学校，也就得罪了整个高等教育界，没有任何一所大学会聘用他，这对于一位大学教师来讲代价是非常大的。同样，在信息不对称、合同不完善、逆向选择和道德风险等一系列问题面前，大学内部的管理与激励机制无法有效解决上述问题，必须由其他机制取而代之，这种机制就是声誉制度。声誉制度会明确地提醒每一个当事人，什么样的行为应该得到鼓励（如勤奋工作，成为学术带头人），什么样的行为是必须做的（如专注于教学和科学研究），什么样的行为会遭到惩罚（如违反职业道德和学术道德）。通过大学教师声誉制度建设，促进教师更自觉地潜心于学术研究和教学工作，有效防止和克服学术不端及学术腐败行为，并形成大学之间良好的学术竞争格局。

第三节　高等教育的人员特征——教师的 "双重忠诚"

教师职业具有"双重忠诚"的特点，与忠诚于所在学校相比，大学教师更加忠诚于自己的学科或专业，所以教师的组织属性相对较弱，学科归属感较强。在大多数情况下，学科领域比大学对于教师的发展具有更为重要的作用。

随着现代大学的发展，大学教师群体由单一同质化的学术群体逐步变革为多元异质化的职业群体。在新的历史形势下，高校管理者需要用人力资源理念而非传统的人事管理理念重新认识高校教师队伍建设，规划教师队伍布局，改革人事管理制度和薪酬制度，重构适应现代大学组织的新型教师群体。

从古典大学到现代大学，大学已不再是一个统一的、一致的、高度同质化的学术组织，大学的地位与作用、管理群体、教师群体、学生群体、知识生产模式、治理方式等发生着深刻变革，现代大学出现了与古典大学不同的组织形态。在大学组织转型和发展过程中，大学教师的组织特性也随之发生变化，即由单一的、同质化的学术群体发展为多元的、异质化的职业群体。

一、大学组织变革：从古典大学到现代大学

作为社会的一个组成部分，大学自诞生之日起就受到社会的影响，并被一定的历史和社会环境所塑造。自中世纪以来，在巨大的社会变革背景下，大学的制度、理念、模式发生了深刻的演变。大学由社会的边缘进入社会的核心，由"知识象牙塔"成为"社会服务站"，进而发展成为"社会的发动机"。但是，大学真正的组织变革始于二战之后，自美国出现高等教育大众化、普及化的浪潮后，大学的组织形式日益多元，大学不再是只强调理性的学术组织，还逐渐成为需要适应环境的社会组织，企业组织模式逐渐成为大学的组织模式。

正如德里克·博克（Derek Bok）所言，二战之后，大学是象牙塔的说法过时了。一张庞大而复杂的网络把大学和其他社会机构联系起来，大学的发展日益取决于社会的变化与发展，高等教育已不再是一个独立运行的自我系统，而成为社会系统中一个有机连接的子系统，并且是一个越来越重要的子系统。①

---

① 李立国：《什么是现代大学》，载《中国人民大学教育学刊》2013年第6期。

二、大学教师：由单一同质化的学术群体到多元异质化的职业群体

从农业社会到工业社会再到知识经济时代，大学组织经历不断变革，大学教师群体也相应发生了质的变化。在现代大学发展的背景下，教师群体成为分裂的、多元的职业群体，教师的职责发生分化，只有部分教师承担教学、科研等核心工作，而另一些教师则只承担管理工作或者团队研究工作，教师群体不再是工作内容高度均衡的学术共同体，而转变为异质化的职业群体。

第一，教师的工作性质与内容发生了变化。教学、科研、社会服务是高等教育机构的三项主要职能，然而并不是每一所高等学校都要同时承担这三种职能。只有少数既从事知识传播又重视知识生产的研究型大学才承担这三种职能，而一般院校只承担教学职能，从事知识传播工作，以教书育人为主要任务。从对美国高校1998—1999年全职教师的数据分析来看，在美国有60%的教师完全脱离社会服务职能，70%的教师则基本不从事科研，大多数教师是从事教书育人的工作。在我国，高校教师的考核基本看教学、科研和服务三项，尤其是职称评定和职位晋升，则更是以科研成果为主要依据。但是，非研究型大学并不具备做原始创新研究的条件，要这些教师大量承担课题、频频发表论文是不合理的，其结果往往导致教师大量撰写低水平的重复性论文，这显然违背了教师分工和教师考核的初衷。浙江大学推出的岗位分类管理，把教师岗位分为教学为主岗、研究为主岗等五类，对不同岗位的教师制定不同的要求，实行不同的考核方式。在我国现实条件下，这种岗位分类管理改革虽然还存在个别仍值得商榷的问题，其实际效果也有待实践的检验，但在总体上无疑是符合国际教育发展趋势和我国建立世界一流大学的发展要求的。

第二，教师的身份地位发生了变化。在现代大学体系中，教师的身份地位出现了分类分层，形成了终身轨道职教师、非终身职全日制教师和兼职教师三大群体。终身轨道职教师处于教师群体的上层，需同时承担教

学、科研、服务三项职责，是大学教师群体的核心。非终身职全日制教师属于第二层次的教师群体，虽然是全职工作，但由于得不到终身职特权的保护，已不再是传统意义上的大学教师了。兼职教师属于第三层面的教师群体，类似于"临时工"，根据教学需要聘用，按课时量给予报酬，他们不享受学校福利，不参与学校管理工作。在浙江大学教师岗位分类管理改革中，进入社会服务、技术推广和团队科研、教学岗位的教师告别学术研究和学生培养，工作重点转化为从事社会服务、技术推广、成果转化、科学研究及技能培训、咨询等。这是一项人性化、具有可操作性和考虑到高校现实情况的改革举措，但其实质也是对大学教师进行了分类管理，形成了不同于以往的劳动分工模式，其结果也必然催生教师群体的分化。

第三，教师的聘任方式发生了变化。现代大学给予教师终身聘任保障是由大学教师从事"高深学问"的独特性所决定的，目的在于保护学者的创造性。因为只有没有评审的压力，教师才可以专注于有研究价值但耗时很长或感兴趣但不一定符合主流思想的研究课题，从而保证学术研究的独立性和自主性。唯有如此，才能保证教师站在真理和公众的立场发表独立见解，限制政府、学校管理者和其他社会因素妨碍教师的言论和研究自由。[1]因此，现代大学普遍采用教师终身聘任制或短期合同基础上的终身教职制度。如美国实行短期考察（6—7年）基础上的终身聘用制；欧洲国家一般是经过助教工作后，自然转为终身聘用职位；韩国、日本等国家的教师聘任虽缺少聘用程序的保障，但几乎所有教师也都是事实上的终身制。

第四，教师的考核方式发生了变化。教师评价方式是由教师的职业性质与工作特点所决定的，由于教师聘用方式的变化，也导致了教师评价方式的必然变化。由于大学教师的教学和科学研究成果不能定量化，具有不确定、不易测量与效果滞后等特征，往往导致成果难以评估和监督成本偏高的后果。因此，美国一些州立大学对教师考核采取"终身后评审制"，即对终身教

---

① 李立国：《大学教师职业特性探析》，载《清华大学教育研究》2012年第1期。

授每隔5—6年进行一次评估，连续两次评估均不合格，大学才有权解聘。

第五，教师群体的整体形态发生了变化。由古典大学进化到现代大学，教师群体的面貌也发生了相应的变化，大学教师不再是一个统一的学术共同体，而是成为一个利益分割的职业群体。在古典大学中，教师队伍是单一的学术群体，对自己所从事的学科专业享有绝对控制权，这是他们学术权力的基础与源泉。而现代的教师职业群体已经是一个分裂的整体，高等教育大众化不仅意味着教师人数的剧增，也意味着教师地位与身份的激烈变革，一部分教师虽任职于大学，却不再属于传统意义上的大学教师。教师日益成为一个多元的职业群体，而非单一的学术团体。这是时代发展的必然，是大学组织发展的必然结果，是现代大学所必须面对的问题。

三、用现代大学理念重构教师群体

现代大学已经发展成为一个多目标、多任务的大型组织，成为一个人员众多、专业领域广泛、结构复杂的组织体系。教师队伍是大学发展的核心，用人力资源理念而非传统的人事管理理念重新认识高校教师队伍的建设，合理规划教师队伍布局，改革岗位考核和收入分配制度，是推动大学教师由单一的学术群体向多元的职业群体转变的关键。

此外，建设现代大学制度的一个重要目的，就是保障人的权利、维护人的权益、激发人的活力，科学合理的岗位设置、收入分配和岗位考核体制是实现"人尽其才"、加强教师队伍建设的重要举措，也是深化高校改革的核心内容。高校应运用人力资源战略，以学术总体发展战略为依据，科学分析影响人力资源获取、使用、维持和开发的外部环境和内部条件，合理谋划达到目标的可供选择的方案、手段和途径，以及对方案的可行性进行分析，将大学所追求的人才竞争优势的形成选择与获取竞争优势的战略目标结合起来，激励那些形成竞争优势的教师的行为，最大限度地实现教师资源的保值和增值。人力资源管理在推动现代大学教师由单一学术群体转向多元职业群体的过程中将发挥重要的作用。

（一）实行岗位分类管理

各高校应科学有效配置教师人力资源，建立新式劳动分工体系，构建多元化教师队伍。一是要在教师分类基础上推进聘用制度改革，探索实施新的岗位管理办法，实行真正意义上的教师岗位聘用制度。二是要区别教学为主型、科研为主型、教学科研型等不同岗位，实行教师分类管理。三是要以岗位职责任务为核心实行目标管理，以岗位标准为核心遴选评价人才，形成符合高校特点的人力资源管理机制。目前，我国部分高校还存在严重的按人设岗问题，一方面导致一些新兴学科、交叉学科、急需发展学科的人才紧缺，另一方面又存在着少数学科人员超编的现象。发达国家的大学对空缺职位的控制是极其严格的，一般只有当现任教授由于调岗、退休等原因而空出职位后，学校才会考虑招聘问题。而我国的一些高校在高层次人才引进方面存在片面追求数量的情况，这不仅造成了人才资源的冗余和闲置，也造成了社会资源的极大浪费。

现代高等教育系统是一个多元体系，其中既应有研究型大学，也应包括教学型高校。由于各个高校的目标不同，不同高校应建立符合自身特色的人力资源布局和师资队伍结构。教学型高校的师资队伍建设不可盲目模仿研究型大学，从事科研工作的只应是少量教师，多数教师应以教学为中心任务，对教师的考核与晋升也应以教学而非以发表论文或承担课题为主要指标。正如教学型高校不应要求每一位教师从事科研一样，研究型大学也没有必要非得让每位教师都从事教学工作，教条化地或僵化地要求教师都必须完成一定的教学工作量，也应允许一定数量的教师只从事教学工作，从事教学工作的部分教师也可以采用临时聘用或兼职形式，例如，如果某门课程没有相应的教师，完全可以采用外聘方式，没有必要非要招聘一位新教师，让学校解决正式编制。如果进来的是一位优秀教师还好办，如果进来的教师缺乏教学和科研能力，则很难解聘。

（二）建设分类评价体系

教师队伍的多元化意味着教师评价的多样化，不同的高校应该根据自身的历史传统、学科特点、办学特色、自身的条件和组织发展的需要，最大限度地发挥人力资源的作用，创设科学的人才评价标准，实现人力资源的动态匹配。各高校要完善教师考核评价机制，充分考虑教师工作的复杂性、创造性及个体自主性等特点，积极探索多元、开放的评价途径，注重考核评价导向的针对性、评价标准的科学性和评价过程的规范性。各高校应根据学校不同学科的特点、不同岗位职责的要求，分别制定教学、科研和社会服务的考核评价指标，体现不同评价内容和考核重点，不再用同一把尺子衡量所有的教师。

例如，中南大学进行了改革，推行"讲师可以不上讲台、教授必须上讲台"的制度。[①]规定教授必须上讲台授课，而讲师则可以利用黄金年龄期集中力量在科研方面取得突破，如果不具备一定的科研能力，则实行校内转岗或者调离学校，亦即"非升即转"和"非升即走"的政策。在评价制度的最关键处——职称评审方面，中南大学也进行了大胆改革，不再设立学校统一的标准与尺度，将权力下放给学院，学院可自主设置评审标准以考核申请人的水平和能力，这也是教师分类评价的重要举措。

（三）制定分类薪酬制度

从世界范围来看，高校作为人力资源密集型的组织，高校教师的平均学历是最高的，但是总体收入却只处于中等水平。毫无疑问，过低的待遇容易使组织陷入低投入、低质量、低产出、低效益的恶性循环。与发达国家相比，我国高校教师待遇偏低，学校运行经费中用于人力开支的比例也偏低。2013年，"高等学校教师薪酬调查"课题组对我国84所高校教师的薪酬进行了调查。结果显示，高校教师的年工资收入在10万元以下的占47.7%，10万至15万的占38.2%，15万至20万的占10.7%，20万元以上的占3.4%。按照职务分析，正高级教师的年平均收入为14.36万元，副高级教师的年平均收入为10.33万元，中级教师的年平均收入为8.3万元，初级教师的

---

① 叶铁桥：《改革激荡中南大学》，载《中国青年报》2012年11月12日。

年平均收入为7.44万元。调查还显示，教师的基本工资占总收入的14%，津贴补贴及其他收入占86%，基本工资占比过低，与高校教师的职业特点不相适应。[①]相对于高校教师这样一个知识密集型和人力资本高投入的群体，现有收入水平缺乏竞争力。因此，我国迫切需要建立科学的薪酬体系。一方面，各高校要加大对人员经费的投入，提高教师的平均薪酬待遇；另一方面，要完善岗位绩效工资制度，建立分类的激励制度，针对不同类型的教师确立不同的薪酬体系。此外，应该探索确立教师工资水平的评价和决定机制，赋予基层组织更大程度的薪酬决定权，将每个人的收入与其岗位职责、工作业绩和实际贡献相联系。

（四）健全专业管理团队

由古典大学到现代大学，高校规模不断扩大，高校服务对象和服务内容不断增加，高校管理体制发生了深刻变革，出现了专业化管理团队和大规模职员队伍。伴随教育治理权力的下放，高校的自主权得到不断增强，学校行政职员会以比教师增幅更快的速度发展，这是国际趋势。根据对欧美十所世界一流大学师资与职员结构的分析，其平均生师比为9.62：1，师职比为0.24：1，全职比为2.15：1。而我国十所顶级大学的师职比为1.27：1。[②]从国际经验来看，专业化管理队伍有助于提升大学管理的专业化水平，为教师有效工作提供有力保障。我国高校较低的职员数量和师职比说明我国高校教师得不到相应的辅助支持，不得不分心做许多"杂务"，这必然会妨碍教学质量和科研水平的提升。

《中华人民共和国高等教育法》明确规定，高校管理人员实行教育职员制度，这是提升管理人员专业化程度、拓宽管理人员发展通道的重要途径。从2000年六所教育部直属高校开始职员制试点改革以来，高校职员制

---

① 高校教师薪酬调查课题组：《高校教师收入调查分析与对策建议》，载《中国高等教育》2014年第10期。

② 胡娟、舒颖岗：《加强高校职员队伍建设的国内外比较及对策建议》，载《中国高等教育》2009年第1期。

已实行多年，其中成绩是主要的，但出现的问题也比较多。不少高校过于注重与职务挂钩，缺乏专业岗位建设，仍旧带有明显的行政化和官本位的色彩，需要进一步弱化职员职级与行政级别的对应关系。另外，我国高校职员主要分布在校部机关，而院系等基层单位的职员数量远远不足，职员分布呈倒金字塔形。而国外大学职员主要分布在院系一级，职员分布呈正金字塔形。所以，建立高校科学的职员体系并不意味着要大量增加职员的数量，其关键在于合理分配职员在学校和院系中的人员分布，科学配置大学的人力资源，使其致力于服务师生，而非管理师生。

大学处于变革之中，大学教师群体也处于变革发展中，这是大学本身适应现实和适应长远发展的结果。因此，各高校必须用新的视角理性地看待教师队伍的革命性变化，积极推动教师群体的转型。

第四节　高等教育的管理特征——官僚科层制的必然与局限

科层制是现代组织管理的基本方式，在高等教育管理实践中得到普遍运用。但是，在高等教育管理的实践中，一方面由于科层制与高等教育组织的学术与知识属性相冲突，另一方面科层制又与我国大学管理的行政化相联系，导致高等教育管理理论与实践界普遍对科层制持批判态度，将科层制与大学管理的行政化、官僚化及行政滥权画等号。如何认识科层制的基本特征？大学管理为什么采用科层制？高等教育组织的科层制具有哪些特征？如何认识高等教育组织科层制的不足及其改进措施？这是我们需要讨论的问题。

一、科层制的特征

"科层制"这种管理方式在古代中国、埃及、罗马等均出现过，但真正将其理论化并作出系统总结的是德国社会学家马克斯·韦伯（Max Weber）。韦伯对19世纪普鲁士和德国军队的差异印象深刻，他发现普鲁士军队具有如下特点：占统治地位的是等级和地位；提升是基于个人关系或金钱利益，而不是基于军事能力；很少有指导管理和行动的书面规则；战略具有个人性、随意性，是凭借未与他人协调的一时冲动而制定的。德国军队的特点是通过法律权威下达的命令，以及应用于全体人员的完善的规章制度。韦伯在其著作《经济与社会》中论及科层制，他提出科层制普遍适用于基于法理权威的现代理性组织。

韦伯的科层制的元素包括：（1）把劳工分配到专门任务中的分工；（2）程序规范——常规化、标准化；（3）规则——被书面规则管理的操作和活动；（4）非个人化——理性和普遍应用的规则；（5）基于客观标准以及在资历限制下的技术能力的选拔和提升；（6）权威等级——仅扩展到正式职责的地位和权利的级别；（7）工资和未来的固定范围；（8）被确信的和看得见的职业轨迹；（9）技术培训；（10）择优任用。[①]

首先，科层制是一种理性的制度设计。上述十个方面是关于科层制的经典总结，一个具有科层性质的组织，不可能完全具备上述十个特征，这是韦伯认为科层机构应该具有的理想特征，是关于科层制的"理想类型"。正如布劳（Blau）和迈耶（Meyer）所指出的："韦伯关于官僚制的著作，目前正被他称为'理想类型'。这是一个方法论的概念，是被韦伯用来归纳

---

① James L. Bess, Jay R. Dee, *Understanding College and University Organization: Theories for Effective Policy and Practice*, Stylus Publishing, LLC., 2008, 204.

有关组织的官僚制形式的一个装置。它并不代表所有现存的科层体制（或其他社会结构）的平均水平，而只是一个纯粹的类型，它源于从所有已知组织中提炼出来的最具特色的科层制的面貌。由于完美的科层制从来没有完全实现过，因此，在现存的组织中，也没有能精确地适合理想型的。"①同理，一个组织只具有上述十个特征中的一两个也不能算作科层组织，上述十个特征不是孤立的，而是相互联系的，科层组织应具备上述特征的基本特质，但不一定存在一一对应的关系。

其次，"科层制"是一个中性词，而不是一个贬义词。否定科层制，否定现代大型组织的管理方式，就会走向反组织的乌托邦主义；而把科层制运用到极致，就会走向科层制的反面，即大家经常批评的官僚主义、官僚化和行政化。

最后，科层制是现代各类组织实现其功能的必然结果，没有任何社会组织形态可以代替科层制，没有它，社会组织就无法正常运转。可以批判科层制和官僚制，但不是要取消它，而是要改进它。

二、大学组织的管理运行为什么要采用科层制

大学组织作为现代社会组织的一种形态，其管理运行和治理同样离不开科层制。知识性质的转变和知识生产模式的转型为科层制在大学组织的实践提供了合法性。中世纪的大学是基督教文化发展的结果，也是中世纪理性沉思、反思宗教教义的必然结果，其导向是大学以纯粹的知识和理性思辨为基础，这导致大学成为以纯粹理性知识为基础的学术组织。大学是以知识为载体的组织，对于这一点，学术界达成高度共识。美国教育学家布鲁贝克（John Seiler Brubacher）的《高等教育哲学》和伯顿·克拉克的《高等教育系统——学术组织的跨国研究》中对此都有详尽论述。知识尤其是高深知识与学问，任何时代都处于高等教育系统的核心。大学的"知

---

① P. M. Blau, M. W. Meyer, *Bureaucracy in Modern Society*, Random House, 1987, 25.

识"具有专门化特点，专业化知识和学科、专业分工的知识生产是大学的一大基本特征；大学的知识生产具有广阔性和多元性，一所大学所涉及的学科专业往往有上百个，"广阔的知识领域是高等教育机构和系统的一个独特和主要的特征"，并且这种知识是独立自主、互不联结的，拥有各自独立的思想体系、研究方式和历史传统；同时，大学的知识生产的自主性程度越来越高，"越来越多的知识领域表现出来内在的深奥性和固有的自主性"，"学术系统的工作材料具有日益专门化、数量越来越多，知识密集性、知识广博性和自主性程度越来越高的特点"。[①]这是伯顿·克拉克等人在20世纪七八十年代所探讨的大学的知识生产模式。但是，当代大学所面临的生产知识模式正在发生变革。

当历史车轮跨入21世纪，全球高等教育呈继续扩大趋势，高等教育逐步走向大众化与普及化，高等教育在经济与社会中的影响日益强化，高等教育由社会边缘走向中心地带，由象牙塔走向社会服务站，进而成为社会发展的"发动机"；但同时，人们又发现大学的浮躁日益显现，喧嚣的校园替代了宁静的教学与研究。虽然科研成果众多，培养的人才成群，但是大师远去，人们心中的大师与名师已成为逝去的风景。这究竟是大学发展的必然，还是学术研究与大学探索背离了高等教育发展的本来目的？如何认识大学世俗化与大师远去这一时代话题？如何看待新时期的知识性质与教师群体？

以知识生产与传播为核心的大学面临知识生产模式的变革。新的知识性质与知识生产模式体现在：

第一，从以学科为基础的知识生产转变为以问题为中心的知识生产。原来的大学知识生产与传播是依据学科来进行的，教学与研究是围绕着学科、专业来进行的，"学科是最重要的组织基础"。新知识的生产已不再局限于学科内部，而是产生于不同学科的变化过程中，以问题为中心的研究把相关学科与专业知识联结在一起，学科边界日益模糊。

---

① ［美］伯顿·R·克拉克著，王承绪等译：《高等教育系统——学术组织的跨国研究》，杭州大学出版社1994年版，第16、17页。

第二，知识生产由学科内部扩展为跨学科知识生产。这种跨学科并不是相关学科专业的机械组合，而是以应用的问题为导向的有机组合，从而打破了原有的知识生产模式中的相互隔绝，打破院系间的松散联结与独立自主的局面。①

第三，知识生产的组织化图景由单一化、同质性变为异质性、多元化。原来高等教育系统是知识生产的中心机构甚至是唯一机构，但在知识生产模式转变的背景下，大学原有的优势地位正在丧失，成为知识生产的一个机构而非唯一机构，新型知识生产机构不断涌现，并呈现加速发展的态势。与此同时，大学知识生产的自主性程度正在降低，研究与人才培养方式发生了变化，学术优先权正在下降，而经济与社会的优先权不断增强，传统的学科知识模式向问题导向的应用生产模式转型。

第四，质量控制由学术同行评议转变为社会问责。在以学科为基础的知识生产模式中，质量控制是依靠同行评议来进行的，标准是看其对于学科所作出的贡献。而新的知识生产模式需要更广泛的评议体系，需要一种更加多维度的质量控制。传统知识生产的目标具有模糊性，而新模式的目标更加具有确定性，评价标准和评定细则要反映知识生产参与者的特征和多样性，不同参与者的标准都将进入质量控制的过程之中，学术标准将让位于更加多元的质量控制方式。

第五，知识成果从传统的学术发表模式向知识产业转移。随着知识生产模式的变革，自由探索开始让位于目标性强的问题导向、使用导向研究，"好奇心驱动，高等教育系统能够自由支配资金的研究得到足够的支持越来越少，而由外部机构出于现实目的资助的特殊项目的研究越来越多"②，研究从好奇心驱动转向解决问题优先。

概言之，以理论化知识、纯粹理性思辨为主的知识转变为以社会需求

---

① ［英］迈克尔·吉本斯等著，陈洪捷等译：《知识生产的新模式——当代社会科学与研究的动力学》，北京大学出版社2011年版，第6页。

②同上，第29页。

为导向的实用知识，知识生产模式由学术知识为主导的生产模式转变为多学科交叉融合的知识生产模式，知识本身性质的变革和知识生产模式的变化为大学组织采用科层制提供了合法性基础。

而大学规模的扩张导致管理方式发生深刻变革，出现了专业化管理团队和大规模职员队伍。大学已经变成了人员众多、专业领域广泛、组织结构复杂的大型组织。随着学校规模的扩张、多样性的发展和职能的增加，高等院校中的教师人数相对稳定，而专业管理服务人员却快速增长，例如从1975年到2005年，美国大学管理职位类别如校长、助理、主管等增加了85%，专业管理人员增加了240%，但教师只增加了51%。高级管理人员控制着预算、规划，以及拥有其他权力，在学校的管理中发挥着重要作用。

随着高等教育大众化、普及化时代的到来，学生规模与学校职能快速扩大，学校管理职责与管理人员会以比教师增速更快的速度发展，这是国际趋势。欧美大学都拥有庞大的职员队伍，哈佛大学、耶鲁大学、剑桥大学等13所欧美世界一流大学平均拥有学生20652人、教师1882人、职员10682人。从人员比例来看，这些一流大学都拥有庞大的职员队伍和较低的师职比，13所欧美世界一流大学平均师职比为0.22∶1，生职比为2.06∶1。公立大学与私立大学虽然在生师比上差距显著，但在师职比、生职比方面差距相对不显著，公立大学师职比为0.21∶1，私立大学为0.22∶1，几乎没有差别。

大学规模的扩张和功能的扩展导致管理主义和科层制的兴起。"学部已经成为组织的而非学术的范畴，科系也被视为行政单位而非知识中心。真正的学术单位变成了课程或研究团队。"[①]大学不能固守原有的院系或研究中心的架构，而形成以"问题逻辑"为导向的、结构比较松散的新型组织架构，大学的组织形式更趋向专业化，大学的管理不断趋向于公司模式，开始有了高级管理团队和学术计划、部门经理以及成本中心等带有商业化性质的部门和

---

① ［英］迈克尔·吉本斯等著，陈洪捷等译：《知识生产的新模式——当代社会科学与研究的动力学》，北京大学出版社2011年版，第80页。

人员组织。①美国高等教育专家斯特鲁普认为，三个因素导致了美国高等教育的科层制：一是大学的规模不断扩大；二是大学组织日趋复杂；三是大学承担的功能不断增加。因此，大学需要通过科层制来提高管理效率。②

高等教育规模的扩张、功能的丰富和多样化，特别是高等教育知识生产模式的转变和知识性质的革命性变化，都为科层制在大学组织管理中的运用提供了合法性基础和现实性诉求。科层制已经成为现代大学管理的基本方式。

三、高等教育组织科层制的特征

（一）劳动分工与协调

韦伯注意到，当组织成员被允许专门从事一项特别任务的时候，其工作可以更加有效地完成。为了提高工作效率，科层制必须通过功能的专业化实现组织成员的劳动分工。因此，专业化可以被定义为"组织的任务被细分为各项现实工作的程度"。高等教育机构的劳动分工，一是随着高校规模扩大和功能增加，行政教辅人员大量增加，形成了高校教师与行政教辅后勤两支队伍，教师从事教学科研与学术活动，其他人员从事行政管理与服务保障工作；二是高校教师按学科与学院划分，其教学和科研领域呈现高度专业化的趋势，每个教师只从事某个学科的某一主题的研究与教学工作。

相关研究结果表明，专业化程度与劳动生产率之间的关系呈曲线变化，而不是以直线形式呈现。在某一临界点之前，专业化可能带来更高的效率，但过了临界点之后，则会导致效率下降。如果教师的劳动分工过度专业化，则会造成学生学习课程的碎片化，同时在科学研究方面也会阻碍学科交叉融合与创新，降低科研生产力。行政与服务保障人员过度专业化则会造成人员浪费和管理成本提高。专业化的程度越高，就越需要更多的横向协调。当组织规模较小时，决策集中在顶层并亲自传递给执行者；而

---

① ［英］迈克尔·吉本斯等著，陈洪捷等译：《知识生产的新模式——当代社会科学与研究的动力学》，北京大学出版社2011年版，第72页。

② Herbert Hewitt Stroup, *Bureaucracy in Higher Education*, Free Press, 1966, 136-148.

规模较大的组织则分散决策，同时通过规则、程序来进行管理。

（二）程序规范与形式化

科层制管理通过文字化的书面语言与手册文件来发布其政策和流程，而不是依赖日常经验与惯例运转。这种管理方式体现于常规化、标准化、形式化三个方面。常规化是指程序的正规化，即建立规则，规范所有组织成员处理日常工作的办法；标准化是为了避免组织成员对每一个情况或问题都要判断，因而对每一项工作都有严格的书面说明和程序；形式化是组织通过正式的规则和程序来规定其成员行为的程度，通常是指制定明确的规则、程序、指令和信息。常规化、标准化和形式化是限定在工作中的个人裁量权，把决策限定在更为狭窄的、可以精准预测的范围之内。

科层制的常规化、标准化和形式化可能会使大学师生员工特别是从事学术活动的教师感到压抑和压迫，让他们感觉到办事流程的复杂和处理工作的复杂化。但从工作效率的角度看，规则与程序不仅仅是使个人满意，而是为了让所有人都有章可循，明白无误地知道如何工作，是为了组织目标的最佳实现。规则有助于让师生员工遵守正式的条文和规章制度，使高等教育管理有章可循；有助于减少组织成员之间的摩擦并使冲突矛盾最小化，遇到矛盾和问题按规则处理；规则也有助于师生员工明白工作的目标与方向，知道怎样做才能达到工作、学习与晋升的要求，怎样做才符合组织的目标与价值追求。

当然，规则毕竟是人制定的，是为组织发展服务的，如果仅仅以追求"遵循规则"本身为目标，有可能会以所谓规则要求取代组织的发展目标，导致本末倒置。如果学校设立了"双一流"建设目标，财务管理、学术管理、教师队伍建设就要与组织目标相一致，但如果各项规章制度并未随之调整，可能会使师生员工只能静守规则而无助于创新发展，"双一流"建设的目标就会落空。另外，如果管理人员过度拘泥于规则，则会导致流程烦琐、形式复杂。所以，科层制要求管理遵守中庸之道，过犹不及，讲原则而又灵活地处理日常事务，既坚持科层制的规范化、标准化与形式化的基本要求，又不完全拘于规则，而是以工作目标为中心处理各种事务。

（三）明确的权力层级

与其他社会组织一样，大学作为科层组织也需要通过等级制度组织起来。事务复杂的机构，唯有通过理性化的安排，社会组织才能存在。大学的发展历程，也是大学组织的正式结构不断强化并且权力层级日益清晰明确的进程。按照韦伯的解释，权力可以是世袭的，也可以是依据传统而形成的权威，如在大学里，要尊重为学校长期服务的员工，因为他们是集体智慧和机构记忆的体现者；也要尊重那些德高望重的教授，因为他们是知识和学术的化身。但韦伯更重视法律理性的权力，以正式职位为基础的权力与权力等级形成一个明确的、不间断的、垂直的、涵盖从最高管理者到等级底端的链条，这比经常强调的统一管理更为明确有效。等级明确的命令链条使任何管理者都不能被绕过，有助于科层制度的有效运行。

大学的科层制不同于企业、政府机构的科层制度，因为大学组织从学校、学院到系所层面存在两个平行的权力系统：一个是常规的科层系统，另一个是学术专业系统。这种科层权力与专业权威并存的双重权力架构，既保证了组织决策的合法性与效率，又保证了专业人员在学术决策中的决定性影响。加拿大管理学家明茨伯格（Henry Minzberg）曾提出"专业科层制"（Professional Bureaucracy）的概念，即大学专业科层制中的专业权威不是由传统的组织制度形塑的，而是来自专业的标准与价值，而专业的标准、价值与规范主要是源于组织外部而非内部。[1]美国心理学家斯特鲁普（Stroup）也指出专业型权威的特点：需要更高程度的技术能力；专业技能由同行而不是上级来认定，受到不同于科层制的学术伦理规范的制约。[2]

由于高等教育组织存在常规科层系统与专业科层制，两个系统的组织目标与管理决策方式有所差异，所以容易出现我们经常提到的学术权力与

---

① Henry Minzberg, *The Professional Bureaucracy: Organization and Governance in Higher Education,* Lexington, MA: Ginn Press, 1991, 53-59.

② Herbert Hewitt Stroup, *Bureaucracy in Higher Education*, Free Press, 1966, 28.

行政权力的冲突。在高等教育组织中，只要存在这两套不同的科层系统，冲突矛盾就不可避免，这是由其特征不同造成的。科学的治理结构是非常重要的。斯特鲁普认为美国大学管理未陷入科层制陷阱，就是因为美国有独特的管理系统——外部的董事会作为决策权力机构，校长为代表的行政体系是执行系统，这有助于防止校长过度专权。同时，外界专业型组织如大学教师联合会等也在一定程度上缓和了大学僵化的科层架构。欧洲的德国、法国高等教育管理中，由于行政系统太弱、教授权力过强而形成了专业科层制管理模式，专业科层制固然有助于发挥教授的积极性，但同时在一定程度上压抑了青年教师成长，容易导致学科与学术研究的固化，阻碍了学科成长与学科交叉融合发展。近年来，德国、法国等国加大改革力度，弱化了以教授为代表的专业科层制权力，扩大了以校长为代表的行政系统的权力。

（四）基于能力的晋升机制

在科层制设计中，确立了依据资历和业绩的职务晋升机制，大学行政人员的职业发展，更符合传统科层制，个人可以依据年资、经历与工作业绩晋升到不同的等级体系中以获得更多的责任、权威、地位和薪酬。教师的职务晋升机制与一般的科层制不同，它更遵循学术标准与学术评判，其晋升依据是教师教学科研与服务的业绩与工作年限，晋升的标准则是各学科会有所不同，晋升评价则由学术同行决定而非上级领导或顾客决定。

在世界上绝大多数国家和地区，大学教师一般享有终身制、永久制或终身聘用制。美国高校是实行6—7年短期考察基础上的终身聘用制，欧洲国家一般是经过2—3年工作后，通常可得到终身聘用的职位，日本、韩国、印度等国家的终身聘用虽缺少程序上的保障，但所有教师都是事实上的终身制。在世界范围内，除美国等极少数国家外，大学教师的终身制与学术自由并没有必然的联系。世界著名高等教育专家阿特巴赫（Altbach）指出："学术自由似乎并没有与教授的聘用标准和条件挂钩。""终身聘用及其他形式的聘用是与大学的用人状况、公务员制度以及其他管理程序密切联系。"①在欧洲，终身制有着各种法律和大学制度方面的根源和保障，大学教授和大多数公务员都受到终身制的保护。教师的待遇也根据公务员的工资标准确定，例如德国的《公务员法》规定，无论大学遇到经济还是其他问题，包括学科专业的停办或重组，教师都享有严格的工作保障。

大学教师的终身制是在精英教育模式中形成的。随着高等教育由精英化向大众化的转变，高等教育规模空前扩大，教师人数也在剧增，大众化改变了大学教师的身份、地位、作用与聘用制度。教师聘用制度出现了新变革，即终身制或终身聘用制度虽得到保障，但是其在教师人数中所占比例不断缩小。与此同时，专职的、有固定聘用期限的非终身职位比例不断扩大，兼职教师也在不断增加。欧洲国家签订了终身聘用协议的教师比例各不相同，德国和芬兰终身制教师占40%~50%；奥地利、比利时的弗兰德斯地区、荷兰、挪威和西班牙，终身制教师比例在50%~60%；法国和爱尔兰有80%；意大利则为90%。②高等教育大众化不仅意味着教师人数的剧增，也意味着教师地位与身份的激烈变革，带来了教师终身制的重大变化，非终身制教师和兼职教师大量增加，改变了大学教师职业群体的面貌。大量的非终身制教师和兼职教师的法律身份不明确，他们的工作条件与工资待遇并没有得到切实的保障，他们在教学与研究中的地位也不如终身制教师，他们不能正常参加全国性学术活动，无法进入主流学术圈。如何处理终身制教师与非终身制教师和兼职教师的关系，如何建设好这一群体，也是世界高等教育大众化面临的一大难题。

（五）组织形式

学校可以分为以职能为基础的组织形式、以产品为基础的组织形式和矩阵式组织形式。以职能为基础的组织形式主要是学校的各个职能部门和学院的职能部门。按职能设置的部门将其集合起来可以提高工作效率，促

---

① [美] 菲利普·G·阿特巴赫著，别敦荣等译：《变革中的学术职业：比较的视角》，中国海洋大学出版社2006年版，第9页。

② 同上，第6页。

进技术和服务、管理的专门化和减少重复服务，促进工作专门化，提高办事效率，但是这容易导致过分强调狭窄范围的技术，专注于短期范围的工作，忽视整体工作目标，并且当功能性组织通过分工实现效率提升的时候，不同部门之间的横向沟通与合作就会出现问题，对大学组织造成功能整合的问题。各个部门只注意到自己的常规任务而造成视野狭隘，各个部门之间会出现交流与合作不畅、协调困难的问题。所以，在大学管理中，也经常强调相关职能部门的交流与合作。

以产品为基础的组织形式是院系的设置。每个院系拥有从招生、培养到毕业的人才培养全过程管理权限，以及科研方面从课题立项到研究再到评价的管理权限，可以促进整体目标的设置与实现，有助于形成各具特色的人才培养方式与科研方向，但是如果学院设置划分过细则会导致知识分割与碎片化严重、资源使用效率低下、跨学科交流与合作困难、对个体提出多重角色要求的问题，牺牲了规模经济而导致产品分割严重、效率低下。

矩阵式组织形式是把产品与职能结合起来的组织形式。矩阵设计起源于航空航天领域的需求，在军工生产领域，军事力量需要许多由同一家公司生产的不同产品，而每个新的产品都需要来自很多不同领域的专家的临时投入，特别是在设计阶段。在矩阵式组织中，每个成员都忠诚于两个不同的权威——临时项目的负责人和专业部门的管理者。矩阵式组织形式可以自主地适应外部环境的变化，但是两个部门的同时存在也会引起组织成员的角色冲突，造成组织的不确定性。矩阵式模式能够有效利用人力资源，如统计系的教师既可以在统计系上课和从事科研，也可为其他院系提供有效技术支持，参与有益项目的研究工作。但是，矩阵式管理需要临时项目与专业之间的沟通与协调，聚焦于组织的定位，特别是建立科学的资源配置机制和评价体系，促进教师的双向合作与流动。

任何高等教育组织并不是通过单一的形式组织起来的，通常是以上三者的混合，在高等教育科层设计中，既要考虑组织效率，也要考虑学术组织特征，把效率机制与学术机制结合在一起进行权衡。

四、科层制的局限及其改进举措

科层制理论主要是从军队、企业和政府组织的管理实践中抽象出来的，而高等教育组织作为以知识生产和传播为主的学术组织，科层制并不完全适用。社会学家帕森斯（Talcott Parsons）曾专门探讨学术组织的特殊性，他认为美国的大学管理虽有集权趋势，但所谓学术组织最重要的不是等级结构，而是自治与自主的传统。马克·汉森（Mark Hanson）也强调了学校是专业性组织，科层制在学校管理中的运用，无论在理论上还是实践上都略显不足。[①]科层制本身的弊病在高等教育组织与管理中还会逐步显现出来，比如等级制度是科层制的显著特征，一旦划分讲师、副教授、教授等级，并且副教授、教授内部又划分为几个等级，再加上所谓资深教授、院士等，这种科层制度设计就会诱导有些教师只关心自己在等级制度下的晋升问题，而不是自己的教学与科研职责。职务晋升成为教师职业生涯中竭力争取的目标。那么，怎样评聘职称呢？在没有有效学术评价体系和学术共同体的背景下，只能通过设定所谓发表论文的刊物级别等带有行政色彩的规定来约束职称评聘工作，其后果是导致教师只关心发表的刊物级别和论文数量，而把根本性的学术创新放在其后，也导致了大学教育中的"重科研、轻教学"现象。科层制的等级制度本身有激励意义，但也可能会起到负面作用。等级制度使人们充满了自我期许，如果与他人比较，自己的经历、实力与这种期许不符，就会成为他们离开学校的动因。但是如果取消等级制度，高校人事管理难有更有效的制度设计来取代它。再比如，高等教育管理的所谓规范化、标准化为人诟病，是大家批判高校行政化的主要意见之一。法国社会学家克洛泽的《科层制现象》曾对法国公司组织中的等级制度进行详尽描述：规章制度十分严格而且死板，日常工作中的每件小事都要严格地按照规章制度按部就班

---

① 林杰：《美国院校组织理论中的科层制模型——以斯特鲁普的理论为原型》，载《北京大学教育评论》2009年第2期。

地执行。[①]高校管理制度如果过于严苛，什么事情都要找文件依据，都要所谓照章办事，就会导致僵化、官僚化与行政化。

职员人数多少和科层制运行的僵硬、行政化、行政滥权等没有必然关系。科层制的有效运行和科学管理反而需要一支数量充足、结构合理的高校职员队伍。我国大学的职员队伍是多还是少，这个问题争议很大，许多人认为职员队伍太多，人浮于事，缺乏服务意识。但是与世界一流大学、与高等教育发展需求相比，我国高校职员与行政人员仍然偏少。问题出在两个方面：一是行政与职员队伍服务意识差，强调管理而不是服务；二是校部机关与院系人员比例失衡，国外大学的行政教辅人员主要在院系，而我国大学在学校层面的集中度很高。所以，我国高校建立学术权力体系并不意味着要减少职员数量，关键是合理布局职员在院系和学校的分布，科学配置人力资源，使他们专注于服务师生而不是管理。我国高校的"去行政化"并不是不要行政管理服务，随着高等教育规模扩张和高校规模扩大以及职能的拓展，大学行政和服务人员的扩大是必然要求。当然，最为重要的是转变职能，从管理转向服务，为教师和学生服务，而不是为少数领导干部服务。

任何制度都兼具两面性，科层制的弊端显而易见，人们往往指责、批评它，但还找不出合适的制度取代它。科层制是高等教育组织与管理中的重要制度设计与管理运行规则，一方面，促进了高等教育管理的规范化、制度化与标准化；另一方面，确实存在着与高等教育组织本质属性相冲突的地方，特别是科层化会导致官僚化与行政化。如何最大限度地避免科层制本身存在的弊端及运行中所出现的问题，还需从高等教育组织本身的特性出发，遵循高等教育组织规律和高等教育管理特征，在重视科层制度的同时，重视高等教育组织的学术组织、政治组织与企业化组织的管理制度设计。学术组织属性是高等教育最为根本的、历史最为悠久的组织特征，

---

① 林杰：《美国院校组织理论中的科层制模型——以斯特鲁普的理论为原型》，载《北京大学教育评论》2009年第2期。

强调学术自治与学术自由，强调学术共同体在管理中的作用，强调学术同行评价、学术自主、学术平等的价值取向。政治组织属性强调不同利益主体在管理中的地位，承认大学是利益相关者的组织，强调通过协商、妥协、谈判来解决矛盾和冲突，强调利益共存与协商、妥协在大学管理中的作用。企业化组织认为，大学可以借鉴企业管理经验与做法，承认企业管理的绩效、竞争、资源配置等管理方法在高等教育管理中的价值，大学管理要强调竞争、绩效。把学术组织的学术自由与学术共同体建设、政治组织的协商与妥协、企业化组织的竞争与绩效和科层组织的管理与等级制度结合起来，一方面可以充分反映高等教育的组织特性和管理规律；另一方面也可以抑制科层制的弊端，真正使高等教育管理按照组织特征与高校的本来面目来运行和治理。

第五节　高等教育的权力特征——二元权力结构

在我们的大学治理研究中，关于治理主体一直存在研究假设，即大学存在一个分割的二元结构：一元是以书记、校长、职能部门为代表的行政权力来治理学校，另一元则是由教师特别是教授、学术委员会为代表的学术权力进行治理。在研究中，行政权力与学术权力的行使者是争夺治理主角与配角的两大主导力量。那么，大学治理果真是在行政权力与学术权力的二元对立中进行吗？从对大学治理的实践意义出发，以质疑的精神对这一假设研究进行探讨，可以让我们看到研究教育中的真实问题具有的意义。

一、大学治理不宜用学术、行政"二分法"来概括

我国学术界与实践界在研讨大学治理问题时，说得最多的莫过于行政权力与学术权力的问题，实际也就是争辩谁是大学治理的主体，即在行政权力与学术权力中谁是主角、谁是配角的问题。从国际高等教育发展趋势看，知识生产模式与传播模式正在发生激烈变迁，学校治理主体日益多元化，用学术与行政"二分法"难以概括治理主体的多元现状。

大学规模的扩张，知识生产模式和传播模式的变革，教师群体的变化和专业管理团队的增强，意味着大学治理主体正在走向多元化，教师、行政职能部门、企业、社会、政府部门都参与到大学治理中来，大学已经由纯粹的教授治理大学变革为群治大学，主体多元化成为现代大学治理的基本特征。治理的主体多元化也意味着大学不再是美国高等教育学者弗莱克斯纳（Flexner）在20世纪30年代所说的大学是有机体，而变为当代美国高等教育改革的设计师克拉克·克尔所说的大学已经成为无机体，大学内部的联系在弱化，而与外部的联系在加强。大学已不再是自我封闭的机构，而是日益向社会开放，大学的管理也不再是少数教授所决定的，而是强调多元参与、民主管理。所谓民主管理，即大学的各种决策机构不再完全是由正教授组成，而是吸收了一般教师、职员代表、学生代表参加，由"正教授统治"变成"群治大学"，力图使其他人员参与到学术决策和管理中来。

大学不再是传统的"学者共和国"，与社会开展合作，吸收社会力量参与学校办学，是现代大学发展的重要战略方向。这些制度创新体现在以下三个方面：

决策机构人员构成多元化。大学内的各种委员会，尤其是具有权力与决策职能的委员会、董事会、议事会，都扩大了它的来源和构成面。美国大学董事会在强调外部人士参加的同时，近年来也强调教师代表和学生代表的加入，如康奈尔大学董事会确立有两名学生代表参加，欧洲大学则在各种委员会中增加了青年教师和学生代表以及校外人士。人员构成的多元

化，有利于各类决策机构更好地代表利益相关者的利益诉求。

决策机制科学化。各级委员会大都采用委员会集体决策的机制，吸收了委员会负责制在制定政策方面的优点和个人负责制在执行方面的长处。

管理中的变革。从大学的学科与组织特性出发，强化院系的管理权限和自主权，改变了传统大学教授个人权力过大的局面，扩大了民主，增强了组织活力，也从而增强了学校和学院层面的行政权力，改变了少数教授权力过大、缺乏监督的局面。

具体到我国，我们在有关法律法规中对学校治理的多元主体有明确的制度安排，提出"党委领导、校长负责、教授治学、民主管理、社会参与"的治理结构，在形式上确立了多元主体共同治理模式，对高校治理主体做出清晰明确的规定，突破了行政权力与学术权力的分割与冲突的困境。

二、推导演绎的"二分法"难以反映治理实践

我们应该注意到，在以行政权力与学术权力为核心的治理主体的研究中，对治理主体的构成、身份地位、行为特征，特别是他们应该具有的治理行为，绝大多数是通过理论推导和演绎进行描述分析的。但是，这种推理只是对应然状态的一种描述与想象，而缺乏对治理实际状态的把握，忽视了治理规则的建构，以及应用和治理实践的复杂性、多维性，如在行政权力与学术权力的分析中，总是有意无意地放大或强调符合自身利益诉求的规则以影响治理，抵制不符合自身利益的规则以改变治理，这种研究的结果是简化了治理实践的复杂性，也难以反映大学治理实践的复杂性与多维性。

如在我国高等教育界讨论热烈的管理负责人退出学术委员会的问题，其实就是一个假问题。学校管理负责人是否参与学术委员会，从美国的高校治理经验来看，大致有四种模式：第一种模式是管理负责人参与但无表决权，例如斯坦福大学评议会包括了校长、教务长、秘书长、七大学院院长等重要管理者，但是这些人在评议会中没有表决权；第二种模式是管理负责人参与且有表决权，例如哥伦比亚大学评议会包含了校长、教务长、

研究生院院长、本科生院院长以及校长指派的核心管理者，在评议会中，这些管理负责人拥有表决权；第三种模式是管理负责人参与且构成评议会的全部成员，如麻省理工学院评议会，这种模式的前提是全校教授会的体系非常健全；第四种模式是管理负责人不参与，如密歇根大学，但此模式实属罕见。最近一些年，在去行政化的思潮之下，国内一些大学倾向于管理负责人退出学术委员会，但这样就能解决学术委员会的公平公正问题吗？这需要建立规则，健全学术委员会的组织管理制度，而不是简单地用行政与学术"二分法"来处理此问题。

对大学学术委员会的研究，如果仅从治理主体出发，即从学术权力行使者的角色定位出发，就会得出学术委员会组织模式和运行机制的一致性的结论。但是在治理实践中，不同高校、不同类型的学术委员会发挥的作用与扮演的角色存在着较大差异，其自身的组织管理体制与运行机制也正是在治理实践中形成各具特色的模式。从国内外经验来看，学术委员会的组织结构主要有四种模式：一是纵向完全分权模式，即师生治学完全分散在学部、学院（学系），没有全校层面的学术委员会，如哈佛大学没有全校层面的评议会，只有学院评议会；二是横向完全分权模式，即学术权力完全分散于依托行政职能部门的专门委员会，没有统筹全局的、实质性的学术委员会；三是完全集权模式，即师生治学权力完全集中于校一级委员会，这种模式仅适合于学科较单一、管理幅度窄的高等学校；四是统分结合模式，即学术立法、程序性审查批准集中在校学术委员会，而立法执行和实质性审查评定则分散在基层学术委员会和专门委员会。在治理的参与方面，学术委员会在高等教育组织决策过程中发挥的作用也是不同的。美国学者迈纳（Mina）通过对美国15所大学学术委员会在不同类型决策中的不同功能进行研究，将大学学术委员会分为功能型、影响型、仪式型和颠覆型4类。其中，功能型就是学术委员会的传统职能；影响型学术委员会在组织的各项决策中都充当合伙人的角色，有相当大的发言权；仪式型学术委员会在组织治理中的角色相对被动，只保留了诸如选举、日程安排等象征意义的功能；而颠覆型学术委员会在形式上保留了学术决策相关职能，同时在其他决策方面有时以非正式的形式发挥作用，与管理人员是此消彼长的对抗关系。

三、突破大学治理的困境重在研究规则与实践

可以说，在大学治理主体趋向多元化和我国的法律法规对于大学治理主体做出清晰规范的背景下，运用行政权力和学术权力的"二分法"来讨论大学的治理主角和配角，并用假设的理论推理和演绎推测哪个主角治理更为合理，已经意义不大。我们的研究应该从治理主体"二分法"的讨论转向治理规则、治理实践的研究和探讨，这才是突破大学治理困境的必由之路。

为什么要从治理规则与实践入手？因为治理必须与有效性联系在一起，如果制定了制度文本，但在运行中却是无效的，这就是无效治理。在制度与规则建设中，如果只讲行政与学术"二分法"，搞单纯的学术治理、协商民主、参与民主，而忽视了学校的组织特性，忽视现实中最重要、最基础的治理形式，如依法治校、权力制约等，就可能使这些治理形式走向现实的反方面，演变为无效的治理。程序性、正当性必须与具体情境相适应，如果工具性形式不能为实质性治理作出贡献，那么这种好看好听的治理形式就值得质疑。治理必须与有效性联系在一起，让治理为高校发展提供切实的制度保障与规则体系。

当大学治理舞台上呈现出多元化的治理主体时，试图分辨谁是治理主体并实施何种行为可能是无效的，而解析大学治理的路径应从治理主体的辨析转向支配治理实践的规则，由探讨"谁在治理"转向研究"如何治理""怎样治理"，由探讨从以主体为中心的"表层结构"转向以实践为中心的"深层结构"。

大学治理实践具有复杂性、多维性，必须超越传统的用行政权力与学术权力"二分法"的治理主体来分析和推导大学治理实践的研究模式。在治理规则中，不仅要看到正式制度的作用，还要看到治理规则、日常生活

的价值与影响，从我国高校治理实践中建构和确定问题意识、概念、视角、分析框架乃至理论体系，从实践角度把握和认识真实的高校治理及其变动逻辑，不能简单地用理论代替实践，用目的代替过程，用规则代替分析和解释，用二元分割代替复杂的多元关系。

真正从治理规则、治理实践的角度来洞察中国高校治理的基本机制和逻辑，需要正式制度及其代理人更平等和更包容地正视教职工、学生的利益诉求，更主动积极地改革制度与规则，把符合学校长远发展和办学规律的诉求与期待以制度化的方式予以落实，同时大学治理的多元主体更为积极地把正式制度的要求转化为自我反思和自我提升的准则和动力，从而形成超越群体利益的制度变革的公共力量，增强不同治理主体之间的良性互动和相互信任，以推动在制度与实践这两个层面展开大学治理规则的重构。

第六节　高等教育竞争的特性、目标及影响因素

大学竞争的特殊性是由大学组织的特性所决定的。随着社会主义市场经济体制的建立和高校办学自主权的扩大，我国高等学校之间的竞争日趋激烈，越来越多的大学被推入竞争的浪潮中，竞争成为一种突出的客观存在。同时，我国高等教育管理体制改革也逐步确立了大学相对独立的法人实体地位，从制度上保证了大学的竞争主体地位，使其得以直接参与竞争。从现实情况来看，目前，我国大学之间的竞争主要表现在这样几个方面：一是高水平师资的竞争；二是生源竞争；三是办学资源的竞争；四是

无形资源（如大学社会声誉）的竞争。随着高等教育国际化的发展，大学之间的国际竞争也逐步加剧。可以说，竞争已经无处不在、无时不有，其范围之广泛、程度之激烈，都已超出人们的想象。从持续时间上看，大学面对的是旷日持久的竞争，一旦开始，就不是一场"百米短跑"，而是一场"马拉松"；从竞争结果看，大学之间的竞争虽不像企业那样激烈，但同样存在优胜劣汰的现象。可以说，大学同样经受着不进则退、缓进则退，甚至是"生存还是死亡"的巨大压力。因此，任何大学都再也不能像过去那样对自身的生存、发展和未来高枕无忧了。研究高校竞争的理论与实践，站在战略的高度审视高等学校的竞争问题，已成为时代的呼唤与必然，成为新时期我国高等学校管理发展的重要选择。

一、大学竞争的特点

（一）竞争结果的缓显性

1991年，先后担任过加州大学伯克利分校校长和加州大学校长的克拉克·克尔系统地分析了1906—1982年美国大学的声誉排名状况（美国大学的第一次声誉排名是在1906年进行的），经过分析，发现大学声誉的变化过程是缓慢的，在近80年间，只有3所大学从前15名掉了下来，但落幅不大。[①]他也曾经做过一个统计，发现在1520年以前，全世界建立的组织中现在仍然用同样的名字，以同样的方式做着同样事情的只剩下85个，这85个组织中有70个是大学，余下的15个是宗教团体。[②]大学竞争的缓显性也如哈佛大学前任校长德里克·博克所言："学术竞争的过程是奇特的。随着时光的推移，大学的名次变动甚微。事实上，1980年的前20名院校也是1970年、1960年和1950年的前20名院校——尽管它们内部的相应名次有所变

---

　　① ［美］克拉克·克尔著，李秋明译：《新一轮争创一流名牌大学的竞争》，载《国外高等工程教育》1993年第4期。
　　②张维迎：《大学的逻辑》，北京大学出版社2004年版，第15、125页。

化。"①大学竞争结果的缓显性，是由高等学校本身的特性所决定的。大学是以知识为核心的组织，其功能就是创造知识、传播知识和应用知识。而创造知识和培养人才的结果都具有长期性的特点，不像企业创造的利润那样马上可以显现出来。所以，大学的竞争结果具有缓显性，而大部分企业是短命的。有人统计过，在道琼斯指数涵盖的企业当中，只有1/4是超过50年历史的。

（二）竞争因素的连带性

教育，特别是高等教育，区别于其他绝大多数产品和服务的一个重要特征是：它是一种"连带产品"（associative good）。②连带产品的特征是：当顾客选择商家时，他不仅关心产品的质量和价值，而且还关心其他顾客的个人价值，例如当学生选择大学时，学生考虑的不仅是大学的教师、课程和质量，而且还会同时考虑学校里其他同学的情况。因为同学的这种或那种属性强烈地影响着学生的教育经历和社会经历的质量，影响着他今后的社会关系（包括婚姻），影响着他的个人和职业声誉。其结果是，最优的学生形成一个群体，集中到为数不多的精英院校，次优的学生集中于另一类院校，以此类推。这种连带性不仅表现为学生的分层，而且也表现为教师的分层倾向。因为教师喜欢好学生，学生喜欢好教师，在教师和学生之间建立起了连带性的链条。其结果是，不但使优秀的师资和生源集中到少数大学，而且会使政府的拨款、社会的捐助以及其他资源都向少数高校集中。正是这种连带性使得美国大学本科院校排名出现了一个引人注目的现象：三个世纪以来，尽管美国高等教育事业有了巨大的发展，新学校不断涌现，但大学排名一直保持相对稳定。没有任何一个行业呈现出像大学系统这样的高度稳定性。

---

① ［美］德里克·博克著，王斌华译：《美国高等教育体制》，载《外国教育资料》1990年第5期。

② ［美］亨利·汉斯曼著，王菊译：《具有连带产品属性的高等教育》，载《北京大学教育评论》2004年第3期。

（三）竞争中外部因素的重要性

企业的竞争更多的是依靠自己的战略定位、发展策略及产品选择等。对于大学而言，这些因素固然重要，但是，与企业相比，作为非营利机构和利益相关者组织的大学，其竞争更为明显地受外在因素的影响，例如大学作为非营利机构，办学经费除学费外，更多来自政府拨款、社会捐赠、科研经费及自我创收等途径。经费是办学的基础。美国学者卡特（Carter）的研究表明：美国太平洋海岸4个州的8所重点公立大学中，州拨款额和平均州拨款额与学术成果（发表论文数和被引用数）基本上是成正比的，经费的增长和学术成果的变化总体上也是一致的。在英国公立高校中，政府拨款基本上是按在校生平均分配的，因此，各校经费的差别主要体现在政府拨款外的差别上。在诸多因素与综合评审名次排列的关系上，通过回归分析可以看出，关系最密切的是政府拨款外的收入这一因素。[①]美国私立大学之所以优于州立大学，其主要原因就是二战之后，美国联邦政府直接资助大学的科学研究，巨额资金如潮水般涌进大学，而其中获益最大的是私立大学。如联邦政府主管战时研究开发的"战时科研办公室"与大学签订的研究合同中，金额总数排在前10名的大学中，只有加州大学为公立大学，总数为1400万美元，排第5位，仅为麻省理工学院合同金额的1/9，其余皆为私立大学。靠联邦政府的钱，麻省理工学院从一个二流私立技术学院发展成为著名的综合性大学。同时，美国的私人捐助也主要以私立大学为对象，一是因为私立大学的校友相对富裕，二是因为社会上普遍认为公立大学的经费来自政府，无须私人插足。据统计，从1967年到1999年年底，美国私人捐助大学超过3500万美元的巨额财产共有87笔，总额约70亿美元。这些钱八成以上流向私立大学，一多半是著名私立大学。在美国大学联合会的62名成员中（其中包括两所加拿大高校），加州大学系统共有6所分校进入，占了全国的1/10，这主要是得益于加州经济的增长繁荣与加州政府对州立大学的巨额投入。

作为利益相关者组织，大学的竞争与发展受制于政府、校友、企业、

---

① 马陆亭：《大学声誉的生产战略》，载《高等工程教育研究》1994年第4期。

学生、学生家长、教师、校长等各种利益相关者，如美国州立大学在财务上依赖于政府，使州立大学不仅受到经济起伏的影响，而且受到政治势力的左右，学校当局要与州议会周旋，大的改革要得到州内各种观点的认同，因此，校长难有大的作为，而美国私立大学的成名，几乎毫无例外地得力于伟大的校长。

（四）竞争对手与手段的特殊性

大学之间的竞争，所采用的竞争手段不同于企业。第一，作为非营利机构的大学，一般不会使用价格机制去招收那些希望高额付费的较低水平的学生入学，从而提高学校的收入。所以，无论多么著名的大学，其学费不可能无限制地上涨，并且这些大学还会提供奖学金，以吸引那些家境贫寒而成绩优异的学生入学，以提高学校的竞争力。第二，大学不会无限制扩大规模以满足入学者的需求。面对需求旺盛的市场，企业会积极扩大生产规模去满足市场要求，占领市场份额。而大学一般会保持一定的规模，录取学生时会保持较低的入学率，以提高学生的质量，保护学校的品牌。大学不会像企业那样通过扩大规模的手段去战胜竞争对手。如果大学那样做，是注定要在竞争中失败的。例如，美国私立的纽约大学，在第一次世界大战之后，学生人数开始飞速上升。1929年，华盛顿广场校园只有500名本科生，不到10年，学生达到7000人。1930年，纽约大学全校在校学生超过4万人，一跃成为美国最大的大学。1949年，学生总数超过7万人。但是，这时纽约大学的声望却在迅速下降，连公立的纽约市立学院的入学标准都比纽约大学高。当时流行的说法是："只要你有一个热乎身子和足够的金钱，你就能够进入纽约大学。"在公众眼中，纽约大学是用地铁作为传送带的"学位工厂"。第三，企业在竞争中会竭力打垮对手，并设法兼并对方。而在大学竞争中，只会有强强合作，而没有哪个大学会主动去兼并一所比自己名望低很多的学校，因为大学的科研和人才培养并不像标准化的企业生产和服务那样能够迅速转移。所以，大学竞争的结果一般是，所有的竞争对手会长期并存，但会形成分层，会形成各自不同的办学特色。这是大学能够长期存在的重要原因之一。

（五）竞争中少数决定多数

人才培养质量与学术声誉是竞争之本。一所大学之所以名气大，是因为有许多著名学者及杰出校友。当我们谈起一所大学时，往往会谈到这所学校有多少著名学者，有多少杰出校友，可以绘声绘色地讲出他们的入学时间、在校学习和活动、逸闻趣事、取得的成绩，并时刻关心他们的未来发展。这种现象决定了大学竞争靠质量而非数量取胜。高校发展最主要的不是规模，而是质量与特色。高校要重视长期效益，而非短期利益。

二、大学竞争的目标不是垄断，而是形成分层分类的高等教育体系

企业竞争的最高境界是垄断，兼并竞争对手，形成一统天下的局面；而大学竞争的目标不是垄断，相反，著名大学总是竭力保持自身的精英性，而限制办学规模的扩张，如北京大学、清华大学不可能去兼并北京市其他高校乃至全国其他高校。各个高校的办学目标不同、人才培养目标不同、办学理念不同、课程体系不同，北京大学、中国人民大学设有法学院，培养法律人才，不可能搞垄断，不允许其他高校办法学院；但各个大学法学院的办学目标不同，北京大学、中国人民大学法学院重在培养法律理论人才和高层次人才，一般大学可能培养法庭书记员等一般法律人才。因此，大学竞争的目标不是去兼并对方，吞掉对手，而是长期共存，形成各自的办学特色，进而形成分层分类的高等教育格局。

以市场为基础的美国高等教育系统和以政府部门为基础（Ministry-based）的欧洲高等教育系统都在不约而同地追求高入学率、高质量和高等教育的可负担性。但是，欧洲高等教育由政府主导，缺乏竞争，并没有形成分层分类的高等教育体系，如在德国，所有大学都是平等的，地位是相同的。近些年德国高教界认识到高等学校扁平化发展的问题，采取差异化战略，重点扶持少数大学冲击或保持世界一流大学的地位。美国高等教育是通过市场竞争形成了今天分层分类的格局。美国的高等教育系统堪称

高等教育多样化的典型，因此，在美国有各种关于高等教育机构分类的标准，包括具有权威性的卡内基分类标准。由此，3900余所高等院校和教育机构被分成若干类别。这些分类标准也被我们所借鉴。一个必须注意的问题是，在美国是先有高等教育机构的多样化，后有高等教育机构的分类标准，而不是先有分类标准然后按这种分类来办学。换言之，分类标准是一种归纳的结果，而不是演绎的体系，更不是指导或限定各个学校发展的"办学原则"。我们常常希望通过"指定"，并要求被指定的学校各安其位来实现高等教育的多样化，这在事实上是很难办的。

美国著名的教育社会学家马丁·特罗（Martin Trow）对于高等教育竞争中的多样化趋势与"院校趋同现象"作过如下阐述："高等教育的竞争一方面越来越导致多样化，另一方面又越来越导致同一性，这确实有些自相矛盾。一方面，由于高等教育部门内部的院校在市场竞争中取得的成果不同，同时由于地位较低的高等院校和高等教育部门，在同其他院校竞争时为了在市场上获得优势所运用的'边际差别'的结果不同，就使这些院校变得越来越多样化了。另一方面，高等院校的相互竞争，以及地位较低的院校对地位较高的院校的模仿，整个高等教育系统的差别又趋于缩小，向着名牌大学的特点和风格发展。高等院校的竞争促使第二流和第三流院校、新院校和新的高等教育部门逐渐向尖子院校的学术形式和风格、课程和办学标准方向发展，这种现象随处可见。"[①]这段话或许可以解读为：美国的高等学校无论是多样化还是趋同，都是相互竞争的结果。只有在真正的竞争而不是政府指定中，才会形成各自的特色，形成合理的分层分类的高等教育体系。

三、大学竞争的过程具有长期性和缓慢性

大学竞争的过程具有长期性和缓慢性。美国斯坦福大学商学院的一位博士生在博士论文中对20世纪初美国存在的大公司和大学的生存率做了一

---

① 冯向东：《高等学校定位：竞争中的抉择》，载《北京大学教育评论》2004年第2期。

个比较研究。她发现，经历百年沧桑，到了20世纪末，这些大工业组织所剩无几，但是这些大学大多成功地度过了它们的百年经历，并且有了长足的发展。她认为关键原因是大学采用了"松散联接"（loose coupling）的组织结构，即大学内部结构关联松散，各个部门相对独立，每个部门单位可以自我调整以适应变化。①这种组织结构允许组织在不同的环境方向中加以适应，允许组织在不同方向上进行实验。如果一项实验失败，受到的损害只是局部的；如果实验成功，则可以通过信息的传播和组织内部的学习加以推广。

　　虽然高校系统具有高度的稳定性，但竞争依然是激烈的，这种长期而缓显的竞争结果一旦形成，就难以再求得原有的辉煌地位。哈佛大学前校长博克指出："虽然竞争难以马上受益，但是竞争依然激烈。不是为了提高地位，至少可以避免丧失立足之地。"一些大学之所以在排名中一直比较靠前，是因为它们重视竞争。另一些后起之秀，也是靠竞争脱颖而出的，如美国的斯坦福大学、布朗大学、卡耐基梅隆大学、加州大学及英国的沃里克大学等。而一所大学如果不重视竞争，或竞争手段与策略不高，则会断送学校的前程，如美国的威廉与玛丽学院成立于1693年，是美国第二所高校，也是美国殖民地时期9所高校中唯一由英国王室建立的学校。美国前10任总统中有3位（托马斯·杰弗逊、詹姆士·门罗、约翰·泰勒）都曾在这里学习，乔治·华盛顿和约翰·泰勒曾任它的名誉校长。美国最早的法学院在这里建立，最早的课程选修制和学生荣誉制度在这里诞生，最早的大学生荣誉团体——求知学会在这里开始。由于与乔治·华盛顿和托马斯·杰弗逊的特殊关系，再加上有10名校友签署《独立宣言》、16名校友曾是"大陆会议"代表，美国第一位首席大法官马歇尔曾在这里听课，故威廉与玛丽学院自称是"国家的母校"。威廉与玛丽学院有过辉煌的历史，但是由于办学的战略失误，没有追上世界潮流，现在只是弗吉尼亚州公立

_____

① 周雪光：《组织社会学十讲》，社会科学文献出版社2003年版，第323、324页。

大学系统中的一个普通成员，人们已经很少知道它是美国第二所大学的历史了。[①]

四、影响大学竞争的因素主要为办学规模、学科结构与学校声誉

（一）办学规模

如前所述，大学在竞争中不可能无限制地扩大办学规模。但是，限制扩大办学规模并不否定大学为了竞争胜出要保持一定的办学规模。从美国高等教育体系看，必要的办学规模是高水平大学竞争获胜的一个重要因素，如对美国大学本科教育的规模分析，10000—20000人是高水平大学最普遍的本科规模，而1000—5000人是一般大学普遍的本科规模。[②]在所统计的美国研究型大学和博士授予大学（共计220所）中，规模在20000人以上的有38所，占17.3%，学生规模占37.6%；规模在10000—20000人的有80所，占36.4%，学生规模占42.8%；规模在5000—10000人的有52所，占23.6%，学生规模占14.1%；规模在1000—5000人的占20.5%，学生规模占5.4%；低于1000人的占2.2%，学生规模为0.1%。而一般大学中，本科生规模高于20000人的只有2.7%，在10000—20000人的为9.6%，在5000—10000人的为13.5%，在1000—5000人的为53%，低于1000人的为21.2%。从本科生规模看，美国研究型大学和博士授予大学的规模明显高于一般大学。在研究生规模方面，研究型大学和博士授予大学更是大大高于一般大学。故美国研究型大学和博士授予大学的学生规模明显高于一般大学。特别是美国公立研究型大学的本科生规模较大，如密歇根大学有23312人，加州大学伯克利分校有21942人，加州大学洛杉矶分校有24598人，得克萨斯大学有34601人。据清华大学课题组对美国AAU（美国大学联合会、美国精英大学

---

① ［美］德里克·博克著，王斌华译：《美国高等教育体制》，载《外国教育资料》1990年第5期。

② 方炎明、周麟：《美国高等教育规模浅析》，载《南京林业大学学报（人文社会科学版）》2003年第1期。

组织）成员的分析对比，美国AAU大学本科人数规模一般在2000—18000人，教师人数规模为2000—2600人，AAU大学的全职教师数和本科生规模要大于非AAU大学。[①]

在经济全球化、科技发展、学科综合化的大趋势下，具有一定规模的学科综合性较强的高校更容易实现成本与效益的平衡，更容易利用资源优势实现共赢，也较容易在竞争中胜出。美国学者麦克居里对近5000名教授进行问答调查，搜集到200所可授予博士学位大学的32个学科2699个专业的情况，他对排名前40位的研究型大学从资金、教授人数、教授工资等变量与专业的质量水平的关系入手，研究大学声誉生产效率。结果表明，从整体看，规模大小（专业方向数）是影响最大的因素。规模小的学校要付出更大的代价，例如美国的加州理工学院的学术成果和人才培养无疑属世界一流，但由于规模小，学生平均教学开支比别的学校高很多，几乎是麻省理工学院的两倍。[②]

（二）学科结构

学校的多学科发展不仅有利于培养高质量的人才，同样也有利于学校整体研究实力的提升。从学科发展的规律看，现代学科发展呈现出越来越综合化的趋势，同一学科群之间存在着较强的联系，不同学科群之间也存在联系，大学综合化能为各种学科相互促进、共同发展创造条件，为大学的科研发展特别是新兴学科、交叉学科的发展奠定良好的知识基础。

大学是共性与个性的统一。共性包含的内容是高等教育内在规律的反映，是办学所需的共同的基础，是最为一般性的东西。我们经常看到，有人讲世界一流大学中，有些大学学科并不齐全，如普林斯顿大学没有法学院、商学院、医学院。经常提到规模较小但实力超强的大学，如普林斯顿大学、加州理工学院、巴黎高等师范学院和伦敦经济学院。但这只是少数个案，并

---

① 清华大学公共管理学院专题研究组：《创建世界一流大学：AAU提供的参照与借鉴》，载《清华大学教育研究》2003年第6期。

② 马陆亭：《高等学校的分层与管理》，广东教育出版社2004年版，第61页。

未反映出其共性的方面。当然，不同的学校会有自己的特色，但特色是建立在一般的基础之上的。我国学者曾对30所世界著名大学的学院设置频率进行分析，发现有8类学院的设置频率超过50%，其中理学院为100%、文学院为96.7%、工学院为83.3%、商学院为83.3%、法学院为73.3%、医学院为70%、教育学院为50%、建筑学院为50%，充分反映了这些学院设置的普遍性。同时，大部分著名大学也设有特色学院，如哈佛大学的政府学院、耶鲁大学的戏剧学院、加州大学伯克利分校的化学化工学院等。上海交通大学2004年发布的"世界大学学术排行榜"，在亚太地区的20所顶尖大学中，日本有9所，澳大利亚有7所。此外，还有新加坡国立大学、韩国汉城大学、中国台湾大学和新西兰奥克兰大学。在20所大学中，除日本东京工业大学学科领域较狭窄外，其他大学的学科都较为齐全，属综合性大学，既可以为学生提供全面的均衡教育，也可以促进跨学科研究。

一般而言，研究型大学通常按照学科划分设置学院。[1]基础学科涵盖自然科学、人文科学和社会科学三个分支，在大学中，其对应的学院是理学院、人文学院和社会科学学院。首先，理学院包括数学、物理、化学、生物；人文学院包括哲学、文学、历史等；社会科学学院包括经济学、社会学、心理学、政治学、人类学。其次，研究型大学一般设有面向社会需求大的职业群体的学院，工程技术人员、教师、医生、商业人才、法律人才是现代社会需求量最广最多的职业群体，因此，对应有五大学院，即工学院、教育学院、医学院、商学院、法学院。再次，是一般性的职业学院，如建筑学院、农学院、公共管理学院、国际关系学院等。

研究型大学的共性就是基础学科的主体齐全，特性是在不同的应用学科上突出重点。哈佛大学共有10个学院，文理学院是最大的学院，共设有39个系，其中自然科学9个系、社会科学8个系、人文科学22个系。其他9个学院为商学院、法学院、医学院、设计学院、政府学院、教育学院、神学

---

① 钱颖一：《谈大学学科布局》，载《清华大学教育研究》2003年第6期。

院、公共卫生学院以及牙医学院。斯坦福大学设有7个学院，即文理学院、工学院、商学院、法学院、医学院、教育学院、地球科学学院。麻省理工学院设有5个学院，即理学院、人文艺术和社会科学学院、工学院、管理学院、建筑与规划学院。再如耶鲁大学、芝加哥大学没有工学院，加州大学伯克利分校没有医学院。从美国一流大学看，他们的人文科学、自然科学和社会科学是都具备的，其他学院则是有选择性、突出重点的。当前，综合性大学——尤其是文理为主的综合性大学都在大力发展关键学院，它充分体现了科技进步和经济社会发展对新的人才培养模式的需求。进入新世纪以来，哈佛大学、耶鲁大学等世界一流大学创办了工学院。我国的著名大学，如北京大学创办了工学院，清华大学大力发展人文社会科学，中国人民大学创办了理学院，北京师范大学发展了法学院，等等。

之所以强调建设高水平基础学科的重要性，是因为一所大学基础学科和基础研究的水平，反映其对重大科研项目的发展趋势及其技术路线的判断和选择能力，决定其人才培养和科学研究的水平。基础学科是关于客观世界最基本规律的科学，是其他学科发展的基础。它不但是孕育最重大科学发现的主要学科，也是具有原创性的最关键核心技术和发现的主要源泉。从世界著名大学来看，一流的大学可以没有法学院、医学院、工学院，但一般都有理学院、人文学院及社会科学学院，因为高水平的基础学科是大学提高水平和持续发展的基础，不是仅靠大学的名称或其所设的学科门类多就能成为一流综合性大学的。一流综合性大学共有的特征是有高水平的基础学科（包括理科和文科），并以其为核心形成与高水平应用学科共生的学术环境。如果没有这样的学术环境，即使囊括了应用学科门类的大部分专业，也难以成为真正意义上的一流综合性大学。美国麻省理工学院、加州理工学院之所以成为美国乃至世界上最好的大学之一，就是在学科结构上突破了单纯发展工科优势的局限，把理科或文科或二者都办成全美乃至世界顶尖水平，从而完成了真正意义上向综合性研究型的转变。

有了多学科，并不等于形成了综合性，还要在形成合理的学科结构和优势学科及实现学科间交叉融合上下功夫。一流大学尽管不可能使每个学科都达到世界一流水平，但必须有几个学科是一流的，一批学科是高水平、有影响的。一所大学，如果有一个或几个一流的学科，或独具特色的学科，这所学校就会在国内乃至国际上产生影响，并以优势学科带动相关学科乃至学校整体学科的前进。[①]学科的交叉、融合是学科发展的重要趋势，学科新的创造、新的生长点往往产生于学科的交叉处。在这方面，麻省理工学院是典型代表。在麻省理工学院，各种形式的跨学科研究和教学机构成为学校学术发展的主要基地。它特别强调人文科学、社会科学、管理科学同工程技术的交叉研究以及与教学相结合，通过成立"科学技术与社会计划""城市研究联合中心""国际研究中心"等综合性研究机构，开展多学科交叉研究。正是多学科知识交叉融合的激流推动着它的科学研究，并使其迅速成长为一所世界公认的一流大学。[②]

（三）大学声誉

大学声誉一般是指在办学历程中，社会各界尤其是大学的利益相关者根据自己的直接经验、大学的行为及其对比高校的相关信息对大学作出的全面评价。类似企业声誉的形成，大学声誉也是公众认知的结果。大学声誉是在大学发展过程中起着重要作用的无形资产，是大学竞争优势的重要来源。正如克尔所指出的："声誉一旦形成就是高等院校独一无二的最大资源。"这种资源具有较强的磁场效应，能带来一系列的良性循环。良好的声誉源源不断地吸引着优秀的教师、优异的学生、充足的科研经费等，同时条件的改善又反过来提高了学校的声誉。

大学的声誉机制是与高等教育"连带产品"的属性密切相关的。故大学出售给学生的不仅是教育质量，更重要的是与学生相关的其他同学。由

---

① 刘献君：《没有一流的学科就没有一流的大学》，载《求是》2002年第3期。

② 陶爱珠：《世界一流大学研究——透视、借鉴、开创》，上海交通大学出版社1993年版，第55页。

于高等教育具有连带属性，所以大学在竞争中应把保持与晋升学校的声誉置于中心位置，从战略高度去审视学生、教师、经费在竞争中的连锁反应与整体效益。在竞争中，既要防止独进策略，又不能急功近利。独进策略，如不考虑学校的整体结构，不顾一切地花钱买少数"明星"教授，结果除少数明星人物外，没有什么其他工作给世人留下深刻的印象；大幅度降低入学标准，片面扩大规模，如美国纽约州立大学科特兰分校，原来和加州大学伯克利分校一样曾是培养博士生的中心，但由于大幅度降低入学标准，致使整个学校声誉下降。学校要有响亮的知名度，吸引高质量的学生，吸引优秀的学者，从而建立自己的声誉机制。

声誉集中体现在大学享誉全国或全球的名牌专业上，例如麻省理工学院在宇宙科学、原子科学、航天技术、生物工程等领域处于领先地位。芝加哥大学以核物理、核化学、核医学而著名。哥伦比亚大学的工程、医学、师范、商业、新闻和国际关系等专业位居美国大学前列。这些名牌专业和研究领域为私立大学带来了良好的声誉，源源不断地吸引着来自世界各地的著名教授、优秀学生以及大量的经费资助，进一步改善了办学条件，形成了良性循环。因此，研究型大学总是尽可能地完善教育产出，而不是追求产出的最大化。正是在这个意义上，私立研究型大学为整个学术界树立了高标准。企业追求的目标是成本最小、利润最大，而大学以声誉最大化为追求目标，而不是以投入—产出最大化为标准。为了追求学术声誉，大学甚至有成本最大化的趋势。据研究表明，在清除通货膨胀的影响后，大学成本呈现逐年递增的趋势，这是一个全球性的趋势，由此导致了学费水平逐年递增，这也是一个全球性趋势。

根据经济学中的利润递减原则，美国加利福尼亚大学管理学院教授麦克居里（McGuire）在1988年对美国40所著名大学进行了比较研究，他发现如果把教师薪水作为衡量劳动力的指标，把研究经费作为衡量资本投入的指数，则10%的教师薪水变化将引起1.73%的声誉变化，而10%的资本变化将引起1.09%的声誉变化；如用教师数代替教师薪水数，则10%的在编教师的变化将引起1.46%的声誉变化，而10%的资本变化将引起1.30%的声誉变化。[①]可见高等学校的声誉生产是一个高消耗的、缓慢的渐进过程，大学要想明显改变自己的声誉，需要花费相当的财力与时间积累，急功近利只能是欲速则不达。

五、大学要高度重视外部环境变化给竞争带来的机遇与挑战

企业的竞争更多是依靠自己的战略定位、发展策略及产品选择等。对于大学而言，这些因素固然重要，但是与企业相比，作为非营利机构和利益相关者组织的大学，其竞争更为明显地受外在因素的影响。作为利益相关者组织，大学的竞争与发展受制于政府、校友、企业、学生、学生家长、教师、校长等各种利益相关者，例如大学作为非营利机构，办学经费除学费外，更多来自政府拨款、社会捐赠、科研经费及自我创收等途径。经费是办学的基础。

尽管竞争导致的大学变化过程是缓慢的，但在外部环境剧变的情况下也容易导致大学出现比较大的变化，例如美国的鲁格特大学成立于1766年，在随后近100年时间里一直默默无闻。直到1945年，新泽西州将鲁格特大学确认为新泽西州的州立大学，才获得了发展的良机。1989年，鲁格特大学被邀请加入美国大学联合会，其水平至此才得到认可。再如，利用二战后加州经济的腾飞和州政府对高等教育的重视，加州大学也获得了良好的历史机遇。现在，加州大学系统中的9所大学中的6所是美国大学联合会成员，占该联合会公立大学成员数的1/5。

但如果外在环境恶化，也会使大学发展阻力重重，例如密歇根大学成立于1837年，是美国大学联合会的最早成员。在20世纪上半叶，密歇根大学一直是美国最好的大学之一。但到了20世纪70年代，美国汽车工业不景

---

① J. W. McGuire: *The Efficient Production of "Reputation" by Prestige Research Universities in the United States*, *Journal of Higher Education*, 1988,（4），59.

气，严重地影响了密歇根州的财政收入，也使州政府对密歇根大学的拨款大幅度减少。再加上密歇根州立大学自二战后获得了飞速发展。到了20世纪60年代，密歇根州立大学在全国的地位已牢牢确立，并于1964年加入美国大学联合会，成为密歇根大学的强劲竞争对手。在1966年，密歇根大学在全国排第4位，但到了1980年，跌落到了第35位。

那么，什么样的区域更有利于大学的发展呢？克拉克·克尔的分析表明：（1）经济发达地区；（2）较大城市而不是小城市，尤其是那些能为教师配偶提供事业发展机会及交通便利的城市；（3）有干练的、富有献身精神的政治领导人的地区；（4）自然风景优美、气候宜人的地区。[①]

虽然大学竞争的结果具有缓显性，但长期保持领先地位对任何一所大学来讲都是挑战。哈佛大学之所以能在一流大学林立的美国高等教育界脱颖而出，根本原因就是哈佛大学总是在不断创新，勇于引领时代之潮流。19世纪上半叶，哈佛大学率先向德国大学学习，成为美国大学德国化的肇始，把德国式的研究生院建立在英国式的本科生院之上，建立了美国本土的现代大学模式。后来，艾略特率先实行课程选修制，科南特发表普通教育《白皮书》，以及完善教师选聘制度，直到20世纪70年代，博克在哈佛首倡"核心课程"。哈佛大学在每个历史阶段都有创新之举，这是其成功的关键。有人专门统计过权威的《纽约时报》新闻中大学出现的频率，发现哈佛大学的出现率是其他大学总和的3倍。

总结世界著名大学的成功经验，就会看到只有创新才能在竞争中脱颖而出。斯坦福大学在建校之后的100多年间一直默默无闻，但在二战之后，它抓住历史机遇，加强与联邦政府的合作，得到了联邦政府的巨额科研资助；确立了"学术顶尖战略"，吸引了大批优秀教师和学生；特别是在工程学院院长特曼的建议下，创建了美国第一个也是世界上第一个大学工业园区，加强了大学与工业界的联系，后来成为著名的"硅谷"。卡耐基梅隆大学在20

---

① ［美］克拉克·克尔著，李秋明译：《新一轮争创一流名牌大学的竞争》，载《国外高等工程教育》1993年第4期。

世纪60年代，抓住计算机与信息技术发展的历史机遇，大力发展计算机与信息技术等方面的新兴学科，并确立了"不求大求全"的发展战略，在短短20多年内，由一个地区性学院发展成为全球知名的研究型大学。美国布朗大学在20世纪70年代设立了有弹性的"新课程体系"，吸引了大批有独立思想的学生，使学生在学校中的地位发生了飞跃。英国的沃里克大学建于20世纪60年代，是英国高等教育大众化的产物，在20世纪80年代政府决定削减大学拨款之际，沃里克大学率先改革，引入企业管理理念改造大学，建立了"沃里克制造集团"，同时加强学术队伍建设，吸引了大批优秀的青年教师，还进行制度创新，在英国大学中第一个建立了研究生院。可想而知，现在的沃里克大学已成为英国最好的也是世界一流的研究型大学之一。

第二章

高等教育治理理论探讨

第一节　大学治理变迁的理论框架：从学术—政府—市场到大学—国家—社会

大学知识生产与应用的逻辑变迁改变了大学的组织边界，但没有改变大学组织的自主性。大学治理不再单纯局限于学术权威，而应把大学组织作为一个治理整体，政府可以扩展为国家，市场可以扩展为社会，学术—政府—市场的三角模型可以拓展为大学—国家—社会的三角模型。作为自主性组织的大学治理，在与国家、社会的互动中要保持适度的组织边界，通过制度供给与治理能力的良性互动，实现大学的"善治"。

治理问题是现代大学发展的核心问题之一。对于大学的治理、权力关系与制度等问题，中外高等教育学者进行了详尽探讨和研究，最有影响的成果当数伯顿·克拉克的经典三角模型理论，即学术—政府—市场的三角协调模型。克拉克在《高等教育系统》中提出的三角协调理论是以知识的生产与传播为核心，以学术性与学术组织为维度的理论构建。然而，随着高等教育大众化和普及化的发展，大学的知识生产、创新、传播、应用的主体地位没有变，但是知识生产与创新的逻辑关系在发生变迁，即知识生产与应用不再单纯遵循学术逻辑，而是在遵循学术逻辑的同时，也在遵循市场逻辑与社会逻辑。大学组织不再是纯粹的学术组织，观察大学权力与治理应该由学术视角拓展到大学视野，把大学作为一个整体、一种组织来探讨其与外部的关系及内部治理特点。同时，国家不等于政府，国家除政府外，还包括政党、法律等。市场是社会运行的一个方面，社会除市场外，还包括宗教、文化等，对于大学治理都有着深刻影响。因此，学术—政府—市场的三角协调模型可以拓展为大学—国家—社会的三角模型。

一、超越学术性：内在自主性更符合大学组织属性的本质

学术性是大学系统的重要特征，是大学作为知识生产与传播机构的表征与体现，但作为组织而言，内生自主性是大学作为一种组织、一个机构的重要特性。克拉克在《高等教育系统》的开篇就指出，高深知识是高等教育系统的目的和核心，从其根本属性而言，高等教育系统是以知识生产、加工、传播为目的的学术组织。①克拉克的逻辑线索是：学术组织的特征、权力架构以及权力运行。随着高等教育的大众化、普及化，大学的知识生产与应用遵循的不再只是学术性与学术逻辑。美国学者皮拉尔·门多萨（Pilar Mendoza）和约瑟夫·B.伯杰（Joseph B. Berqer）提出了大学组织文化的多重组织逻辑体系：学术逻辑包括组织文化的制度实践和符号构建；社会逻辑是指社会对于大学的期望，如大众化教育和知识的保持与发展等。这两种逻辑较早地存在于大学的内部，而市场逻辑反映了大学对社会经济增长、熟练劳动力的培训、商业应用的研究等方面的贡献，体现了市场力量对于大学学术的影响。②从知识生产的主体看，传统的学术人员就是指专职教师，后来扩展到专业科研人员及研究生，随着社会合作的发展，政府、企业、商业机构的相关人员也参与到大学知识生产与应用过程中。从知识生产的价值看，学术逻辑的知识本身就是目的，探索与传授知识是学者追求知识本身的热情、好奇心与对自然界和社会的无私关怀。社会逻辑的知识生产除知识本身的价值外，也强调为社会和国家提供支持

---

① ［美］伯顿·克拉克著，王承绪等译：《高等教育系统——学术组织的跨国研究》，杭州大学出版社1994年版，第11页。

② Pilar Mendoza, Joseph B.Berger, *Academic Capitalism and Academic Culture: A Case Study*, Education Policy Analysis, 2008, 1-27.

与服务，大学的知识生产与传播具有公共性、公开性与普遍性。市场逻辑阶段的知识生产开始强调商业性、保密性与功利性，某些知识的生产不再具有普遍的公共性而转为商业性与保密性，知识也不再是"天下之公器"，而是为某些机构提供服务，知识的功利性进一步强化。从知识生产与应用的外在需求看，学术主导逻辑下的知识生产本身就是目的，大学是"象牙塔"，对社会与国家的外在需求基本没有反应；社会逻辑主导下的大学知识生产对于国家与社会的需求变化会有反应，但不改变知识生产与应用的性质与进程，知识生产者们以长时段为导向；市场逻辑下的知识生产对外界的变化与需求导向比较敏感，反应比较剧烈，对知识本身进行创新定位，强调应用价值与短期取向。

大学知识生产与应用的逻辑关系（见表2-1）在发生变迁，学术性不再是知识生产与应用的唯一属性。但是，无论大学知识生产与应用的逻辑怎么变迁，知识生产、创新与传授、应用的内在本质决定了大学作为一个机构与组织的内生属性没有发生根本变化，那就是大学组织的内在自主性。

表2-1 大学知识生产与应用的变迁逻辑

变迁逻辑 内容	学术逻辑	社会逻辑	市场逻辑
知识生产 主体	教师	教师、专职科研人员、研究生	教师、研究生、专职科研人员、社会人员
知识生产 性质	知识本身即目的	公共性、公开性、普遍性	商业性、保密性、功利性
知识生产 排序	基础科学	基础科学、应用科学、技术知识	技术知识、应用科学、基础科学
知识的应 用与评价	学术驱动同行评价	社会驱动同行评价、社会评价	市场与需求驱动竞争性与市场评价
知识生产 的组织	基于学术兴趣的"象牙塔"知识生产体制	公共物品知识生产体制	基于市场需求导向的知识生产体制

从理论角度看，自主性是大学组织的本质属性，大学组织是以知识生产、传播为主的机构，知识生产的特点与知识传播的特性都决定了大学自主与专业的要求，以知识生产与传播为主的大学机构也必须具备自主性，以适应知识生产的要求与特性，由此，决定了大学组织必须有一定的组织边界，这种组织边界不同于企业或其他组织边界。

从历史发展的角度看，无论是中世纪的教师行会大学，还是近代德国的教授—国家大学，或以美国法人制度为代表的现代大学都体现了鲜明的自主特性。中世纪大学是典型的教师行会大学，从词源看，"university"原意是指学者团体，既不用于表示学者团体建立的地点，也不包括建设的学校，其团体组织模仿了行会的形式，主要是教师组织起来管理学生和学术自治，并且在与教会、政府、社会民众的斗争中，大学获得了内部自治、颁发教学许可证、罢课迁徙、免税免役等特权。这些特权是大学自主性的重要体现，在当时为大学发展排除了各种外来干扰，为开展正常、自主的研究和教学活动提供了支持，使得大学能在中世纪的复杂环境中生存下来。到了近代德国，大学成为国家机构的一部分，大学丧失了特权，形成了教授—国家的治理模式，大学自主权以教授学术权力的形式体现并保留下来。英国高等教育专家阿什比（Ashbee）说："任何大学都是遗传和环境的产物。"①所谓遗传就是大学本身的内在变化，环境就是外在条件的变化导致大学组织和制度的变迁。柏林大学的发展体现了大学制度的形成是在实践互动过程中建立出来的，是一种历史的产物。1810年柏林大学的建立，标志着中世纪大学向现代大学的转型，其在大学发展中的地位之高是因为形成了新的制度与治理模式。从这以后，大学从一个完全自治的、享有特权和完全自主权的组织变成了国家机构的一部分。首先，中世纪大学具有财产权，因为它拥有自己的土地，也拥有自己的固定资产。到了近代德国，大学就丧失了财产权，大学的财政收入属于政府，大学的土地、不

---

① ［英］阿什比著，滕大春等译：《科技发达时代的大学教育》，人民教育出版社1983年版，第7页。

动产等资源都属于政府和国家。柏林大学在1809年准备成立的时候，洪堡就建议大学应该保持经济独立，应该有自己的动产、不动产和财产。国家捐赠土地给柏林大学作为地产，但是大学要独立于国家和政府，即使这届政府结束了，大学依然存在。但是柏林大学在后面的发展过程中并没有采纳洪堡的计划，而是采用了当时哥廷根大学和哈勒大学的运行规则和治理规划，由政府来提供财政支持，前提是大学放弃了财产权和财产处理权。其次，大学丧失了司法权力。当时的哥廷根大学虽然受到政府的财政供养，但在法律上是一个自治的法人。教授组成的大学评议会不但负责大学的学术事务和行政事务，而且具有司法权。但是从柏林大学开始，大学司法权丧失，大学从此只有对师生员工进行纪律处分的权力。就和当今社会一样，违法犯罪由派出所、公安局等国家机构处理；旷课、旷工等行为才需要学校来处理。司法权力是国家的、法律的权利，而纪律处分权只属于一个内部组织的权利。再次，大学教师资格权的变化。在中世纪大学，教师享有充分的自由。教师能否入职大学，能否被大学组织录取，如何晋升职称，都是由教师行会决定的。从柏林大学开始，大学教师入职资格不但要通过学校、大学评委会的学术认可，还要通过国家入职资格考试。学校代表学术性资格，国家入职资格考试代表职业性资格。教师工资由国家负担，教师成为国家公务员。大学由自治行会变成国家机构，大学自治权越来越有限。美国大学从开始就采用了大学法人制度，大学是独立的法人实体，依法行使办学自主权。约翰·塞林（John R. Thelin）在《美国高等教育史》中指出，哈佛学院是最古老的法人实体，作为一种社会机构，就是在法律上享有权利和承担义务的"法人"。①州立大学也采用法人董事会制度，由州宪法设立的大学通常区别和独立于州政府机构而享有较高的自治权利，这种自治又被称为"宪法上的自治"。布迪罗认为主要通过两种方式实现自治权力，即州普通法律上的公法人和州宪法上的公法人，前一种

---

① 张斌贤：《美国高等教育史（上）》，教育科学出版社2019年版，第83页。

方式是在大学的结构特征上做出修改，后一种是在州的基本结构上做出修改，保证了州立大学的自治地位和自主办学权力。[①]

二、大学治理理论框架：由"学术—政府—市场"拓展为"大学—国家—社会"

从大学权力系统看，无论是学术权威、政府权力抑或市场机制，都影响大学组织产生相应的治理方式和治理效果。大学知识生产与应用性质的变化决定了大学组织不再是纯粹的学术性组织，大学内部也不再是单纯由学术权威主导大学治理。这是大学组织的重要变化，即由学术权威主导的治理转变为大学组织的整体性治理。

由学术权威扩展为大学组织。大学是一个组织主体，无论国家、政府还是社会、市场，总是从某个方面对大学组织的整体或者某一部分产生影响，在大学治理中，应该重视大学整体治理而不是单纯的学术权力与学术治理。学术活动是大学的主体，但不是全部，比如促进高等教育公平、提高大学服务国家的能力水平，这些就不是单纯的学术问题，而是学校的总体发展战略问题。从大学治理主体与利益主体上看，学术权威是大学重要的治理主体，但不再是唯一的主体，普通教师、以校长为代表的行政人员、学生及其他利益相关者在大学治理中的地位不断增强，如日本、法国、德国等传统上以学术权威主导大学治理的局面在改变，以教授为代表的学术权威的地位在下降，而以校长为首的行政力量的发言权在增强。法国大学治理改革表明，相比于10年前，大学权力越来越向校长手中集中：一方面，院长的参与率已经下降（从24%降至14.2%）；另一方面，行政管理者的参与率略有上升（从45%升至52.5%）。在整个决策过程中，大学校长显然处于中心地位：校长参加了所有的特设委员会并任命了其成员。[②]由

[①] 张斌贤：《美国高等教育史（上）》，教育科学出版社2019年版，第247页。

[②] S.Mignot-Gérard, *The Transformation of University Governance in France*（1999—2011）: *Inertia, Institutionalization and Change*, RIHE International, 2012, 49.

此，把大学作为一个组织机构整体而非单纯强调学术权威更符合大学治理现状，也有利于从大学自主性的理论视角来研究大学与外部环境的关系。

由政府扩展为国家。政府是国家的最重要机构，但国家还包括法律法规、政党等机构与规则，国家是比政府更为广义的范畴概念。从广义角度看，有必要将政府拓展为国家。国家和政府的区别体现在如下方面。首先，国家和政府的外延边界不同，政府是国家在政治权力维度的体现。韦伯认为，国家是由领土、人民（民族、居民）、文化和政府四个要素组成的。从广义的角度看，国家是指拥有共同的语言、文化、种族、血统、领土、政府或者历史的社会群体。从狭义的角度看，国家是一定范围内的人群所形成的共同体形式。西方学者迈克尔·曼在韦伯的基础上对国家进行了定义：其一，国家是一组分工合作的制度和人员；其二，具有向心性；其三，具有明确的地域；其四，借助某种有组织的"暴力"，行使某种程度的权威。由此可见，政府只是组成国家诸多要素中关涉政治和维持权威的那部分。国家还应该包括地域、民族等其他要素。[1]政府是国家的政治权力维度的表现，或者说，国家有且仅有在政治权力维度可以被理解为政府。道格拉斯·C. 诺思（Doug lass C. North）从理性选择制度主义角度对国家作了定义："国家可视为在暴力方面具有比较优势的组织……处于界定和行使产权的地位。在这里，理解国家的关键在于实行对资源的控制而尽可能地利用暴力。"[2]诺思所理解的国家，是政治权力维度的决定产权安排的政府。国家是比政府更为广义的概念范畴。从学术与政府的视角拓展为大学与国家的视野，更能反映大学组织的治理现状，也更符合大学组织治理的本质要求。

由市场扩展为社会。社会也是比市场更广阔的概念范畴，除了市场，社会运行还包括文化与宗教等对于大学发展有重要影响的方面。儒家文化

---

① 冉昊：《福利国家的类型学分析：基于政府和市场》，载《北大政治学评论》2018年第4期。

② 同上。

重文重教，有着文凭主义的倾向，这对于东亚国家发展高等教育具有积极意义，儒家文化影响下的社会大众特别重视精英教育，也导致大学分层分类困难较大。再如伊斯兰教对伊朗等国家的大学治理影响很大，伊朗的大学校长由高等教育部任命，副校长由校长任命，大学校长负责校内事务，法基赫（教法学家）监护代表在所有的大学设有办事处，主要负责政治思想教育和宗教活动的管理。此外，伊朗还专门设有宗教型大学（即厚资·伊理米叶院校）。[①]

从权力角度看，学术权威、市场机制、政府权力是一个分析视角；从治理主体看，大学、国家、社会的三角模型（如图2-1所示）是一个拓展的分析角度。这一分析视角有助于把大学作为机构和组织，从其自主性特征分析其与国家、社会的互动关系。

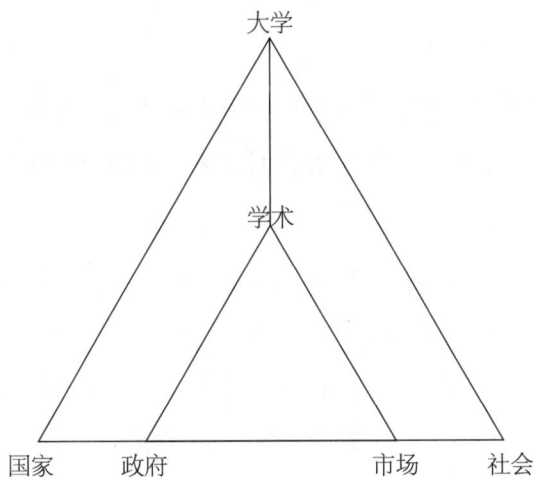

图2-1　大学—国家—社会三角模型

三、大学的自主性决定了大学治理拥有自己的组织边界

大学制度与治理在外部环境的影响下发展变迁，但是无论怎么变化，都要保持大学的组织边界，保持大学组织的自主性。大学知识生产与应用

---

① 王锋等：《伊朗高等教育现状与特点研究》，载《比较教育研究》2019年第12期。

性质的变化导致了大学组织边界的扩展，由"象牙塔"到20世纪60年代的"社会服务站"，再到今天的"发动机"，大学在国家和社会中的重要性在逐步提高，大学的组织边界也在不断拓展。但是，无论组织边界如何变化，大学组织的自主性这一根本组织特征没有变化。

无论从中世纪大学到柏林大学的转变，还是从柏林大学到美国大学的转变，都是在不断地重塑大学与外部环境的关系。在重塑的过程中，大学的组织边界在不断变化。历史启示是：无论怎么变化，大学都要保持自身的相对独立性与自主性，才能符合大学组织的本质属性，而不是在外部环境不断变化的情况下无限制地对外开放，那样就会丧失大学的组织属性和本质属性。国家和社会可以影响大学，大学也要适应社会、国家的需求和政策要求，但是大学和国家、社会之间要保持适度边界。大学与外部环境关系的变化，特别是在大的外部环境的冲击下，大学本身的组织特性，包括治理的一些特性都会发生急剧变化，但是大学要保持自身的自主性和开放的、适度的边界，而不是无限开放。从组织活力与边界开放的关系看，只有适度的边界才有助于组织发展，而过度开放的边界和封锁自闭的边界都不利于组织发展。[①]

大学组织与外部的国家、政府、市场、社会的边界呈现出不同的作用机制与特点。大学是以知识生产、创新与传授、应用为主的组织，在内部既存在知识生产与传播活动，也存在为之提供支持服务的教育教学管理与服务活动，即大学行政管理与教学辅导、后勤服务活动，二者共同作用于大学的教学、科学研究、社会服务、文化传承与创新、国际交流合作等职能，大学组织对国家、政府的知识服务体现为公共性、公益性、公开性等特性，对社会、市场的知识服务体现为公共性、功利性、商业性等特征。政府对于大学的作用机制主要体现为强迫导向和命令导向，国家对于大学的作用机制主要体现为命令导向和引导导向，社会对于大学的作用机制主

---

① J. L. Bess, J. R. Dee, *Understanding College and University Organization*, Stylus Publishing, 2002, 96.

要体现为协商导向和引导导向，市场对于大学的作用机制主要体现为竞争导向和利益导向，如图2-2所示。

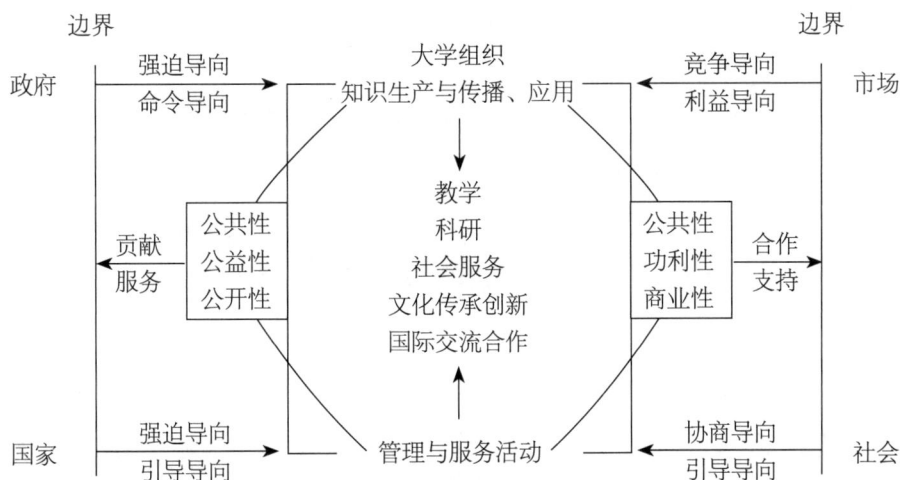

边界   边界

政府 ┌─强迫导向─→ 大学组织   ←─竞争导向─┐ 市场
     │ 命令导向   知识生产与传播、应用   利益导向 │

         ┌─────┐   │   ┌─────┐
贡献 ←─ │公共性│   教学   │公共性│ 合作
服务   │公益性│   科研   │功利性│ 支持
         │公开性│   社会服务   │商业性│
         └─────┘   文化传承创新   └─────┘
                    国际交流合作
                         ↑
国家 ┌─强迫导向─→ 管理与服务活动 ←─协商导向─┐ 社会
        引导导向   引导导向

图2-2　大学的组织边界

四、大学组织处于内外部力量影响的中间状态

任何组织都是在外部环境与内部机构的相互作用下变迁的，但是不同类型的组织所受外部与内部的影响不同。与其他组织相比较，大学组织体现在受到外部环境影响和内部影响的中间状态。军事教育机构受外部环境的影响最大，受内部决策层的影响很小。公司企业等营利性机构既受到外部市场竞争的影响，同时也受到内部领导决策的影响，在急剧动荡的外部环境中，企业领导的决策失误很可能导致企业的倒闭。科研机构受个体和外部的影响都比较小，因为科研工作主要是按照科研规律治理，无论外部大量投资或内部要求加快进度，在大多数情况下，都不可能立即实现科研任务，比如新冠疫苗和药物的研发。相比较而言，高等教育处于外部和内部共同影响的中间状态，既要依赖外部环境和资源投入，也受内部力量和决策的影响，这是由于高等教育机构的人才培养与科学研究具有长期性、缓显性、滞后性、难以评价性等特性，如高校的人才培养更多是师生互动

的过程，教育质量不但取决于教师，还取决于学生的天赋与努力程度。在大学治理中，受领导者个体的影响也很大，某些领导的决策可能导致重大的变革。在中外高等教育史上，某个大学的发展往往与优秀的大学校长联系在一起。大学组织处于内部力量和外部环境共同影响的中间状态，中间状态的特性就是摇摆不定，内部力量和外部力量都会对大学治理产生影响。大学组织的发展受到内外部力量的共同作用，而且这种作用是对等的。同时，鉴于大学治理是学术治理和行政治理的二元复合物，内部治理多样化的空间也很大。如此，就决定了大学治理的弹性空间较大，大学治理的方式也就多元化，人的因素在大学治理中的作用就比较显著。

大学组织必须适应外部环境的变化和影响，但如何在保持自主性的前提下适应环境的确是大学面临的挑战。英国高等教育学家阿什比在其《科技发达时代的大学教育》一书中对于大学面临的环境问题进行了深入研究，提出了一个著名的结论：任何类型的大学都是遗传与环境的产物。对于影响大学发展的"环境"，阿什比结合西方大学发展的现实提出："就环境的角度看，那就是资助和支持大学的社会体系和政治体系。环境影响表现为两种主要力量，一种是学生要求入学的力量，另一种是雇主需要毕业生的力量。"[1]他在研究了英美大学的改革后得出结论：大学改革基本上将重心放在适应社会需求——"环境"上，而对于大学发展的内在逻辑——"遗传"则存在忽视的倾向，甚至不惜牺牲内在逻辑来适应环境的需要。阿什比一针见血地指出："当前的变动是复杂的、多种多样的，有许多是以牺牲大学文化传统为代价，来增加社会环境的影响。"[2]在大学如何适应环境的问题上，保持自主性是至关重要的。

从外部环境与组织内部决策自主性的相互作用关系，可以得出以下四种模式：一是以资源依赖理论为基础的创新发展模式；二是以权变理论为

---

[1]［英］阿什比著，滕大春等译：《科技发达时代的大学教育》，人民教育出版社1983年版，第114页。
[2]同上，第140页。

基础的共生关系模式；三是以随机转化为基础的消极相互作用模式；四是以制度理论为基础的被动模仿模式。见表2-2。

表2-2 外部环境与内部自主决策的多元模式①

		环境对组织的控制程度	
		低水平 决定论	高水平 决定论
自主决策程度	自主决策程度高	象限一 创新发展模式 策略决策和适应性 （资源依赖理论）	象限二 共生关系模式 共生关系，结果分化 （权变理论）
	自主决策程度低	象限三 消极相互作用模式 偶然性，适应 （随机转化）	象限四 被动模仿模式 最小的选择 （制度理论）

第一象限是创新发展模式。资源依赖理论是指环境不是一个严格的限制因素，组织成员也相信他们能应对组织政策，做出改变，行使自由裁量权，组织领导者为了提升机构的发展目标而重塑外部环境。大学高度依赖外部资源，主动作为，去争取外部机构的支持与资源投入，强调如何从外部获取发展资源。这是一种低决定性、高选择性的战略开发与选择模式。资源依赖理论不是说要被动依靠外部资源，而是要主动寻求资源、主动变革、进行组织创新。实际上，任何高校都是一个高度依赖外部资源的机构，要依赖外部的支持和资源投入，才能谋求高校自身的发展。高校的创新发展都必须主动寻求资源、主动变革和主动创新，不可能一成不变。完全依靠政府投入来支持办学，这很不现实，更多的时候还是要采取主动变革的发展战略。2017年，全国高等院校的经费预算，清华大学经费最高，有260多亿，这些经费中70%的是非政府拨款，是学费、社会捐赠以及从市

① J. L. Bess, J. R. Dee, *Understanding College and University Organization*, Stylus Publishing, 2002, 136.

场、社会中积极争取得来的。获取外部资源的能力是一个高校创新发展的关键因素，也是一所高校良好社会声誉与办学实力的重要体现。

第二象限是共生关系模式。权变理论确定的就是在环境的条件与组织的设计中间找寻到一种"适应"，例如如果环境变得更有竞争力，那么组织也就紧跟着调整它的结构来改变状态寻求最佳的适应。在这种模式中，组织和环境发展出一种系统化的关系，环境对组织的哪些方面产生了改变，组织也对环境产生影响。大学在组织与环境之间找到一种"适应"，随着环境的变化而进行相应的组织变革，但组织成员对外部环境是一种被动反应。随着外部环境的变化，高校的决策跟着变，但是这种变革没有体现主动性，比如"双一流"建设，教育行政机构成立什么部门，学校就跟着成立相应的管理机构，去完成这项任务。政府说去外部拓展资源，高校就成立合作办公室、开发办公室去拓展外部资源。它是一种传统的行政化的发展模式，是一种高决定性、高选择性的发展模式。

第三象限为消极相互作用模式，即随机转化、得过且过、无所作为、守株待兔、等待机会的战略。环境受感知选择的限制程度较低，外部资源可能很丰富，但是组织成员没有能力和动力来采取行动。在内外部消极相互作用之下，组织"得过且过"。这是一种低决定性、低选择性的被动交互模式。这种模式基本上是消极等待，高校对外部的变化无所作为，就是外部怎么变都和我没关系。

第四象限是被动模仿模式。外部力量对组织有极强的控制作用，组织的行为可能会依赖于它的竞争者如何表现，或者受到外部规则以及它的授权方的限制。

制度理论强调环境中的规范性要素，高校嵌入制度环境与约束中，规范机制、模仿机制和强制性机制为主要的发展方式。规范机制主要是根据高校的习惯性做法、经验来制定具体举措；模仿机制是追随复制发展状况好的高校，跟着别人走；强制机制主要是根据政府的政策和要求采取相应对策。这是一种高决定性、低选择性的发展思路。这种模式是最小化的选择，在政府主导的现实背景下，这是多数高校选择的发展模式。

大学保持自主性就是使大学在复杂多变的环境中由被动模仿、共生关系走向创新发展。如果大学在与国家、政府、社会、市场的互动中缺乏自主性，那必然将采取合法性作为第一原则，强调模仿其他大学发展模式或者机械服从政府指令，再或者采取权变模式，跟随外部环境的变化而变化，失守大学组织边界，没有自身办学理念与坚守。这两种情况的存在都会导致大学办学的同质化和办学模式的趋同。[①]唯有保持大学自身的自主性，才能在复杂多变的外部环境中坚守自身定位与理念，采用创新策略，及时改变自身治理结构与发展对策，吸引外部资源和争取外部力量支持，办出特色和水平。

在疫情导致经济产业调整和国际格局变化的背景下，高等教育必须有所作为，以积极主动的创新精神迎接危机挑战，增强高等教育机构的公共性，承担起时代赋予的责任，由传统的全球化时期形成的高等教育全球化、国际化、市场化、产业化转变为强调公共性与国家性，高等教育使命由市场、自由转向公共与责任。大学高度依赖外部资源，主动争取外部机构的支持与资源投入，强调从外部获取发展资源。大学应发挥自主性的特质和优势，主动寻求资源、主动变革和主动创新，在争取资源、使用资源与创造价值、输出资源（包括毕业生、科研成果、社会服务等）上实现发展的良性循环和主动创新。

五、在良好的制度供给和治理能力的互动中实现大学的"善治"

大学组织既受到外部环境的制约，也深受内部力量的影响。在大学内部存在着教师、行政、学生及其他利益相关者等多元主体，这些主体在大学治理中发挥着不同程度的作用。大学实现"善治"依赖于外部良好制度

---

① 胡娟:《脱耦机制、组织边界和有效竞争的丧失——"双一流"政策影响下的大学组织机制异化分析》，载《高等教育研究》2020年第3期。

的供给（由于现代大学要受制于国家、政府、市场和社会，特别是由于政府和国家的法治、政策、经费等的限制，故大学制度很大程度上取决于外部环境），而大学本身的治理能力主要取决于大学组织内部的力量。大学的治理是良好制度和治理能力的相互结合。在治理中，我们往往强调制度的重要性。在强调制度价值的同时，我们也要看到作为行动者的治理主体的作用与价值。

大学治理的总体制度逻辑就是在人与制度的互动中形成一个完整的治理体系和具备制度优势转化为治理效能的能力。美国学者道格拉斯·C. 诺思在《制度、制度变迁与经济绩效》一书中提出："制度是一个社会的博弈规则，或者更规范地说，它们是一些人为设计的、形塑人与人之间互动的约束，从而构建了人们的政治、社会或经济领域中交换的基础，通过为人们提供日常生活的规则来减少各种不确定性。"[1]日本经济学家青木昌彦认为制度和人的关系是相互作用的，它并不是单向的，并不是制度设计形成规则，人们就会主动地、自动地去遵守。人们必须对制度进行认知并在这个过程中形成认同，制度才能得到很好的贯彻。所以这就涉及博弈论，即制度和人之间的博弈问题。博弈论有两种：一种是经典博弈论，一种是主观博弈论。经典博弈论是从利益角度提出一个制度生成理论，强调制度是均衡结果和被动性的状态。主观博弈论主要从认知角度提供了一种制度生成机制，实现了从个体到集体、从信念到行为的转变。大学制度实际上包含三个维度：第一个维度是作为规则和规范的制度；第二个维度是作为认知和认同的制度；第三个维度是作为行为与执行的制度。大学制度和治理是一个相互的关系，制度是治理的根本和依据，治理是制度的实施和展开，二者既不是彼此替代的关系，也不是对立的关系，而是一种递进的关系。如果没有好的、完善的、科学的制度，那么治理就是没有依据的，所

---

① J. L. Bess, J. R. Dee, *Understanding College and University Organization*, Stylus Publishing, 2002, 136.

以说，大学制度是大学治理的前提和依据，同时大学治理是大学制度的展开和实现。

由此，大学治理的逻辑就是强调制度比人更重要，但并不是预设一种特定的制度。大学组织的自主性同样承认治理主体和行动者的重要性，但是治理主体和行动者的能力范畴并不是脱离制度的能力，而是在制度建构、制度执行与制度完善中的能力。在制度与人的互动中，实现大学治理体系和治理能力现代化。

大学有效治理需要良好的制度供给与治理能力的有机结合。然而，制度供给和治理能力之间并不是一个完全对应的关系，即制度供给好并不代表治理能力强，治理能力强也不代表制度供给好。只有好的制度供给与强有力的治理能力相结合，大学治理才能达到最佳状态。因此，制度本身要设计好，要科学、合理；同时，大学治理和运行也要科学有效。但在现实中，制度供给和治理能力并不总都是好的，恰恰相反，坏的制度供给和弱的治理能力十分常见，由此也就形成了不同的治理形态。

如图2-3所示，第一种形态（右上），是好的制度供给和强有力的治理能力相结合，这是大学治理的最佳结果和最佳状态。第二种形态（右下），制度供给是好的，但是治理能力弱，这就容易造成制度扭曲，所谓制度扭曲，就是制度设计很好，但在治理过程中，治理体系不完善或者治理主体的素质不高，在治理过程中把制度本身歪曲了，好的制度供给在治理实践中无法落地实施。第三种形态（左上），强有力的治理能力和差的制度供给相结合，就容易导致治理扭曲状态。第四种形态（左下），是最坏的结果，即制度供给和治理能力都是差的，制度本身不行，治理也差，比如有些学校对教师的考核都是量化绩效考核，要求很高，大部分老师达不到条件，在治理中缺乏弹性空间，缺乏协商机制，用行政手段管控教师，导致学术治理问题突出。所以，大学需要良好的制度供给和强有力的治理能力相结合，如此方能达到有效治理，才能把制度优势转化为治理效能。

治理能力

强

制度供给差而只有治理能力强，导致治理扭曲状态。	治理能力与制度供给匹配的最佳状态，大学"善论"的基础。
制度供给和治理能力都差，导致了治理的最差状态。	制度供给好而治理能力弱，导致制度空转和具体政策难以落地实施。

差   好   制度供给

弱

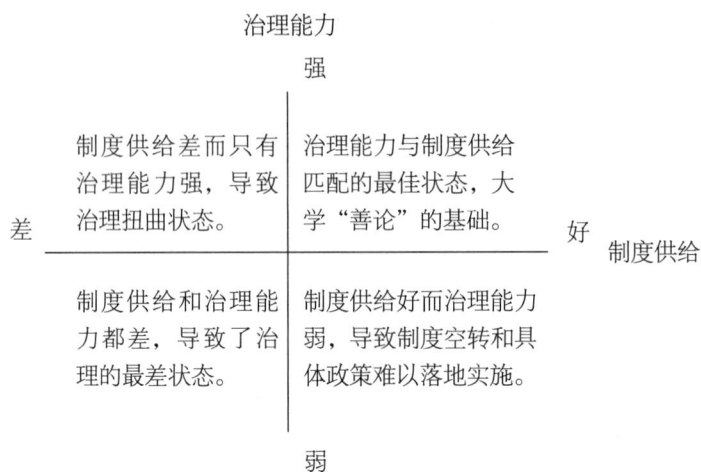

图2-3 制度供给与治理能力的组合关系

从"学术—政府—市场"到"大学—国家—社会"，拓展的理论框架能够顺应和解释知识属性的变迁。从理论与实践角度看，大学仍然是知识生产与创新、应用的组织，但是知识生产与应用的逻辑关系在发生着深刻变迁，学术性不再是知识的唯一属性，大学治理中也不仅只有传统的学术权威，治理主体有必要从学术权威拓展为大学组织整体。知识属性的变化并没有改变大学组织的自主性，大学组织与外部环境保持一定的组织边界。国家是政府的延伸，政府是国家的一部分，市场是社会的延伸，是社会的一部分。由此，传统的"学术—政府—市场"的三角模型拓展为"大学—国家—社会"的新三角模型。新三角模型能够解释大学知识属性的变化，能够从更广阔的视野看到大学与外部环境的关系，也能够把大学作为一个自主性的组织，整体处理好制度供给和治理主体的关系，发挥治理主体的能动性，积极有效地提升治理效能。

第二节　大学治理的内涵与体系建设

作为社会组织成员之一的高等学校，在国家治理层面和语境下，首先应该强调的是高校对于国家治理的理解、把握、贯彻和执行能力，同时使大学回归本源与本位，按照大学的本来面目去治理大学，建立现代大学制度。大学治理的基础包括利益关系、权力关系、权利关系；大学治理的组成包括制度体系、行动体系、价值体系；大学治理的主体包括学术权力主体、行政权力主体、个体权利主体。大学要完善治理结构，提高治理能力，必须正确领悟大学治理中学术权力重塑的初衷，理性反思行政权力主导的成效得失，认真审视大学治理的内在逻辑关系。

中国特色的现代大学治理体系是国家治理体系的组成部分，是建立在中国特色现代大学制度基础上的学校治理结构体系、治理制度体系与治理运行体系。完善大学治理体系、推进大学治理能力现代化，既是推进国家治理体系现代化的根本要求，也是深化高等教育综合改革、推动高等教育现代化的迫切需要。

一、大学治理的内涵

自20世纪90年代"goverance"一词被引入中国，我国将其译为汉语的"治理"，并被理论界广泛关注和诠释。"大学治理"概念的提出，既是呼唤以学术为目标的大学本位的回归，也是对当代大学如何更好地适应经济社会需求和引领文化与科技发展潮流的呼应，这二者皆是构建现代大学治理体系的题中之义。

大学治理体系建设在学校发展中具有根本性、全局性和长期性的决定性作用。从管理体系到治理体系的转变，实质上是从传统的自上而下的行政管理体系向上下结合、内外协调、全员参与的依法民主治理体系的转变，突出了学术自治、依法治校、民主办学、社会参与、科学管理等现代大学发展的基本规律，集中反映了现代大学制度与治理体系建设的根本要求。

在很大程度上，我国是把高等学校当作政府的附属机构，按照事业单位的管理模式去治理大学，结果导致大学行政化盛行，有违大学理念与大学办学规律，难以培养创新型人才与取得创新性科研成果。大学治理就是要去行政化和去行政化管理模式，使大学回归本原与本位，按照大学的本来面目去治理大学，建立现代大学制度。其实，所谓现代大学制度，就是指把从中世纪大学以来形成和过滤保存下来的关于大学的理念，以及把这种理念变成现实的各种制度安排和组织结构。所以，大学治理与大学治理体系的建设，首要的任务是使大学回归本原，回归到以学术性为主旨、以人才培养为核心任务的道路上来，使之成为真正意义上的大学。因此，"大学治理与大学治理体系"的提出，是现代大学理念与传统的管理模式的一种自主性调适。现代大学治理所追求的价值内涵，不仅是通过人才培养、科学研究来适应经济社会发展需求和国家战略需求，更为根本的是回归大学本原和实现对需求的超越而发挥真正的引领功能，从而使大学成为人类社会发展的"火车头"和"动力源"。

二、国家治理语境下的大学治理

前几年，有些学者和社会人士在提倡"小政府大社会"的理论，这种治理模式并不适合于发展中的中国。中国现代化发展一直存在着"政府主导型"的特征，不存在"没有政府的治理"，也不存在"小政府大社会"式的治理。[①]从我国国情看，国家治理体系的主导是政府，以政府为核心的治

① 陈明明：《治理现代化的中国意蕴》，载《人民论坛》2014年第10期。

理，仍然是当前治理的关键。大学治理是国家治理体系的组成部分，高校首先应该强调的是其对于国家治理指导思想、战略目标、方针政策和法律法规的理解、把握和执行能力，在教学、科研、社会服务、文化传承方面做出更大的成绩，同时使大学回归本源与本位，按照大学的本来面目去治理大学，完善中国特色现代大学制度。

高等学校有序参与国家治理是国家治理的重要一环，也是高等学校自身水平与能力的体现，主要是指高校通过合法方式参与国家治理的过程和活动，影响国家治理体系的构成、运行方式、运行规则和国家治理能力的行为。其主要体现在高校对于国家治理目标、战略与教育方针政策的认知能力、把握能力，遵循和运用国家法律法规与制度体系有效参与治理的能力，参与国家治理的方式和技能的把握和实施能力，以及对于参与国家治理效果效用的评价能力等。有学者把社会组织参与治理的能力划分为10个一级指标和30个二级指标，主要包括专业化程度、社会公信力、自我评估、项目规划、资源动员、管理、执行、协调、学习和创造性解决问题的能力等，从而细致构建了社会组织参与治理的能力指标体系。此亦可作为大学参与国家治理的参考指标。[1]

高校参与国家治理要处理好政府与高校的关系。政府以转变职能为核心，对高等学校简政放权，使高等学校按照教育发展规律而不是政府机构的规划、事业单位的要求去做。现代国家治理所需要的是基于社会成员广泛的自觉的价值认同，而非外在强力压制基础上的稳定与和谐的局面。高等学校对于国家治理的认同与支持取决于政府对于高校的治理形态，主要体现为如何使高校按照教育规律办学，使高校与政府的关系呈现为一个良性循环的过程，高校也确实能够按照经济社会发展的要求来进行人才培养和科学研究。

界定政府与大学之间关系的关键之一是高校办学自主权性质的确立。高

---

[1] 王浦劬：《全面准确深入把握全面深化改革的总目标》，载《中国高校社会科学》2014年第1期。

校与政府的关系，大陆法系尤其是德国专家认为，是特别权力关系，高校是独立机构，国家对高校采取的措施与高校对学生的处理均不受法律监管，法院也不受理高校的官司。美国自由主义学派的专家认为，高校是自发自主组织，这类组织有其生存发展机制，不需要包括政府在内的其他机构去管理。包括中国在内的一些国家认为，高校是独立法人组织，是自主活动的民事组织。我们必须看到，高校办学自主权是行政权的一种形式，是与行政权协同产生的，只不过不是由国家行使这种权力，而是由高校自主行使权力。办学自主权的核心在于学术自主权。《中华人民共和国高等教育法》规定了高校拥有招生权、专业设置权、教学权、科研开发权、对外交流与合作权、校内人事权、财产权、自主管理权等自主权，并赋予校长全面负责本校教学、科研与其他行政管理方面的权利。但在实际工作中，政府在学校的经费来源与使用、招生计划与指标分配、专业与课程设置、重点学科建设、收费标准、人事编制、职称评聘、财产使用与管理、对外学术交往等方面设置了一些管理与限制措施。国家应该赋予学校作为学术机构的基本权力，并建立配套的政策支持。从现实看，应赋予学校更多的自主理财权，让大学自主确定经费预算，自主负责经费的使用管理，政府负责经费投入和审批，对经费使用进行考核验收，而不必具体管理经费使用的支出事项及各种支出细节；赋予学校更大的教职员工聘任权，支持学校深入推进人事制度改革，推进教师队伍的多元化，以更好地适应高等教育大众化时代教师队伍发展的趋势和要求；赋予学校更大的学生选择权，允许学校自主制订招生计划，改革招生录取办法，根据自身规模和发展规划面向社会自主办学。

三、大学治理的基础：利益关系、权力关系、权利关系

大学治理的结构体系是利益关系、权力关系与权利关系之间相互联系、整体构成的有机系统。大学治理涉及利益、权力和权利三个层面的关系。过去我们研究大学治理，往往偏重权力与权利，而对利益较少言及。其实，与其他经济组织和社会组织一样，高校成员之间的利益关系及其结

构是大学治理体系的基础。

利益是大学治理的基础。高校组织体系与成分构成具有复杂性与多样性，高校既有学术科研单位、行政单位、后勤服务单位，还有附中、附小、出版社等，有的还有校办产业集团；从人员构成看，有教师群体、学生群体、行政管理干部、后勤服务人员，还有其他一些集体成员，其中既有学术泰斗级的院士、教授，也有初高中毕业生。各群体成员不同的属性、内容、层次，使得各自的利益要求和利益关系呈现出结构性构成状态，即不是平面的而是多元立体的利益关系。与此同时，与企业组织不同，高校属于利益相关者组织，政府、社会对高校都有一定的利益诉求，作为公立大学，政府是投资者和主办者，社会也以一定形式参与高校治理，它们的利益要求使得高校的利益关系进一步复杂化。

权力是大学治理的关键。在利益关系结构基础上，高校主要形成了学术权力关系与行政权力关系，以及与之相联系的政府与大学的关系、大学内部各种权力关系。大学治理的外部权力关系主要是大学与政府、社会的关系。如前所述，大学是独立法人组织，依法按教育规律自主办学，形成了大学与政府、社会之间的权力边界；大学治理的内部权力关系是校内各种利益之间的权力博弈，主要表现为学术权力与行政权力的关系。这种二元权力结构决定了高校治理必须考虑到二者的平衡，既要防止行政权力对学术事务干预太多，又要防止学术权力对于行政权力的抵制，影响行政机构和行政人员按照规章制度去解决各种问题。

当前改革的重点是推进大学去行政化改革和去行政化管理模式。高校行政化是指我国按行政单位管理高校，高校按行政单位运行，忽视了高校作为学术单位的本质特征。高校去行政化的重点是保障学术权力的落实，应明确学术事务与行政事务的界限，健全不同的决策和执行机制，完善保障学术权力的管理制度，健全行政权力的监督约束，严禁利用行政权力获取学术资源，如北京大学在综合改革中，将学术委员会定位为校内最高学术机构，并设立了专门工作委员会和独立的办事机构，健全了学术治理体系和组织架构。但我国大多数高校设立的学术委员会，其基本上只行使某些单项权力，学术权力的行使大多分散于依托行政职能部门设置的专门委员会。学术权力行使的高度碎片化是高校学术权力行政化的重要原因。首先，应该考虑改革学术委员会工作机制，在组织建设上将分散依托在行政职能部门设置的有关学术性专门委员会纳入学术委员会统一领导，同时依托学院、学部建立学术委员会分会，向学院、学部分会下放学术权限。其次，应优化学术委员会工作机制，严格执行任期制，改变学术委员会为少数人垄断、年龄结构与知识结构老化、代表性和先进性不足的问题，建立学术委员会的办事机构，使其权力行使以实体办事机构为依托，防止学术委员会受行政控制和工作行政化，成为行政推卸责任、谋取私利的工具；健全学术委员会议事决策等运行程序和规则，减少制度的自由裁量和灵活运用的空间，增加操作刚性。[1]去行政化管理模式是指按学术组织特性而非行政机构要求来设立相应的管理和服务部门。我国高校的行政职能部门不是按教学、科研等工作特点和服务师生的角度设立的，所以应根据学校作为学术单位的特点和教学科研工作的实际要求，改革学校职能部门的设置方式，由面向政府部门转变为面向师生需求，减少管理层级，全面梳理现有部门职责，改变部门职能交叉、重复和管理效率不高的问题，重新组合行政职能部门，并简政放权，给院系更多自主权，强化服务意识的培养，改善机关工作模式和作风。

权利是大学治理的保障。权力关系主要体现在组织层面，而权利主要体现在个体层面。传统上，我们在讨论大学管理与大学治理时，比较强调作为组织层面的权力架构，如我们经常讲的学术权力与行政权力，但较为忽视了学术权力、行政权力也是一种集体权力，是组织层面的权力，虽然很重要，但作为个体的法定权利也很重要，比如学术权力是一种集体权力，是通过学术委员会的组织形式予以保障和实现的，但学术委员会是由少数教授组成

---

① 杨开忠：《深化高校学术委员会改革的几点思考》，载《中国高等教育》2014年第8期。

的，教师个体的意志有时难以反映与体现，特别是学术垄断行为的出现，更使得学术权力难以反映教师群体的利益。而每个教师个体的权利都是十分重要的，为此，要有保障、申诉、反映的渠道和空间。同样，作为学校的学生和职工也应该在治理框架内有渠道和机构去反映、表达、维护、申诉自身的利益。保障师生权利需要依法治校，并健全校内纠纷解决机制。把法治作为解决校内矛盾和冲突的基本形式，建立并运用信访、调解、申诉、仲裁等多种争议解决机制，依法稳妥地处理学校内部的各种利益纠纷，特别要注意人事处分、学校评价、教职工待遇、学籍管理等行为引发的纠纷。要建立公平公正的处理程序，有章可循，有制度可依。

四、大学治理的组成：制度体系、行动体系、价值体系

大学治理是以制度体系为主导，与行动体系、价值体系相匹配、紧密相连的三位一体的系统。

大学治理的制度体系是确立权力运行的规则和机制，是利益实现和分配的制度设计，既包括权力运作的规则体系，也包含治理运行的组织体系。制度体系包括：党委统一领导学校工作，校长主持学校行政工作，健全党委与行政议事决策制度，完善协调运行机制，加强组织领导。领导权力、决策权力在党委会和党委常委会，我国公立高校实行党委领导下的校长负责制；行政权力在学校的校长办公会，由党委领导，校长负责，校长办公会是行政的执行和落实的中枢所在；学术权力在学术委员会明确了学术与行政的权力分界，学术委员会是学术最高权力机构；民主办学体现在教职工代表大会和学生代表大会的制度设计，保障了教师利益和学生利益；理事会（董事会、校务委员会）是社会机制在高校治理制度中的反映，解决了学校与社会的关系问题。同时，制定与颁布大学章程，通过建章立制，确保学校依法办学、依法行政、依法治校。党委会及其常委会、校长办公会、学术委员会、教职工代表大会及学生代表大会、董事会（理事会、校务委员会）构成了大学治理的制度体系，形成了较为完善的大学

内部治理结构。

当前，需要完善院系治理模式。目前，我国高校虽然实行了学院制度，但是学校与学院的关系一直没有理顺，学院作为办学实体的地位一直没有落实。我国大学校、院、系的直线职能式组织结构，基本上属于行政系统和生产企业沿用的科层式管理体制。这种以"贯彻执行"为主要方式的行政管理体制，用来管理谋求研究创新和高学术水平的大学显得很不合适，科层制过于强调等级秩序和层次，不利于调动广大教职员工参与大学治理的积极性，不利于形成平等、宽松、自由的学术环境，不利于形成民主监督、权力制衡的机制。在高校综合改革中，需要重点考虑学院的治理模式，把学院作为学术单位、人才培养单位对待，建立起中国特色的学院治理模式。学院作为学术单位，要研究应该实行什么样的管理体制和领导体制，是否探索实行教授委员会集体决策基础上的院长负责制。学院院长、系主任的产生方式，是否应该实行定期轮换制度，明确其实行选举推荐与学校任命相结合的制度。如果要完善学院治理结构，就要健全关于学院教授委员会、学术委员会、学生会等相关的制度。在改革高校内部权力配置的过程中，学校应向学院下放权力，特别是学术权力。

大学治理的运行体系包括行动体系和价值体系，目的是确保制度体系的落实。所谓行动体系，是指行政权力主体、学生权力主体与个体权利主体之间的互动关系。高校行政权力与学术权力属于两种不同性质的权力主体，同时也是两种不同文化在高校组织中的反映，二者如何互动，是高校治理中的难题。过去在高校管理中，往往忽视了个体的参与、协商、沟通、表达与申诉等，组织层面的权力代表了部分人的利益与诉求，但很难涵盖每个人的利益诉求与发展愿望。因此，需要实现个体权利主体与组织权力主体的良性互动，确保个体权利指向组织权力的行为的有效表现。行动体系需要大学的自律机制和监管体系做保障。2012年，教育部发布的《全面推进依法治校实施纲要》中提出，要"完善决策执行与监督机制。

要在学校内形成决策权、执行权与监督权相互制约又相互协调的内部治理结构，保证管理与决策执行的规范、廉洁、高效"。当前我国高校的监管体系不够完善，评估体系有所缺失，而世界一流大学一般都建立了严格完备的内部监控体系，如剑桥大学的监察委员会等。我国高校应进一步健全学校决策合法性审查机制、申诉评议机制和纠错机制，保障科学决策、民主决策和依法决策。要实行财务预算制度、财务公开制度、经济专门审计监督制度，从源头上预防和治理腐败。我国高校应健全信息公开制度，特别是在教职工和学生关心的招生、就业、学籍管理、收费、经费使用、职称评聘、人事任免等方面，充分保障师生员工的知情权和监督权，让权力在阳光下运行。

所谓价值体系，是高校治理的思想理念、价值规范和道德规范的总体构成，也是个体权利得以确立和保障的价值体系。高校治理的价值体系要体现教育规律和办学规律，体现国家教育方针政策，体现国家战略与社会需求，确保按照政府、学校和社会的利益最大化的逻辑来确立行使权力和职责，不能因为个别利益驱使而导致价值异化、组织异化、权力异化，使权力沿着正确的轨道前行，同时，在此基础上，形成学校成员广泛的自觉的价值认同，形成对学校治理的认可支持。

在三者的关系中，价值体系是导向，制度体系是根本，行动体系是保障。三者体现了大学治理体系的利益、权力与权利关系及结构体系，构成了大学治理体系的现实内涵。

五、大学治理的主体：学术权力主体、行政权力主体、个体权利主体

大学治理的主体是谁？大学的利益相关者包括教师、学生、职工、管理队伍、校长、政府，与学校有合作关系的当事人，如科研经费提供者、产学研合作者、贷款提供者以及当地社区和社会公众等，这些利益相关者都有可能成为大学治理的主体，使得大学治理的主体越来越多元化。但是大学是学术组织，拥有学术自主权，政府只有简政放权，转变职能，让高

校按规律自主办学，才可能使大学治理成为可能；社会各界也可以介入大学治理，但这只是承担了一种间接的特殊责任。大学治理的主体是高校的教师、行政管理人员以及学生。

从权力与权利的角度看，大学治理的主体应该包括集体与个体两个层面，集体层面包括学术权力主体、行政权力主体，个体层面包括个体权利主体。高校师生员工生于斯，长于斯，高校职能的实现要依靠他们才能开花结果，落到实处，治理的效果也是从他们身上体现出来的，靠他们的努力与奋斗才能变蓝图梦想为实践成就。所以，检验现代大学治理体系建设的成效，最根本的不在于其治理机构与机制是否科学合理，制度设计是否完美，而在于需要认真审视治理过程中各个主体的关系状况，是否调动了师生员工的能动性与主动性，是否实现了学校预设的奋斗目标与价值追求，并衡量实践与价值初衷之间的吻合程度。大学治理所需要的是基于学校师生员工所共同认可的广泛的自觉的价值认同，既要防止行政权力主体过大，也要防止学术权力主体异化。

总之，大学要完善治理结构，提高治理能力，需要在国家治理的语境下理解大学治理的内涵与体系建设，领悟大学治理中学术权力重塑的初衷，理性反思行政权力主导的成效得失，认真审视大学治理的内在逻辑关系。只有这样，一条能够解决我国大学治理困局的改革之路才会日益清晰地显现出来。

第三节　制度与人：大学治理的建构与演进

　　大学治理是制度与人互动的结果，既要注重制度设计与供给，也要重视人作为行动者的治理主体的价值。大学治理的建构是在实践中不断完善的过程，是逐步演进而非主观设计的结果。现代大学的复杂性和不确定性、不同治理主体之间利益和价值的多元性、决策者理性的有限性，都决定了大学制度的重要性。突出制度在大学治理中的重要性，并不是认为制度是主观设计和一成不变的，而是强调制度是外在环境与作为治理主体的人共同作用的结果，是在实践中通过制度认知、制度实践及制度认同的不断建构、发展与完善大学治理的过程。

　　大学治理是大学实现自身目标和任务的治理结构、治理规则和治理实践的总和，包括治理主体及各主体责任的分配、利益相关者行为的控制和标准、决策的程序和过程及规则的规定，以及在实践中对未能有效解决问题的探索等。大学治理的关键因素是制度与人，是作为治理主体的人在治理实践中与制度互动，不断改革完善制度设计与供给，从而提高治理能力与水平的过程。大学治理是在实践中通过人与制度的互动，不断完善制度设计与供给的过程，在这一过程中，既有治理体系的主观建构，也有实践中治理本身的演进与完善。

　　组织理论学家将组织的发展视作一个生命圈——出生，早期发展，制度化，以及成熟。[①]组织变革的频率随着生命从出生到成熟逐渐变得缓慢，

---

① Kimberly, J. R., *Issues in the Creation of Organizations: Initiation, Innovation, and Institutionalization*, *The* Academy of Management Journal, 1979，22（3），437-457.

组织的发展一旦进入成熟阶段，其结构便开始固化，留给改变和创新的空间减少。目前，我国大学治理正处于制度化向成熟转变的关键时期，现代大学制度的完善为大学治理提供了稳定的制度支撑，保证大学组织结构的稳定和治理运行。从组织变迁看，组织过于频繁的变革和结构变化不利于组织的长期发展。因此，在组织迈入制度化阶段后，对静态结构和制度的分析并不足以支撑组织的后续发展。实现大学治理现代化不仅要重视制度，更要重视人的因素。

一、现代大学面临的挑战：重视制度与人的因素

高等教育组织作为复杂系统正在从封闭型组织走向开放式组织，其内外部环境持续不断地发生的变化要求高校治理重视制度与人的因素。自20世纪90年代以来，组织作为一个"开放系统"已经从根本上改变了高等教育组织与理论的研究方向。正如斯科特（Scott）所强调的："组织不是封闭系统，与外部环境隔绝，而是对来自其自身系统之外的人员与资源保持开放和依赖的状态。"[1]政府、市场、社会与大学之间的关系逐步变得紧密，大学的角色由中世纪传统的"象牙塔"，到20世纪60年代的"服务站"，再到如今的"发动机"，角色和地位的变化使得高等教育机构面临多重挑战，大学治理也变得愈加复杂化。

第一，环境的挑战。高等教育发展面临着一个越来越复杂的外部环境，社会、文化和市场的力量正在重构高等教育图景。[2]许多来自系统外部的不可控因素影响了大学发展的选择与目标的实现，以及大学内部的教学、科研活动。

环境的挑战主要来自三个方面。一是对外部环境变化的回应。一些批评者认为高校没有及时回应外部环境的变化，只会"向内看"，倾向于保

---

[1] Scott ,W. R., *Organizations: Rational, Natural and Open Systems*, Prentice Hall, 1992, 22.

[2] Paul, D., *Higher Education in Competitive Markets: Literature on Organizational Decline and Turnaround*, The Journal of General Education, 2005，54（2），106-138.

守和维持现状。阿什比曾说过："大学是遗传与环境的产物。"①无论是被动接受还是主动适应，环境的变化和需求都在有意无意间改变高等教育的目标、结构和管理模式。"现代大学因适应而'生'，因适应而'变'，因适应而'治'，因适应而'殇'。"②无法适应环境变化的大学注定会在历史洪流中被淘汰。二是对内部人员的反馈。对高校的另一种批评是来自内部反馈机制的不完善。管理者没有很好地重视教职工和学生的呼声，反而强化了官僚等级差距，导致组织变革的动力大为减弱。三是高校"合法性身份"的压力。高等教育机构为其所处环境作出贡献的程度往往决定了该机构的合法性和资源获取的程度。由于外部环境变得越来越复杂，大学内部运行也相应地变得更为复杂。新学科的产生和不断细化的专业，管理向治理的转变，大学制度的现代化建设等都是为了使高等教育机构能够更好地应对不断变化的外部环境。对环境的反应体现了组织对于资源的需求以及获取更好生存环境的能力，因此，现代大学组织必须重视机构运行的效率以及不断提升自身的竞争力。

第二，结构调整的挑战。斯蒂芬·罗宾斯（Stephen P. Robbins）等人提出了组织结构的三个重要指标：复杂性、集权度和规范化。③大学是高度专业化的组织，从横向结构来看，大学组织专业化分工越来越细，职能部门数量也越来越多。从纵向结构来看，层级结构逐渐增多。从大学权力来看，重心开始下移，从高度集权向横向分权转变。高等教育组织结构设计中需要充分考虑各子组织间的协调发展与沟通的问题。

第三，非正式结构中人际关系的挑战。高等教育机构不仅是静态的结构设计，也是人际关系的互动链。组织成员承担的责任、等级、分工、需

---

① ［英］阿什比著，滕大春等译：《科技发达时代的大学教育》，人民教育出版社1983年版，第114页。

② 任增元、张丽莎：《现代大学的适应、变革与超越——基于欧美大学史的检视》，载《教育研究》2017年第4期。

③ ［美］斯蒂芬·罗宾斯、蒂莫西·贾奇著，孙健敏等译：《组织行为学（第18版）》，中国人民大学出版社2021年版，第415页。

求等不同，导致非正式人际关系具有复杂性。组织成员间的互动能够构建出有益或阻碍组织发展的文化与氛围，对于组织领导者来说，了解组织生活中的非正式人际关系是确保组织运行的先决条件，[①]组织在实现整体目标的同时，也需要满足组织成员的个人需求和利益。正如切斯特·巴纳德（Chester Barnard）所说，成员间的激励、承诺和信任是保证组织成功的根本要素。[②]组织成员优先考虑自身利益，其次才是组织整体目标。正因如此，如何处理非正式结构中的人际互动对组织的发展起到重要作用。

可见，现代大学组织面临的挑战主要来自环境、结构和人际互动三个方面，组织从制度化向成熟期发展的过程中只有不断完善制度设计以及重视行为者的主观能动性，才能更好地应对不断变化的挑战。

二、大学治理的重心："人的因素"与"软治理"

在《制度、制度变迁与经济绩效》中，制度主义者认为，制度是组织人类公共生活、规范和约束个体行为的一系列规则，因此，制度也被认为是一个社会的"游戏"规则，是决定人们的相互关系而人为设定的一些制约，通常表现为惯例、行为准则和规范、成文法、契约等。作为一套稳定组合在一起的规范和规则，它广泛存在于社会生活的各个领域和各个方面。制度也是社会博弈的规则，组织或组织中的个人就是社会博弈的主体，而组织中具有影响力的人物，作为社会博弈与制度设计的主角，在制度形成与变迁中起着关键作用。

国内外大学治理研究从重视传统的"硬治理"到关注人的因素的"软治理"，研究视角从体系制度的完善转变为非结构化的互动、价值观的动态平衡。

---

① James, L. B., Jay, R. D., *Understanding College and University Organization: Theories for Effective Policy and Practice*, Sterling: Stylus, 2008, 5.

② ［美］切斯特·巴纳德著，詹正茂译：《组织与管理》，机械工业出版社2016年版，第24—52页。

国外学者对大学组织中的主流模型进行了划分，从学院模式到官僚模式再到政治模式，越来越多的学者注意到"人的因素"在治理中的作用。

从20世纪70年代开始，大学治理研究者开始从对制度和结构层面的探讨延伸到对"人"的因素的重视和讨论，如美国教授鲍德里奇于1971年提出三种主要的高等教育治理模式——官僚模式、学院模式、政治模式。[①]鲍德里奇基于1968年对纽约大学进行的案例研究，第一次提出了政治模式。他发现在现代大学日益变得复杂而多变的情况下，既没有官僚机构的刻板和形式化，也没有学院模式的从容和共识导向。相反，学生的暴动、教师工会的罢工、外部利益集团的干预等表现出了政治行为。这些行为源于大学复杂而分散的社会结构以及不同团体间通过不同方式表达自己的利益诉求，从而利用他们所拥有的任何力量从各个角度对决策过程施加压力。因此，大学的权力流动并不是单一自上而下的，而是利益集团相互竞争、博弈、游说从而获取权力的过程。政治模式的提出丰富了大学治理的内涵，并对显性因素以外的人际关系和互动进行了讨论。

从20世纪80年代起，管理学家逐步重视"软治理"的作用。美国教育社会学家马丁·特罗（Martin Trow）指出，应该在"硬"和"软"管理主义之间进行区分。"硬"管理主义强调等级制度、结构的优化以及组织效率的提升，权力主体通过拨款和其他问责机制从外部加强对学术机构的管理。企业模式是管理主义的核心概念，如受"撒切尔主义"影响，英国高等教育形成了市场运行机制和多元监控机制并行的管理机制。高校可以以类似企业的管理模式进行评估。而"软"管理主义则认为机构是自治的，受其自身的规范和传统支配，并具有合理和有效的管理系统，同时仍承担着学术职能，组织结构更加松散，目标更加多元化。[②]

① Baldridge, J. V, *Models of University Governance: Bureaucratic, Collegial, and Political*, Research and Development Memorandum, 1971，77（2），1–19.

② Trow M., *Managerialism and the Academic Profession*: *The Case of England*, Higher Educational Policy, 1994，7（2），11–18.

随着治理体系和治理能力现代化的推进，大学如何治理成为中国高等教育领域中的热点问题。正如里昂·特拉克曼所说："所有的治理模式都是人创造出来管理人的，它们的好坏取决于创造和运用它们以及被它们所管理的人。"①经过多年对大学治理的探讨和研究，我国大学治理相关研究目前也从单一的、线性的制度、结构、模式研究走向非正式人际关系和人的治理能力的研究。对大学治理而言，治理主体间的良性互动和有效的沟通协商对治理效果起关键性作用。不少学者也开始意识到人的因素和"软治理"是未来治理研究中的重要内容，如张应强等认为"硬治理"可以从结构和制度层面实现治理，但"软治理"可以弥补"硬治理"的缺陷，实现大学内部的沟通和互动，有效解决泛行政化和学术权力弱化等问题。②静态制度建设是大学治理的基础，是大学正常运行的保障；而动态能力建设是保证治理有效性的关键，是落实以人为本的前提。多元权力互动有助于有效解决社会问题。史蒂文·卢克斯（Steven Lukes）提出多元权力的概念，即通过权力改变和塑造他人的需求和信念，使之与权力持有者的利益相一致。③权力的运行并没有好坏之分，也并不一定是自上而下的线性关系。福柯认为权力是一种相互交错的网络，不是统治者单方面的自上而下的权力行使，而是统治者与被统治者、中央与地方、集团与集团、个人与个人间竞争力量的相互联系所形成的。正式权威通常被定义为由于正式职位而得到下级服从的能力。下级服从的是职位本身，而非正式权威依赖于合作、分享、讨论和说服。顾建民认为："治理结构即使不完善，治理体系依然可以运行，而人际关系一旦恶化，治理失灵或失效不可避免，所以优化治理

① Leon Trakman L., *Modeling University Governance*, Higher Education Quarterly, 2008, 62（1），63–83.

② 向东春、张应强：《大学共治的内源动力与价值取向——基于大学内部权力互动关系的分析》，载《高等教育研究》2017年第10期。

③ James, Jay, *Understanding College and University Organization: Theories for Effective Policy and Practice*, Sterling: Stylus, 2008, 14.

过程更重要。"①

从理论到实践，从"硬治理"到"软治理"，从制度到人的行为，体现出治理研究逐步步入成熟和完善的过程。优化治理过程，应当促进正式结构和非正式关系的协同发展。

三、大学治理的建构：制度化的大学组织与"人的因素"的大学组织的互动

为什么说制度与人的互动是完善大学治理的关键？这是由大学组织的特性所决定的。大学组织既具有作为大型社会组织的特征，遵循科层制的要求；又是以知识生产、创新与传授为主体的学术型组织，具有观念多元利益复杂的特征和政治组织属性。这里所讲的"政治"，并不是政治学意义上的政党政治、意识形态，而是指一般社会组织由于利益多元与观念多样带来的矛盾、冲突与妥协、共识等，并且对这些矛盾与纷争的处理、改善对于完善大学制度与提高治理效能起着重要作用。

（一）结构功能主义与社会建构主义视野下的大学治理

结构功能主义和社会建构主义属于研究组织的两种范式和视角。结构功能主义强调结构的平衡和稳定。假设前提为组织是客观理性存在的，具有可预测性。领导者通过制度和规则寻求组织功能的最优化和运行的高效，结构在组织中发挥着重要的作用。社会建构理论强调沟通和协调。假设前提为组织是有限理性的，具有可塑性，随着环境变化和时间的推移可被复制和创建。领导者通过促进决策的协作，多方面了解组织成员的观点和态度从而解决冲突。

1. 结构功能主义

社会学奠基人埃米尔·涂尔干（Émile Durkheim）开创的结构功能主义（Structural Functionalism）是把社会设想为复杂的生命有机体，各个子单元

---

① 顾建民：《大学内部治理创新从何处发力》，载《探索与争鸣》2018年第6期。

为不同的器官，互相依赖，互相合作，以维持整个有机体的生存和运转，使社会维持稳定。通过制度、规则和惯例维持社会结构的正常秩序。美国著名社会学家塔尔科特·帕森斯（Talcott Parsons）也为结构功能主义建构起一套社会系统理论。在《社会系统》一书中，帕森斯的"AGIL模型"将社会视为一个由多层次的具有不同功能的子系统组成的总系统。该理论认为，为了有效地对组织功能进行分类，以使系统获得生存和提高有效性，所有系统必须满足四个基本功能：适应（Adaption）、目标实现（Goal Attainment）、整合（Integration）和模式维持（Latency）。这四个基本功能也分别对应四个社会系统：经济系统、政治系统、社会系统以及文化系统。

结构功能主义强调社会系统与其他系统，以及社会系统中各子系统之间的相互交换和交互依赖，使系统间维持平衡和稳定。当系统运作出现偏离，系统能够通过调节机制恢复到正常轨道。在高等教育系统中，结构功能主义保证了大学的稳定运行，平衡大学与外部环境之间以及大学内部各部门之间的关系，避免冲突和不必要的突发事件。结构功能主义依托于实证主义范式，认为大学的运作是理性的、可预测的，通过计划和制度设计可以使组织尽可能地高效。因此，结构功能主义受到高校领导者和决策制定者的青睐，被用于研究大学治理、领导力和决策制定的框架。[1]但是结构功能主义的假设前提是将社会视作一个稳定的、运行良好的有机体，缺乏对变化和改革的分析。

2. 社会建构主义

社会建构理论（Social Constructionism）是由德国社会学家伯格（Berger）和卢克曼（Luckman）提出的一场反实证主义研究的假设和学术思潮。[2]社会建构理论关注现实的创造和个体如何看待世界。人作为有机体与社会

---

[1] Keren G., *Perspectives of Behavioral Decision Making: Some Critical Notes*, *Organizational Behavior and Human Decision Processes*, 1996，65（3），169–178.

[2] Berger P., Luckman T., *The Social Construction of Reality: A Treatise in the Sociology of Knowledge*, Doubleday Anchor, 1966, 51–55.

之间存在着辩证关系。个体意识由社会决定，而社会依托于个人存在。社会建构理论反对二元本体论和客观主义认识论，并认为组织现象是通过对意义和目的的持续沟通与协商而产生的。一个组织的所有维度——外部环境、内部结构、文化特征等——都是通过组织成员之间的不断互动和协商来创造的。个体在一定的社会文化背景下与他人的互动构建了自我认知，并由此构建出特定的组织模式。因此，主观印象、互动模式及意义构建往往比客观数据更具说服力。

环境是由个体和组织"构建"出来的，且环境是动态的和不断变化的，人与人的相互作用促使着环境的变化，而环境的变化也会改变个体意识。社会建构主义者认为，现实是通过与他人的互动符号来建构的，受历史、社会和文化的影响。而这样的变化有时并不受人和组织的控制，因此，社会建构主义者认为未来具有不可预测性，决策与制度的安排和选择往往不是出于理性客观的判断，而是通过协商和权衡得到的，往往满足的是利益相关者需求的次优方案。因此，主观构建性有助于解释组织中的非正式结构以及"人"在组织生活中扮演的角色。

在大学组织中，除层级和结构外，不同利益相关者之间的相互作用会影响大学组织运行和管理制度的有效性。在社会建构理论范式下，大学组织更加强调协作、基于团队的领导力以及变革。[①]社会建构理论不会依赖于普遍原则，而是寻求本土化的语境，如在高度中央集权的大学系统中，即便大学制度和章程相同或类似，不同学校的发展也不尽相同。其原因之一是源于非正式结构中的人际互动，组织环境的构建离不开组织成员的协同互动，而人的行为也受到组织的约束。

作为社会建构主义的衍生，建构理性主义（Constructive Rationalism）借鉴了结构功能主义的一些观点，强调系统化的理性构建的社会制度。建构理性主义将所有社会与文化现象视为人为设计的产物，强调人类社

---

① James L. B., Jay R. D., *Understanding College and University Organization: Theories for Effective Policy and Practice*, Sterling: Stylus, 2008, 542.

会的所有活动需按某种原则或计划加以干预组织实施。在大学制度与治理改革中，既需要系统的制度供给和治理设计，也需要通过实践演进以促进理性构建。在社会建构主义中，又分为演进理性主义（Evolutionary Rationalism）与建构理性主义，前者相信惯例、习俗、传统、渐进的改良与社会的自发演化；后者强调系统化的理性建构出的完美社会制度。在大学制度与治理改革中，既需要系统的制度供给和治理设计，也需要通过实践演进以促进理性构建。

（二）作为理性科层组织与政治属性组织的大学治理

大学组织既是大学制度设计的基石，也是大学治理运行的关键。大学组织具有二重性，既具有理性组织属性，也具有政治组织属性。从理性组织看，大学实行科层制度，被视作"机械工厂"。从官僚主义的观点来看，组织是"为实现既定目标而合理安排的工具"。科层制被认为是日常生活中的固有部分，几乎所有的学院和大学都至少部分地按照科层路线组织。尽管许多人谴责官僚主义的烦琐和不灵活，但是科层制已经成为现代组织中不可或缺的行政运作模式。在现代大学中，通过规章制度对行为进行约束和规范。作为最常见的组织设计，尽管高校由学术专家和行政管理人员组成，但科层制原则上可以视为从根本上指导了几乎所有机构的设计。而政治组织属性则是把大学作为"政治丛林"，与理性科层制相比，其更加强调组织成员之间的冲突和利益的博弈。

1. 理性科层组织——大学作为"机械工厂"

科层制并非伴随着大学的产生而产生，但科层制的产生提高了大学的运行效率，规范了大学的层级和管理程序。中世纪大学被视为大学的开端，其作为开放式行会组织起初并不实施科层制。早期组织的运行主要依赖于权威和个人魅力，缺乏一致的制度和程序。管理者采用"家长式"的领导方式，拥有专制权力，管理的有效性则取决于领导者的个人能力。科层制的出现改变了裙带关系、偏袒、专权、缺乏标准化程序等缺陷，通过建立标准化操作流程，权责的明确划分，使组织结构更加明晰。而在现代大学中，通过规章制度的建设对组织行为进行约束和规范。

基于结构功能主义，科层制的本质是理性的、受目标驱动的，并且稳定不易变化。组织以及组织成员的行为应该遵循一种理性的、客观的、完美的秩序。[①]从结构来看，官僚机构采用等级森严的金字塔形结构，根据权力和责任的划分，从简单到复杂，从高到低采用垂直管理方式（Linear Management）。从权力分配来看，权力和责任随着等级的上升而增加。权力被赋予在职位中，下级服从于上级。官僚主义者认为，组织成员是非人格化的，组织不能为了适应个人的个性和需要而改变结构，否则将会导致效率低下。

马克斯·韦伯提出的科层制包括以下几个核心要素：有效的组织过程；正式的、等级化的行政结构；精心策划的规章制度；明确的分工。官僚制框架依赖于三个方面：明确区分个人与机构的财产权、基于资格证书和专业知识确立机构等级制度，以及将功绩作为组织合法性的主要来源。[②]组织决策的特征是自上而下的理性思考过程，该过程维护了稳定和合法的行政控制。现代组织中或多或少都能够找到科层制组织的特征，但是马克斯·韦伯的科层制是一种理想型，目前，没有任何一个组织能够具备所有的特征。

科层制组织的优点在于通过一个结构来建立秩序和合法性。科层制为组织设立了可测量的职权分配，简化工作的冗余和减少重复劳动，同时可视化的结构也为组织在社会中获取合法性提供了一个评判标准。然而，科层制过分强调秩序和理性会阻断创新和变革。结构功能主义者认为，系统之间必须保持平衡和稳定，一旦系统运作出现偏离，必须通过调节和干预使其回到正常轨道，这样的假设前提是变化的、消极的，忽略了变革可能带来的正向积极影响。因此，科层制结构对于突发变革的应变能力低。再者，科层制将组织成员视为非人格化的，否定了"人"的因素，因此很难

---

① Ferguson K, *The Feminist Case Against Bureaucracy*, Temple University Press, 1948, 26.

② Max Weber M., *The Theory of Social and Economic Organization*, W. Hodge, 1947, 255.

解释除正式结构以外的事物。[①]

2. 政治组织理论——大学作为"政治丛林"

在大学组织中,"政治组织属性"指具有不同目标和利益需求的个体或团体通过民主的方式解决冲突的过程。当人们以不同的方式思考并希望以不同方式行动时,政治组织便形成了,[②]因而"不确定性"和"异议"是政治组织产生的基本要素。作为政治组织,冲突和竞争是组织内部资源分配的主要表现形式。获得权力的一方可以获得分配资源和利益的权威与资格。政治组织的优势在于能够使少数派和多数派的利益和偏好得到合法公开的表达。[③]

与理性科层制严格的制度和结构相比,大学作为"政治丛林"更加强调非正式结构中组织成员之间的冲突和利益的博弈。"这个地方(高等教育组织)更像一个政治丛林,充满生机和喧嚣;而不是一个僵化、安静的官僚机构。"鲍德里奇以冲突理论和社区行动研究为基础,将组织的决策过程描述为"由全体作出决策的'当局'和受决策影响的组织内的'党派'所驱动的过程"[④]。他强调组织过程、机构子群体的活动,内部利益、联盟建立和讨价还价等活动是在多元化的决策环境中进行的,在这种环境中,行政领导人作为边界管理人员在内部和外部利益相关者之间进行调解和说明。[⑤]政治组织中有冲突和矛盾是常态,组织成员需要表达自己的利益诉求,并在互动和博弈中实现组织变革。在其后续的研究中,鲍德里奇提出了"修正的政治模式"——一种环境—心理和结构主义方法。在高等教育决

① Manning K., *Organizational Theory in Higher Education*, Routledge Taylor& Francis Group, 2013, 14.

② Morgan G., *Images of Organization*, Safe Publications, 1998, 152.

③ Pusser B., *The Role of the State in the Provision of Higher Education in the United States*, Australian Universities Review, 2000, 43(1), 24-35.

④ Baldridge J. V., *Models of University Governance: Bureaucratic, Collegial, and Political*, Research and Development Memorandum, 1971, 77(2), 1-19.

⑤ Baldridge J. V., *Organizational Change: the Human Relations Perspective Versus the Political Systems Perspective*, Educational Researcher, 1972, 1(2), 4-15.

策过程中，修订后的模式更多关注外部环境、内部议程控制、利益集团与合法权力。

（三）理性科层和政治属性组织之比较

如表2-3所示，理性科层组织基于结构功能主义，认为组织是客观现实，各组织部分之间的关系符合理性，可以被预知及描述。强调制度体系的完善以及理性决策和组织目标的最优化。科层组织将组织成员的行为看作整体的、非人格化的，成员通过技术和操作程序进行职权划分，各司其职。从结构上来看，通过等级划分，领导力体现在合法权威上，组织成员间的沟通基于书面规章制度，行为受到制度化的约束和规范，体现了科层制、制度化、体系化的特征。

表2-3　理性科层组织和政治属性组织比较[1]

研究范式	结构功能主义	社会建构主义
组织要素	官僚	政治
学科基础	管理学	政治学、社会学
决策制定	理性决策、组织目标最优化	冲突、妥协、合作
行为的基础	规则、技术、操作程序	利益、冲突、忠诚、讨价还价
权力	合法性、集权性	魅力、影响力、联盟、分权
结构	等级化、金字塔形	扁平化
领导	自上而下、合法权威、领导力	联盟、权力结构和影响力决定
沟通	自上而下、书面占主导	隐秘、结盟
如何看待同事	工蜂	对手

政治属性组织基于社会建构主义，与结构功能主义相反，社会建构主义体现出更多的灵活性和适应性，并且认为组织成员不需通过客观和理性

---

[1] Manning K., *Organizational Theory in Higher Education*, Routledge Taylor&
Francis Group, 2013, 14.

联系在一起，人际交往中权力和影响力不断流动，权力的类型更为多元。冲突充斥在组织之中，组织成员通过互动、协商、游说、妥协、结盟等方式寻求自身利益的最大化。与自上而下的线性结构不同，政治组织更加扁平化，具有包容性和弹性空间。因此，树立共同文化价值观有利于成员行为的一致性，减少分化。

理性科层与政治组织的关系是相辅相成、互为补充的，对政治组织理论的研究并不代表对理性科层制的抨击和否定，相反，正是在科层制得到完善后，才能够更好地去探索非正式结构中的人际关系。因此，既不能忽视政治组织理论在治理研究中所扮演的重要角色，同时，也不能将科层制和组织属性割裂开。只有在不断完善结构和制度的基础上才能够有效地关注非正式结构。理性科层制是高等教育组织研究的基础，而政治组织属性的研究能够更好地弥补结构功能主义的局限性。

现代大学治理应该既重视制度建设，也重视"人"的因素，在科学合理的制度建设下，重视不同利益群体的意见、冲突、合作等是如何对治理产生影响的。将两种治理模式有效地结合，才能够更加有效地、全面地分析正式结构和非正式结构，使得现代大学治理的内涵不断丰富，实践性不断提高，治理效果不断增强。

四、实现大学治理现代化：制度与人的互动实践

（一）既强调制度的重要性，又要看到作为人、作为行动者的治理主体的作用与价值

制度是由人建立的，也是由人施行的，制度与人之间有着十分密切的关系。制度是死的，人是活的。制度再好，如果没有执行和彻底地实施，就像一张白纸。在开展过程中，可能会把很好的制度破坏了。制度逻辑不是就制度谈制度，就制度谈治理，而是在制度建立和完善的过程中看到人的作用，看到制度执行过程中人的价值，大学治理的制度逻辑就是在制度与行动者之间架起桥梁，促进制度优势转化为治理效能。目前人们普遍认

识到了制度的重要性，产生了一种以"制度缺位造成治理混乱"为问题核心的"制度建构主义"思路，试图以"制度缺位—制度建构"的思路，将大学治理的方方面面全都纳入制度范畴之内，建构一个无所不包的大学制度体系。这种观点值得商榷：一是大学制度是在长期的历史过程中形成的，并不是短时期内主观构建的；二是大学制度是治理主体与制度互动的过程，制度是在治理实践中不断丰富完善发展的，要始终重视人的因素；三是制度既包括正式规则，也包括非正式规则和习惯等。所以，制度逻辑不是要主观建构制度，而是在制度认知、制度构成、制度运行与制度行为、制度评价的互动中形成大学治理体系和治理能力现代化。

（二）建立互信的大学组织文化

一所大学所具有的组织文化使其在价值观、领导方式、人际互动方式、传统和习俗等方面有别于其他大学。文化可以定义为"一个社会系统里成员所共享的理念、思想、价值观、信念、期望、态度和假设。作为文化元素的符号、规范、价值观与礼仪，更多地意味着人们在不同的高等教育机构之间会做出多样的选择，伴随多样行为而来的是奖赏与惩罚"[1]。官僚组织文化遵循正式的规则，以确保高效的绩效。组织行为由特定的系统作为指导。决策者重视合理性，并寻求减少组织的不确定性和模糊性。政治组织文化则通过其对组织内各利益集团和联盟之间的谈判与讨价还价而确定。组织行为采用社会交换的方式，组织成员更愿意支持符合他们利益需求的计划。为了适应外部环境的变化，增加组织的灵活性和适应性，组织文化为大学治理提供了更广阔的视角。第一，不能孤立地考虑实际的、潜在的冲突。官僚主义往往将冲突视为决策失败的结果，而政治组织则认为冲突是人际互动中的常态，了解冲突并化解冲突可以有效提高决策制定和执行的效果。第二，认识到结构上的矛盾对组织内部的影响。组织层级的划分虽然有效地区分了组织成员的权责，但是权力分配的不均衡会导致

---

① 李立国：《什么是好的大学治理：治理的"实然"与"应然"分析》，载《华东师范大学学报（教育科学版）》2019年第5期。

组织内部的矛盾，如行政人员和学术人员之间的矛盾。正式结构中学术人员通过教授委员会和学术评议会为自身谋求权益，而在非正式结构中，教授往往不能代表所有学术人员，因此，学术人员通过结盟的方式试图争取更多的利益。第三，考虑为什么组织中的不同群体对治理效果和大学绩效等问题的看法不同。利益相关者理论认为，个人或群体对于大学组织目标的实现有重要的影响。在大学治理过程中，利益相关者的利益和诉求各有不同。组织文化能够让利益相关者更好地了解组织目标，从而使其达成目标的统一，减少利益的冲突。组织文化影响着人际关系的形成，良好的组织文化有助于形成良性的竞争并化解冲突矛盾。

（三）建立互动机制，发挥制度的弹性空间

制度不光受到社会、经济、政治等外部因素的影响，同时也受到来自内部因素的影响。这种内部影响来源于组织的历史、文化、组织成员所持有的价值观、态度。因此，互动方式的不同会影响制度效能的发挥。在新制度主义中，行动者与结构之间的互动关系是相互约束和相互促进的。制度框架限制着行动者的行为，而行动者的行为又影响制度的发挥。官僚组织中制度的建设是自上而下的理性决策，组织成员是制度的执行者，制度效果由书面的评价体系进行评估。政治组织中制度建设伴随着冲突和妥协，组织成员的执行方式和互动方式更加隐秘和非公开化，制度效果由组织成员进行意义构建（Sense Making）。政治组织的互动方式主要是结盟、游说、讨价还价、妥协等，通过博弈寻求该群体或个人利益的最大化。官僚主义的批判者认为，制度的设计和执行过于死板僵硬，不懂得变通，往往会本末倒置，造成行政管理的效率低下。"人"作为制度的执行者，影响着制度实际运行的有效性。然而一些恶性的互动，如暗箱操作、消极怠工等，会对大学的正常运作产生消极影响。因此，正式制度关系可以对组织成员的行为和工作范围进行界定，而非正式人际互动可以增加制度的弹性空间。良性的互动机制需要有规则意识，要平等公正，为组织成员提供有效的参与途径。

（四）实践中创新治理方式，提高治理效能

大学内部利益相关者的互动和博弈影响着大学治理成效，大学内部治理是否有效取决于权力主体间的互动合作。应当促进正式关系和非正式关系的协同发展，优化治理过程，提高治理效能。美国学者德韦恩·约翰逊（Dwayne Johonson）通过对美国几十所大学学院院长的研究，根据学院治理的集权程度的高低，将治理类型进一步细分为寡头决策型（Oligarchic Organization）、领导决策型（Headship Organization）、参与决策型（Participating Organization）、共同决策型（Collegial Organization）。[1]寡头决策型和领导决策型都属于集权式的类型，而参与决策型和共同决策型都属于分权式的类型。在前两种模式当中，院长或管理层更像是大学里的政治家，而在后两种模式中，他们则更像是学者型的领导。在偏向集权的院系治理结构中，院长占据了主导地位，大权独揽的院长通常会认为自己将学院管理得很好，为学院奉献了很多，但教师却并不买账，除非这位院长享有很高的声望，同时又确实提高了教师的待遇，否则，在集权型院长的领导下，教师对于学院的忠诚度普遍不高，教师和管理层之间也缺乏团结，教师们普遍不喜欢强权型的领导。如果院长在学院里越以领导自居，那么他的工作就越难得到教职工们的认可。而在分权型的学院治理结构当中，院长的领导工作和决策方式往往比较民主，尽管院长可能认为自己做的事情并不多，但是却能得到教师很高的评价。在分权式结构当中，院长与教职工之间的关系更为亲密和接近，教师们都比较偏爱不那么强势、行事更为民主的院长，因为这样的院长或领导层不会过多干涉教师事务。

研究发现，分权式治理和民主型领导更能激发自下而上的组织变革，并促进变革的成功。鼓励和支持自下而上的组织变革模式就需要转变官僚体制，注重民主的治理方式，需要把官僚科层组织改变得更具政治组织属性，使广大教师有参与渠道，形成协商共治的治理模式，激发基层员工和

---

[1] Johnson D. J., *Relationship Between Administrator's Personality and How They and the Faculty Perceived the Administrator's Role and Degree of Success*, Administrator Role, 1976, 11.

教师的参与热情与变革活力。

　　大学治理需要健全的制度供给与良好的治理能力的有机结合，在治理实践中实现人与制度的良性互动。然而，制度供给和治理能力之间并不是一个完全对应的关系，即制度供给好并不代表治理能力强，治理能力强也不代表制度供给好。只有好的制度供给与强有力的治理能力相结合，大学治理才能达到最佳状态。无论是制度设计与供给还是治理能力的提升，都离不开作为治理主体的"人"。探讨大学治理，应该在治理实践中探讨人与制度的相互作用，在实践中完善治理体系与提高治理效能。大学治理的研究路径应从治理主体的辨析转向治理规则、治理实践的研究，由探讨"谁在治理"转向研究"如何治理""怎样治理"，由探讨以主体为中心的"表层结构"转向实践为中心的"深层结构"，既要看到机构、组织在制度与治理中的作用，更要看到"人"在大学治理中的主体性，就是要从"求变"到"求治"，从治理变革走向治理建设，从治理体系转向治理能力，从治理目标转向治理效能。

第四节　什么是好的大学治理：治理的"实然"与"应然"分析

　　大学组织处于外部环境影响与内部力量影响的均衡状态，在组织内部具有理性科层组织和政治属性组织的双重属性，使得大学治理呈现模糊性和复杂性。高等教育机构受到的外部环境影响和内部因素制约都处于中等程度，既受外部特别是政府与市场的影响，又保持一定的自主性，同时，既受内部控制，又要对外保持一定的开放度。现实的"实然"状态是在三角模型中，出现了学术主导型、市场主导型和政府主导型的不同治理模式；理想的"应然"状态是学术、政府、市场的内外部力量保持平衡，大学治理在内外部力量的共同作用下保持相对自主的发展状态。从内部的理性科层组织和政治属性组织来看，大学治理要处理好二者之间的关系。现实的"实然"状态要么是以科层官僚制为主，按照行政机构模式管理大学，要么过分强调某一部分人的利益与权力；理想的"应然治理"既要发挥理性科层制的作用，提高治理能力，同时，更要从政治组织属性看待大学治理，建立沟通协调机制，建立以信任为基础的组织文化，有效化解冲突。中国的大学治理要从"求变"到"求治"，从治理变革走向治理建设，从治理体系转向治理能力，从治理目标转向治理效能，实现从大学治理的"实然"现状走向"应然"的改革。

高等教育治理具有多维性，存在不同的治理模式与治理形态。从高等教育治理的外部看，学术界一般会提到伯顿·克拉克的经典三角模型，即政府、市场与学术的三角互动关系，形成了所谓的由政府主导的治理、市场主导的治理和学术主导的治理这三种模式。高等教育内部治理从理论视角分析，存在着不同于政府治理、公司治理的高等教育治理的多种模式，如科层官僚治理、学术治理、共同治理、企业化治理、法人化治理等多种治理模式。通过对世界高等教育的治理实践分析，存在着罗马文化的欧洲大陆治理模式、盎格鲁-萨克森的英美治理模式和儒家文化的东亚治理模式等。高等教育为什么会存在多样化的治理模式？从治理的外部环境看，为什么大学治理会有这么大的弹性空间？从治理的内部因素分析，我们一般会提到学术权力与行政权力，但这种权力的二分法是否就揭示出了大学治理模式多样化的根本原因，有待探讨。从高等教育组织特性分析，大学具有理性科层组织与政治属性组织的双重属性。既离不开科层制，又必须优化和制约科层制；既要尊重多元利益主体的互相博弈与协商，建立以信任和利益为基础的组织文化，又必须提升治理能力，从而提高治理的效能。大学治理就是在双重矛盾中不断前行和寻求最佳治理方案。多种治理模式与形态的存在是大学治理的"实然"，但是大学治理也要寻求符合组织特征和教育规律的最佳治理形态，即大学治理的"应然"，就是探索什么是好的、有效的大学治理，即大学的"良治"。

一、好的大学治理是在治理自主性与对外部环境的开放性之间保持平衡

从高等教育系统外部看，高等教育机构受到的外部环境影响和内部因素制约都处于中等程度，既受外部特别是政府与市场的影响，又要保持一定的自主性；同时，既受内部控制，又要对外保持一定的开放度，这种内外部对等的影响与制约决定了大学治理的复杂性。

高等教育治理的复杂性主要表现在受外部常规影响和内部决策影响两个层面，例如作为高等教育机构中特殊类型的军事教育机构，受外部的影响最大，受内部决策层的影响很小。企业化组织既受到外部竞争环境的影响，同时，也受到领导决策的影响，在急剧动荡的外部环境中，领导层的决策失误很可能导致企业倒闭。科研机构受个体和外部的影响都比较小，因为其主要是致力于搞研究和开发新技术或者新产品。相比较而言，高等教育机构受外部和内部的影响处于中间状态，依赖外部资源投入，同时，受内部人员影响，特别是受领导者个体的影响也很大，某些领导的决策可能导致重大变革，比如决策层决定发展什么学科，现在的重点任务是什么，或者打算建设新校区，这样决定之后，就要付诸实施。以兴趣爱好组成的休闲娱乐组织，如业余球队等，没有明确的组织架构，大家只是由于爱好聚集在一起，属于松散社会组织，反而具有持续的稳定性，外部环境变化和自身变化等对这类组织的影响较小。因此，高校的治理机制，实际上与企业化机构、研发机构和军事化机构都有差异，和一些其他社会机构

也有所不同。[①]

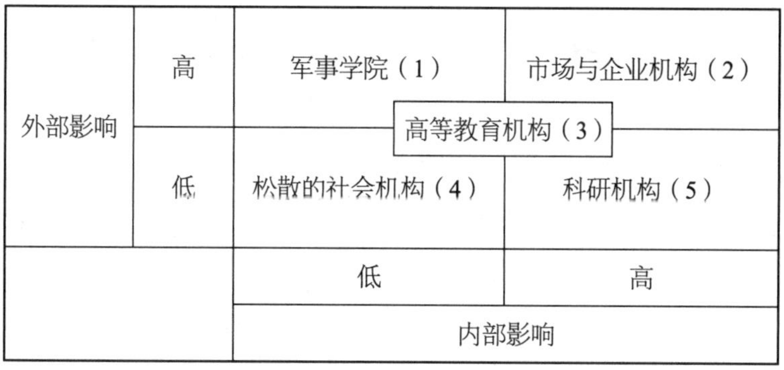

图2-4　不同类型组织受外部环境和内部行为的影响

　　受外部环境影响大和内部自由空间小的军事院校，会面临很高的组织压力和很少的个人表达机会。受市场影响大的企业机构面临外部竞争造成的强大的组织压力，同时企业的性质又给予了个人创造性和主动权的无限自由空间。松散的社会组织受内外部的影响都很小，既没有规律性的行为，也缺乏标准的操作程序，它们被无联系的个人影响所替代，其决策与运转并不被作为整体性的组织来看待。以基础研究为主的科研机构受到外部影响小，更多是一个自主性组织，研究很少受到来自外部的限制，科学研究机构不是外部下达什么任务或者投入巨资就可以改变科研规律的，自主研发需要尊重科研规律。如图2-4所示。高等教育组织受到中等程度的外部环境和内部决策的影响，导致了目标的模糊性，增加了管理与治理的难度。

　　高等教育的治理同时受到外部环境和内部领导决策的影响，不可避免地存在一些问题。这种中间状态是最难处理的，如果受政府主导或者市场主导，大学可以生存发展；如果是受内部控制，不受外部制约，完全以自由自治的状态办学，大学也可以存续发展。所以，大学治理的弹性空间非常大，寻求最佳治理模式是一件很困难的事情。

---

　　① Bess. J. L, Dee. J.R, *Understanding College and University Organization*, Stylus Publishing, 2002, 135-136.

　　根据高等教育组织特性，如何寻求最佳治理模式与治理路径？应该是外部影响力与内部自主办学相互平衡、相互结合的治理方式是最有效的。在现代大学和社会关系愈加紧密的今天，以学术治理为主（如欧洲传统的大学自治方式），或者受制于政府管控为主（如苏联高度计划体制下的大学治理方式）的治理方式都遇到很大挑战，治理的效率较低。

　　好的、有效的大学治理是大学内部力量与外部影响之间保持适度平衡，外部力量之间特别是市场与政府之间也要保持适度均衡。政府可以提供经费等办学资源与场地等办学条件，但不应干涉学校具体的办学行为与学术决策；可以保留检查评估权，下放资源控制权、资源配置权与资源使用权。而学校则面向市场自主办学，依据市场需求配置资源，确立发展目标和发展重点，市场与社会则会用软性方式，如大学排名、毕业生就业、科研成果转化及舆论导向等对大学作出评价，对治理发挥影响。

　　大学与政府之间的边界一定要清晰，保障大学的办学自主权。2004年9月，联合国教科文组织欧洲高等教育中心发表了《关于欧洲高等教育伦理价值和原则的布加勒斯特宣言》，宣言指出："大学是一个自治的机构。大学通过研究与教学，以批判的方式创造和传递文化。为了满足当代世界的需要，大学的研究与教学必须在道义上和智力上独立于整个政治权威、经济权威和思想意识权威。"[1]这一原则不仅要在法律上予以确认，更要在实践中真正落实。当然，正如该宣言所言，大学不应以自治为借口规避对整个社会的责任，而须坚持不懈地去促进公共福利。2018年，印度的大学拨款委员会制定了《分级自治条例》，为大学采用分权的管理方式提供一个架构，确保高等教育机构可以自由决定学术事宜。印度人力资源开发部部长表示，自治是高等教育机构实现卓越的关键，而政府要致力于确保大学的

---

　　① 王晓辉：《〈关于欧洲高等教育伦理价值和原则的布加勒斯特宣言〉的解读与思考》，载《比较教育研究》2010年第8期。

自治落到实处。[①]

欧洲高等教育治理改革的目标是重塑高等教育机构与政府的关系，增强学校自主办学权力，减少政府对于学校的干预。在中世纪以来几百年的大学发展历程中，大学治理积累了丰富的经验，形成了大学独有的治理方式。但自二战之后，随着高等教育大众化、普及化的发展，形成了规模庞大、层次不同、类型多样、成分复杂的高等教育体系，西方国家纷纷实施改革，将大学由学术治理机构变为法人治理机构。丹麦于2003年颁布了《新大学法》，改变了大学的国家属性，由此成了"自治"学校。日本从2004年开始推进国立大学法人化改革，增加大学自主权。瑞典在2010年3月颁布了《瑞典自治法》，高校获得了特殊的公法人地位。芬兰也于2010年颁布新的《大学法》，赋予大学独立法人地位。北欧国家的大学校长不再由在职教师选举产生，而是由新成立的董事会任命，校董事会成员必须有40%是大学之外的成员。教师也不再是公务员身份，改变了政府聘任教授的做法，教师的聘任权下放到了大学，大学的高层决策部门终于获得了学校管理中具有决定性意义的人力资源配置的权限，动摇了教授统治大学的基础。从总体来看，世界主要国家和地区的大学治理出现了转型，政府向大学放权，扩大以校长为首的行政管理团队的治理权限。德里克·博克对于这种变革曾经分析指出："当欧洲国家的政府决定从精英高等教育向大众化高等教育过渡，并且把科研与经济增长更紧密相连的时候，欧洲那种传统的由政府对预算和管理进行严格控制与教授对教学和科研享有广泛的自治权相耦合的治理体系就显得有些不太适应了。相应地，政府放松了监督性的控制以便授予大学领导人更多的行政权力，设立了顾问委员会以便企业界和其他外部集团享有更多有影响力的话语权，开发了更加精细的审计和评估的方法以加强对大学的问责，削减了学术参议会的权力以便赋予校长

---

① Javadekar, S. P: *Autonomy is Crucial for the Higher Educational Institutions to Achieve Excellence*, https://mhrd. gov. in/sites/upload_files/mhrd/files/PR_UGC. pdf.

和管理人员更多的权威。"①

为适应社会经济发展的需要和知识经济时代的挑战，打造具有国际一流水平的高等教育，新加坡政府从20世纪末开始对公立大学的治理体系进行改革，逐步使大学从附属于教育部的法定机构转变为公司化治理的自主大学。1999年，新加坡政府成立大学治理和拨款指导委员会对相关问题进行深入研究，并实地考察了美国、英国、加拿大和中国的十多所大学及其他相关机构。研究发现，美国无论是私立的还是公立的顶尖大学，实行的都是由市场驱动且具有很强的竞争性、灵活的管理运行体系，而欧洲和亚洲的大部分顶尖大学采用的是更为结构化的体系，但它们的共同特点是具有很强的自主性和清晰的责任体系，使其能对外部环境变化作出快速及时的反应，并根据变化对内部资源分配和产出做出合理调整。改革后，大学成为具有自主权的独立责任主体，其与政府的关系不再是此前的直接上下级关系。政府和大学的各自权责通过相关法案和协议加以明确。新加坡政府对公立大学的治理结构进行了彻底改革，使大学从附属于新加坡教育部的法定机构（相当于我国的国家直属事业单位）转变为在人事、财务、教学、科研和内部管理等方面具有自主权的公司化治理的自治大学。

不同国家的政府与大学也形成了不同的关系模式，美国学者伯顿·克拉克曾将政府与大学的关系模式描绘为三角模型，即政府主导型、市场主导型和大学主导型。政府主导型是指政府在大学发展中起重要作用，法国是其代表；市场主导型是指大学面向社会自主办学，美国和英国的新式大学是其代表；大学主导型是强调学术治理在大学中的主导作用，德国是其代表。从总的发展趋势看：一是政府对大学直接控制不断减少，扩大大学的自主治理权限；二是政府对大学的管理更加强调客观、间接，法治、指导与服务相结合，授权与激励并重，监督与保障同行；三是随着政府对大学的控制减弱，大学内部的行政力量与外部的利益相关者参与大学治理的

----

① ［美］德里克·博克著，曲铭锋译：《大学的治理》，载《高等教育研究》2012年第4期。

权限增加。政府改变了传统的直接管理与干预方式，一般运用法律法规、战略规划、拨款资助、行政干预、质量评估与社会舆论等多种政策工具，对大学发展施加影响。政府、市场与高校分别主导的三种治理方式具体见表2-4①。

表2-4　不同类型大学的治理权限

	政府主导型	市场导向型	大学自主型
一、大学的制度结构			
决策者	政府	大学管理者	学术团体
	教师评议会	学校董事会	
治理途径	官僚科层制	企业式管理	学术自治、教师与政府合作
使命	与政府经济社会需求相一致	满足消费者和市场需求	学术自由，创新知识
二、监控模式			
监控主导者	教育管理部门	政府认证机构	自我评估
		中介机构	教师自我评估
监控内容	教学科研工作程序	教学科研产出质量与效益	学术出版
			学术论文发表
评估标准	政府设定的目标	社区、国家与全球的经济需求	科学与学术目标
		效益、可持续性	
三、与政府、社会的关系			
政府管制工具	战略规划与设立目标	竞争，质量控制	财政拨款
			法律法规
教学科研的目标	政府拥有一定权力	市场与社会需求	学术进展

① Dobbins M., Knill C., Vogtle E. M., *An Analytical Framework for the Cross-country Comparison of Higher Education Governance*, Higher Education, 2011（5），665-683.

续表

	政府主导型	市场导向型	大学自主型
外部利益相关者的角色	管控	市场化	限制
主导力量	政府	大学管理者	学者团体
四、经费使用机制			
主要经费来源	政府预算	竞争性，多样化来源	政府预算与大学预算
		学费、捐赠、研发经费	
		政府拨款、学校创收	
管理方式	清单式管理	总量控制	混合式（学校拥有部分自主权）
	学校自主使用，权限较小	学校拥有充分自主权	
分配标准	投入与产出效益	产出质量与效益	投入要求
使用效果评估	政府评价，定期评估	多元评价方式，定期评估	学校和学院自评
			不定期评估
五、个体与机构自主权			
教师职称	政府	学术评议会与大学管理者	教授
高级管理人员聘任	政府	大学管理者	教授
辞退教授权	没有	有	没有
院长、系主任的职业角色	公共事务管理者	管理者	学术管理者
学术团体参与学校管理事务	限制	允许	积极参与
课程与专业设置	政府，学者	大学管理者，学者	学者
研究计划设置	政府，学者	大学管理者，学者	学者
设立学术机构的条件与标准	政府	大学管理者	大学与政府协商

二、好的大学治理是在尊重学术组织特性的基础上在科层制与民主协商制之间保持平衡

学术权力与行政权力是从权力主体与权力性质方面揭示大学治理的权力本位，但是没有从组织角度揭示大学治理的内在依据。大学治理具有复杂性、多维性和多元化的特点，这是由大学组织本身的特性所决定的。高等教育组织与其他大多数组织有很大的不同，这种不同不仅体现在区分了学术与行政的不同角色以及不同的责任、权力与权利运转方式，更为重要的是，大学是以理性为基础的科层组织和以多元利益为基础的政治组织的结合。这里所说的政治不是指意识形态，而是作为多元利益主体的大学内部，不同利益的个体或集体会相互斗争、相互谈判、互相妥协或者互相信任。理性科层组织与政治属性组织是两个不同属性的组织，一个要求按照官僚科层制度的方式治理大学，一个要求按照民主协商自由的方式治理大学。官僚科层制与民主协商制是大学内部治理的两个端点，可以连成一条轴线，大部分治理方式处于这条轴线的某个中间位置，是二者的混合。

作为理性组织，高等教育机构基本依赖于官僚化的权威关系来实现组织目标。作为一个政治组织，学院和大学的特点是进行各种博弈，例如开会讨论各种问题，做出妥协与决定，寻求推进个体和子单位的目标。达夫特已经识别出理性和政治组织的差异性，[①]见表2-5。

表2-5　理性的与政治的组织行为模型比较

组织的特点	理性的/科层组织	学术的/政治组织
组织目标	参与者的一致	不一致的、多元的
角色定位	组织目标实现的最大化，被参与者认为是同质的	次优化；实现个体目标和意愿，经常以集体利益为代价

---

① Bess, J.L, Dee, J.R, *Understanding College and University Organization*, Stylus Publishing, 2002, 547.

组织的特点	理性的/科层组织	学术的/政治组织
权力和控制	中心化和官僚化	非中心化，变化的联盟和兴趣、利益小组
规则和规范	来自组织命令小的偏差	偏差受到明显的权力限制
牢骚的观点与不满	必须说明的问题，以增加组织成员的动力	基于为了自利的行为设计，是为了增加权力和影响力
信息	广泛的、系统的	模糊不清的、战略性的信息使用和扣留
对决策的态度	相信会被理解	会有不同意见
决定	基于理性组织目标的选择	洽谈的结果，利益之间的相互影响
意识形态	效率与组织影响力	竞争、冲突，派别内部优胜者和失败者
理论与研究的焦点	冲突的规范；组织如何确保员工用信念有秩序地"排队"	谁取得成功以及为什么成功；在什么样的条件下一些个人和小组有他们自己的方式

    大学的行政运转是依靠科层制实现的。科层制是依靠理性的组织行为，即最大化地实现组织目标，甚至可能减少或者牺牲个人与小组利益。在一个完美的理性科层制中，需要具有同质化的员工群体和同质化的组织文化，以有利于减少冲突，增进共识，促进组织目标的实现。"科层制"是一个中性词，而不是一个贬义词。有人否定科层制，否定现代大型组织的管理方式，这会走向反组织的乌托邦主义；而把科层制运用到极致，就会走向科层制的反面，即被大家经常批评的官僚主义、官僚化和行政化。科层制是现代各类组织实现其功能的必由之路，到目前为止，还没有任何社会组织形态可以代替科层制，没有它，社会组织就无法正常运转。可以批判科层制和官僚制，但不是要取消它，而是要改进它。大学组织作为现代社会组织的一种形态，其管理运行和治理同样离不开科层制。任何制度都

兼具两面性，科层制的弊端显而易见，人们往往指责它、批评它，但还找不出合适的制度取代它。科层制是高等教育组织与管理中的重要制度设计与管理运行规则，一方面，促进了高等教育管理的规范化、制度化与标准化；另一方面，确实存在着与高等教育组织本质属性相冲突的地方，特别是科层制可能会导致官僚化与行政化。高等教育管理需要正确运用科层制度，提高高校管理效率。[①]

高等教育组织是复杂性组织，不同于政府机构和企业机构，它是科层组织与政治组织的混合物，既要服从于科层组织原则，又要按照政治组织属性运转。为什么大学是典型的政治属性组织？一是因为大学是资源依赖型组织，需要从外部获取资源以满足发展的要求，需要组织与外部的政府、市场、社会协调各种利益关系，满足他们对大学的利益诉求。二是因为大学是利益相关者组织，存在多元利益主体，各主体的利益既有一致性，又存在很大的不同，需要协调与共治。三是因为大学是从事知识生产与传播的学术组织，具有民主、平等、公开等学术价值观，讲求学术争鸣与探讨，使得大学组织天然具有这种属性。四是因为大学发展，如人才培养、科学研究的成效具有缓显性、难以测评性和滞后性等，评价较难，使得许多问题难以在一定时期内得出结论，只能依靠协商去逐步决策。五是因为大学各个利益主体的利益表达与诉求不仅依靠正式制度和正式组织规则来实现，更多的是依靠非正式规则和渠道去表达和争取权益。大学之所以存在多种委员会和各种小组，就是为了从多层面表达和解决利益诉求，这是大学作为具有政治属性组织的体现与具体化。

大学除了依靠理性的科层制度保持运转之外，学术权力和利益多元化还使得大学要依靠"讨价还价"的政治组织来运转。在大学中，存在教职工与院长的争论、院长与副校长的争论、员工与校长的争论、校长与董事会的争论，诸如此类不分级别的多种争论与利益维护现象，在企业和政府

---

① 李立国：《为"科层制"正名：如何看待科层制在高等教育管理中的作用》，载《探索与争鸣》2018年第7期。

组织中是很难见到的。这就是大学，是以学术权力为根基的多元利益的博弈，如美国的大学治理结构所涉及的治理主体种类多样，各自承担着不同的角色，看似复杂，其实有着内在的秩序与规则。在大学内部，有治理委员会及其委员、校长、副校长、教务长、各院长和系主任、教师、评议会、学生等；在大学外部，有联邦政府、州政府、基金会、专业认证协会以及作为出资者的富豪、校友等。如此众多的治理主体，在美国的大学治理结构系统之内扮演着丰富的角色，譬如从整体而言，治理委员会作为大学的法人，扮演着大学所有者的角色；校长、副校长、教务长、各院长和系主任共同扮演着校内的管理者角色，而现在他们同时在逐级扮演着监督者的角色；教师个体扮演着高深知识产品的具体生产者和传播者的角色，其精英代表所形成的学术权力机构则扮演着学术事务咨询建言者的角色。大学外部的联邦政府和基金会主要扮演出资者的角色；州政府和校友会一方面扮演着出资者的角色，另一方面会在不同程度上介入大学内部治理的某些事务；而专业认证协会则扮演着评价者的角色。各类角色相互关联、相互作用，共同构成了治理权力交叉的结构网络。哈佛大学前校长德里克·博克曾经分析大学治理的多元利益冲突："然而，一旦他们开始去准确描述问题到底出在哪里时，这种观点高度一致的现象立刻就烟消云散了。改革派评论家批评大学校长们是一帮谨小慎微的官僚，批评他们既没有宏伟的愿景，也缺乏足够的勇气进行大胆的改革。政客们则指责大学校长们既缺乏真诚的愿望，也没有足够的能力控制飞速增长的大学开支。试图捍卫自己尊严的校长们则声称，他们虽然肩负着沉重的责任，却被赋予太少的权力，以致无法完成这些责任。校长们与董事会成员结成同盟，这个同盟常常责怪教师们在接受变革方面表现出一种令人难以忍受的迟缓，而这些变革是为了应对快速的变化所必须采取的行动。不难预料的是，那些批评大学治理程序的教授们则持有一种相反的观点，他们坚持认为，作为学术领袖的大学校长几乎毫不关注教师们的意见。"①

　　人们一般认为大学是理性的城堡，因此更多地受制于逻辑、真理以及夸大了的学术的价值，相比较那些过度利己主义的常见的营利性机构，大学治理更为理性科学。然而，大学组织因其学术系统的特性，往往呈现出松散联合的结构，并伴随着利益多元化，这使得大学治理呈现出利益博弈的政治组织的特性。谁能赢得这些博弈通常就意味着谁掌握着更大的权力，谁就可以在高等教育组织中具有更大的发言权。公众普遍关注的是大学显而易见的缺乏效率，以及相伴而生的成本上涨，这与高等教育机构做出决策的复杂性密不可分，例如美国弗吉尼亚大学校长特丽莎·沙利文于2012年6月10日在校董会压力下被迫宣布辞职，"被辞职"事件在弗吉尼亚大学校园、高等教育界乃至美国社会引发强烈反响。《华盛顿邮报》《纽约时报》及《华尔街日报》等主要媒体高度关注事态进展，连续在头版刊载长篇报道；校园内几乎每天都有各种规模的师生抗议活动，学生、教授和校友还在脸书（face book）和推特（twitter）上设立了"为沙利文校长请愿""改革弗吉尼亚大学校董会"群，实时发布有关信息；教授群体多数表达"震惊和失望"，部分知名教授辞职以示不满；教工代表委员会高度肯定沙利文的工作，对校董会投出不信任票，要求校董会主要成员辞职；10个学院的院长及招生办公室主任联名上书校董会，要求考虑恢复沙利文的职务；州长鲍勃·麦克唐纳致信校董会，要求要么尽快做出最后决定，要么全体辞职。在来自校园、社会、政界以及媒体的多方压力下，董事会两周之后召开特别会议以全票通过恢复了沙利文的职务。这场戏剧化的人事动荡反映了崇尚"商业化运作"的大学校董会与持"传统治校"观点的校长之间办学理念的冲突，也揭示了大学治理的危机和挑战。

　　"当意见分歧真的出现时，有关大学治理的常规描述将会变得毫无用处。真正的权力更多地取决于那些从未见诸白纸黑字的看不见、摸不着的

---

　　① ［美］德里克·博克著，曲铭峰译：《大学的治理》，载《高等教育研究》2012年第4期。

东西，而不是取决于大学的组织结构图。"①从个体观点出发，个人目标最大化也是"理性的"，但是它可能会妨碍组织的合理性，组织系统可能会遭受"共同的悲剧"，那就是每个人利用组织资源寻求自身利益最大化，最终可能会导致每个人的资源不足。政治组织决策的后果可能就是次优化。决策的次优化降低了大学组织运行的效率，使得统一的组织使命与目标变成多样化和分散的目标体系，资源也被分散使用，降低了资源配置效益。当然，任何事情有其弊端，也有其益处，那就是符合高校作为学术组织和松散联结组织的特性，适当降低了组织决策的风险，保持了高校的稳定运转。

松散耦合指的是这样一个系统，在这个系统中，各构成要素之间存在着比较弱的或并不直接的关联，但是它们仍然保持彼此间的响应。系统中不同部分间的"耦合"或者联系并没有很好地被指定，子单元仍在寻求相互影响和协同工作，而非朝向局部的最优化，见表2-6。大学是典型的松散耦合组织。在科层制结构中，利益表达与协调被视为固定的问题。然而，在松散耦合结构中，人们和子单位能够对彼此负责，而不依赖于正式的权威或规定的角色行为。一个松散耦合的组织并不会指定人们或部门间的所有关联。相反，组织成员被赋予了一定的自由，而不是将权力强加给他们。

表2-6　组织结构的耦合形式

耦合类型	自治程度	反应程度
松散耦合	自治的单元	跨单元响应
去耦合	自治的单元	缺乏响应性
紧密耦合	缺乏自主性	执行响应，控制

在大学这样的松散耦合结构中，人们主要关注自身的利益与工作范

---

① ［美］德里克·博克著，曲铭峰译：《大学的治理》，载《高等教育研究》2012年第4期。

畴，人们会"注意其周围环境的不同部分，会在不同的时间忽视不同的部分，也会以不同的速度处理不同的部分。作为在这些条件下所形成的独特世界的结果，人们会发现协调他们的行动很困难，同时也只会共享很少的变量或者较弱的变量，而正是所有的这些导致了松散耦合"[1]。在没有规定的协调机制的情况下，松散耦合的单元彼此间是相对独立的，但它们并不是完全被分隔开的。各单元仍然结合在一起而作为同一个系统中的部分。然而，是什么把它们结合在一起的呢？并不是正式的组织结构。正如斯彭德和格林耶所指出的，松散耦合"意味着不同于行政组织的某种组织凝聚力的来源，因为正是其结构本身是松弛的"。相反，在一个松散耦合的系统中，凝聚力和关联性的来源是政治性的集体行动。松散耦合的单元是互相响应的，但每个单元都保留其独特的身份和自主权。然而，正如奥顿（Orton）和韦克（Weick）所指出的，耦合还存在着其他的形式。当自主的单元不互相响应的时候，那么这个系统就是去耦合的。[2]

　　一些人批评高等教育组织过于松散耦合而支持更为紧密的耦合，例如鲍尔德斯顿认为松散耦合会导致过度扩张和任务的偏移，但这些情况事实上与去耦合的关联更密切，在那些情况下，各单元并不互相响应，而且局部最优化盛行。[3]同样地，卢茨批评松散耦合导致了缓慢的决策制定以及缺乏对外部环境变化的响应能力。[4]无论如何，高等教育机构的松散耦合结构决定了高校决策的松散和低效，这也是高校作为政治组织治理本质的体现。

　　我们很难说清楚大学治理的问题到底出在哪里，到底哪一种治理模式

---

　　[1] Orton, J.D., Weick, K., *Loosely Coupled Systems: a Reconceptualization*, The Academy of Management Review, 1990（2），203–223.

　　[2] Orton, J.D., Weick, K., *Loosely Coupled Systems: a Reconceptualization*, The Academy of Management Review, 1990（2），203–223.

　　[3] Balderston, F., *Management Todays University: Strategies for Viability, Change, and Excellence*（2nded），Jossey–Bass, 1995, 302.

　　[4] Lutz, F.W., *Tightening up Loose Coupling in Organizations of Higher Education*, Administrative Science Quarterly, 1982（4），653–669.

更加适合大学。这是因为大学是理性科层组织与政治组织的混合物，这是高等教育组织的本色，我们不可能把二者截然分开。科层制保障了大学的理性运转和资源的有效配置，是大学行政权力与行政系统效率的体现，而政治组织则是大学作为松散耦合结构的体现，导致了决策的分散化、低效率和次优化，优点是体现了学术组织特性，保障了不同利益群体和个体的利益与权力，提升了教师的积极性，也保证了学科的利益与平衡发展。特别是大学教师分散在各个相互隔绝的学科和学系，不要说大学整体目标，他们甚至无法体会到学院作为一个整体的需求。教师主要是紧张忙碌于自己的教学与科研工作，他们通常讨厌各种复杂的、烦琐的、行政主导的所谓的制度设计和所谓的"改革"。

大学内部的治理改革也要在理性科层制与基于政治组织的协商机制之间保持平衡。《关于欧洲高等教育伦理价值和原则的布加勒斯特宣言》中指出："高等教育机构的治理与管理的改革，应当在激励有效领导与管理的需求与激励大学共同体成员，即学生、教授、研究员和行政人员共同参与决策过程的需求之间保持平衡。""对于大学内部来说，传统决策模式是学院式的（collegial）。所谓学院式的决策，即同级同行应对等级态势的集体决策，同时要求决策的规范性，不是一致同意，便是求得妥协，其基本特征是大学教授，即学术同行们共同掌握学术权力。但是，这种决策模式效率较低，尤其是不能适应现代社会多变的经济环境。"[1]

改变原有的学术主导的治理方式势在必行。德国大学继承了欧洲中世纪大学教授治校的传统，近年来的改革，则赋予校长更大的管理权限，设立了大学理事会和大学评议会。大学理事会由校外和校内人士组成，作为最高决策机构。大学理事会的构成及校长权限的扩大也体现了分权制衡的理念。法国改变了大学学院式治理的传统，形成了教授、学院与校长、核心管理团队共同治理的格局，法国大学治理既有学术治理的因素，也增加

---

① 王晓辉：《〈关于欧洲高等教育伦理价值和原则的布加勒斯特宣言〉的解读与思考》，载《比较教育研究》2010年第8期。

了科层治理的因素，并且后者开始发挥重要作用。2013年的《高等教育与研究法》赋予了大学更多自主权，使大学治理更具效率。日本文部省在下放管理权限的同时，重构大学内部治理体系，建立起以校长为核心的，董事会、行政委员会与学术委员会相互合作的共同治理架构。董事会是最高决策机构，行政委员会成员由校长任命，负责审议学校重要行政事务，学术委员会负责审议重要的教学与科研事务。欧洲大学的正教授权力过大，导致以校长为首的行政管理团队和院校的非正教授的教师权力处于真空状态，所以欧洲国家和日本近年来推进高校治理的法人化改革，抑制正教授的权限，增强以校长为首的行政管理团队的权力和保护普通教师的利益表达。总的来看，以校长为首的行政委员会权限不断扩大，教师的治理权限逐渐受到压缩，日本文部省对国立大学的管理由直接管理转向了间接调控，日本的大学治理由传统的欧洲式的教授治校转向了以校长为核心的共同治理模式。

三、好的大学治理应该从错位的实然状态走向相对最佳的应然状态

从大学外部看，大学治理受到外部环境与内部力量的影响处于均衡是最佳状态，以大学自治为特征的传统大学和受到政府、市场外部力量主导的大学治理等大学治理的各种类型，都是实然状态，并不是理想的应然状态。应然状态是大学自身与外部的政府、市场处于均衡状态，从伯顿·克拉克的三角模型看，就是三角处于平衡状态，并不是偏向于哪一种力量。从实然到应然，中国大学的治理改革应该从传统的政府主导与行政管控转变为以权力下放为特征的自主办学模式，由行政主导的"下沉资源、机构重组、行政强化"转变为"权力下放、组织变革"的自主强化模式。

政府应该下放权力给高校，真正使高校成为面向社会、市场的办学主体，高校才可能由被动模仿模式和共生互动模式转变为主动的创新发展模式，才能按照市场需要和社会需求办学，比如如何优化学科专业结构，就不是靠行政命令和行政主导实现的。高校只有围绕办学定位和市场需求，

制定学科专业建设与调整规划，构建与本校办学定位和办学特色相匹配的学科专业体系和人才培养结构，聚焦重点和优势，压缩"平原"，多建"高峰"，集中建设好优势特色学科专业群，才能打造并不断增强集群优势，克服专业设置的"功利性"和"多而散"。

我国大学更多采取依托制度理论的模仿机制、规范机制和合法性机制以及权变理论的互动机制，而不是资源依赖理论视野下的主动创新发展驱动模式。从国际比较与中国大学历史的发展来看，大学发展更多是依靠外部力量推动和本身有作为的大学领导者来实现腾飞的，是伟大的时代、伟大的校长成就了伟大的大学，而不是被动等待和消极变革成就了伟大的大学。

大学与外部关系的关键是大学与政府的关系，我们一直强调政府要"简政放权"和实行"放管服"改革，但政府下放的是资源使用权，资源控制权和资源配置权实际上大部分还是控制在政府手中。从"211工程""985工程"再到"双一流"建设，这些重点工程皆由政府主导，其绩效考评及与之联系的资源分配基本上都由政府决定，缺乏广泛社会话语的参与，往往造成满足社会需求之初衷在实践操作中得不到充分体现。在构建高校与市场、社会的深度互动关系上进展并不十分明显，这不利于形成高校的自我可持续发展机制，从长远看，严重阻碍了高等教育提质增效和高等教育强国建设的步伐。①为了控制资源、配置资源和评估使用效益，政府对有关部门的职能进行调整；而为了争取更多的资源和按照有关要求使用资源，高校也加强了相关行政管理部门的设置，如为了推进"双一流"建设，高校设置了"双一流"建设办公室，专门负责协调组织"双一流"建设事宜。这种下沉资源而不是下放权力的做法实际上是强化了政府的行政主导权。任何官僚结构都会有自我扩张的本能，政府追加资源而不下放权力给高校，其结果可能导致政府职能的扩张和管理权限的扩大。现在迫

---

① 吴伟：《构建高校与社会的深度互动关系》，载《中国教育报》2018年12月3日。

切需要按照《中华人民共和国高等教育法》和"放管服"的要求放权给学校，让学校拥有充分的资源控制权、资源配置权和资源使用权。政府可以保留检查评估权，重在资源使用的绩效，具体讲就是政策制定权、检查验收权、激励分配权，掌控总体资源分配、激励设计、绩效评价等各项权力。

只有学校拥有充分的办学自主权，学校才可能实现特色办学，践行先进教育理念，培养德智体美劳全面发展的人才，也才可能为社会提供更多更有效的社会服务和科研成果，而不是整天围着政府转，围着大学排行、学科排名转，才不至于丧失自我，才可能由被动办学、模仿跟踪发展转变为主动创新办学，才可能办出特色、办出水平，体现优势。高校应该成为高等教育治理的主体，而非被政府治理的对象，处于被动应付与被动变革的状态，高校治理变革应该从围着政府转的被动式改革模式转向学校自主发展的主动变革模式，由面向政府竞争资源的模式转向面向市场和社会需求的竞争，真正实现面向市场面向社会的依法自主办学，这既符合教育规律，又适应社会发展需求。

四、好的大学治理要在杜绝行政滥权的前提下建立以信任为基础的多元利益主体协商新机制

大学内部治理既要有效发挥理性科层制的作用，又要看到大学是一个具有政治属性的组织，具有松散耦合的系统特征，要做到理性组织与松散耦合组织之间的平衡。对我国大学而言，目前最主要的是要克服科层制的弊端，杜绝行政滥权和行政权力一支独大的现象，建立起多元主体利益协商和有效治理的新机制。

大学内部治理是大学实现自身目标和任务的治理结构、治理规则与治理实践的总和，包括治理主体及各主体责任的分配、利益相关者的行为的控制和标准、决策的程序和过程及规则的制定，以及在实践中对未能有效解决问题的探索等，实现治理活动的效率和效力两个主要目标。治理有效性不仅包括管理效率或决策效率，即在治理能力基础上实现高质量、高效率的决策与管理，还包括治理的合法性和合乎高等教育组织的特性，即治理行为符合高等教育规律、高等教育基本常识和人们的预判，如美国数理统计学家伯恩鲍姆（Birnbaum）所说，治理的有效性在于大家对于治理的预期与实际运行和结果之间的匹配度。如果大学成员认为决策不是单纯的行政决策，而是建立在沟通与合作基础上，且治理的过程和结果体现了这样的路径，那么治理就是有效的。

对于大学治理的认识，应该从古典大学观念导向的理想主义路径转向现代大学的实践和问题导向的现实主义路径，在大学治理的实然状态中总结出现代大学治理的应然状态。前者基于学术权力、学术共同体的思想和观念，着眼于古典大学的学术权力与教授治校的进步，注重大学如何保障学术权力与学术共同体的利益，这是以学术为中心的流行观念，最大缺陷是忽视了治理中大学作为一个整体组织所具有的基础性地位和价值。问题导向的现实主义路径是把大学组织看作一个整体，既强调教师与学术权力的地位，又看到学生、学校领导、行政人员、外部利益相关者的地位和力量，关注建立有效的权威秩序和治理质量。[1]世界经合组织秘书长曾说，高等教育体系的管理框架必须鼓励高校在个体和整体上都能实现多重发展目标，高等教育体系及其利益相关者必须保证高等教育的各个方面都能达到优质、公平和高效。[2]现实主义更强调大学治理的有效性，站在大学整体治理绩效的立场上，关注大学整体竞争力，而理想主义更关注学术权力，更强调传统的学术治理模式。当然，以组织为中心的大学治理模式并没有忽视教师与学术权力，而是更强调大学组织治理的合理性。有效性和合理性是大学治理的基础，既可提高大学治理行为的效率，也是治理所应遵循的

---

① 李立国：《大学治理的基本框架分析——兼论大学制度和大学治理的关系》，载《大学教育科学》2018年第3期。

② 经济合作与发展组织编：《教育政策分析2005—2006——聚焦高等教育》，教育科学出版社2008年版，第8页。

价值和文化取向。

第一，大学治理要建立有效率的行政系统，注重提升治理能力，从而使静态的治理结构转化为可见的治理效能。治理能力是治理结构、大学制度与治理效能、治理有效性之间的桥梁和纽带。提升大学行政系统的治理能力，当前最紧迫的是要克服行政滥权和过度行政化的倾向。高校治理存在的主要问题是科层制及官僚化的问题比较严重，主要表现在以下几个方面：一是"积极的惰性"。各个学校、各个学院和各个学科都在极力争取内外部资源，但是在资源的配置和使用上，还是"穿新鞋走老路"，一方面积极争取广泛资源的支持，另一方面却无所作为，工作并没有取得实质性的发展，高等教育治理的问责力度不够。二是"有组织的不负责任"。高等教育行政管理机构和高校自身部门设置交叉重叠，出了事情却互相推诿，谁都不负责任，内耗很大。三是烦琐而无用的规则体系，事事报批，事事走程序，烦琐无用。中国大学的相关制度起到软约束的作用，好像制定的制度都是"软"的，无法达到像法律和规则强制性执行的程度。四是选择性放任，很多方面放任不管，制度规则形同虚设。再有，制度设计的价值取向是方便管理者而不是有利于实现组织目标，有些规则制度成为师生员工办事的牢笼。治理必须与有效性联系在一起，通过治理机制建设为高校发展提供切实的制度保障与规则体系。

第二，治理必须以合法性为基础，程序性、正当性必须与具体情境相适应。如果工具性形式不能为实质性治理作出贡献，那么这种好看好听的治理形式就值得怀疑。大学治理的实践过程是一个具有高度组织差异、角色差异和个性化差异的过程，治理实践不一定会完全遵照正式制度的规定去执行。现实总是复杂的，治理的实现形式也是多种多样的。权力意味着强制力，但权力的运用与行使却并非都是单向的，较弱的一方可以向权力较大的一方施以道德和情感压力，从而获取一定限度的无形权力。[1]如同

---

① 肖瑛：《从"国家与社会"到"制度与生活"：中国社会变迁研究的视角转换》，载《中国社会科学》2014年第9期。

社会治理一样，大学治理实践同样会受到情、理、法因素的制约。"情"是中国社会所重视的，既指我们的"恻隐之心"，也指治理中的人文关怀与人道、人性。弱势一方总是会使用情感表现，以获取强势方的"同情"，营造合情性策略，如在评聘职称时，年纪大的教师就会经常使用这一策略而获得成功，学术标准让位于情感与恻隐之心。"理"是指"合理性"。孔子曰："名不正，则言不顺。"名正言顺事成。但是，这些年长的教师还是会以他们自己诉求的合理性为基准，以学校习惯或国内外高校的经验作为依据，据理力争，再加上许多问题并没有明确的法律或政策依据，从而获取成功。合法性则指对正式制度与规则的服从。合情、合理与合法之间并不一定是统一的，实践中的情形可能会恰恰相反。在大学治理实践中，"合法性"在三者之中处于基础地位，但合法性的制度规定往往是抽象的，而情和理往往是具体、鲜活的，更容易打动他人从而影响治理实践，有时比合法性更有主导性。这也正是治理的复杂性之所在。当前，我国的大学治理迫切需要建立以合法性为基础的治理制度，明晰治理的规则、程序与标准，既要杜绝行政滥权和行政干预具体学术事务，也要防止中国式的人情社会规则在学术界蔓延，真正按照学术规则与制度要求实现治理的合理性与合法性。

第三，大学是一种理性组织，要实现组织目标并进行有效治理，但同时大学还是一个政治组织，是一个松散耦合的系统，内部存在着有组织的无序状态，无法单纯通过优化治理结构或者科层制度来达成有效治理。作为多元利益存在的政治组织，有效治理需要依靠以信任为基础的组织文化。

文化可以被定义为一个社会系统里成员所共享的理念、思想、价值观、信念、期望、态度和假设。作为文化元素的符号、规范、价值观与礼仪，更多地意味着人们在不同的高等教育机构之间做出多样的选择，伴随多样行为而来的是奖赏与惩罚。在一所大学可以被宽恕的行为可能在另一所大学就不会被宽恕。对于高等教育组织文化的类型，国外学者形成不同的观点，如伯恩鲍姆认为高校可以从四种文化模式来理解：一是由共享的权力来形成的大学的文化，人们在个人高度互动中交互作用，高校决策通常是通过协商来完成的，而组织行为在很大程度上依赖于传统和先例。二是官僚文化，坚持通过正式的规则来确保高效能。决策制定者需要平衡价值合理性并且试图减少组织的不确定性与模糊性。三是政治文化，是通过组织中的利益团体与同盟在谈判和议价的过程中建立的依赖来决定的。组织行为是根据交换来形成的，在这里人们支持特定的举措，并且相信在未来的某一刻他们为自己的计划收获类似的支持。四是无政府主义的文化，反映了"有组织的无政府状态"，目标是模糊的，经常发生冲突，转化的过程与策略都不易被理解，制定组织的决策和参与是流动无序的。[①]

斯马特（Smart）和哈姆（Hamm）把高等教育组织文化划分为四种类型：一是在学术型文化里，人们会看重传统和共同的价值观。有这种文化的大学往往趋向于对外部事件做出被动反应，他们的领导者会被赋予母亲或父亲的身份。二是在创新型文化里，决策的制定往往来自特权组织。组织成员重视创业精神和行为，并侧重跨边界的沟通。有这种文化的大学在应对外部环境改变时会比较有创新性，他们的领导人会被视为风险的承担者。三是在科层型文化里，强调官僚秩序、整齐划一以及前后一致。人们看重对规则的遵循。这样的大学在面对外部改变时会作出反应，他们的领导者会被看作是协调者或者组织者。四是在市场型文化里，大学相对于竞争对手会寻求竞争的优势。这样的大学会把客户的满意度放在较高地位。他们倾向于通过市场分析来应对环境的变化。从灵活性和稳定性角度又可以把以上四种类型的文化进行细分，并归纳其不同的特点，[②]见表2-7。

---

① Balderston F, *Management Todays University: Strategies for Viability, Change, and Excellence*（2nded），Jossey–Bass, 1995, 247.

② Smart, J., Hamn, R., *Organization Culture and Effectiveness in Two-year Colleges, Research in Higher Education*, 1993（1），95–106.

表2-7　组织文化的类型

	内部焦点	外部焦点
灵活性	学术型 ·合作 ·参与 ·凝聚 ·忠诚	创新型 ·创造力 ·风险担当 ·改变 ·增长
稳定性	科层型 ·效率 ·可预见性 ·和谐	市场型 ·竞争 ·成就 ·成功

　　不同组织文化的存在，决定了对于同一问题的不同认识，冲突是不可避免的。关键是如何在冲突中化解矛盾，增进沟通，加强互相理解，促进形成以信任为基础的组织文化。正如拉希姆（Rahim）所指出的，组织冲突现在被认为是合法的、不可避免的，甚至是关于有效的组织管理的一个积极的信号。[①]现在人们已经认识到，在一定限度内的冲突对生产力来说是至关重要的。高等教育机构是最为典型的政治组织和官僚制组织的模糊组合。因此，冲突被一些成员视为失败的领导力的反映，而被另一些成员视为伴随着决策制定而正常发生的。如果学院和大学主要是作为政治实体来被构想的，那么我们就不应该为在校园的构成要素中发现冲突而感到惊讶。因此，这类冲突可以被看作在组织的日常生活中的一个典型的事件。另外，如果大学和学院主要被当作官僚制组织来处理，那么冲突似乎反映了一部分在基于共识的、理性设定的先决条件下团体成员的领导力的失败。这里分析的是政治组织视角的冲突。解决组织冲突的关键是如何建构

[①] Rahim, M. A., *Managing conflict in organizations*, Seconded, Praeger, Westport, CT, 1992, 10.

单元间和人际的交流，使其允许冲突在足够的强度上被表达，但又确保它能被转化到关于冲突原因的更多平静讨论中去。如图2-5所示。

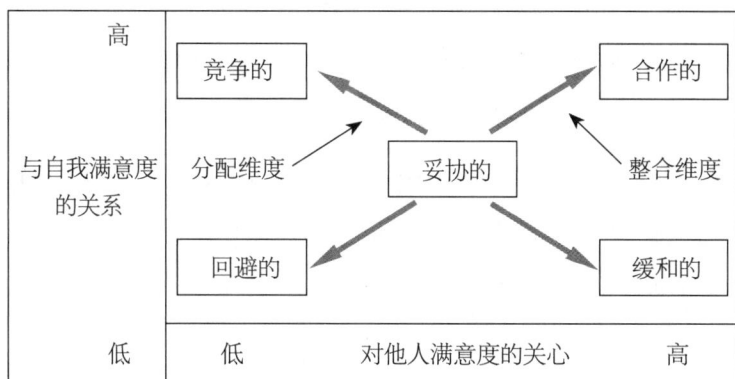

图2-5　冲突管理的整合与分配维度

如需化解冲突，增强信任很重要。现代大学治理的内在逻辑表明，合作互动是其主线，而合作互动源于互信。信任是人们对社会成员具备规矩、诚实、合作等行为表现的一种期待。由此可见，组织文化对于信任具有重要作用。大学决策过程变得越来越复杂，各种干预性的管理活动不断，导致内部成员之间很难建立起信任关系。因此，决策者要尽可能帮助成员理解组织文化，降低文化冲突的发生率，并明确成员之间的共同目标。德里克·博克指出，美国现行大学治理体制中的四个主要参与方——校董、学术领袖、教授和学生各有其优势和弱点，"共享的治理"的成功取决于上述四方的互信与合作。美国现行大学治理体制运行正常，没有对其进行系统性变革的必要。但这种"共享的治理"也存在一些亟待改进与完善之处，如有必要改善校董的遴选方式，吸引最受尊敬和负责任的教授参与治理，在学术领袖和教授之间建立起一种更加相互信任与携手合作的和谐关系等。"由于权力是分散的，因此，当相互间的信任度很低，而且咨询对于学术领袖和教师都是无成效的、有争议的和令人沮丧的时候，共享的治理就很难在校园里取得成功。但是，假如各个参与方都竭尽全力要让它取得成功的话，那么，在大多数时间里，共享的治理的过程就能够运作得很好。当校长和教师携手合作以确保治理团队能够深入探讨重要的问题时，他们通常就能够说服受尊敬的和负责任的同事来参与治理。"①

权力的体现方式也取决于组织信任程度，组织成员之间信任程度较高才会有善治。正如美国学者盖姆森（Gamson）所解释的那样，既不完全相信他人，也不完全被组织同化，而是在信任的基础上保持理性的头脑，才能够对大学治理构成最佳条件。在某种程度上，机构的成功取决于组织成员的信任程度与冲突的强度及持久性，取决于组织成员共享价值、分享利益及愿意为组织牺牲一定的自我利益，同时还取决于领导有效维持学校传统与价值的智慧。②

大学组织处于外部环境影响与内部力量影响的均衡状态，在组织内部具有理性科层组织和政治属性组织的双重属性，使得大学治理呈现模糊性和复杂性。从外部看，大学的内部力量与外部的政府、市场、社会影响之间的最佳状态是保持均衡，即不要倒向任何一个方面，令三角模式失去平衡。现实的实然状态是在三角模型中，出现了学术主导型、市场主导型和政府主导型的不同治理模式，任何一种力量主导都会出现不同的弱点和不足，理想的应然状态是三角力量保持平衡，大学治理在内外部力量的共同作用下保持相对自主的发展状态。从内部的理性科层组织和政治属性组织来看，大学治理要处理好二者之间的关系。现实的实然状态要么是以科层官僚制为主，按照行政机构模式管理大学，要么过分强调某一部分成员的利益与权力。现代大学规模在不断扩张，很多大学在校学生和教职工高达几万人，有的甚至接近十万，作为大型的组织机构，大学的管理离不开科层制，我们可以批判科层制和官僚治理，但是现实状况却无法超越这一制度。科层制是以规则与程序为核心的制度设计，保障了大学治理的基本公平与秩序，科层制并不是僵化的，它是一个中性词，而非贬义词。它保障

---

① ［美］德里克·博克著，曲铭峰译：《大学的治理》，载《高等教育研究》2012年第4期。

② Gamson W.A., *Power and Discontent*, Doresey Press, 1968, 125.

了现代大学的治理秩序。科层制具有一定的包容性与弹性空间，允许非正式群体和非正式权力的存在，让他们具有话语权并表达利益诉求。在传统观念中，一般是把非正式组织、非正式权力与非正式群体作为正式组织的对立面，认为其干扰了正式组织的管理与运行，违背了组织的架构与治理规则，不利于科层治理。但是，从最新研究成果看，非正式组织成员所建立的非正式规则，不完全是基于其自身的所谓情感和利益，有时这些非正式群体所表达的非正式规则恰恰是建立在他们对于非正式规则的理解之上，也许这些理解是不完全正确的，有些解读和领导的意图差距较大，但也并非只是没有道理的利益诉求和权力争取。在科层制的治理中，非正式组织对于规则与权力的回应，可能恰恰是组织成员在正式组织中无法得到的人性化表达，反而在这里找到了宣泄的渠道。科层治理应该允许这些诉求存在，并通过科层制的包容性消化这些"多样化的、不确定的因素"。①

在现实的"实然"中，大学内部治理也出现了学术治理、科层官僚治理、共同治理（共享治理）、法人化治理、企业化治理等多种模式，这些模式是大学内部治理复杂化的体现，也是大学治理中多元利益主体博弈的反映。需要指出的是，四种治理模式在现代大学的管理与治理中都有所体现，是相互作用的嵌入式机制。具体到一所大学的治理，可能兼具上述四种治理模式所具有的不同特性，也可能以一种或两种治理模式为主、以其他治理模式为辅的形式，所以我们难以找到一所大学只有一种治理模式的范例。这四种模式是大学治理理想类型的理论化概括，在现实世界中，不存在纯粹的大学治理的理论模式。四种治理模式在现代大学的治理中是相互作用的互动关系，具有协同治理（collaborative governance）的特性。②

理想的"应然治理"既要发挥理性科层制的作用，提高治理能力，同时，更要从政治组织属性看待大学治理，建立沟通协调机制，建立以信任

① 张桐：《官僚制是一个僵化结构？——官僚制结构的弹性与扩张》，载《公共管理与政策评论》2019年第2期。

② 李立国：《现代大学治理形态及其变革趋势》，载《高等教育研究》2018年第7期。

为基础的组织文化，有效化解冲突。大学不但是"理性系统组织"，需要建立完善的治理结构以提高效率；大学也是"文化政治系统"，需要通过协调与协商建立起组织信任亦成为影响治理效果的重要因素。以伯恩鲍姆为代表的学者认为，单纯改革治理结构并不能带来治理效率的提升，组织信任程度和大学良好的人际关系才是有效治理的关键。相关研究发现，正式结构之外的非正式沟通对于有效治理更为关键，校长与评议会主席之间的私人关系对于治理的成功或者失败起着重要的作用。这些研究表明，在治理过程中，应创造更多更合理的制度，以改善治理中的人际关系和提高组织信任程度，一个包容性强的治理结构应该增加各种有益价值观的表达渠道，从而改进政策制定的效能，进而实现有效治理。①

1998年，《中华人民共和国高等教育法》确立了高等学校的法人地位。《国家中长期教育改革和发展规划纲要（2010—2020年）》提出建设依法办学、自主管理、民主监督、社会参与的现代学校制度，明确提出"完善中国特色现代大学制度"及其相关内容：党委领导、校长负责、教授治学、民主监督、社会参与。自2014年以来，我国提倡高等教育治理体系和治理能力现代化建设。大学治理体系和治理能力现代化建设与现代大学制度相比较，有几个特点：一是大学制度是静态的，主要是从静态层面观察制度建设状况，治理体系的内涵则更为丰富，只有在大学制度体系得到有效实施之后，才能形成治理体系。二是强调治理能力建设，治理能力和治理体系是互为支撑的，治理体系的作用发挥有赖于能力建设，能力发挥要在治理体系的范畴之内，以治理体系为依托。这比大学制度更为全面系统一些。三是在价值层面上，制度体系并没有表现出现代治理的应有价值，而治理能力与治理体系则包括了法人化、共同治理、权力制约等基本价值。目前，关键在于如何确保我国高等教育的治理结构有效实施与运转，从而实现高效的治理。立足于中国国情，借鉴国际高等教育治理模式，我

---

① 王占军：《大学有效治理的路径：知识论基础与实践准则》，载《中国高教研究》2018年第9期。

国高等教育治理现代化的方向应实现法治化与协商式的共同治理，具体做到以下方面：一是坚持党委领导下的校长负责制；二是坚持依法治校，保障大学法人地位和办学自主权；三是确立共同治理的发展方向，共同治理既是国际高等教育治理的发展趋势，也是我国建立"党委领导、校长负责、教授治学、民主管理、社会参与"这一治理结构的反映和要求；四是遵循大学作为学术组织和教学科研组织的特性，遵循学术治理要求，落实教师在大学治理中的主体地位；五是强调协商在共同治理中的价值，突出尊重、平等、合作与沟通的原则，以保障治理的成效与质量。特别是最后一点，在建立有效的大学治理中发挥着重要作用。实现这一点，以下几个方面至关重要：一是防止科层制走向僵化的官僚制，科层制是个中性词，表示的是大学治理的具体形态，而官僚制则是科层制走向反面的机制，代表着僵化、条条框框及非个人意志在治理中的作用，我们过去讲的"去行政化"比较极端，行政管理是大学治理的一种有效方式，不可能不要行政管理，不可能完全取代这种模式，但是行政走向"行政化"就相当于走向了反面，目前，要建立组织信任与和谐的人际关系，就必须克服"泛行政化"和"过度行政化"，还科层治理的本来面目，发挥这种治理的包容性和弹性空间，允许非正式群体的意见表达和权力保护。二是建立尊重师生、尊重学术、尊重知识的协调机制，在进行决策时，要充分尊重广大教师与学生的意见与建议，明确各治理主体在治理事务中的参与权和发言权，使得高校事务决策能够充分体现民主性，并且真正把师生的意见与建议吸纳进来，防止产生表面功夫做足、背后根本不听的"垃圾桶决策模式"。三是秉持正确的价值导向，治理要以实现"善治"为目标，体现高等教育治理的基本价值准则，即坚持社会利益最大化、学术至上、权力制约、民主参与、权责配置的匹配性和清晰性、开放性、透明性、治理规则的明细化。①四是在大学治理中，对于非正式制度作出安排。大学治理是各治理主体的

---

① 王绽蕊等：《公立高校治理评价——一种框架性思考》，见张德祥、黄福涛主编：《大学治理：权力运行制约与监督》，科学出版社2016年版，第94-101页。

协商共治，既包括正式制度、正式规则，也包括非正式制度、非正式规则，既要重视前者，也要重视非正式制度的作用与价值，二者相互补充，共同发挥作用，比如学校领导的非正式沟通，学院与机关部处的相互交流，教师与领导之间的交流互动机制。重视非正式沟通交流既是儒家文化的传统理念，也符合现代大学的治理要求。

中国的大学治理要从求变到求治，从对于大学治理的应然探讨到治理的实然设计，治理的理想很丰满，但是应然的理想终究要落地，要扎根大地、开花结果。实现这个转变，就要求治理理论从应然的结构功能主义转向建构主义，从治理变革走向治理建设，从治理体系转向治理能力，从治理目标转向治理效能，最终实现大学治理从应然走向实然。

第五节　大学治理的制度逻辑：融通"大学之制"与"大学之治"

从大学治理的制度逻辑看，大学制度与治理是相互作用的，制度对于治理体系构建和治理实践起着指导和约束作用，治理实践和治理体系有助于制度的完善。大学制度是在长期的历史过程中形成的，是在治理实践中不断丰富发展完善的，是治理主体与制度实践互动的结果。在治理实践中形成的制度既包括正式制度，也包括非正式规则和习惯等。因此，制度逻辑不是说要去主观建构制度，而是说在制度认知、制度构成、制度运行与制度行为、制度评价的互动中实现大学治理体系和治理能力的现代化。在制度完善、治理体系建设和治理能力发展中，人的因素起着关键作用，要充分注重和发挥人的因素，特别是治理主体的作用与价值。大学治理的制度逻辑的关键在于融通"大学之制"与"大学之治"，使得大学制度通过体制机制建设转化为治理体系，并使得制度优势转化为治理效能，同时在治理实践中，补齐制度短板，加强制度建设，强化制度执行力，从而使制度逐步成熟定型，推动大学治理现代化的实现。

现代大学制度与大学治理现代化存在着密不可分的内在逻辑关系。从大学制度的视角审视和研究治理问题，不仅是深化治理研究的重要路径，也是大学治理现代化的本质需求。大学的复杂性和不确定性、不同治理主体之间利益和价值的多元性与冲突性以及决策者理性的有限性，都决定了制度的重要性。无论是经济学中的新制度主义，还是政治学中的新制度主义，都把制度放在突出位置、优先位置。从制度逻辑看待现代大学治理，突出制度在大学治理中的重要性，是认为在制度逻辑中制度比人更重要、更可靠，但同时并不认为有放之四海而皆准的最好的制度，制度也不是个别人主观设计的，而是强调制度是环境与人共同作用的结果，是在实践中通过制度认知、制度实践、制度认同不断发展完善的过程。在推进大学治理现代化进程中，需要将制度优势转化为治理效能。通过融通"大学之制"与"大学之治"，使大学制度转化为大学治理体系，把制度优势转化为治理效能，并在治理实践中，补齐制度短板，提高制度执行能力，不断推进大学治理现代化。

一、制度逻辑是实现大学治理现代化的前提和基础

大学治理的核心任务就在于探寻科学合理高效的制度安排，保证高等教育在合乎办学规律和改革发展的轨道上运行。为此，就需要构建富有活力、务实高效的大学治理体系。而构建大学治理体系的关键在于制度供给与制度建设，也就是定规则、定规章、定规矩等制度设计与制度执行，为治理现代化奠定基础。

（一）何为制度与制度逻辑

制度逻辑（institutional logic）是指构成一个领域中行为和组织规范的具体实践和符号结构，是各方经过不断交往和妥协而形成的，是在特定历史条件下构建出来的一套自洽的规则、假设、价值与信念。通过它们，个体得以组织时间和空间，理解社会现实的意义，实现和再造自己的存在。因此，大学治理的制度逻辑是指从制度的根本性、全局性、长远性和稳定性出发，在实践中建设和完善处理各类治理主体之间责权利关系的一套制度安排，建立一套行之有效的制度体系，并且提升治理主体设计制度、执行制度、影响制度和完善制度的能力。制度和治理，实际上是这样一种关系：制度是治理的根本和依据，治理是制度的实施和展开。二者既不是彼此替代的关系，也不是对立的关系，而是一种递进的关系。制度是前提和基础，如果没有一个好的、完善的、科学的制度，那么治理就没有有效的依据，所以说，大学制度是大学治理的前提和依据，同时大学治理是大学制度的展开和实现。

前文已提及，大学治理既要强调制度的重要性，又要看到作为行动者的治理主体的作用与价值。大学制度与治理有普遍的规律与价值导向，但在世界各国高等教育的发展历程中，在人与制度规则的互动中，也形成了多样化的大学制度。从这个角度看，我国大学治理的制度逻辑与其他国家大学治理的制度逻辑存在差异，这体现了大学制度建设和大学治理的多样性。一个国家选择和形成什么样的大学治理体系，既要遵循高等教育规律，也要和本国历史文化、经济发展水平、国家制度等因素密切相关，是作为主体的人与这些客观因素在互动中形成的多样化的大学治理。制度逻辑的制度多样性还体现为大学内部治理形态与方式的多样化，各个大学在总体制度框架下会形成具有本校特点的治理方式，需要处理好各种具体制度之间的逻辑关系。大学治理的制度逻辑强调制度比人更重要，但并不是预设一种特定的制度。制度逻辑同样承认治理主体和行动者的重要性，但是治理主体和行动者的能力范畴并不是脱离制度自行其是的能力，而是在制度建构、制度执行与制度完善中的能力，在制度与人的互动中实现大学治理体系和治理能力现代化。

从制度逻辑的视角看，首先需要明确制度的总体定位与目标，即制度的总体逻辑。然后分析现有的制度是怎么来的，是如何在历史中形成和变革的，具体应该包含哪些层次、哪些内容，层次和内容之间是什么关系，制度设计与发展的标准是什么。当进一步研究制度与行动者的关系时，需要分析制度建设与完善的工作是怎样组织起来的，具体如何处理不同治理主体之间的关系，制度是怎么运行的，在制度执行的过程中制度与主体是如何互动的，嵌入制度之中的主体行为是怎样的，制度如何保障主体行为有利于大学治理的总体目标。

（二）大学治理的总体制度逻辑

大学治理的总体制度逻辑就是在人与制度的互动中形成一个完整的治理体系，并把制度优势转化为治理效能。道格拉斯·C.诺思认为："制度是一个社会的博弈规则，或者更规范地说，它们是一些人为设计的形塑人与人之间互动的约束，从而制度构建了人民的政治、社会或经济领域中交换的基础，通过为人们提供日常生活的规则来减少各种不确定性。"[①] 青木昌彦认为，制度和人的关系是相互作用的，它并不是单向的，并不是制度设计形成规则，人们就会主动地、自觉地去遵守。只有人们对制度进行认知并在这个过程中形成认同，制度才能得到很好贯彻。所以，这就涉及博弈论，即制度和人之间的博弈问题。大学制度实际上包含三个维度：第一个维度是作为规则和规范的制度，第二个维度是作为认知和认同的制度，第三个维度是作为行为与执行的制度。

大学治理要处理好正式制度、非正式制度、大学的历史传承与习惯习俗三者之间的关系。从大学治理的层面看，我们关注的不是大学学术或者行政等具体工作制度或者处理一个具体问题的制度，而是系统化的大学制度体系。大学制度体系具有丰富的层次性和系统性。

---

① ［美］道格拉斯·C.诺思著，杭行译：《制度、制度变迁与经济绩效》，上海人民出版社2008年版，第79页。

制度构成的层次性的第一个含义是指制度的分层。在治理中要做好制度衔接和分层对接，通过根本制度、基本制度、重要制度的衔接和各领域具体制度的配套，使制度设计精准落地，使制度优势充分发挥为治理效能。一个完善、有机、协调、弹性、层次清晰、结构功能定位明确的制度体系是大学治理的有效保障。大学制度体系可以分为三个层面：一是根本制度，是关于大学治理的最基础的制度安排，是反映大学治理特性的最基础的制度设计，是大学之所以成为大学的最重要的制度体现，其制度特征与要求体现为根本性和永久性；二是基本制度，是大学治理的规则与程序的制度安排，主要涉及大学治理主体、治理机制动态协调的制度体系，其制度特征与要求体现为稳定性和适应性，制度内容包括大学的决策制度、行政执行制度与学术管理制度等方面；三是具体制度，是大学治理具体行为与政策设计的制度规范，其制度特征与要求体现为有效性与实践性，制度内容包括学校运行层面的学生管理制度、经费管理制度、社团管理制度、安全管理制度等具体制度安排，见表2-8。

表2-8　大学制度体系及其结构

	制度结构	制度特征	制度内容
制度体系	根本制度	根本性、永久性	高校法人制度、高校领导制度
	基本制度	稳定性、适应性	决策制度、行政执行制度、学术管理制度
	具体制度	有效性、实践性	具体规章制度和政策、文件

制度构成的层次性的第二个含义是指制度的嵌入性。低一层的制度嵌入高一层的制度中，大学治理嵌入更广泛的作为制度的大学文化与传统中，具体层面的制度嵌入根本制度中，这就要求不同层次的制度之间具有适配性。大学制度体系中的根本制度、基本制度和具体制度是互动嵌入的，后者以前者为基石，前者是后者的指导制度和实施依据。大学治理的有效性取决于科学、合理的制度设计，而制度设计与安排必须体现制度的

结构与层次性，不同层级的制度采用不同的制度安排形式。基本制度是根本性和长久性的制度设计，不是高校自身所能决定的，它取决于国家政治制度与政府的制度设计及法律规定，高校法人制度与高校领导体制都属于根本制度，大学要服从于根本制度安排。基本制度是大学与政府、社会等互动的结果，是遵循教育规律、结合大学实际并依据基本制度来设计与安排的有关大学治理规则与程序的重要制度，具有一定的稳定性和适用性，大学在基本制度设计中具有一定的自主权和主动权。具体制度是学校内部的规章、政策、条例等，是为处理具体问题制定的，是大学根据上位制度安排并结合具体情况来自主决定设计的，具有一定的有效性和实践性，在一定程度上体现了大学治理的水平与能力，反映了人们对大学治理水平最切实的感受和评价。

制度构成的层次性的第三个含义是指制度的多样性。它既包括正式制度，也包括非正式制度，其强制性程度不同。在制度经济学文献中，威廉姆森（Williamson）提出了制度的四个层次：非正规制度、一级制度（基本的制度环境）、二级制度（治理机制）、三级制度（资源配置和雇佣制度）。道格拉斯·C.诺思也提出，规则既包括正式规则，也包括各种非正式的约束、非正式的规则。正式规则包括经济规则、契约、法律，教育上有教育法、高等教育法、教师法、大学章程等，特别是大学关于对教师管理和学生管理的各种制度设计，都是正式规则。除了正式规则，还有一部分非正式规则在起作用。诺思认为包括行事准则、行为规则、系统惯性，不但强调正式规则，而且强调各种非正式规则。大学在长期的历史发展过程中形塑了独特的精神文化和一些独特的、具体的办学理念，但其实这些具体的理念并没有充分地体现在大学的制度设计中，也没有反映到大学治理的一些明文规定的正式制度中。实际上，大学治理更多的是正式明文规则或制度、一些非正式规则以及大学长期以来形成的习俗惯性三者共同发挥作用的结果，这是大学治理的一个重要特点。在国家统一的制度与治理体系下，中国每所大学的章程、制度（如一些对学生管理的规范、对教师的规范等），实际上都大同小异，但每所大学的治理模式和具体特点却各具特色，差别非常大。怎么解释这个现象？唯一的解释就是各个大学长期以来形成的习俗、行为习惯和非正式规则在大学治理过程中发挥了重要作用。大学的很多制度都是历史形成的，有惯性的，后继者很难去轻易变革。大学治理的有效途径基本上都是靠沟通、靠协调、靠做工作解决问题，不可能像制度设计的那样"什么事都要通过票决制或辩论来解决"，比如在进行决策时，基本上都是管理层先沟通，大家取得一致意见后再上会，如果达不成一致，就先放一放。事先都沟通协调差不多了，到上会表决的时候，尽量不要出现反对票。一位大学校长认为，虽然学校党委实行民主集中制，但是在开会时慎用票决制。同样，行政系统虽然实行校长负责制，但是校长也慎用决定权，校长力排众议不如在使得大多数人的意见一致后再进行决策。这实际上反映了治理运行、制度规定和治理体系之间的差异性，其中非正式规范起着重要作用。中国的重点大学一般都很尊重校长在学术上的地位与威信。但是在地方高校和高职院校，情况则不同。部属高校和地方高校，办学历史较长的高校与新建院校，它们在学术与行政、党委与行政关系上的表现形式也不同。在一些具体做法上，不同高校存在较大差异，比如在党委书记是否参加校长办公会这件事情上，山东大学的书记是有选择性地参加，清华大学和浙江大学的书记是参加，天津大学的书记是不参加。再如厦门大学、浙江大学和清华大学的校长不参加学术委员会，北京大学、天津大学和中国人民大学的校长不仅参加，而且还担任学术委员会主席，上海交通大学的校长则以学者身份参加学术委员会。[①]

　　所以，处理好正式制度规则、非正式规则、习惯习俗与历史传承三者之间的关系非常重要。这要求大学治理主体了解和熟悉大学的发展历史、非正式规则、历史传承关系和价值判断。大学古老而又年轻，如深深的水

---

① 阎凤桥、管培俊：《中国大学治理结构中的行动空间构型：聚焦党政领导关系》，载《高等教育研究》2020年第9期。

静静地流。在大学缓慢的变革过程中，非正式规则、习惯习俗与历史传承发挥着重要作用，有时候甚至比正式规则的作用还要大。这是大学治理的一个显著特点。

（三）大学制度的生成与发展

制度发展首先要符合历史逻辑，制度建设具有路径依赖性。对于制度产生和发展的逻辑，学者们有不同的看法。有些人认为制度是客观的，是不以人的意志为转移的，制度有自己独立发展和运行的规律，是逐渐形成和自我演进的；有些人认为制度是行动者主观设计的，具有高度的可塑性；还有些人的观点处于二者之间。

大学制度的形成与国家的历史文化、发展背景是相适应的。大学制度的形成是一个历史过程，是各种因素合力作用的结果，并不是人为的思维建构的过程。英国高等教育专家阿什比认为，任何大学都是遗传和环境的产物。所谓遗传就是大学本身的内在的变化，环境就是外在条件的变化，二者共同导致大学组织和制度的变迁。大学的制度与治理变迁都与所处国家的政治和经济制度紧密相连。制度建构是在顶层设计和基层探索相结合的互动过程中完成的。可以说，大学制度与治理变迁对国家政治制度和经济发展水平存在着很大的路径依赖，当然这种路径依赖不是直接作用于高等教育的，而是通过国家实施的一系列高等教育政策间接发生作用的。

当然，大学制度与治理的变迁还有一个被人们理解和接受的过程。诺思在《西方世界的兴起》和《理解经济变迁过程》两本著作中提出"信念结构"的概念。他认为，医院和学校是专业人员聚集的高度专业性的机构，高度专业性机构的制度与治理应该是让最懂行的专业人士说了算。大学作为一个专业性组织，其制度与治理需要凸显大学教师的主体地位，以提升大学组织的制度认同。大学制度需要得到人们的认可，需要与人们的认知结构、信任结构相一致，才能发挥作用。

大学制度发展仅仅依靠历史逻辑是不够的，因为历史选择的制度不一定是最有效的，留下来的也不一定是最理想的，历史的选择受到时空、权力、资源、认知、偶然等多重不可控因素的影响。路径依赖可以带来稳定性，但是也可能带来"锁定"和僵化。制度是在执行的实践中不断被丰富发展完善的，这是制度发展的实践逻辑。实践逻辑是演进逻辑和设计逻辑的结合，或者说是历史逻辑和理论逻辑的统一。大学制度也需要在实践中不断丰富发展完善。首先，大学组织、制度和治理都受外部环境的影响，受政府、市场、社会的影响很大，且可能随着时代的发展受外部环境的影响越来越大，但是大学又要保持相对的独立性和自主性，边界不可能无限制开放。组织的边界既要保持向政府、市场和社会开放，同时也要保持自身的封闭空间。大学既是一个开放组织，也是一个封闭组织；既是一个社会服务站，又有相当大的象牙塔属性。其次，大学的治理变革要适应环境的需要。在外部高度控制的情况下，大学的制度变革空间比较小，大学需要保持相对的稳定，不要随风起舞。但是，如果外部环境比较宽松，那么大学变革就应该以资源依赖理论为指导，获取资源、吸纳资源，通过更多资源来支撑大学的变革。大学变革是增量型变革，大学可以发挥自己的功能。

大学制度在外部环境的影响下发展变迁，但是无论怎么变化，都要保持大学的组织边界，保持大学学术的独立性。无论从中世纪大学到柏林大学的转变，还是从柏林大学到美国大学的转变，都是在不断地重塑大学与外部环境的关系。在重塑的过程中，大学的开放性在不断变化。这启示我们，无论怎么变化，大学都要保持自身的相对独立性与自主性，特别是保持学术的独立性，这样才符合大学组织的本质属性，而不是不管外部环境如何变化，大学都无限制地对外开放。所以说，政府和市场可以影响大学，大学也要适应市场的需求和政策要求，但是政府和市场都不能控制大学。

总结来看，大学制度是在长期的历史过程中形成的，是在治理实践中不断丰富发展完善的，是治理主体与制度实践互动的结果。在治理实践中形成的制度既包括正式制度，也包括非正式规则和习惯习俗与历史传承等。因此，制度逻辑不是要主观建构制度，而是在制度认知、制度构成、制度运行、制度行为与制度评价的互动中形成大学治理体系和治理能力现代化。

（四）大学制度与大学治理的关系

大学治理体系和治理能力现代化建设与现代大学制度相比较，有几个特点：

一是大学治理的体系包括组织体系、制度体系、运行体系与评价体系四个方面。这四个方面的核心是制度体系建设，组织体系的权力和职责配置要通过制度体系固定下来，先通过运行体系在大学治理中具体实施，再通过评价体系来评估制度体系建设的水平与适应性，从而适度加以修正。所以，大学治理体系的四个方面是互相贯通、互为依托的，其中，制度体系居于关键地位。由此，现代大学制度建设是完善大学治理的重要方面和关键环节。

二是大学制度是静态的，主要是从静态层面观察制度建设状况。治理体系的内涵则更为丰富，只有在大学制度体系得到有效实施之后，才能形成治理体系。大学制度是否适合高校情况，具体效果如何，还要看治理主体的能力与素质，看制度的运行情况。大学制度转化为治理实践，必须依靠治理体系的完善，依靠组织体系即治理主体的权力合理配置、能力与素质的提升和组织架构的完善，依靠依规有效运行，依靠科学合理的评价引导制度完善和治理运行。

三是在价值层面上，制度体系并没有表现出现代治理的应有价值，而治理体系则体现了"善治"的基本价值。大学的"善治"与公共治理领域的善治既有相通之处，也有其独特内涵。共通性体现在法治、透明性、责任性、有效性、回应、参与、稳定及公正等方面。大学治理的独特性体现在学术治理方面。2009年，欧盟发布的《布拉格宣言：大学应对经济危机与欧洲高等教育长期发展路线图纲要建议》中明确指出："只有加强现代大学自治，才能使大学更加灵活地提升教学、科研和知识转移等方面的卓越水平和创新能力，才能更好地适应不确定时代的社会制度。"[1]同时也

---

① European University Association, *EUA Prague Declaration 2009: Universities Outline Proposals to Com Bat Economic Crisis and Long-Term Road Map for Higher Education in Europe*, European University Association, 2009, 38.

指出，大学已经成为大规模的复杂机构，不能仅仅依靠传统的、学院式的学术规范来管理。但是，"高等教育机构的治理与管理的改革，应当在激励有效领导与管理的需求与激励大学共同体成员，即学生、教授、研究员和行政人员共同参与决策过程的需求之间保持平衡"[1]。美国大学教授联合会（AAUP）认为，善治就是实现大学的"共同治理"。1966年，美国大学教授联合会、美国教育委员会（ACE）以及美国大学和学院治理委员会（AGB）共同发表《大学和学院共同治理的联合声明》（*Statement on Government of College and University*）。该声明确立了管理者和教师共同治理大学的原则，确立了教师参与大学治理的程序和标准，对教师、校长、管理者和董事会各自在决策中的位置和职权提出了建议，"号召高等教育机构各方成员共同肩负治理的责任，并界定了董事会、行政管理人员以及教师担负首要责任的领域"。

四是强调治理能力建设。治理体系和治理能力是互为支撑的，治理体系的作用发挥有赖于能力建设，能力发挥要在治理体系的范畴之内，以治理体系为依托，这比大学制度更为全面系统一些。高校治理能力建设既体现高校治理主体的基本价值准则、主要能力素质水平和制度建设成效，又有助于促进高校治理改革，提高治理质量和治理绩效，不断加强治理能力建设，切实把制度优势转化为治理效能。

二、大学制度转化为完善的治理体系

只有在实施和运行中才能检验制度的优劣，形成完善的治理体系与良好的治理能力。良好的大学治理体系与治理能力是各项制度有机运转、有机结合、相互作用的结果。大学的制度逻辑就是构建以价值理念为引领的包括组织体系、运行体系、评价体系在内的大学治理体系。其中，价值理

---

① 王晓辉：《〈关于欧洲高等教育伦理价值和原则的布加勒斯特宣言〉的解读与思考》，载《比较教育研究》2010年第8期。

念居于引领地位，是治理体系正确建设和运行的保证；组织体系是主体，运行体系是路径，评价体系是标准。它们既相对独立，又互相联系，从而架构起大学治理和能力建设互为前提、互相制约与互相推动的较为完善和完整的治理体系。[①]

（一）大学治理的价值逻辑

党的十九届四中全会通过了完善和发展我国国家制度与治理体系的纲领性文件，回答了"坚持和巩固什么、完善和发展什么"这个重大政治问题，进一步明确了坚持和完善中国特色社会主义制度、推进国家治理体系和治理能力现代化这一重大战略任务。教育是"国之大计、党之大计"，建设教育强国是中华民族伟大复兴的基础工程。党的十九届四中全会着重研究了坚持和完善中国特色社会主义制度、推进国家治理体系和治理能力现代化的若干重大问题。促进和实现大学治理现代化既是国家治理现代化的有机组成部分，也是实现高等教育现代化、建设高等教育强国的制度保障。实现大学治理现代化，必须遵循正确合理的价值逻辑，既要坚持中国特色社会主义发展道路，又要遵循大学之道的基本原理和高校办学规律，融通"制"与"治"，按照时代要求探索中国特色的大学治理现代化之路。因此，融通"大学之制"与"大学之治"，必须遵循正确的价值理念和合理的价值逻辑，遵循合法性、合理性、合规律性、合目的性和能力性相统一的原则。

1. 合法性

合法性即大学治理要遵守法律法规，服从和服务于国家治理的总目标。

大学治理现代化要服从和服务于国家治理现代化的总目标，是国家治理改革的一部分，要以国家治理现代化的目标、方向、战略为指导。大学治理是国家治理体系的一个组成部分，与国家政治经济和法律制度密切相关，随着国家制度的发展而调整、改革、完善。从历史的角度看，无论是中华人民共和国成立之初的社会主义高等教育制度建设，还是20世纪80年

---

① 李立国：《大学治理的基本框架分析——兼论大学制度和大学治理的关系》，载《大学教育科学》2018年第3期。

代开启的体制改革和制度完善，或是21世纪初提出的建设中国特色现代大学制度，大学治理是国家制度建设和治理体系的一个有机组成部分，是与国家政治经济和法律制度密不可分的。要站在国家制度建设和治理体系的高度来理解和认识大学治理体系和治理能力现代化，才能真正领悟大学治理的真谛，才能使大学治理现代化遵循正确的价值逻辑。

2. 合理性

合理性即正当性，大学之治要符合大学之道，治理现代化要遵循大学学术组织特性和知识创新与传播规律，以大学治理守护好大学之道。

经历了千年发展，大学已经成为现代社会最重要的组织机构之一，并且其重要价值在不断增强。知识的发现、创新与保存、传播、应用，人才的培养与培育，科学的发展与技术的更新，社会的变革与进步，文化的传承与创新及不同文明间的交流与合作等，无不以大学作为基础。正如习近平总书记指出的，高等教育是一个国家发展水平和发展潜力的重要标志。今天，党和国家事业发展对高等教育的需要，对科学知识和优秀人才的需要，比以往任何时候都更为迫切。如何保障大学组织的发展与学术的创新，如何守护大学之道，需要符合大学之道的大学之治，以大学之道指引大学之治，以大学之治守护大学之道。

3. 合规律性

合规律性就是要遵循治理规律，基于大学组织特性和本国国情及高等教育发展特征，探索大学与政府、社会的关系和大学内部不同治理主体的关系，建立起基于规律性与适应性的治理模式。

大学治理是在外部环境与内部自主之间进行的，世界各国、各地区大学也由此形成了不同的治理模式。有的是以外部主导的治理方式为主，比如政府主导的大学治理，市场力量影响主导的大学治理；有的是以内部学术力量主导的大学治理。那么，在大学治理中究竟有无规律可以探索，有无价值可以依循？大学治理需要保持内部自主与外部环境之间的平衡，外部政府、市场与社会力量的平衡，以及大学内部不同力量之间的平衡，在各种力量平衡中运行是大学治理的规律性体现，是大学治理现代化的本质要求。就大学治理的内部力量而言，学术与行政及不同利益主体之间也要保持适度平衡。学术权力与行政权力，以及教师、学生与管理团队之间在治理中建立互信机制，形成良性大学文化，由过去的分权、制衡、分治到合作、共治，由相互制约的"张力"变革为相互合作的"合力"。

4. 合目的性

合目的性即要从高校的办学定位、发展理念和文化传统出发探索适合高校办学目的的治理特色。

从国际经验看，应该根据高校的办学层次、类型、规模、办学传统，探讨不同的治理结构与方式。不存在统一的、完全一致的高校治理结构与治理模式，不同高校的治理结构依循学校办学目标、办学传统而设计，如美国研究型大学都有类似于我国学术委员会的学术评议会，由于不同学校的学术委员会发挥作用与扮演角色有较大差异，其组成人员与运行机制也可以在具体治理实践中探索不同特点的组织方式，大致有四种模式：第一种模式是管理负责人参与但无表决权，例如斯坦福大学评议会包括了校长、教务长、秘书长、七大学院院长等重要管理者，但是这些人在评议会中没有表决权；第二种模式是管理负责人参与且有表决权，例如哥伦比亚大学评议会包含了校长、教务长、研究生院院长、本科生院院长以及校长指派的核心管理者，在评议会中，这些管理负责人拥有表决权；第三种模式是管理负责人参与且构成评议会全部成员，如麻省理工学院评议会，这种模式的前提是全校教授会的体系非常健全；第四种模式是管理负责人不参与，如密歇根大学。这些都是各学校根据办学定位、目标与传统而探索的符合本校实际的具有自身特色的大学评议会模式。

5. 能力性

能力性就是要提高治理效能，形成有效性的治理模式。大学制度转化为治理实践，要依靠治理体系的完善，依靠制度的依规有效运行，依靠科学合理的评价引导制度完善和治理运行。应该说，大学治理既是体系，又包含能力建设，而治理体系和治理能力是互为支撑的，治理体系的作用发挥有赖于能力建设，能力发挥要在治理体系的范畴之内，以治理体系为依托。治理体系和治理能力二者相辅相成，但并不是说体系完善，治理能力就强。治理的制度先进与体系完善，还要落实转化为治理能力强。在治理实践中，应该试图找到理论与实践的逻辑连接点，进行理论整合和实践探索，增强解释力和实践功用。其逻辑连接点就是大学治理需要遵循一定的价值理念，达成一定的治理效果，关键是把治理的价值理念与治理效果结合起来，既不能只考虑达到治理效果而采用不符合规则的治理手段，也不能固守僵化的价值理念而不考虑治理的有效性，正确的做法应该是在共识理念指导下，结合实践创新治理方式，提高治理的有效性和效率。

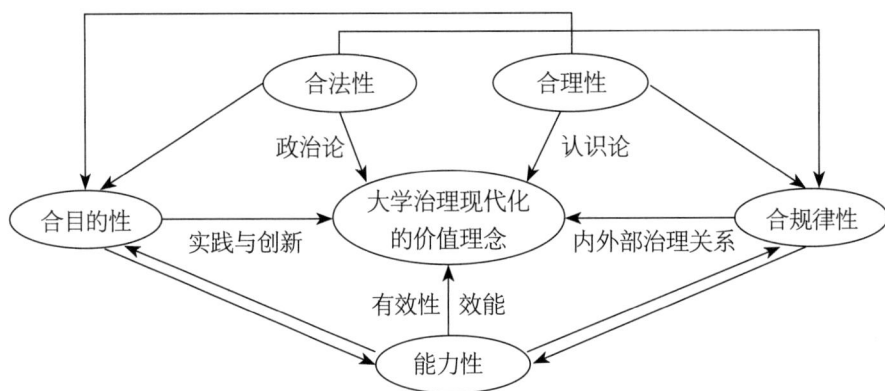

图2-6　大学治理的价值逻辑

大学治理的价值理念各要素之间有着内在的逻辑关系，如图2-6所示。合法性是从政治论角度而言的，强调的是大学治理与国家治理的相向而行；合理性是从认识论视角审视的，强调的是大学治理的理念要合乎大学之道；这两点是大学治理理念的基石，它们决定着大学治理的合规律性和合目的性，而合规律性和合目的性又决定着大学治理的能力性，即大学治理的效能。大学治理的实际效能又会反馈给合规律性与合目的性，并促使调整治理的有关价值理念，从而提高治理效能。

大学治理的价值理念既需要强调客观属性，即价值理念的客观价值秩序；又需要重视主观属性，即人们对这些理念的主观理解和认识。价值理念是在主客观的互动中逐步完善的，我们需要防范以固化的客观价值秩序去规定或整齐划一地约束人们对大学治理价值理念的探索。

中华人民共和国成立70多年来，我国已经探索建立了比较系统完整的高等教育制度，这是我国高等教育改革发展的重要保障。在新时代，大学治理现代化的重要任务在于寻求更加科学合理高效的现代大学制度安排，构建富有活力、务实高效的大学治理体系。这就要求在正确价值理念的引导下，巩固制度优势，补齐制度短板，加强制度执行，通过科学合理的体制机制和程序设计，使大学制度在实践中运转起来，将制度优势转化为治理优势，提高治理效能，切实推进大学治理现代化建设。在治理实践中，把治理的价值理念与治理效果结合起来，既不能只考虑达到治理效果而采用不符合规则的治理手段，也不能固守僵化的价值理念而不考虑治理的有效性，应结合实践创新治理方式，提高治理效能。[①]

（二）大学组织体系

大学组织体系是以权力为基础的组织机构设置、职能布局和权力配置。世界范围内的大学组织体系各有自己的传统和特点。美国大学的董事会是最高权力机构，以校长为代表的行政团队负责日常管理事务，学术评议会负责学术事务。英国的牛津大学、剑桥大学，其教职工大会（剑桥大学称为摄政院）是大学的最高权力机构；董事会负责大学目标的确定、大学行政事务管理、大学财政及资产的管理，但董事会在履行职权时，受到教职工全体会议的决议约束；以大学校长为代表的行政团队管理权限不大，不直接干涉学院的管理，而是通过大学章程等制度来规范学院的行为。法国大学的大学组织体系由行政委员会、学术委员会和学生学习与生活委员会构成，行政委员会选举校长，学术委员会是负责教学和研究的决策与咨询机构，学生学习与生活委员会是学生自我管理的机构；"核心领导

---

① 李立国：《大学治理现代化的价值理念》，载《光明日报》2019年11月19日。

团队"负责行政管理事宜，由校长、副校长、秘书长、校长办公室主任、财务主任、人力资源部主任等行政人员组成。德国大学设立了大学理事会和大学评议会，大学理事会由校外和校内人士组成，具有选举和罢免校长、总务长的权力；大学评议会是大学的自主管理机构，主要负责学术事务，大学教授占多数。日本在大学法人改革之前，文部省对大学的管控较多，学校内部是以教授治校为主的方式；在2004年法人化改革之后，建立起以校长为核心的、董事会、行政委员会与学术委员会相互合作的共同治理架构，董事会是最高决策机构，行政委员会成员由校长任命，负责审议学校重要行政事务，学术委员会负责审议重要的教学与科研事务。我国的大学治理中，组织体系主要体现为党的全面领导，"党委领导下的校长负责制"是领导体制，形成了坚持党委的领导核心地位，支持校长依法行使职权，严格贯彻民主集中制，严格执行"三重一大"决策制度，党委领导下的校长负责制得到巩固和改善，基本形成党委统一领导、党政分工合作、协调运行的组织体系与工作机制；学术委员会是最高学术机构，此外，还建立有教职工代表大会制度，体现了党的全面领导、行政负责、学术决策与民主办学的统一。

韦伯认为，任何组织都必须以某种形式的权力作为基础，没有某种形式的权力，任何组织都不能达到自己的目标。

第一，我国大学组织体系最为根本的是确立了"党委领导下的校长负责制"这一领导体制。党委领导下的校长负责制是高校的根本领导体制，健全党委与行政议事决策制度是这一领导体制在治理层面上的集中体现。首先，党委常委会和校长办公会的参加人员包括哪些，主要讨论什么工作，讨论和决策的程序是什么，都需要明确回答。"要建立职责权力的正面清单和负面清单，使职责分工具体化、规范化、法治化，减少在落实党委领导下的校长负责制中的主观性、随意性。其次，要解决好'规则'问题，对党委领导、校长负责的相关议事决策规则要有更加清晰、具体的规定，通过完善的程序来保障职责权力的规范行使。党委领导实行的是集体领导、分工负责制，决策上是集体讨论、做出决定。校长履行学校的行政管理职责，也是按照一系列规则和程序来进行的。"①校长办公会议属于执行党委常委会决议和其他事项的以执行为主的会议，属于首长负责制，参加会议的固定成员一般为学校行政领导班子成员。《党委领导下的校长负责制的实施意见》中对校长办公会的规定如下："会议成员一般为学校行政领导班子成员。党委书记、副书记、纪委书记等可视议题情况参加会议。"对于党委常委会和校长办公会议议事决策制度的规则依据、成员构成、议事范围、议事程序、会务安排、监督约束机制等有明确规定，这是大学治理规则的重要方面，也是落实高校领导体制的重要制度安排。

第二，落实教师在大学治理中的主体地位。学术性是大学组织最为核心的特性，它界定了大学组织的根本属性，构成了大学区别于其他社会组织的边界。大学办学自主权的核心是学术权力的彰显与学术制度的建立。没有学术权力与学术制度，大学就不能称之为大学，大学的发展就失去了灵魂，也失去了保障。作为学术组织的大学，教师在大学治理中发挥着重要作用。大学治理应该依靠教师，现代大学治理的核心问题是如何对教师进行选聘、激励和监督的制度安排，如何激励教师提高学术生产力。现代大学治理要遵循学术规律，坚持学术本位，彰显学术权力，尊重学术自由，规范学术道德，促进学术卓越。如果离开了学术权力机制，高校行政化和官僚化会使违背办学规律和追求功利目的的欲望膨胀起来，高校的行为失去规范就在所难免。就高校比较而言，同样是获得了办学自主权，那些办学历史较长、学风校风优良、教师地位较高且在学校管理决策中具有一定发言权与影响力的高校，其办学定位和学校日常决策管理就比较符合教育规律，办学水平和质量就较高。而那些办学历史较短，行政权力占绝对主导地位，教师难以参与和影响学校管理与决策的高校，办学行为失范现象较为突出，办学质量较低。确立学术权力在高校决策和管理中的作用与价值，就要完善以学术委员会为载体

---

① 建设中国特色现代大学制度课题组：《建设中国特色现代大学制度的四个问题》，载《中国高等教育》2014年第20期。

的学术权力组织系统，使教授治学落在实处。学术委员会是大学治理体系的学术中枢，在保障教师治学、学术治理方面起着重要作用。《高等学校学术委员会组织规程》的发布，标志着我国高等学校学术委员会改革进入新的历史阶段。但是，学术委员会权力的内涵和边界仍需界定厘清，进一步明确学术委员会的具体职权，特别是涉及学术权力与行政权力的交叉权限领域，应明确规定相关事项最终决定权的归属。[①]对于《高等学校学术委员会规程》规定的，属于学术委员会审议决策权限内的事项，应明确学术委员会享有最终决策权；对于学术委员会只享有咨询建议权的有关事务，要让学术委员会有充分地发表意见的权力；行政职能部门若不接受学术委员会的建议，必须公开说明原因及具体意见。

第三，遵循大学组织特点，确立二级学院在大学治理中的地位，以学院治理为基础推进大学治理。大学具有耦合组织特征。20世纪70年代，美国组织理论专家维克（K.E.Weick）提出了松散耦合理论（Loosely Coupled Systems），认为学校组织各个成员之间既相互联系又彼此保持独立。在各级学校中，大学的这种耦合特征最为明显。大学组织的各个基本要素（例如学院、学系、研究所或研究中心，以及各个自主和独立开展工作的教授、专家、学者），在大学组织的运行过程中保持着既独立自主又低度联结的工作状态或组合方式。目前，我国大学还是一种科层制管理模式。特别是学院与学校的关系定位，学院仍然是学校的下属机构，在校院关系上，学校一级处于支配的、主导的和强势的地位，学院一级处于依附的、被支配的和弱势的地位。这种关系不仅体现在学院领导班子的配备上，而且还体现在学院的专业设置、招生、人事招聘、职称晋升、课程与教学管理、科研组织、社会服务、国际交流与合作、资源配置等很多方面。学院层面在大学的各项改革发展中的主体地位未能得到切实的尊重与发挥，很多时候反而成了改革和发展的客体，担当执行、配合、服从、接受评价等角色。作为这样一种角色，学

---

① 汪洋、龚怡祖：《〈高等学校学术委员会规程〉的突破与展望：文本分析的视角》，载《复旦教育论坛》2014年第5期。

院在大学诸多改革中的自主权和话语权比较低，多数时候都是被当作改革的对象，对大学改革本身有一种恐惧感、疲劳感甚至厌恶感。高校应该落实学院在办学中的主体地位，按照大学的学术组织特点任命学院领导班子，加强学院一级的学术委员会建设，落实教授治学地位。

第四，加强学校职员队伍的服务能力建设。我国高校的"去行政化"并不是不要行政管理，不要行政管理服务。随着高等教育规模和高校规模的扩大以及职能的拓展，大学行政和服务人员的增加是必然要求。当然，最为重要的是转变职能，从管理转向服务职能，为教师和学生服务，而不是为少数领导干部服务。

我国一流大学的职员队伍是多还是少，这个问题争议很大。许多人认为职员队伍太多，人浮于事，缺乏服务意识。事实上，与国际一流大学相比，与高等教育发展需求相比，我国大学职员与行政人员偏少而不是偏多，问题出在两个方面：一是行政与职员队伍服务意识差，是管理而不是服务；二是校部机关与院系的人员比例失衡，国外大学的行政教辅人员主要在院系，而我国大学行政教辅人员在学校层面的集中度很高。有研究者调查了美英10所著名大学，平均拥有学生16820人、教师1963人、职员8326人。从人员规模上来看，拥有庞大的职员队伍是国外著名大学人员结构的重要特点之一。10所大学平均师职比为0.24∶1，师职比最高的是耶鲁大学，为0.39∶1，最低的是加州大学伯克利分校，为0.12∶1。[1]

对比我国，国内10所大学（北京大学、清华大学、复旦大学、中国人民大学、浙江大学、南京大学、南开大学、中国科学技术大学、北京师范大学、上海交通大学）的平均师职比为1.27∶1。较少的职员数量和较低的师职比反映了我国高校教师得不到相应的辅助支持，教师人力的滥用和浪费必然妨碍教学质量和科研水平的提升，并且我国高校职员分布呈倒金字塔形，职员主要分布在校部机关，大多数院系等基层教学科研单位的职员数量远远不

---

[1] 胡娟等：《加强高校职员队伍建设的国内外比较及对策建议》，载《中国高等教育》2009年第1期。

足,有时一个教学秘书对应着上千名学生和数百名教师。而国外大学职员主要分布在院系,职员分布呈金字塔形。所以,我国高校建立学术权力体系并不意味着要减少职员数量,关键是合理布局职员在院系和学校的分布,科学合理配置人力资源,使他们专注于服务师生而不是管理师生。

（三）大学运行体系

治理运行体系就是大学治理的现实路径,体现大学治理的一般规律,但同时又与大学制度和基本国情紧密相连,既具有共同的本质特征,又具有不同的国别和大学特点。我国大学治理基本运行体系,按照现代治理最基本的内在要求归纳,主要由四种形态构成:

运行体系要体现法治精神,实施依规有序治理。法治是一种科学有效的治理模式,是一种理性的行为原则,更应成为人们日常的生活方式。高校的法治就是制定规则和程序,使制度在规矩的道路上行进。大学的依规有序治理非常重要,是大学治理的基石。一是要制定各项制度的实施办法、具体流程和议事程序,使各项制度举措在规范、有序中运行。程序是指办事的手续、过程或者顺序、方式、步骤,是大学制度的运行流程和形式规范。程序化要求治理活动按照科学、有序的程序运行,按照法律办事,按照规范执行。制度化、规范化、程序化是现代大学治理的基本特征,也是完善中国特色现代大学制度的必然要求。程序要坚持合法合规性,程序设置符合和遵循法律和学校章程及学校重大决策,程序于法有据,按照规定的程序行事、按规范操作,减少随意性,确保运行有序。程序要坚持科学性,即程序设定的目的、目标和意义要符合实际情况。设计手段科学化才能设计出符合实际的程序。程序要坚持公开性,决策者要将决策制定过程向大家说明,不仅结果要公开,而且过程也要公开,程序公开能够使决策部门更好地接受教职员工和学生及社会各界的监督,可以增强决策的公信力。二是要处理好合情性与合理性、合法性的关系。中国是一个人情社会,高校有着复杂多元的学缘关系。大学治理实践会受到情、理、法因素的制约。"情"既指孟子讲的"恻隐之心",也指生活和工作中的关怀与人道、人性。弱势一方一般会运用合情性策略，获取"同情的力量"，如在评聘职称时，一些资历深的老教师就因使用这一策略而获得成功，学术标准让位于情感标准和恻隐之心。"理"是指"合理性"，制度的规定是单一的，而现实是复杂的。在变化的政策语境中，一些教职工以学校不成文的传统或国内外高校的一些捕风捉影的所谓经验作为依据，提出自己的诉求并且据理力争，再加上许多问题并没有明确的法律或政策依据，从而以此达到自己的目的。合法性则指对正式制度与规则的服从和遵守。合情、合理与合法之间并不一定是一致的，现实中的情形可能是恰恰相反的。在大学治理实践中，合法性在三者之中处于基础地位，但合法性的制度规定往往是抽象的，而情和理往往是具体、鲜活的，是更容易打动他人的，从而影响治理实践，有时比合法性更有冲击力。依规有序治理就是要把制度流程规范放在重要地位，把合法性置于首位，真正按照规则办事。

建立监督和问责机制。一是对于学校党委行政决策与实施的监督机制，高校的发展涉及人财物问题，对于高校风险较高的招生、财务、资产管理、后勤工作等要重点监管。二是对于学术权力的监督，同行政权力一样，学术权力也需要监督机制，学术委员会同样要有问责机制。为了防止学术权力异化和为少数个人所把持，可考虑学术委员会规范化的席位分配制度和选举制度，实现学术委员会委员从行政主导向按分配席位选举制度的转变，强调任期制度和定期更替制度，防止学术权力垄断。当学术委员会运行出现重大失误或过错时，比如在评聘职称和学术评奖、课题申报等学术资源分配活动中，少数人操纵了评审过程，把学术公器变为了一己之私利，谁来追究责任，谁来承担责任，如何追究责任，都应有明确的规定。评审规则、制度要在阳光下运行，要加强对学术管理的监督，防止暗箱操纵。

协商合作治理。我国大学治理的实践是中国特色社会主义民主的重要组成部分。协商民主在我国民主制度中具有重要地位，是我国民主特色的体现。每一颗民主的种子都需要找到适合的文化土壤。"有事多商量、有事好商量、有事会商量"，既是中国的传统，也是今天中国的社会共识。我国大学治理也应该坚持实施协商治理机制，推进协商式共同治理。一是决策的原则与程序。协商治理不是指每个人都要参与大学治理，而是指每个个体在自己能够参与的治理范围内实现最大限度的参与度，如教师对于学术事务的参与，学生对于自身事务的参与等。二是统筹协商。治理实践中肯定有相互交叉的方面，有规定不甚清晰的内容，有新情况新问题的出现，这些都需要在党委领导下统筹协商。三是相互尊重，平等沟通。有研究者指出，大多数高校治理失败的原因在于，各主体之间不知道如何谈判，如何礼貌地拒绝，如何适应双方之间改变的关系。大学共同治理需要相互依存、相互尊重、相互影响、相互协商。这可能会降低决策的效率，但可使各方形成合意，保证决策的科学化、合理化，也可为决策的实施铺平道路。

保障个体权益。和社会治理一样，大学治理同样要以利益为基础，治理运行要在保障每个教职工和学生合法利益的基础上，在明确学校各项规章制度的基础上，规范行政管理行为，健全科学民主决策机制、信息披露机制、监督机制和行政复议制度，完善与教职工和学生等相关主体的权利救济途径，健全申诉制度，探索建立教育调解、教育仲裁制度。

（四）大学评价体系

大学治理的目标是追求实现"善治"。对于什么样的治理效果才能达到"善治"水平，有一套大学治理评价标准体系。评价体系对于大学治理和发展具有检验、评价、引导、规范、监督与推动功能，对于大学治理的运行具有追踪和矫正的作用。治理评价体系的生命力在于评价结果的运用，也就是评价的绩效。在实践中，我们既要关注评价机制的单项功能，如检验功能或者评价功能，还要更加关注运用其综合功能，特别是导向功能、规范功能和推动功能。因为，我们对大学治理的评价，目的就是要对其进行准确的判断和推动大学健康持续发展。

国外已有学者和机构着手高校治理评价和指标体系开发工作。哈佛大学的卡普兰（Gabriel Kaplan）在美国大学教授协会和美国大学院长会议（The American Conference of Academic Deans）的帮助下，设计了"高等教育治理调查问卷"（Survey on Higher Education Governance），对美国约1500所四年制本科文理学院的治理状况进行了调查。英国大学校长委员会（Committee on University Chairmen）多次发布"英国大学董事会成员治理指南"，制定问卷对高校治理状况和治理绩效进行调查，据此发布大学治理调查报告。澳大利亚政府于2003年制定了"公立高等学校治理国家协议"（National Governance Protocols for Public Higher Education Institution），并在2004年和2005年，对大学遵守这一框架协议的状况进行了评估。一些重要的国际组织也积极参与到大学治理评估中来，例如世界银行制定了中东和北非"大学治理筛选卡"（University Governance Screening Card），从5个维度，即目标、管理、自治、问责、参与度来评估该地区大学对"善治"准则和实践的遵守程度。我国高校的治理评价应以实现"善治"为目标，充分考虑我国高等教育的治理现状与特点，既体现高效治理的基本价值准则，又有助于引导高等教育治理改革方向，有助于高校提升治理质量和治理绩效。[①]

一是加强学术治理的监督。从治理评价看，现在比较重视行政治理的监督，但对学术治理的监督重视不足。随着现代大学的发展，学术权力的性质也随之发生了改变。在中世纪古典大学，学术权力是精英制民主，全体教师都参与治学、参与学术规则的制定和学术标准的制定，如英国牛津大学直到现在还保留了3000多人的全体教师大会，每年召开一次会议，尽管现在因为规模过大难以讨论实质性问题，而只是形式上的成分多一些，但毕竟是全体教师参与治学的学术民主传统的保留。在现代大学，学术委员会由传统的精英制民主变成了代议制民主，即大家推选出一部分资深和有能力的教授来担任学术委员会成员，由这些代表代替他们行使学术权力。在代议制民主下，如何保证学术委员会成员正确行使权力而不是考虑个人私利、裙带关系和权力寻租，这就需要一个约束监督机制。首先是约束机制，约束机制包括回避制度、轮流交替制度等一系列事先约束制度，比如评审职称的专家组成员回避制度，如果参评者与专家组成员有亲密关

---

① 王绽蕾等：《公立高校治理评价》，见张德祥、黄福涛主编：《大学治理：权力运行制约与监督》，科学出版社2016年版，第94-101页。

系，那么该专家组成员就不再适合担任评委。另外，回避制度还应体现在各级各类基金项目和评奖申报中，如某个人可能在学术上与一些专家评委有纠纷，或有不同的意见，如果他申报课题或参加评奖，就应当将这些有纠纷的专家学者剔除评委名单，避免影响评审结果的客观公正性。其次，还要建立和完善学术权力的监督机制，比如学术评奖需要学术同行来监督，这就需要建立完善的学术监督系统。一旦其他监督形式出了问题，学术同行还能够发声，让破坏规则者在学术圈名誉扫地，无法生存。约束和监督是不同的概念，在制度设计中要有不同的体现，在治理中也体现出不同的特点。其中，约束是事先约束，包括回避制度、轮流交替制度等，即评委不是终身制，需要有正式的约束制度；而监督是对过程和结果的监督，特别是对评审结果的监督和来自学术同行的监督，包括来自学校教职员工的监督，特别是纪委监察的监督等。因此，大学制度和大学治理的关联点是权力，包括权力的规则、权力的结构、权力的运行和权力的约束监督体系等一整套制度体系。

二是要处理好标准化机制与声誉机制之间的关系。对于大学制度与治理效果的评价，不仅要看数量导向的标准化机制，还要看主观导向的声誉机制。标准化机制和声誉机制，实际上在大学治理过程中是可以相互替代的。国外有好多连锁店，包括青年旅社、麦当劳、肯德基等，之所以能够长久存在，就是因为在一个陌生的环境中，标准化机制可以提供令人信服的产品或服务，能够凭借声誉机制和客户的口碑生存和发展。因此，标准化机制和声誉机制在经营管理中是可以互换的，如果一个地方的客流量较大，但又很难形成声誉机制的，则可以让标准化机制起作用；如果一个地方主要依靠回头客，可以形成声誉机制，那就要建立声誉机制。实际上，我国的大学评价传统上依靠的是数量导向的、行政导向的标准化机制，但对大学的评价最终还是要通过声誉机制来完成。大学不是培训机构，不能完全按照标准化机制来评价；大学是学术机构，大学的人才培养与学术研究，大学的制度与治理效能，都不能完全依赖标准化机制，而更多地需要依靠声誉机制来践行。当然，最好是形成一个良好的双重机制，既要完善大学治理评价的标准化机制，又要建立声誉机制。

总之，在大学治理体系中，价值理念与制度体系相互作用，什么样的制度体系决定了什么样的价值理念，同时，价值理念也会影响制度体系的构成及具体举措的设计，如图2-7所示。制度体系对组织体系有着重要影响，组织体系是根据制度体系的规则和要求而设置的，是制度体系的具体化、机构化。价值体系与组织体系决定着治理运行体系。运行体系是对制度设计和组织设计的实践和检验，是治理能力的体现和治理效能的反映。治理评价是对治理能力和治理效能的评价与监督，反映了治理效果，治理评价的结果又会反馈给价值体系和组织体系，促进其发展完善，建立起更为成熟的制度体系，从而建立起更加定型的治理体系。

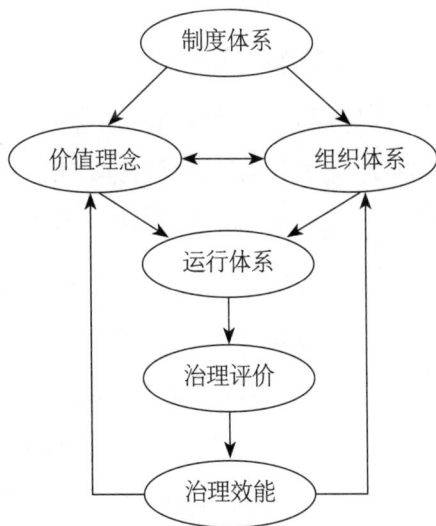

图2-7　大学治理体系

三、在治理实践中融通"大学之制"与"大学之治"

在大学治理实践中融通"大学之制"与"大学之治"，完善现代大学制度，实现大学治理现代化，推动制度逻辑从理论向现实的转化。

一个国家的大学制度体系是在长期的实践中，历经历史的变动，经过不断调试和改革而逐渐巩固的，并通过法律和制度规章等形式固定下来。大学制度是高等教育发展经验与常识的总结，成熟定型的大学制度，一定是具有广泛认同基础的制度。而如何促进制度成熟定型，如何融通"大学之制"与"大学之治"，关键在于推进制度设计在高校落地，以治理实践检验和改进制度设计。各国实行的大学制度无论在名义还是在组织形式上都各具特色，这些特色是由各国国情决定的。大学治理实践既是对制度设计的落实，也是提升大学治理水平和治理效能的重要手段，同时，也是在顶层制度设计的框架内不断改进并最终使之上升定型为更加成熟完善的大学制度的过程。提升治理效能和实现治理现代化，需要做到顶层制度设计与高校治理创新的良性互动。制度供给和发展完善所追求的有效性和适应性，目的就是发挥制度高效、协调、持续的优势，逐渐完善各项制度设计，补齐制度短板，从而使既有的制度成熟定型。

（一）处理好制度目标与制度举措的关系

具体政策举措是为了实现制度目标，有利于制度落实的政策举措才是好的举措，不能为了部门利益或者为举措而实施举措，脱离了制度目标而设置复杂的、反制度化的举措是有害于制度的举措。在治理实践中，结果主导的举措与制度主导的举措各有其价值与影响力。结果主导的举措强调目的性与功用性，为达成治理目标或效果而采用不同的有效的治理手段，其遵循管理主义路径；而制度主导的举措强调大学治理要符合大学制度设计与治理规则，在制度的指导下达成治理目标，其遵循规范主义路径。在治理实践中不能只考虑为达到治理效果而采用不符合制度和规则的治理手段，只有在制度目标指导下的治理举措，才能真正提高治理的有效性和效率。

制度设计与治理效能的关系。一个大学根据国家制度设计多少具体的制度和规则，要根据具体情况而定，要避免为制定规则而定规则，为好看而制定各种规矩，具体制度设计多少合适，多大规模合适，要根据各个学校的具体情况而定，并且要符合国家治理总目标和办学规律，制度的设计最终要由治理效能来衡量，不能提高治理效能的制度与具体举措要进行修订，以更好地促进制度成熟定型。

制度激励与约束的关系。制度具有约束功能，但更具有激励功能，制度设计要适合大学发展的激励机制，以教师和学生的利益为核心来构建大学的利益生态和核心利益关系，调动教师和广大同学的工作与学习热情。"特别要防止行政权力与学术权力的合流，真正把制度红利转化为广大教学科研人员教书育人、干事创业的生产力。"①制度之所以重要，正是因为它可以实施激励，而激励会影响大学治理效能和发展目标的实现。从治理来看，由于达成共识和协调的成本很高，因此，稳定的制度体系是理性的选择，因为稳定的制度体系比较难以改变，即使环境发生了变化而使得制度不再最优化，制度依然不易变化。如果制度创新能够把现有制度的激励作用发挥出来或者使人们更加容易从现有制度过渡到在其他地区已经成功运行的制度，那么它就是特别有价值的创新。②大学教师的激励制度设计不同于政府机构和企业，这是由教师劳动的复杂性、多维性和难以测量性所决定的。大学教师的工作难以监督，监督成本很高，校方很难直接衡量每个教师的努力程度，也不能确定投入同样多的工作时间和努力总会产出同样多的成果与成绩。当无法直接衡量努力与劳动成效关系的时候，只能选择奖励高水平的努力成果，因为这样的激励结构与实现学校的既定目标相一致。由于校方与教师之间存在着严重的信息不对称，故采用奖励能够产出高水平成果的教师激励机制比较适宜。但是对于何为"高水平成果"的认定很重要，只看所谓的期刊级别而忽视同行评价是当前的主要问题，"坚决遏制简单以学术头衔、人才头衔确定薪酬待遇竞价抢人、配置学术资源的势头"③。

---

① 翁铁慧：《加快推进"双一流"建设 努力建设高等教育强国》，载《中国高教研究》2019年第11期。

② ［美］保罗·罗默：《全球化与追赶型经济增长》，载《中国经济报告》2019年第3期。

③ 翁铁慧：《加快推进"双一流"建设 努力建设高等教育强国》，载《中国高教研究》2019年第11期。

制度制定与广泛参与的关系。制度只有与所关涉的具体人群和对象发生关联，才是有效的，因为制度最终是要人们遵守和执行的。在制度制定的过程中，要保证广泛利益相关者的有序参与，提出意见与建议，也让大家理解制度制定的初衷和要求，这有利于制度的执行和提高实施效能。

（二）重视人的因素在大学治理中的重要性

人的因素在大学治理中的重要性是由大学组织的特征所决定的。任何一个组织的治理，都受到外部环境和内部决策的影响，其区别在于影响程度不同。企业化部门既受到外部市场竞争的影响，同时也受到内部领导决策的影响，在急剧动荡的外部环境中，企业领导的决策失误很可能导致企业的倒闭。与其他组织相比较，大学治理也受外部常规影响和内部决策影响，不同的机构内外部影响程度不一，例如军事学院，受外部的影响最大，受内部决策层的影响很小。科研机构受个体和外部的影响都比较小，因为科研工作需要遵循科研规律来治理，在大多数情况下都不可能只通过增加外部投资或内部加快进度就能完成科研任务，比如新冠疫苗和药物的研发，不是通过外部追加投资和内部提高要求就能实现的。相比较而言，高等教育机构处于外部和内部影响的中间状态，既要依赖外部资源投入，也受内部人的影响。这是由于高等教育机构的人才培养与科学研究一样具有缓显性、滞后性、难以评价性等特性；但是高校不同于科研机构，高校的人才培养更多是师生互动的过程，教育质量不但取决于教师，还取决于学生的天赋与努力程度。在大学治理中，受领导者个体的影响也很大，某些领导的决策可能导致重大的变革。在中外高等教育史上，某个大学的发展往往都与优秀的大学校长联系在一起。大学组织处于外部环境和内部力量共同影响的中间状态，中间状态的特性往往摇摆不定，外部环境和内部力量都对大学治理产生影响。大学组织的发展受到内外部力量的共同作用，而且这种作用是对等的。同时，鉴于大学治理是学术治理和行政治理的二元复合物，内部治理多样化的空间也很大。如此，就决定了大学治理的弹性空间非常大，大学治理的模式也非常多，人的因素在大学治理中的作用就比较显著。

人的因素包括治理主体和治理对象。治理主体就是能够在大学治理过程中发挥重要领导作用的主要的管理经营者，包括董事会、校长、学术权威等。如果这些人的能力特别强、素质特别高，特别是一所大学的校长如果能发挥特别好的引领作用，那么这所大学就有可能得到快速发展。从世界高等教育史中，我们会发现一些带有规律性的东西：在某个历史时期，一所大学的崛起，总是和某位伟大的教育家或某位伟大的校长紧密相连。从现代大学的发展规律和西方大学校长的任职情况来看，大学校长就应该心无旁骛地从事治理和管理工作，与学术事务相分离。一方面做校长，一方面做研究，二者实际上很难兼顾。因此，从大学治理主体的作用来看，大学校长发挥着举足轻重的作用，而大学校长的职业化、专业化是关键性条件。首先，大学校长的角色定位是第一位的；其次，大学校长不需要花更多的时间和精力去做那些学者和教师应当做的事情；最后，大学校长需要配备一个专业化、职业化的行政管理团队，这个团队成员不能存在既担任处长又担任教授的问题。2018年，英国高等教育学会对英国大学的董事会、理事会做了一个调查，发现大学理事会成员、董事会成员对大学治理的知识了解得特别少，导致他们在参与大学治理的过程中，对大学治理的发言权和决策权运用不当或运用不足。为此，英国高等教育学会建议对大学的董事会、理事会成员进行集中培训，帮助他们了解高等教育的基本知识，具备高等教育基本常识，使他们在大学治理中更好地发挥关键作用，让他们的决策更加科学，更加符合现实，更加符合高等教育规律。

大学治理结构是比较复杂和多样化的，除治理主体外，还包括治理对象——普通老师、学生。虽然大学教师和学生在大学治理过程中有一定的发言权，具有治理主体的地位，但在大多数情况下，他们只是被治理的对象。一方面，治理主体应当尊重被治理对象的权益；另一方面，被治理对象应当敢于发声，在各种时候都应该主动维护自身的合法权益。在我国大学中，应该通过建立各种委员会，为大学师生的合理诉求和权益提供申诉场所和畅通的渠道，也为大学治理中师生的有效参与提供制度支持，进而更好地去完善大学制度和提高大学的治理效率。

在大学治理实践中，注重人的因素，发挥人的积极性、主动性是最重要的问题。大学组织所面临的挑战主要来自静态的制度结构设计以及动态的人的因素。在我国，各个高校的制度设计具有同质化特征，但是为什么在制度相对统一的情况下，不同的高校运行的结果不同？为什么在一些组织中规章制度获得了成功，而在其他组织中却收效甚微？为什么一所大学的成功经验无法复制到另一所大学？目前，针对组织结构、制度、框架和模式等的研究没有办法完全回答和解释上述问题。因为大学具有文化上的惯性，组织成员习惯于基于惯性和经验从事组织活动，因此，大学治理的研究和探讨不能忽视制度因素，同时更应该关注组织中人的因素。国外学者的研究视角从体系制度的完善转变为非结构化的互动、价值观的动态平衡。"高校倾向于将自己视为与其他组织在功能上有所不同的实体，但现实情况是所需的管理技能与其他组织非常相似。"[1]维克多·鲍德里奇1968年对纽约大学的93名行政人员、教职人员、学生进行研究发现，现代大学日益变得复杂而多变，它们既没有官僚机构的刻板和形式化，也没有学院模式的从容和共识导向。[2]相反，学生的暴动、教师工会的罢工、外部利益集团的干预等表现出了政治行为。这些行为源于大学复杂而分散的社会结构以及不同团体通过不同方式表达自己的利益诉求，从而利用他们所拥有的任何力量从各个角度对决策过程施加压力。因此，大学的权力流动并不是单一自上而下的，各利益集团相互竞争、博弈、游说，从而获取权力。马丁·特罗指出，应该在"硬"和"软"管理主义之间进行区分。"硬"管理主义强调等级制度、结构的优化以及组织效率的提升；而"软"管理主义认为机构受其自身的规范和传统支配，具有合理和有效的管理系统。组织结构越是松散的、目标越是多元的机构，越必须重视人的因素及其互动

---

① James L Bess., Jay R. Dee, *Understanding College and University Organization*, Stylus Publishing, LLC, 2002, 148.

② Baldrige J. Victor, *Models of University Governance: Bureaucratic Collegial, and Political, Research and development Memorandum*, 1977（2），1–17.

关系对治理的影响。[1]高等教育机构不仅是静态的结构，同时也是人际的互动链。组织在实现整体目标的同时，也需要满足组织成员的个人需求和利益。巴纳德认为，成员间的激励、承诺和信任是保证组织成功的根本要素。组织成员优先考虑自身利益，其次才是组织整体目标。因此，对于组织领导者来说，了解组织生活中的非正式人际关系是确保组织运行的先决条件。[2]正因组织成员的责任、等级、分工、需求等不同，所以非正式人际关系具有复杂性，必须引起领导者的重视。在治理实践中，只有重视人的因素，使人的因素与制度设计合理互动，才能提高治理效能，才能逐步完善制度。

（三）在治理实践中巩固与落实制度，发展与完善制度，促进制度成熟定型

治理是手段而非目的，真正的目的在于利用这些手段与工具，实现大学的规范有序与科学合理运行，让大学充满生机与活力。大学治理不仅要有制度与机制建设，更为重要的是形成大学与政府、市场、社会、个体等合作共治的体制机制。在大学治理实践中，根据各校的具体情况来认真落实制度，并制定落实制度的举措，通过具体的机制和举措，使"建起来"的制度在实践中"转起来"，从而使制度真正落地生根，使我国的制度优势在高等教育系统中真正发挥作用。同时，根据发展要求来改革完善制度，坚持问题导向，突出治理效能，在实践中破除制约改革发展的体制机制弊端，一方面使得制度优势真正发挥出来，另一方面逐步发展与完善现有制度。

制度逻辑体现为制度供给与治理能力的良性有机结合。要使制度供给转化为良好的治理能力，需要二者的匹配和良性的治理运行与实践。只有良好的制度供给与强有力的治理能力，即良性的治理举措、治理运行、治理实践相结合，大学治理才能达到最佳状态。因此，制度本身要设计好，

---

① Trow M., *Managerialism and the Academic Profession: The Case of England Higher Educational Policy*, 1994, 7（2）, 11–18.

② ［美］理查德·斯科特、杰拉尔德·F.戴维斯著，高俊山译：《组织理论：理性、自然与开放系统的视角》，中国人民大学出版社2011年版，第158页。

要科学、合理；同时，大学治理的运行和实践也要科学有效。但现实中，制度供给和治理能力并不总是好的，经常有坏的制度供给和弱的治理能力的组合，由此也就形成了不同的治理实效，制度逻辑在实践中遇到了不同的问题与困境。[①]

制度逻辑需要良好的制度供给和强有力的治理能力相结合，如此才能达到有效治理，才能把制度优势转化为治理效能。

在治理实践中，通过融通"大学之制"与"大学之治"，大学制度通过体制机制建设转化为治理能力，并使得制度优势转化为治理效能，同时，在实践中补齐制度短板，强化制度执行力，完善制度建设，使制度逐步成熟定型，从而推动大学治理现代化的实现。

从大学治理的制度逻辑看，大学制度与治理是相互作用的，如图2-8所示。制度对于治理体系构建和治理实践起着指导和约束作用，治理实践

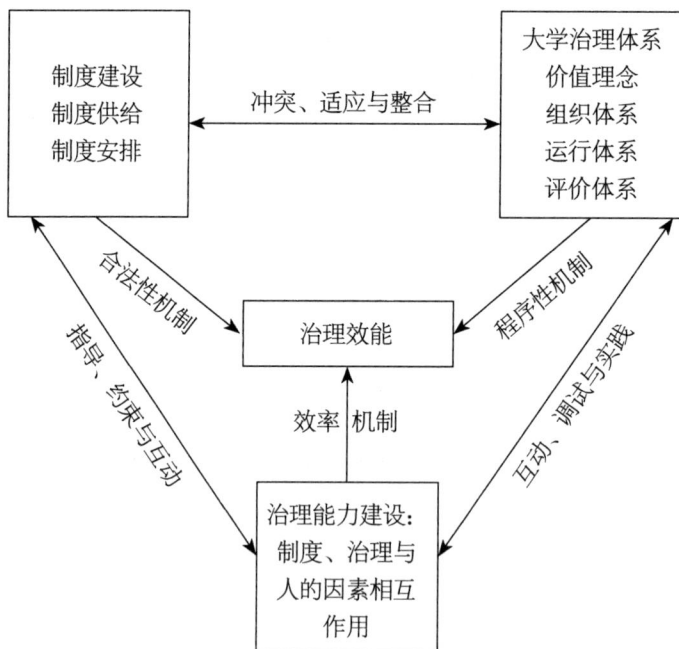

图2-8　大学治理的制度逻辑与治理效能

[①] 李立国：《大学治理变迁的理论框架：从学术—政府—市场到大学—国家—社会》，载《清华大学教育研究》2020年第4期。

和治理体系又有助于制度的完善。制度供给、制度安排等制度建设与完善对于治理体系的完善起着指导和规制作用，对于治理实践的运行和实践起着约束、指导和互动作用，而治理体系和治理实践的运行和效果对于制度建设完善起着反作用，有助于制度的改革、完善与定型，治理体系与治理实践之间起着互动、调适作用。在制度完善、治理体系建设、治理实践和治理能力发展中，人的因素起着关键作用，要充分注重和发挥人的因素特别是治理主体的作用与价值。制度建设、治理体系建设和治理能力的提升共同作用于治理效能的实现，其中，制度建设具有合法性机制的作用，治理体系建设具有程序性机制的价值，治理能力建设具有效率机制的作用。

第三章

高等教育组织形态与治理模式

第一节　大学发展逻辑、组织形态与
治理模式的变迁

　　大学治理模式的变革是由其自身发展逻辑与组织形态的变迁所决定的。大学处于变革与发展中，发展逻辑由学术逻辑到社会逻辑、市场逻辑，大学组织形态随之由传统的学术组织变革为学术组织、科层组织、政治组织与企业化组织并存的组织形态，大学治理模式相应地由学术治理、官僚治理到共同治理、企业化治理转变。大学组织形态以及由此带来的组织治理模式的变迁，并未改变大学组织的自治性质，改变的是大学治理的主体、形态与方式，"谁在治""治什么""如何治"发生着深刻变化。

　　西方学者在研究大学治理时，一般把大学治理划分为四种模式，即学术治理模式、官僚治理模式、政治治理模式、企业化治理模式。这四种治理模式是如何演变形成的？它们在大学治理中究竟处于什么地位、具有什么特点？治理模式的演变是否改变了大学组织的自治性质？对于大学治理与管理产生了什么影响？笔者试图回答这些问题。

一、大学发展的学术逻辑、社会逻辑与市场逻辑

　　治理的变革首先源于大学组织发展动力与自身逻辑的变革。从高等教育的发展历程来看，在知识进步与大学职能扩展的过程中，大学发展的逻辑由单一的学术逻辑演变为学术逻辑与社会逻辑并存，再到学术逻辑、社会逻辑与市场逻辑并存的多维逻辑体系，由传统的一元制度逻辑转向多重

制度逻辑，发展的驱动力与主体发生着深刻改变，由此改变了大学的面貌，也改变着大学的治理体系。

19世纪末期的"第一次学术革命"使得研究成为大学的合法职能。到了20世纪末期，欧洲和美国的大学经历了"第二次学术革命"，学术研究和经济发展与产业、工业结合在了一起，科学研究的市场逻辑逐渐取得了合法地位，大学的经济发展使命日益增强。美国学者皮拉尔·门多萨（Pilar Mendoza）和约瑟夫·B. 伯杰（Joseph B. Berger）提出了大学组织文化的多重组织逻辑体系，其中学术逻辑包括组织文化的制度实践和符号构建，社会逻辑是指社会对于大学的期望，如大众化教育和知识的保持与发展等。这两种逻辑较早地存在于大学的内部，而市场逻辑反映了大学对社会经济增长、熟练劳动力的培训、商业应用的研究等方面的贡献，体现了市场力量对于大学学术的影响。[①]

从知识生产主体来看，在学术逻辑的主导下，知识生产的主体是学者与教师，他们基于学术兴趣、爱好与对于知识的纯粹目的，来探索自然界与社会发展的知识；到了社会逻辑阶段，大学建立了专门的科研机构与实验室，增加了大量专业科研人员，研究生教育迅猛发展，也成了知识生产的一部分，由此，知识生产主体在学者、教师的基础上增加了专职科研人员与研究生；到了产业逻辑阶段，企业、商业机构参与到大学知识生产过程中来，知识主体在教师、专职科研人员、研究生的基础上增加了企业人员与社会有关人员。

从知识生产的价值来看，在学术逻辑主导下，知识本身就是目的，此外无其他目的与价值追求，探索与传授知识是学者所具有的追求知识本身的热情、好奇心与对自然界及社会的无私关怀。在社会逻辑下，知识生产除知识本身的价值外，还要为社会和国家服务，政府开始为大学的人才培养与知识生产提供资助与支持，知识生产与传播具有公共性、公开性与普

---

① Mendoza P., Berger J. B., *Academic Capitalism and Academic Culture: A Case Study*, Education Policy Analysis Archives, 2008, （16），23.

遍性。公共性即公共物品的知识体制，政府提供资助，知识为社会和国家服务，公开性是指知识的非保密性特征，普遍性是指公共性、公开性的知识可以跨越边界自由流动。而到了市场逻辑阶段，知识生产开始强调商业性、保密性与功利性，大学的某些知识生产会受到企业赞助或出于某种特殊目的和需求而从事生产与传播，某些知识的生产不再具有普遍的公共性，而具有商业性与保密性，知识不再自由流动，而是为某些机构提供服务，知识生产的功利性进一步强化。

从知识生产的优先排序来看，学术逻辑主导下的知识生产主体是学者对于基础理论与科学的自由探索，也包括人文知识；社会逻辑主导下的知识生产依然是基础知识、应用科学、技术知识，知识的生产与转化是分工进行的。大学知识是独立生产的，学术知识经过科研机构转化为企业的应用性知识，大学知识生产的最终目的是促进社会发展，为企业和社会机构所采用，但其知识生产过程依然是独立的，很少或者不受政府或商业机构的影响，学术的自主性与知识的应用性相分离。而到了市场逻辑阶段，知识生产的排序变化为技术知识、应用科学、基础科学，学术知识变为具有内在的商业可能性，不再区分科学研究与商业活动，知识的价值在于能带来知识经济的高技术产品，创新知识与创造高技术产品通过全球市场的流通带来利益。

从知识的塑造者来看，学术逻辑主导下的知识生产是受学者与学术驱动的，是学者基于学术兴趣而引发的知识生产活动。美国社会学家R. K. 默顿（Robert K. Merton）认为，无私性是科学的一项基本制度安排，无私性是指学者所具有的学术的热情、好奇心、对于人类和自然界的无私关怀及其他特殊的动机。[①]也就是说，学术的无私性期望科学知识自由传播，研究人员以同行的认可为回报，不求其他形式的回报。到了社会逻辑主导阶段，知识生产受社会需求的驱动，在政府与社会的资助下，学者、教师把社会需求与学术活动有机结合在一起，以基础科学的学术研究为理论支撑，然后转化为

---

① ［美］R. K. 默顿著，鲁旭东等译：《科学社会学：理论与经验研究（上册）》，商务印书馆2010年版，第365页。

相关社会应用技术与成果。在社会逻辑发展阶段，虽然强调学术与知识服务和回报社会，但是学术与基础研究依旧是独立的。二战后，美国科技政策的主导者范内瓦尔·布什（Vannevar Bush）认可学术服务社会，但是他同时认为，基础研究不应该考虑应用的目标，卓越科学的必要条件就是学术独立，研究不应该受到政府或者商业的影响，保持对政府或市场的独立性是卓越科学所必需的条件，他提出了"科学推动创新"的线性模式，即从基础研究出发，导致应用研究，再到技术发展和最后的创新，这种知识创新过程被称为"布什模式"。[①]他强调了知识的公共物品体制，即知识的发展能够带来公共利益。市场逻辑下的知识生产更多地受市场与产业的驱动，知识生产者可以从知识产权政策中获得收益，但知识产权政策妨碍了科学的公共性和知识的自由流动，使得科研人员可以从他们的科研活动与知识生产中获取个人利益或受到奖励，使得社会逻辑下的公共物品知识体制受到动摇。如果说在学术逻辑的主导下，知识生产的目的是获得同行认可，那么在市场逻辑下，知识生产的目的更多的是为了获得外在利益。市场化的知识体制推动了从"布什模式"向创业模式的转变。如果说在学术逻辑与社会逻辑下，主导知识生产的是公共物品知识体制，学术和研究关注发现新知识、关注基础科学问题、推进知识创新，那么其奖励机制是同行认可和服务公共利益。到了市场逻辑下，知识创新的价值在于其经济回报和市场转化，知识被当作一种商品而不是自由传播的物品。[②]

从对外在变化与需求的反应来看，学术逻辑主导下的知识生产本身即是目的，对外在变化与需求上基本没有反应，大学是"象牙塔"，对知识生产的时间取向也非固定；在社会逻辑的主导下，知识生产对于外界的需求和变化会作出反应，但不会改变知识生产的性质与进程，知识生产者们以长期时间为时间导向；在市场逻辑的主导下，知识生产对于外界的变化与

---

① ［美］范内瓦尔·布什等著，范岱年等译：《科学——没有止境的前沿》，商务印书馆2004年版，第64页。

② SL Aughter S., Rhoades G., *Academic Capitalism and the New Economy: Markets, State, and Higher Education*, JHU Press, 2004, 104.

需求导向比较敏感，反应比较剧烈，会重新检查知识生产的目的、进程与取向，对知识生产本身进行重新定位，受短期取向影响较大。

从知识生产的组织进程来看，学术逻辑主导下的知识生产组织者就是学者本身，其从事学术研究与知识传播的目的是获取同行认可；到了社会逻辑主导阶段，政府投资于基础研究和应用技术，投资于未来一代的发展，建立了公共物品知识生产体制，学术声望与社会发展相结合，学术声望和地位依赖于知识创新与社会应用，既有同行认可，也有政府奖励与社会资助；到了市场逻辑主导阶段，知识着眼于应用与开发，被看作是一种可转化的商品而不是自由交流的物品，大学有动力对知识进行许可、投资和获利，建立了一种与公共物品知识生产体制不同的知识生产的组织过程。大学发展的逻辑见表3-1。

表3-1　大学发展的逻辑

内容 ＼ 发展逻辑	学术逻辑	社会逻辑	市场逻辑
知识生产主体	学者、教师	学者、教师、专职科研人员、研究生	学者、教师、专职科研人员、研究生、社会有关人员
知识生产性质	知识本身即目的	公共性、公开性、普遍性	商业性、保密性、功利性
知识生产排序	基础科学	基础科学、应用科学、技术知识	技术知识、应用科学、基础科学
知识的塑造与评价	学术驱动 同行评价	社会驱动 同行评价、社会评价	市场与需求驱动 知识产权政策下的外在利益
外在变化与需求的反应	无反应 无固定时间取向	长时间取向	检查与重新定位 短期取向
知识生产的组织	基于学术兴趣的知识生产体制	投资于基础应用研究 投资于未来一代 公共物品知识生产体制	致力于应用研究和政府服务 基于市场需求导向的知识生产体制

二、大学发展逻辑下的组织变革

大学发展由单一的学术逻辑到社会逻辑再到与市场逻辑并存，体现了大学在外部社会环境的影响下自身发展的脉络与变革的路径，反映了不同力量对于大学发展的影响及其各自的作用与价值。这种变革必然会体现在大学治理结构与治理力量的调整与变化之中，其中最主要的就是大学治理主体的变化，由此，大学组织模式发生变迁，由传统的学术组织变革为学术组织、科层组织、政治组织与企业化组织并存的组织形态。

随着高等教育规模的扩张和巨型大学的出现，高校管理与服务人员日益增加，如美国在1975—2005年的30年间，高校教师增长了80%，而行政教辅人员却增长了240%，大学行政化、官僚化与管理化成为重要趋势。同时，企业与资本市场也开始影响学校发展，企业对人才素质的要求成为高校确定人才培养目标、设置专业与制定课程体系的重要参考，企业对于新技术新工艺的需求成为高校规划科学研究方向的重要依据，银行作为债权人、企业作为捐资者也影响着学校的决策方向。高校是资源依赖型组织，要依靠外部资源来发展，同时，高校也是资源吸纳型组织，从外部获取资源是学校发展的重要推动力。为了获取资源和吸纳资源，高校要迎合社会需求和市场需求，要采用一些可以量化的企业管理方式。而迎合社会需求和采取企业化管理，则带来了高校管理的行政化与企业化。高等教育市场化改革和新公共管理运动推动了大学组织形态的转变，市场作为一支重要的力量进入大学。美国高等教育专家伯顿·克拉克曾把国家权力、学术权力和社会力量作为三种影响高等教育的重要力量。当时，市场的力量还很少对高等教育产生影响，但自20世纪80年代以来，三者间的关系发生了明显变化，市场的力量极大增强。社会学家威廉姆斯曾对克拉克的三角模型进行了拓展，用以说明20世纪80年代以来高等教育是如何在市场的影响下发生变化的。[1]美国高等教育专家米勒（Miller H. D. R）通过对1983—1993年加拿大、美国、英国和澳大利亚等国高等教育体系的研究发现，各国高等教育改革的一个重要特征就是市场化力量的增强。[2]日本学者金子元久从国家和市场关系的历史演进中分析了高等教育与市场关系日益密切的现实存在，并且进行了大胆推测，即"市场化"有可能和"工业化"一样成为高等教育发展的一种新模式。[3]市场力量的渗透对大学管理、评价与治理均产生了深刻的影响，正在引发着高等教育体系从理念、制度到模式的深刻变革。

从世界范围来看，无论是新公共管理运动影响下的大学变革，还是市场化导向的大学改革，以及法人化改革，都在不同程度上加强了大学与社会的联系与合作，加强了大学行政力量在大学中的地位与力量，弱化了以教授为代表的学术力量在大学中的发言权。这些必然会导致在大学组织形态中形成学术专业化组织与科层制组织、政治组织并存且协调发展的格局，传统的单一的学术专业化组织及学术治理模式受到了极大挑战。当然，在不同国家和地区，在不同类型的高等教育机构中，学术组织、科层组织、政治组织、企业化组织的特征各有侧重，并无统一的模式。

从权力角度来看待大学组织，学术组织的权力集中体现在学术自主权与学术控制权上，学术自主权是一种个体的权力，是学者自由地进行学术活动与追求真理的权力，学术控制权是一种集体权力，是团体控制权力，在各国大学中，存在着学术寡头权力，少数教授发挥着影响整个学校运作的权力。科层组织是一种官僚权力，包括正式规定的等级制、正式的职务授权、正式的书面文件与协调，以及人员聘用、人员评价和分配工作任务等方面的非个人化特征。巨型大学的出现导致大学组织的复杂化而形成了

---

① Dill D. D., Sporn B., *Emerging Patterns of Social Demand and University Reform: Though a Glass Darkly*, Pergamon Press, 1995, 170-193.

② Miller H. D. R., *Management of Change in University*. Milton Keynes: Srhe and Open University Press, 1995, 235.

③ ［日］金子元久著，刘景文等译：《高等教育市场化：趋势、问题与前景》，载《清华大学教育研究》2006年第3期。

复杂的网络结构，大学就像一台巨大的官僚机器，伴随着管理的复杂化而出现了一个稳定的大学管理层，他们的权力来源与教师不同，是从一个明确规定的职位上获得权力。政治组织的特性就是多元参与，大学除学者与专门的管理人员参与学校管理外，政府对于大学特别是公办学校具有一定的法定权力，一些大学设立的董事会或理事会都在参与学校管理，甚至具有决策权，学生享有一定的参与学校事务的权力，与学校利益相关的社会各界也在以各种方式参与到学校管理与发展事务中来。政治组织特性强调不同利益主体的冲突和合作。不同群体和同一群体之间总有利益存在，利益不只导致冲突和矛盾，在矛盾冲突过程中还能促进相互理解和默契合作，冲突的结果未必就是混乱无序，可能会带来更高层次的和谐与合作。政治组织理论是把"静态组织理论重构为以利益分化—矛盾冲突—人际融合为中轴的动态组织行为理论"[①]。企业化权力是大学为了提高办学绩效而借鉴企业管理方式，强调权力边界的清晰化、权力运用的规范化、权力行使的正当性和权力的可控性。

从权力角度探讨大学组织形态，这四种组织（见表3-2、表3-3）的权力虽然其特征不太相同，但都属于大学自治权的范畴，是大学处理内部事务上的独立决策权，是大学作为社会法人机构而不受外部干预、自己独立决定自身发展的权利。从总体上来看，大学组织形态以及由此带来的组织治理模式的变迁，并未改变大学组织的自治性质，改变的是大学治理的主体、形态与方式，"谁在治""治什么""如何治"在发生着深刻的变化。

表3-2　大学的四种组织形态

组织形态 特点	权力来源	权力类型	权力基础	权力特征
学术专业化组织	专业知识 学术同行认可	影响力 以知识为基础的权威	知识 学术控制权与学术自主权	低度集权

---

① 高洪源：《欧美学校微观政治学研究的进展》，载《比较教育研究》2003年第6期。

续表

组织形态 特点	权力来源	权力类型	权力基础	权力特征
科层制组织	科层制 正式授权	权力 以权力为基础的权威	规范 外部规划与上级的需求	高度集权
政治性组织	机会 个人魅力	影响力	协商 强制	低度集权
企业化组织	正式组织的结构与授权	基于量化评价和绩效管理的权力与权威	规范 单位内部顶层设计的规则	中度集权

表3-3　四种组织视角之比较[1]

组织形态 组织权力	学术组织	官僚组织	政治组织	企业化组织
权力来源	学术权威	行政权力	参与权力	授权
目标	目标一致	目标一致 ·	目标多元	目标一致
认识	共识	共识	冲突	共识
利益	动机	动机	利益	利益
权力特点	学术活动	决策行为	政治活动	决策行为
权力行使	自主	赞成	控制	自主

三、不同组织形态下的治理模式

在不同的组织形态下，高校也形成了不同的治理模式。西方学者在探讨大学治理问题时，大致归纳了以下几种大学治理模式：一是学术治理模式，它由美国组织管理学家马文·W. 彼得森（Marvin W. Peterson）等人

---

[1] Ball S. J., *The Micro-politics of the School: Towards a Theory of School Organization*, Methuen, 1987, 8.

提出，亦称为学术同行治理、学术同僚治理，其基本特征是教授治校，学术同行掌握各项权力，不必顾忌外部的领导权力；二是科层治理模式，亦称官僚治理模式，源于德国社会学家韦伯，其强调基于合法理性的权力，组织结构严密，下级服从上级。自20世纪中叶以后，随着高等教育规模的扩张和巨型大学的出现，高等教育管理日趋复杂，科森和斯特鲁普提出了科层治理模式，强调以大学校长为首的行政权力和董事会作为决策机构在大学治理中应发挥重要作用，大学治理由学术同行治理转向威权治理；三是政治治理模式，由鲍德里奇、萨兰奇克、佩弗克等学者提出并完善。自20世纪70年代以来，大学治理变得愈加复杂化和多样化，与大学事务相关的利益群体日益增加且对大学有着不同的利益诉求，并且逐步参与到大学治理中来。与官僚治理理论认为大学治理属于封闭的组织内部决策不同，政治治理模式强调大学治理的开放性和外部利益群体参与大学治理的可行性，所以政治治理也称共同治理；四是创业式或企业式治理模式，克拉克提出了创业型大学的概念，他认为，在国家紧缩公共预算并减少财政拨款的背景下，大学应该多用企业式的灵活经营方式，加强与社会的合作，促进学术服务发展，以获得更多资源。该理论模式强调外部力量参与大学治理并提出建立强有力的核心行政领导，强调决策的有效与高效，强调学术服从于行政，为此有人称为高等教育公司模式。

学术治理是以教师为主导的治理方式，教师与学者在治理中发挥着主导作用，治理规则是学者自定的学术规则，没有明确的目标任务与产出指标；官僚治理是大学行政化、管理主义在治理中的体现，治理主体是学校的行政管理集团，治理规则是外部机构（主要是政府）制定的规则，有着较为明确的目标，但对于完成的任务没有明确的衡量标准；政治（共同）治理是大学利益多样化及社会参与大学治理的体现，治理主体既包括教师、行政管理群体，也包括学生和与大学相关的社会力量，治理规则需要各利益方的协调，治理方式是协商共治；企业化治理是企业化组织形态在大学治理中的体现，官僚治理遵守外部机构制定的规则，而企业化治理更倾向于遵守内部顶层管理者制定的规则，官僚治理的中下层职员与高层基本是隔离的，靠既定的规章制度和所谓的习惯习俗进行管理，而企业化治理是自上而下的指令体系，逐层汇报信息，高层在对信息的监控与评估的基础上做出决策，并传递到底层执行，官僚治理主要是执行规定的任务与目标，并无明确的评价与衡量标准，而企业化治理则会确定精确的指标与标准来衡量绩效水平，评价与竞争、绩效管理是企业化治理的主要治理方式。

在大学发展历程中，纯粹的学术治理与单纯的官僚治理很少见到，更多的是共同治理，教师负责学术决策，行政管理人员负责财务与行政管理决策，但是二者的共同治理有可能造成行动迟缓，妨碍学校其他目标的实现，无法有效满足市场与社会的需求，因而出现了以评估与绩效管理为导向的企业化治理。共同治理只是一种中间状态，很难去准确衡量，有的偏向教师权力大一些，有的偏向以校长为代表的行政管理团队权力大一些，如从校长的遴选任命与选举来看，日本、韩国、土耳其、法国、芬兰、瑞士等国的大学校长一般是由全体在岗教师选举产生的，校长要对全体教师负责，教师权力大一些。但是，像韩国、日本、土耳其等国选举产生的校长要经过政府确认，政府的影响也很大；再如美国、英国、荷兰、澳大利亚、瑞典、丹麦、挪威、奥地利等国的大学校长一般是由董事会、行政委员会根据遴选结果产生的，而董事会、行政委员会的成员以外部人士居多，这样产生的大学校长既要对教师负责，更要对董事会、行政委员会负责，在外部压力下，有可能从共同治理走向企业化治理；在美国，公立大学的治理主体主要是顶层管理者（校长、教务长和院长、系主任等）和教师，虽然有学生群体和社区代表等参加，但治理的主体是管理者与教师两大群体，决策过程通常会涉及两大群体的合作，任何一方的强烈否决都不会使决策落地。一个良好的公立大学治理体系应该在这两个主要群体之间保持平衡，做出决策的同时也回应其他利益相关群体。但在绩效导向的治理模式下，高层管理者的权力在增加而教师权力在下降。大学规模的扩展与复杂性的增加都要求增加更多的专业管理人员，传统的由教师轮流担任管理职位的模式难以为继。大学组织的复杂性要求更为专业的管理知识与管理团队，出现了专业化管理的需求。同时，教师侧重于自己的专业领域而非管理岗位，学术界的扩张和学术领域的高度专业化导致教师与专业研究联系得更为密切，他们对参与管理的热情不高。学科专业的发展很快，一个专业教师如果担任高层管理者多年后就难以回归教师队伍，而只能成为一名专职管理者。在传统大学的治理中，管理岗位是轮流的，内部管理者一般与教师合作，代表学校内部利益一方，与董事会相对应。而随着管理者的固化和教师对参与大学治理缺乏兴趣，导致管理者与董事会结盟，在一些利益问题上甚至成了董事会的代理人。教师权力的下降、管理者队伍的专业化和权力的增加以及与外部董事会的结盟，使得美国公立大学的共同治理结构更趋向于企业化治理模式，绩效导向的治理成为主流趋势。①

这四种组织的行为模式也各有特点，见表3-4。从参与人员来看，学术专业化组织的参加人员主体是教师，而科层官僚化组织则是教师与学校的高级管理人员，在政治组织模式中，参与人员除学校内部的教师与高级管理人员外，学校内部的学生群体、职工群体和外部的有关社会力量也在学校治理中发挥着各自的作用，体现出大学治理主体的多元化，企业化治理的主体是大学的高层管理人员。从角色定位来看，学术专业化组织中的教师具有参与者的一致性，都是基于学术的探索与发现知识、传播知识；科层官僚组织体现的是参与者的相互合作，是不同岗位、不同职位之间的基于权力的合作与命令，而政治性组织中的角色定位则是不一致的、多元的，教师、高级管理人员、学生及外部力量在治理中体现的需求是不同的，他们在治理过程中有相同利益的诉求，也有不同利益的冲突，企业化治理是高层管理者制定规则与制度，教师处于从属地位。从组织目标来

---

① ［美］Sunwoong kim著，韩梦洁译：《美国公立大学共同治理制度的新挑战》，载《中国高教研究》2016年第7期。

看，学术性组织并无固定的组织目标，缺乏规划与目标设计；科层官僚制组织不但会有规划设计的组织目标，而且会为实现组织目标的最大化而努力；而政治性组织则集合了多种目标，有时为了实现个体或群体目标和意愿，会以牺牲集体权益为代价，与科层组织实现目标的最大化不同，它只能实现组织目标的次优化；企业化治理是在与同类高校比较中实现组织目标的最优化、最大化。从权力和控制来看，学术性组织的权力体现出分散化特征，而科层组织则体现出中心化与官僚化的特征，政治性组织体现出非中心化特征，是基于利益的新的联盟与相互合作，企业化治理体现出中心化、自上而下的管理体系与扁平化管理特征。从信息来源来看，学术组织的信息来源是一致的、单一的，科层制组织的信息来源则是广泛的、系统的，而政治性组织由于存在不同利益主体，其互动模式是冲突与相互合作，其信息来源可能是模糊不清的，企业化治理的信息来源是一致的、过滤的。从组织决策来看，学术组织是基于学术目的的选择，科层制组织是基于理性组织目标的选择，而政治性组织则是利益主体的相互影响和协调妥协的结果，企业化治理是量化评估与绩效管理。从价值形态来看，学术组织是基于知识的进步，科层组织是基于效率与组织影响力，而政治性组织则充满着竞争、冲突与合作，存在失败者和优胜者并存的局面。从对不满意观点的处理来看，学术性组织是经过辩论与讨论，但对于是否达成一致并不重要，科层制组织面对不同观点与不满意观点，通过说明与解决问题来达成一致，增强组织的一致性，政治性组织的不同利益主体的自利行为主导了对于不满意观点的处理，不同利益主体设计增强了权力和影响力，企业化治理通过规则与强制达成一致。[1]

---

[1] Bess J. L., Dee J. R., *Understanding College and University Organization: Dynamics of the System*, Stylus Publishing, LLC., 2008, 535−582.

表3-4　四种治理模式的组织行为比较[①]

治理模式 组织行为	学术治理	官僚治理	共同治理	企业化治理
参与人员	教师	教师、高级管理人员	多元利益主体	高层管理者
角色定位	参与者的一致性	参与者的相互合作	不一致的、多元的	高层管理者制定规则与制度，教师处于从属地位
组织目的	无固定目标	完成设置的组织目标	组织目标次优化。实现个体目标和意愿，有时以牺牲集体利益为代价	在与同类高校比较中实现组织目标最优化、最大化
权力和控制	分散化	中心化、官僚化	非中心化 新的联盟与相互合作	中心化、自上而下的管理体系、扁平化管理
信息来源	一致的	广泛的、系统的	模糊不清的	一致的、过滤的
决策	基于学术目标的决策	基于理性组织目标的选择	利益主体的相互影响、协调妥协的结果	基于管理者判断的决策
价值形态	学术发现与进步	效率与组织影响力	竞争、冲突与合作 优胜者和失败者	评估与绩效的主义
对不满意观点的处理	辩论与讨论	说明与解决问题 增强组织一致性	自利行为主导 不满意观点处理设计增加权力和影响力	通过规则与强制达成一致

---

① Bess J. L., Dee J. R., *Understanding College and University Organization: Dynamics of the System*, Stylus Publishing, LLC., 2008, 535-582.

　　大学组织形态和治理模式的变迁，并没有改变大学的组织性质，即大学作为一个自治机构而存在和发展，只不过治理的主体从教师作为唯一主体走向了多元主体，参与治理的利益主体日益多元化，甚至外部相关力量也参与进来。治理的方式方法在发生变化，官僚治理的兴起标志着规则与制度的建立，大学管理走向规范化、制度化、格式化、条文化、官僚化，政治治理的兴起标志着大学管理正式走向了大学治理，多元利益主体通过协商、合作等方式形成共同治理。公司化治理的兴起表明大学责任的加强，政府、社会、市场要求大学承担责任，在大学自治与大学责任之间形成了张力，大学既要保持组织的自治性质不变，又要回应政府、市场与社会的需求，承担相应责任，于是就出现了量化评价、绩效管理等新型治理形式，让外界通过较为直观的方式和数据看到大学承担的社会责任和社会使命，业绩指标的运用反映了公共政策的目标而非大学自身的需求，当然在大学内部也迎合了官僚治理的需要，带来的变化是较少的人参与决策，以校长为核心的行政力量在治理中发挥主导作用，也就是克拉克所言的"强化的领导核心"，是对因政治治理模式的多元参与和平等协商而导致效率较低的反映，故企业化治理是大学内部官僚治理与外部力量共同作用的结果。克拉克在传统的学术、政府与市场权威的"三角协调"之外，在1998年提出了创业型大学的概念，提出了高等教育组织的等级型和企业家型领导力，作为第四个基本的协调维度或者机制。

　　大学处于发展变革中，发展逻辑由学术逻辑到社会逻辑、市场逻辑，大学的组织形态也随之由传统的学术组织变革为学术组织、科层组织、政治组织与企业化组织并存的组织形态，大学的治理模式也由学术治理、官僚治理到政治（共同）治理、法人治理。大学的发展逻辑、组织形态与治理模式是密切相关的，大学变革是大学与政府、社会、市场的互动所决定的。变革的力量主要分为三种：强制力（coercive forces）、规范力（normative forces）、模拟力（mimetic forces）。强制力的主体是政府，政府一般极少介入大学治理内部事务，主要是制定法律规章、建立评估标准并实施评估，派出代表进入董事会，在董事会表达自己的意愿。规范力是大学中的传统势力，主要是学科文化、同行评价与认可标准等。模拟力是大学之间的相互影响与学习，全球化与世界大学排行更是激发与促进了大学之间的相互学习，也使得大学的同质化愈加明显。

　　四种大学组织形态与治理模式不是固定的，也没有一致的演进模式。不同国家与地区、不同民族文化传统的大学呈现出不同的组织形态与治理方式，无论从世界大学发展的历程来看，还是从部分国家大学发展的进程来看，现代大学的治理无不深深地嵌入现代国家的治理框架中。大学组织与治理不是一种单一的世界秩序，也没有严格的最好的权威模式，而是一系列与治理相关的活动、规则、正式和非正式的机制在大学组织变革与治理变迁的共存现象，是由一系列关联的活动、规则和安排组成的松散的架构。①即使在同一国家和地区的不同层次类型的高校，由于其定位不同、履行高校职能的任务不同，其组织形态与治理模式也不同。大学的四种组织形态与四种治理模式是对现代大学发展的集中概括，不同类型的高校可能都具备这些特征。同时，现代大学作为一种现代的全球性的制度安排，其发展处于时代与空间的多元化的制度性压力之下，使得大学不得不加入、接受、认同并改造原有的组织形态与治理方式，形成了一系列与组织治理相关的理念、规则、机制与活动等，将新的标准融入自身的组织结构中来展示其存在与发展的合法性。由此，各国大学的组织形态与治理方式在保持特色的同时，也出现了一些共同的发展趋势。

---

　　① 谷晓燕：《全球协同治理态势下的现代大学发展》，载《比较教育研究》2016年第7期。

第二节 现代大学治理形态及其变革趋势

　　大学治理模式是大学治理理论化概括的理想类型，是对大学治理历史与现状的高度理性抽象。大学治理形态则是大学治理的具体实践方式，是大学治理模式在治理实践中多样化与丰富性的体现。当前，现代大学治理正日益从政府管控的治理形态转向法人化治理形态，从具有集权色彩的治理体系转向市场取向的分权策略和灵活的治理结构。但在此过程中，以校长为核心的管理团队和以外部人士为主组成的董事会在大学治理中的地位与作用不断上升的同时，学术人员在校内行政和学术事务中的权威和影响力却在逐步下降，这已成为世界范围内现代大学治理所面临的共同挑战。

一、关系主义视野下大学治理的特征

　　大学自治或自主性是大学治理的关键所在。但从大学治理的历史与现实看，在不同国家、不同社会制度下，大学治理自主性的内涵与边界存在较大差异，并没有统一、固定的标准，大学治理的有效性取决于它与政府、市场、社会、知识之间的关联，大学本身无法自立于多种力量之外。所谓关系主义视角（relational perspective），强调世界是一个动态的过程，应从相互作用的过程中获得认同与定义，不同事物的相互作用是一个动态的不断展开的过程。关系主义视角强调的是一种嵌入性、情境性和动态性的机制。[①]具体到大学治理，我们不能将大学自治或治理的自主性视为大学天然的禀赋或者是被给定的固化的某种本质，应将大学治理置于大学与政府、市场、社会、知识的关系中去理解，而不是简单地认为这是高等教育机构作为实体的必然特征。大学治理的自主性不是基于与政府、市场、社会相互隔绝而具有的自主性，而恰恰是因为大学与多种力量之间建立了密切的关联机制，才带来了大学治理的自主性，并促使大学形成了不同的治理实践。

"由于高等教育的历史发展是社会环境多种要素和复杂动力综合作用的结果，研究高等教育的历史变迁过程也需要一种整体的方法论和综合性的研究框架。"[②]伯顿·克拉克提出了解释高等教育整体变迁的"三角模型"，即由国家权力、学术权力和市场三要素构成的三角动态系统。[③]国家、市场与学术三种权力要素的不同组合与相互作用的动态机制导致不同国家或者同一国家在不同时期高等教育发展模式的形成，它已成为解释现代高等教育系统运行，特别是对各国高等教育体制进行比较时所使用的经典解释模型。

范富格特丰富和发展了伯顿·克拉克的"三角模型"。他认为政府在高等教育发展中起重要作用的同时又具有复杂性，区分了"起促进作用"的国家和"起干预作用"的国家这两种形式，使政府介入的结果、介入的方式与作用领域直接关联起来。范富格特还分析了市场在高等教育中的特殊作用，指出高等教育的"市场"具有双重作用。[④]

史静寰从影响高等教育发展的最基本要素入手，提出了知识、国家、

---

① 肖文明：《国家自主性与文化》，载《社会学研究》2017年第6期。

② 史静寰：《构建解释高等教育变迁的整体框架》，载《清华大学教育研究》2006年第3期。

③ ［美］伯顿·克拉克著，王承绪等译：《高等教育系统——学术组织的跨国研究》，杭州大学出版社1994年版，第26—34页。

④ ［荷兰］弗兰斯·F·范富格特著，王承绪等译：《国际高等教育政策比较研究》，浙江教育出版社2001年版，前言第3页。

社会、市场这四个影响高等教育的基本外部力量，四要素共同构成高等教育系统与之互动的生存环境。四种基本要素互动既是外部环境变化作用于高等教育系统的结果，也是高等教育系统自身不断完善其组织功能与系统活力且具有内在生命发展力的体现。①

从已有研究文献来看，对于高等教育的整体发展与变迁，国内外学者给出了一些解释与分析框架，但对于这些外在基本要素是如何影响大学治理的，则没有进行相关探讨。无论从高等教育实践来看，还是从已有研究成果出发，政府（国家）、市场、社会、知识是影响高等教育发展的四种基本外部力量，同时也构成了制约大学治理的四种基本力量。但这四种基本力量以何种机制作用于大学治理，其作用机制是如何相互作用从而形成不同治理实践的，则需要从理论与实践的视野和角度具体分析。而原有研究往往基于治理模式的视角对各种因素作了简单化和同质化的技术处理，从而遮蔽了大学治理实践中更为复杂和多元的互动机制。

治理形态概念的提出，或许能在相当程度上克服过往研究简单化和同质化的弊端。治理形态有别于治理模式，尽管两者都具有将治理实践体系化、系统化的特征。大学治理模式是大学治理理论化概括的理想类型，是对大学历史与现状的高度理性抽象。大学治理形态则是大学治理的具体实践方式，是大学治理模式在实践中多样化与丰富性的体现。应该说，普遍理性主义的研究立场和依靠抽象思辨的研究方法高度抽象出来的治理模式还不足以呈现丰富多彩的治理实践，而治理形态视角是一种运用治理理论分析治理实践并对之进行概括和总结的视角，其本质特征是关注和考察治理实践的关联性和整体性，因而能够从无序和个性中发现有序和共性。现代大学的治理实践具有极大的开放性和丰富性，当大学舞台上呈现出多样化的治理实践时，试图分辨出它们属于何种治理模式并根据认定的治理模式来评判其治理行为可能是无效的，解析大学治理实践的路径应当从治理

---

① 史静寰：《构建解释高等教育变迁的整体框架》，载《清华大学教育研究》2006年第3期。

模式的辨析转向治理形态的探讨，由以理论为中心的"表层结构"转向以实践为中心的"深层结构"，唯有如此才能更好地分析大学治理实践的复杂性、多维性与丰富性。

由此，笔者拟将现代大学治理变革研究的中心议题聚焦于政府、市场、社会、知识这四种外部力量是以何种机制作用于大学治理并且相互作用从而形成各种不同的治理形态的。首先，笔者对行政机制、市场机制、社会机制和知识机制[①]的基本特征进行分析，并论述这四种机制相互作用而形成的大学治理框架；其次，分析各种治理机制、治理模式作用于大学内部的组织层面、财政层面、人事层面、学术层面、问责层面等不同领域而形成的各种具体治理形态；最后，对于现代大学治理形态的发展趋势进行分析。

二、行政、市场、社会与知识四种机制对于大学治理的作用

在影响现代大学发展的四种基本外部力量中，政府是主要的力量。不管何种制度与类型的国家，大学的发展与进步都离不开政府的作用。政府对于大学治理发挥作用的主要机制是行政机制，即通过命令、控制、管控、契约、规制等方式作用于大学，使政府意志得以贯彻执行。所谓规制，是指以政府为代表的公共权力机构对社会机构依法施加的持续的管理与控制活动，是国家"强制权力"的运用，主要包括经济性规制和社会性规制两种形式。[②]行政机制又可以称为"等级治理"（hierarchical governance）、"官僚治理"（bureaucratic governance）、"依规治理"（rule-based governance）等，其作用于大学治理的主要形式为管理、秩序与等级。

---

① 笔者之所以采用"知识机制"而不是"学术机制"的表述，是因为知识的发展变迁与大学教学研究的知识范围绝非20世纪60年代伯顿·克拉克时代的学术所能涵盖的，知识的含义比传统的学术宽泛得多。

② 胡税根等：《构建政府权力规制的公共治理模式》，载《中国社会科学》2017年第11期。

市场对于高等教育的作用是高等教育系统多样化、高等教育大众化普及化时代的产物，从时间坐标看，是在二战之后尤其是20世纪80年代之后。市场对于高等教育的作用机制体现在以下几个方面：一是大学作为资源依赖型组织和准公共产品性质的组织，其资源输入不能只依靠政府投入，还要从市场中获取；二是大学的产品生产与输出，如人才培养、科研成果转化、社会服务等都离不开市场的存在；三是现代大学竞争加剧，大学的声誉、排名与内部运行都借鉴了市场机制的竞争与绩效等因素。市场机制又被称为契约治理，其在高等教育治理中所嵌入的制度结构在不同国家和不同时期的大学治理中有所差异，但总体特征是竞争、绩效与自主。

现代大学由社会的边缘进入社会的中心，大学已不再是游离于社会之外的"象牙塔"，而是进入社会方方面面与各个角落的无所不在的组织机构，面对社会各方面的多样化需求，高等教育不可能置身事外，必须有所作为，高等教育不能因为强调自主办学而放弃社会责任。2004年9月，联合国教科文组织欧洲高等教育中心发表的《关于欧洲高等教育伦理价值和原则的布加勒斯特宣言》称："高等教育机构的自治，对于切实完成其历史任务，适应现代社会的挑战是至关重要的，但高等教育机构不应以此为借口规避对整个社会的责任，而须坚持不懈地去促进公共福利。"[①]社会也不再漠视高等教育的存在与发展，而是对大学提出了自己的评价与看法，表达了自己的意愿与需求，甚至要求参与大学治理，社会参与由此成为现代大学治理的重要维度。社会机制作用于大学治理的主要形式为需求、参与和监督。

知识是大学存在的基础，作为以生产、创新、传播与应用知识为主要职能的机构，知识在大学发展与治理中发挥着特殊的作用。正是由于大学以知识和"高深学问"为纽带，使得大学治理不同于政府治理，也不同于企业治理，而是具有自身的特殊性，这种特殊性就体现为知识机制的自

---

① 王晓辉：《〈关于欧洲高等教育伦理价值和原则的布加勒斯特宣言〉的解读与思考》，载《比较教育研究》2010年第8期。

由、平等、权威在大学治理中的作用。知识观念与知识演进影响着大学治理，知识观念决定着哪些知识能够进入大学领地，知识演进决定着大学教学科研内容的变迁，如在"象牙塔"时代，形而上的知识占据主导，学者在大学治理中处于统治地位，而随着知识生产模式的兴起，实用知识在大学逐渐占据重要地位，社会参与大学治理就成为可能。自20世纪80年代以来，知识服务社会的范围和性质发生了重大变化，即知识可以作为商品创造利润，教学科研人员走向了学术创业者的道路，出现了所谓的"学术资本主义"。克拉克·科尔认为，今天的知识不仅是力量，也是金钱，这一特点比任何时代都要突出。知识机制作用于大学治理的主要形式为自由、民主与权威。

以上简要分析了行政机制、市场机制、社会机制、知识机制在大学治理中发挥作用的形式与各自的特征，但在现实世界中，这四种作用机制又具有相互嵌入性，任何大学治理都离不开四种治理机制的协同作用。现代大学的治理处于政府、市场、社会与知识四种基本外部力量共同影响的环境之中，受制于行政、市场、社会和知识四种外部机制的协同互动，如图3-1所示。

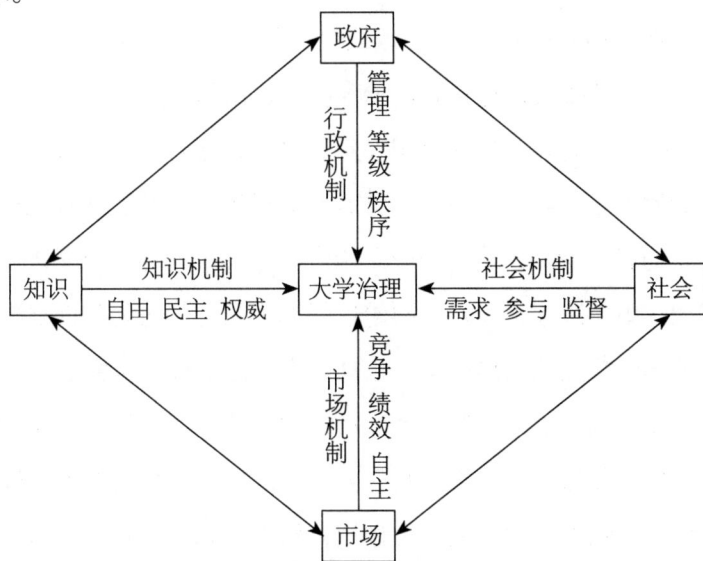

图3-1　四种外部机制作用下的现代大学治理

三、现代大学治理形态的分析框架与实现方式

在政府、市场、社会、知识四种基本外部力量的作用下，现代大学形成了不同的治理模式，国内外学者大致将其归纳为以下四种模式。一是学术治理模式，由美国学者马文·W.彼得森等人提出。学术治理，亦称为同行治理，其基本特征是教授治校，权力来源是以知识与学术为基础的学术权威、学术能力与同行评价，权力类型是学术影响力，以知识与学术能力为基础的权威发挥着重要作用，权力基础为学术自主权与学术控制权，运行特点体现为分散化、民主与平等，组织决策是基于知识生产与传播以及以学术目标为主的决策形式，治理特点是民主、自由，对于不同观点采取辩论与讨论的方式。

二是科层治理模式，源于德国社会学家马克斯·韦伯，强调基于合法理性的授权，组织结构严密。其权力来源是组织的正式授权，权力类型是科层权力，权力基础强调遵循外部规范，服从和服务于上级需求与规划目标，运行特点是中心化、等级化、下级服从上级，组织决策是基于组织目标的理性决策，治理特点是行政权力与权威，对于不同观点采取说明与说服的方式，致力于问题解决，增强组织的一致性。

三是共同治理模式，也称政治治理模式，由鲍德里奇、萨兰奇克、佩弗克等学者提出并完善。自20世纪70年代以来，随着高等教育规模的扩大和大学本身的扩张，与大学事务相关的利益群体日益增加且对大学治理有着自己不同的利益诉求，共同治理开始流行开来。与科层治理认为大学治理属于封闭的组织决策不同，共同治理强调不同群体的利益诉求与表达，不同利益群体的相互协商与决策。当然，在一定情况下也会出现某些强大的利益群体以强制性手段压制其他利益群体的情况。这种治理模式强调大学治理的开放性和协商、共治，其权力来源是机会与个人魅力，权力类型是利益群体的影响力与代表人物的作用，权力基础为协商与共享，运行特点是非中心化、相互结盟与相互合作，治理特点是利益主体的相互影响、

相互妥协，在一定情况下会发生强制决策行为，对于不同意见各利益群体会采取自利行为以主导不同观点，在协商时增加自身的权力和影响力。①

四是企业化治理模式。伯顿·克拉克曾提出创业型大学的概念，指出在国家紧缩财政预算并减少拨款的背景下，大学应采取企业化的治理方式，以加强与社会的合作，从市场中获取更多的资源。该治理模式强调外部力量参与大学治理的重要性，主张在校内建立强有力的核心行政领导机制，强调决策的有效性与高效率，有人称之为高等教育公司模式。其权力来源是正式组织的结构与授权，权力类型是基于量化评价和绩效管理的权力与权威，权力基础是强调内部规范，遵循单位内部顶层设计的规则，运行特点是中心化、自上而下的管理体制、扁平化管理，组织决策是基于管理者判断的决策，治理特点是评估与绩效主义，对于不同意见通过规则与强制而达成一致。

"在现代社会，权力中心正从大学内部转移到大学外部，从学术界转移到公共领域，从大学历史上的特权和豁免权地位转移到承担责任义务的地位。"②现代大学治理日益受到行政机制、市场机制、社会机制和知识机制的影响，逐步形成了学术治理、科层治理、共同治理、企业化治理四种各具特色的治理模式。需要指出的是，四种治理模式在现代大学治理中都有所体现，具有相互嵌入性。具体到一所大学的治理，既可能同时具备上述四种治理模式所具有的不同特性，也可能是以一种或两种治理模式为主、其他治理模式为辅的形式，但难以找到一所大学只对应一种治理模式的范例。这四种治理模式是大学治理理想类型的理论化及抽象化概括，在实践中很难找到某种纯粹而单一的大学治理模式。

学术治理、科层治理、共同治理与企业化治理四种治理模式与外部的行政机制、市场机制、社会机制及知识机制相互作用于大学内部的组织层

---

① Bess J. L., Dee J. R., *Understanding College and University Organization*, Stylus Publishing, LLC, 2002, 487-582.

② 左崇良、胡劲松:《英美大学的法权治理》，载《比较教育研究》2015年第6期。

面、财政层面、人事层面、学术层面、问责层面五个具体领域，形成了
"强政府、强学校、弱学术、弱参与"的政府与学校共同管控治理形态、
"强政府、强学术、弱学校、弱参与"的政府治理与学术自治并存治理形
态、"强学校、学术中度、政府中度、参与中度"的法人化治理形态、"强学
校、强参与、弱学术、弱政府"的创业型治理形态四种具体大学治理形态
如图3-2所示。

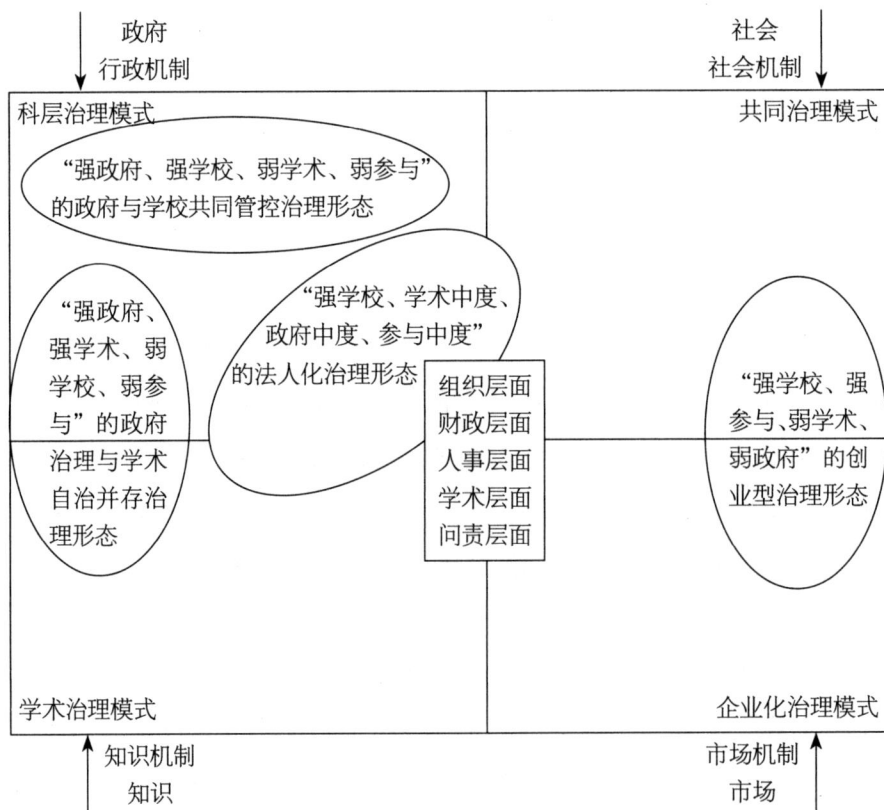

图3-2 诸种治理机制、治理模式相互作用下的现代大学治理形态

在现代大学治理形态中，反映大学内部组织层面、财政层面、人事层
面、学术层面及问责层面五个领域所处状态的具体指标如下：

组织层面：（1）外部成员是否参与学校治理与决策。（2）外部成员如
果参与治理和决策，他们是如何产生的，是学校自主推选产生还是由学校推

选并报政府部门批准任命，抑或是由政府直接任命产生。（3）校长的产生方式：教师选举产生；教师选举再报政府批准任命；由学校董事会或理事会选举并任命；政府直接任命。（4）是否实行"两院制"治理方式，即董事会或理事会负责行政与财政，学术委员会或教授委员会负责学术事务。

财政层面：（1）收入来源：政府预算拨款；政府合同收入；市场收入。（2）财政拨款的控制与支配权：学校对于财政拨款是否拥有自主支配权，能否自主支配和使用财政资金，是否可以将不同开支项目的资金进行调整（可相互抵偿性），是否可以将上年度的财政结余转移至下年度继续使用（可转移性）。（3）学费标准确定的自主权：是由政府确定还是由学校与政府共同确定，抑或由学校自主确定学费标准。（4）是否有市场收入。（5）是否可以进行银行贷款。（6）对于学校不动产，经政府授权学校是否可以出售。[①]

人事层面：（1）学校是否可以自主聘用教师与管理人员。（2）学校是否可以自主确定教职员工的薪酬待遇。（3）教师是否拥有国家公务员身份，即政策与法律对于大学教师的限定是否比一般劳动力市场更为严格一些。（4）学校教师与管理岗位的人数、招聘与晋升是否受政府管控。

学术层面：（1）招生数量是学校自主决定还是由政府决定，抑或由学校与政府共同决定。（2）学校是否有权自主选拔招收学生。（3）专业设置与学位项目是由学校自主决定还是由政府批准。（4）质量保障体系与标准是学校自定还是由政府负责监督。

问责层面：（1）政府问责：是自上而下的行政监督与考评还是合同约定与管制，抑或契约目标与合同约定。（2）社会问责：第三方评估。（3）学校内部监控与保障。

现代大学四种治理形态的内涵与特点见表3-5：

---

① 张德祥、黄福涛主编：《大学治理：权力运行制约与监督》，科学出版社2016年版，第180-194页。

表 3-5　现代大学四种治理形态的内涵与特点

形态＼领域	"强政府、强学校、弱学术、弱参与"的政府与学校共同管控治理形态	"强政府、强学术、弱学校、弱参与"的政府治理与学术自治并存治理形态	"强学校、学术中度、政府中度、参与中度"的法人化治理形态	"强学校、强参与、弱学术、弱政府"的创业型治理形态
组织层面	外部力量不参与学校治理；校长由政府指派或任命；学校评议会在行政指导下落实学术事务	外部人士极少参与学校治理；校长由全体教师选举产生或选举产生后报政府批准任命；学校评议会负责学术事务，拥有极大的权力	外部人士参与学校治理，其由学校选举产生后报政府批准或者由政府直接任命；校长由学校董事会或理事会遴选并任命；实行"两院制"模式，即董事会或理事会负责行政与财政，评议会负责学术事务	外部人士参与学校治理，其由学校自主推举或任命；校长由学校董事会或理事会遴选并任命；实行"两院制"模式，即董事会或理事会负责行政与财政，评议会负责学术事务；校长为代表的行政团队拥有较大的权力
财政层面	收入来源为政府公共预算；经费使用与支配的自主权有限，不能进行相互抵偿和转移；政府确定学费标准；没有市场收入；不能进行银行贷款；无权处理学校不动产	收入来源为政府公共预算；教师拥有经费支配权，但自主性较低，不能进行相互抵偿和转移；政府确定学费标准；没有市场收入；不能进行银行贷款；无权处理学校不动产	收入来源为政府公共预算、政府合同收入和部分市场收入；拥有经费使用和支配权，可以进行相互抵偿和转移；政府与学校共同确定学费标准；拥有市场收入；可以进行银行贷款；经政府授权可以处理学校不动产	收入来源为政府合同收入和市场收入；拥有独立的经费使用和支配权；学校自主确定学费标准；可以进行银行贷款；经政府授权或董事会决定，可以处理学校不动产
人事层面	政府决定教师聘用与录用标准，教职工薪酬待遇，教师与职员的岗位、晋升名额与招聘程序；教师一般拥有国家公务员身份	教授决定教师录用标准、教职工薪酬待遇；教师与职员的晋升名额与招聘程序由政府批准，其中教师的招聘标准与晋升标准由教授会自行控制；教师一般拥有国家公务人员身份	教师与职工的招聘与晋升名额由学校与政府共同决定，以校长为首的行政团队负责主要人事工作；政府与学校共同决定教职工的薪酬待遇；教师不再拥有国家公务人员身份	学校决定教师与职员的晋升标准、招聘名额与招聘程序等；学校自主决定教师薪酬；教师不再拥有国家公务人员身份

续表

形态 领域	"强政府、强学校、弱学术、弱参与"的政府与学校共同管控治理形态	"强政府、强学术、弱学校、弱参与"的政府治理与学术自治并存治理形态	"强学校、学术中度、政府中度、参与中度"的法人化治理形态	"强学校、强参与、弱学术、弱政府"的创业型治理形态
学术层面	政府控制专业设置与学位项目；政府确定选拔标准与招生数量；政府建立质量保障体系	教授会决定专业设置与学位项目，并报政府有关部门批准；学校确立选拔标准，政府控制招生数量；政府建立质量保障体系	学校决定专业设置与学位项目；学校确定选拔标准与招生数量；政府和学校各自建立质量保障体系	学校自主决定专业设置与学位项目；学校确定选拔标准与招生数量；学校建立质量保障体系，并接受政府监督和社会的第三方评估
问责层面	政府问责：自上而下的监督与考核；社会问责：行政化协会、审计、认证；内部问责：学校内部规章制度	政府问责：自上而下的监督与考核；社会问责：行政化协会、审计、认证；内部问责：学校内部规章制度	政府问责：合同约定与管制；社会问责：第三方评估、审计、认证；内部问责：学校内部规章制度	政府问责：契约目标与合同约定；社会问责：评估、审计、认证；内部问责：学校内部规章制度

　　现代大学的四种治理形态在各国高等教育实践中都有典型代表，政府与学校共同管控的治理形态存在于苏联和受苏联高等教育模式影响的国家和地区，政府治理与学术自治并存的治理形态存在于欧洲大陆的法国、德国、意大利、奥地利和亚洲的日本等国家和地区，法人化治理形态的典型代表是美国，创业型治理形态则存在于欧洲和美国的一些创业型大学中。不过，自20世纪80年代以来，政府与学校共同管控的治理形态和政府治理与学术自治并存的治理形态开始了较大幅度的改革，具有向法人化治理形态转变的趋势。应该说，大学法人化自主治理是当今国际高等教育治理变革的主流，创业型治理仍然方兴未艾。

　　具体而言，政府与学校共同管控治理形态的实践在吉尔吉斯斯坦、土耳其等国家的高等教育现状中可见一斑，同时也可从中看出其向法人化治理转变的趋势。吉尔吉斯斯坦由于长期受苏联模式的影响，高等教育治理仍然带有极大的官僚性和集权性，大学内部采用服从式的管理方式。《2015

年吉尔吉斯斯坦社会经济发展规划》提出了今后的改革方向，其高等教育管理体系将由国家集权向国家—社会共同管理的方式转变，再过渡到社会—国家的管理模式。[1]土耳其尽管加入了欧盟确立的"博洛尼亚进程"，但其高等教育仍具有典型的政府管控性质，大学治理表现为政府行政职能的延伸，专业设置和学术管理均体现了"管得过严"和"统得过死"的特征。自2008年以来，土耳其的高等教育治理有重大变革，以赋予大学更多的自主权，并提升其参与高等教育改革的责任，未来还将成立独立的第三方质量认证机构，以增强大学利益相关者的参与度。[2]

政府治理与学术自治并存治理形态的代表性国家，如德国、法国、日本等，从20世纪90年代以来也在不断进行改革，以增强校长为首的行政团队的权力，并通过建立由外部人士参加的董事会或理事会提高学校治理的社会参与度。传统上，德国大学治理的特征是"两头重、中间轻"的哑铃型（也叫沙漏型），即各州政府掌握学校财政和教师聘任权，对大学管理进行干预，教授以及教授主导的各级学术委员会掌握着大学的教学科研等学术事务，夹在中间的大学管理者对上对下均没有实质性的管理权和可施加影响的资源，只是发挥着协调作用。自1997年开始，德国进行了大学治理改革。一是在政府与大学之间签订契约式的目标协定，并确立了总体预算与绩效拨款制度，建立由大学和政府共同确立发展目标的外部调控机制。二是一些州通过立法赋予大学独立的法人地位，大学获得了自主聘任教授、自主设置专业等权力，大学内部设置了校长委员会、评议会和理事会等机构。[3]法国大学的传统治理模式与德国类似。一是教育部主导的行政机构负责学校财政拨款和管理制度的规范；二是行会体制，即由各学校教

---

① 阿布提拉·阿布都热依木：《吉尔吉斯斯坦高等教育变革研究》，载《比较教育研究》2016年第4期。

② 李爱莲、康叶钦：《博洛尼亚进程以来土耳其高等教育国际化发展研究》，载《比较教育研究》2016年第8期。

③ 孙进：《政府放权与高校自治——德国高等教育管理的新公共管理改革》，载《现代大学教育》2014年第2期。

授代表组成的"公共教育委员会"管理教师的任职资格、录用与工资待遇及教授职位设置等；三是教授负责教学科研等具体学术事务，以校长为首的管理层权力很小。[①]进入21世纪之后，法国对大学治理模式进行了重大改革，扩大了以校长为首的管理层的权限，校长可以决定录用合同制的教学、科研和行政人员，教师的管理由"公共教育委员会"改为由教师遴选委员会负责，并且校长对任何录用都拥有否决权。改革削弱了大学教授的权力，扩大了校长的权限，弱化了政府的管控，权力向以校长为首的行政团队集中。日本大学法人化改革强化了校级行政管理人员的权限，外部利益相关者也逐步参与到大学治理中来，大学内部学术人员特别是学部教授会在大学治理中的作用则被明显削弱。

作为法人化治理形态的典型代表，美国借鉴欧洲大陆和英国的大学法人制度，形成了由议会颁发特许状和由外部人士组成的董事会这种法人形式。大学董事会被认为是美国"高等教育治理结构的基础"，具有"决定性的制度权力"，其特殊使命是"确保大学或学院的历史将发挥作为通向未来的序幕和灵感的作用"。[②]从大学与外部的关系看，美国大学具有"两头小、中间大"（联邦政府和教师权力小，校长权力大）的特征，也被称作橄榄球型；从内部治理看，具有自上而下、权力和责任关系明晰的组织特征；从大学外部看，具有自下而上的市场机制的特征。[③]

创业型治理又称公司治理，是商业化模式在大学治理中的运用，主要目的是提升管理的效率。在创业型治理形态中，董事会是大学的最高权力机构，董事会成员也有责任指导大学内部事务并确保大学能够正常运作。从英国华威大学的情况看，大学董事会还下设几个专业委员会，如财政委

---

① 王晓辉：《法国大学治理模式探析》，载《比较教育研究》2014年第7期。

② 张斌贤、张弛：《美国大学与学院董事会成员的职业构成——10所著名大学的"案例"》，载《比较教育研究》2002年第12期。

③ 闫凤桥、闵维方：《从法人视角透视美国大学治理之特征》，见张德祥、黄福涛主编：《大学治理：权力运行制约与监督》，科学出版社2016年版，第80-194页。

员会、基础建设委员会、审计委员会等，学校治理中的具体事务由这些委员会运作，委员会成员由外部人士和学校有关人士组成，在学校发展中起着重要的作用；以校长为首的管理团队使学校管理更直接、有效地运行，评议会是学校最高学术机构，但也以校长为核心。这样，创业型大学就在内部形成了以校长为核心的行政治理团队和学术治理机构，确保了以校长为首的核心团队管理的高效率和治理的高水平。

现代大学治理变迁改变了大学治理的主体、治理内容与治理方式，"谁在治""治什么""如何治"都在发生着深刻的变化。如何建立多样化和丰富性的治理形态，以确保大学的学术组织特性与自主权利，是世界高等教育面临的深刻挑战。2009年，欧盟发布的《布拉格宣言：大学应对经济危机的纲要建议与欧洲高等教育长期发展路线图》明确指出："只有加强现代大学自治，才能使大学更加灵活地提升教学、科研和知识转移等方面的卓越水平和创新能力，才能更好地适应不确定时代的社会制度。"[1]通过对四种基本内部治理模式（学术治理、科层治理、共同治理及企业化治理）与四种外部影响机制（行政机制、市场机制、社会机制及知识机制）的梳理和对四种具体治理形态的探讨，可以发现，现代大学治理正日益从政府管控的治理形态走向法人化治理形态，从具有集权色彩的治理体系走向市场取向的分权策略和灵活的治理结构，但在其走向法人化治理的进程中，以校长为核心的管理团队和以外部人士为主组成的董事会（理事会）在大学治理中的地位与作用不断上升的同时，学术人员在校内行政和学术事务中的权威和影响力正逐步下降，这已成为世界范围内大学治理所面临的共同问题和需要共同应对的挑战。《关于欧洲高等教育伦理价值和原则的布加勒斯特宣言》指出，大学已经成为大规模的复杂机构，不能仅仅依靠传统的、学院式的学术规范来管理。但是，"高等教育机构的治理与管理的改革，应

---

[1] *EUA Prague Declaration 2009: Universities Outline Proposals to Combat Economic Crisis and Long-Term Road Map for Higher Education in Europe*, European University Association, 2009, 38.

当在激励有效领导与管理的需求与激励大学共同体成员，即学生、教授、研究员和行政人员共同参与决策过程的需求之间保持平衡"[1]。因此，大学应将内部的科学管理和共同参与及外部的协调运作相结合，才能保障和维护大学的办学自主权和有效治理。现代大学的治理变革仍在进行之中，我们不仅应对全球范围内典型的、系统的大学治理形态进行探究，更要扎根本土，因地制宜地改革优化本国的大学治理实践，需要依据高等教育规律，探索适合时代发展、符合各国实际、切实可行的高等教育治理形态，以带动不同类型的大学根据各自的发展目标和规律有效地开展治理。

第三节　利益相关度：大学学术治理有效实现的基础

利益是大学学术自治与治理的基础和前提，利益相关程度决定着学术共同体的紧密程度，也决定着学术组织自治水平的高低。利益相关度与学术自治水平呈正相关关系，学术共同体的利益相关程度越高，意味着学术自治水平与能力越强，随着利益相关程度的降低，学术自治水平也会随之弱化。

大学是学术组织，学术自治或学术治理水平一直是衡量大学组织成熟与发展的重要标志。在西方，自中世纪大学诞生起，大学一直是一个高度自治的机构，教师自觉参与学术治理，保障了大学能够作为学术机构而良好运转。然而，随着高等教育大众化的发展、高校规模的扩张、知识生产

---

[1] 王晓辉：《〈关于欧洲高等教育伦理价值和原则的布加勒斯特宣言〉的解读与思考》，载《比较教育研究》2010年第8期。

模式的转变，导致了大学教师规模的急剧扩张，使其自身的身份地位发生了变化，即大学教师日益由单一的同质化学术群体转变为多元的异质化职业群体，不再是一个身份标识统一的学术共同体成员，大学教师参与学校治理的程度在不断下降，导致学术治理日益异质化，也形成了学术权力与行政权力之间的张力。

一、利益相关是大学学术治理的基础

大学教师是大学组织的主要利益相关群体，要明确这些利益相关者可能存在的利益与共同关注的问题是什么，明确利益相关者对大学组织的决策和行动存在的关键之处是什么，这对于提高学术自治能力与水平十分重要。

（一）利益相关是大学学术自治的基础

大学教师（faculty）与我们通常说的教师（teacher）概念之间有着显著差异。"Teacher"是指中小学教师，主要指教学工作，而"faculty"一词既有教师的含义，又有学院或学部的意思，意指大学教师的组织化与专业化。"faculty"一词起源于拉丁文"facultas"，其意思为能力、天赋、权力或权威。随着时代的发展，该词的内涵有所扩展，被解释为心灵的权力或力量、学院或大学中学习或教学的分科、高校从事教学的人的团体、学术专业人员。[①]在中世纪大学产生之前，从事教育教学活动的人有着各种各样的名称，如书吏（scribe）、先生（rabbi）、学者（acdemicican）、指导老师（tutor）、讲师（lector）、学者（scholar），但没有被称为"faculty"。前面一系列词汇是指从事教学活动的人是以个人身份发挥作用的，而"faculty"是作为学科或学院的成员开展教育教学活动的。所以，大学教师意味着教师团体的诞生，形成了大学学术自治的传统。大学在起源上就是教师自治团体，近代德国柏林大学的"教学和研究自由"的观点以及讲座制度、学会制度和美国的"大学教授协会"确立的"tenure"制度进一步加强了学者

---

① 叶赋贵：《高等学校教师：概念与特质》，载《教育学报》2005年第5期。

和学术团体对于大学组织的自治能力。

大学教师的利益相关就体现在其专业性方面。古德认为，大学教师是专业的原型，弗雷德逊认为，大学教师是专业人员，美国劳工部的职业分类中也把大学教师作为专业人士。①从专业知识、文化和规范看，大学教师无疑具有系统的学科知识体系，每个教师都是其学科和专业领域的专家。大学教师具有自身独特的专业知识和文化。专业知识包括理论知识、实践知识和应用知识的技巧。在专业知识之外，每一种专业都有其特有的行话、行为和生活方式，这就是专业文化。大学教师作为利益高度相关的专业人员，依靠自己的判断，选择相关知识和适当技能处理问题，不受外行的评判和控制。他们在大学组织内部设立教师资格，制定评聘标准，建立教师伦理和实践规范，形成专业文化；对外则保护教师权益，强化教师专业权威，树立教师专业形象，并强化自我管制，专业伦理法则，同行评议制度，各种委员会和程序以检查、督促和激励教师从事学术活动。由此，大学教师形成了以学术劳动为基础的利益相关程度较高的专业化的学术共同体。大学教师的性质是学者团体，认同感来自学术同行给予的承认、尊重和认可。大学教师作为学术共同体成员，并不把自己单纯作为服从学校纪律的大学雇员。这构成了大学学术自治的基础。

（二）利益相关程度决定着大学学术治理的水平与能力

利益相关程度决定着学术共同体的紧密程度，也由此决定着学术治理水平与学术自治程度。美国高等教育专家克拉克·克尔在《高等教育不能回避历史——21世纪的问题》一书中阐述了高等教育发展过程中学术道德规范与新学术文化之间的冲突，其中最重要的一点就是大学教师共同利益的逐步瓦解，利益相关程度在下降，大学教师懒于参与学校治理，大学学术自治变得徒有虚名。克拉克·克尔将学术道德规范分为知识道德规范和学者公民道德规范两部分。知识道德规范产生于学者的学术活动，是发现

---

① Eliot Freidson, *Professional Power*, University of Chicago Press, 1986, 15.

知识与传播知识、从事教学与科研活动的规范。克拉克·克尔更看重的是教师的公民道德规范。大学教师的公民道德规范不同于一般定义上公民履行责任所具备的公民道德，而是特指遵守学术道德准则，重视参与学校共同治理，注意不为传统经济利益而盗用学校名誉或者学校设备等方面。教师的公民道德实际上是教师组成的学术共同体所必须承担的公共责任，包括参与学校各种治理委员会，维持高水平的教学与研究，指导同行与学生，在学校发展上展现领导力，保障集体的利益等。在教师诸多公民责任中，最重要的是参与学校治理，提升学术自治水平与能力。

利益相关程度的降低不仅正在弱化学术共同体的紧密程度，也弱化了大学自治程度，克拉克·克尔认为，美国大学教师"正在部分地从传统范式转向后现代范式"。在传统范式中，"各校教师成员作为特定学术团体的一部分，非常严肃地对待他们在校园的公民责任"。学术道德标准"理所当然地得到遵守，是一个偶尔通过同辈的评论受到温和执行的含蓄的契约"。在新的学术文化范式中，"教授成员对校园外的经济机会或者对校园内外的政治关系有较多依赖，而对学术团体内的公民职责较少承诺"。在新的学术文化中，过去那种"控制高校教师行为的含蓄的合约和非正规的强制手段不那么有效了"，受到市场化冲击和利益的诱惑，他们不再愿意承担学术共同体的责任，"学术职业也许在一定道德行为的某些方面正在缓慢地瓦解"。①

随着高等教育大众化和普及化浪潮在全世界展开，高等学校规模急剧扩张，高校结构也在发生着巨大变化，各个高校学科众多，学院林立，跨部门研究方兴未艾，教师的学术归属感愈来愈差，学术共同体愈来愈少，利益相关度在降低；由于研究资助竞争激烈，教师不得不向市场和社会寻求帮助，市场化和学术资本主义也导致学术共同体在日益瓦解；由于高校规模扩张，学校行政人员日益增多，也给教师承担学校治理责任造成一定障碍；特别是由于高校教师规模扩张，已不再是统一的、均衡的、同质的

---

① ［美］克拉克·克尔著，王承绪译：《高等教育不能回避历史——21世纪的问题》，浙江教育出版社2001年版，第156页。

学术群体，而日益分化为多元的、异质的职业群体。教师的身份地位发生了变化，出现了分类分层的现象，形成了核心教师群体及相对处于边缘化的教师群体，例如在过去30多年中，美国高校教师队伍发生了急剧变化，形成了终身职教师、非终身职全日制教师和兼职教师三大群体。并且，终身职教师所占比例下降很快，由过去的多数群体变为了少数群体。终身职教师和终身轨道职教师（终身职教师的人选，还没有拿到终身教授资格，比如大学的助理教授）的比例由1975年的57%下降到2007年的31%，非终身职教师比例则增加到69%，并且，非终身职教师中大多数是兼职教师。美国联邦教育部最新数据统计显示，美国高等教育师资规模为180万人，其中约130万人（75.5%）是没有取得终身教职的临时教师，具体包括兼职教师、临时教师以及没有取得终身教职的全日制教师，还有部分研究生助教。终身职教师同时承担教学、科研、服务三项职责，而非终身职教师主要从事教学工作，基本不从事研究与服务工作。终身职教师处于大学教师群体的核心，是传统意义上的大学教师，拥有学术控制权，参与学校管理，他们属于终身制，学校原则上不能解雇他们。全职非终身职教师属于第二层次的教师群体，他们虽然是全职，但得不到终身职特权，只能够全职工作，享受学校的福利，参与部分管理工作。兼职教师属于第三层次的教师群体，类似于"临时工"，根据教学需要聘用，按课时量给予报酬，他们不享受学校福利，不参与学校管理工作。

今天，大学组织的规模发展和分层分化呈现加速趋势，过去传统的袖珍式大学已经消失，万人大学、巨型大学随处可见，遍布世界各地。无论是蔡元培时期的北京大学、梅贻琦时期的清华大学，还是西南联合大学，这些高度同质化的学术共同体已不复存在。大学组织变革导致教师群体的利益相关度在降低，学术共同体有土崩瓦解之势，学术自治程度在不断下降，学术治理日益被行政治理所取代。

二、大学学术自治与学术治理的衰退

（一）大学教师正在由同质化的学术群体变革为异质化的职业群体

现代大学已经发展成为一个多目标、多任务的大型组织，成为一个人员众多、专业领域广泛、结构复杂的组织体系，应用人力资源理念而非传统的人事管理理念重新认识高校教师队伍建设，改革人事管理制度和薪酬制度，重构适应现代大学组织的新型教师群体。由古典大学组织到现代大学组织，大学教师群体发生了质的变化，由同质化的学术群体转变为异质化的职业群体。所谓同质化学术群体，即教师群体身份单一，对于所属学科、专业以及所任职的大学具有高度忠诚度，工作性质与内容高度均衡，都是承担教学科研任务的同一工作性质的教师，教师聘用与考核采取基于保护学术创造性的终身制。所谓异质化的职业群体，即在现代大学发展的背景下，教师群体成为分裂的、多元的职业群体，不同教师担任不同的学术任务，部分教师承担教学科研等核心工作，部分教师只承担教学任务或者团队研究工作，工作任务与性质发生了变化，教师群体不再是工作性质与内容高度均衡统一的学术共同体。[①]

在现代高等教育体系中，只有少量的研究型大学具备相对完整的教学、科研、社会服务三项职能，大多数教学型高校及其他类型高校只需履行单一的人才培养职责，这就决定了大多数高校教师主要从事教学工作，服务于人才培养。即使在研究型大学中，也只有部分教师从事教学、科学研究、社会服务等工作，其余部分教师则只承担教学工作。正如教学型高校不一定要求教师从事科研一样，研究型大学也没有必要要求每位教师都从事教学工作，僵化地要求教师都必须完成一定的教学工作量，我们不能教条地用高校三大职能来要求和考核每一所学校和每一个教师。高校教师中形成了新的分工模式，即不是所有的教师都承担着教学、科研和社会服

①　李立国：《由学术群体到职业群体：现代大学教师的组织变革》，载《国家教育行政学院学报》2014年第10期。

务三项工作，而是只有少数的教师从事这三项工作，特别是科研工作，大多数教师则从事教学工作。教师队伍的多元化意味着教师评价的多样化，需要建立有序和操作性强的教师评价体系，对不同岗位的教师提供不同职业发展平台和晋升渠道，实行不同的考核评价方式，不再用同一把尺子衡量所有的教师。所以，我们不能教条地用高校三大职能来要求和考核每一所学校和每一位教师。教学型高校的师资队伍建设不可盲目地向研究型大学看齐，对教师的考核与晋升当以教学为主要指标，切不可以教师发表论文或承担课题为主要标准。研究型大学相比于教学型高校，除教学之外，亦重视研究与服务，重视以研究推动人才培养质量，评价指标应更加多元。

（二）大学行政管理人员扩张和行政权力扩大导致了行政化管理模式

行政管理队伍的扩张和由此形成的行政权力和行政文化弥漫在大学校园中，教师忙于学术事务，对大学治理参与日趋减少，即使参与讨论和提出意见，也可能会被学校有关部门当作无用之说弃之不用，形成所谓的"垃圾箱决策模式"。行政权力的扩张导致大学形成了与学术组织相异的行政化、科层化管理模式，教师的学术活动被所谓的组织、权力和职责所界定，他们借助所谓质量控制和量化指标控制了大学的学术标准，教师在管理者眼中变成了职业描述、计算、精确化的对象，并作为相互比较的依据，使得教师为追求数量而失去了品质追求，没有数量的"不发表就死亡"成为金科玉律，"无功利的活动和成熟期缓慢的长期计划，在要求短期效益的制度压力下化为泡影"。康德到57岁还没有出版过任何有影响力的论著，他在当代不可能取得教授头衔。科层化管理模式使得大学日益失去作为一个相对同质的、由志趣相投的学术人员组成的学术单位的特征。

（三）市场化影响和学术资本主义导致教师的分化

高等教育市场化就是运用私营领域和市场的概念、原则和做法，来管理大学和教育事业，其目标是更加有效地满足市场的需求。高等教育市场化虽然加强了大学与工商界的合作与联系，但也导致了政府对于高等教育投入的减少。大学教师不得向企业和市场寻求研究资助，大学也就想办法从教学、科研和社会服务中获得经济收益。受到经济利益的诱惑，大学开始参与企业的合作，越来越多的企业开始介入大学的科研与学术活动。德里克·博克在《走出象牙塔》一书中写道："经济利益和想干事业的双色动机常常是非常强烈的，以至于公司的成就会逐渐左右着相关科学家们的思维和想象力。针对这一点，他们对教学和科研的贡献肯定会有所减少。"①大学教师一方面从研究资助中获得了较好的研究工作条件，另一方面根据资金要求所做的研究与学术研究的本质要求已经越走越远。沃伦·本尼斯对此有精彩描述："科学家在与世隔绝的斗室之内，是不会在研究上取得成功的……他们必须会见下属和形成融洽的关系……他们的时间有三成花在行政事务上，如会见职员，参加全体会议或讨论会，准备发言、咨询，会见领域内的专家，与同事、资助者或研究成果的使用者通信。大量时间花在为基金会准备基金申请书上。这里，研究人员必须平衡预算……选择人员，提出财政需求。"大学教师的精力和时间用在要么开会，要么在开会的路上，用于学术研究的时间减少。在大学校园里，那些活动能力强、人脉关系广的教授得到的资助和课题日益增加，而那些沉浸于学术研究中并以此为乐趣的教授有可能被边缘化。市场化导致了教师队伍的异化与分化，教师利益相关度在降低，学术共同体在瓦解。同样，这种情况也发生在不同学科之间。有些社会需求强的热门学科的教师受到市场的广泛欢迎，他们不再局限于学术之内，而是去政府担任顾问，去电视台做演讲嘉宾，去企业做独立董事，他们更多地从大学以外的企业、政府和社会各界那里获得了认可，有些冷门专业学科的教师却只能固守在学科领域中，在学术劳动力市场竞争中处于劣势。哈佛大学文理学院院长亨利·罗索夫斯基曾经描述大学中一位经济学家和一位语言学家的不同职业命运："经济学家在较短的教学生涯中取得正教授职位，获得了一定国际声誉和一份像样的酬

---

① ［美］德里克·博克著，徐辉译：《走出象牙塔——现代大学的社会责任》，浙江教育出版社2006年版，第136页。

金，并被定义为院长候选人。而曾与他本科时代同居一室的语言学家，尽管其成就为哈佛及其他学校的同事们认可（只是一小群人），但他的等级是非终身高级语言教师，没有保障，地位低，报酬也非常有限，被聘为终身教授的机会并不乐观。"①

（四）学院与学科多元化导致教师学术共同体难以形成

学科的分化与制度化在大学中获得了极大成功，学者们以学科专业而非学校来互相认同，大学学院与学科的分化和由此产生的隔膜使得大学校园内学科界限分明，认知排他性日渐清晰。社会学的社群主义认为，共同体是两种要素的组合，是在个人组成的团体中间的一种充满影响力的网络，这些关系经常交叉并且互相强化，而不只是一对一或者个人关系的链接；是对于共享价值、规范、定义的承诺，以及共享历史和对特别文化的认同。学科首先是一个以具有正当资格的研究者为中心的研究社群。每个个体为了利于相互交流和为他们的研究工作设立一定程度的权威标准，组成了这个社群。大学学院林立，学科壁垒强化，导致大学教师难以形成以大学学术为统一标准和追求的学术共同体，大学正在由弗莱克斯纳在20世纪30年代所认可的有机体组织变革为伯顿·克拉克所说的无机体组织，学科与学院之间共识减少，缺乏共同的学术标准，缺乏统一的文化体验与共享价值，大学教师的利益相关程度也在降低，只存在于各个学院与各个学科内部而已。

三、增强利益相关度，提高学术治理成效

（一）扩大学术治理基础，由正教授统治大学转变为群治大学

随着高等教育的发展，高等教育在整个社会经济发展中承担着越来越重要的角色和功能，已由社会边缘逐步进入社会中心，大学已不再是少数

---

① ［美］亨利·罗索夫斯基著，谢宗仙、周灵芝、马宝兰译：《美国校园文化——学生·教授·管理》，山东人民出版社1996年版，第122页。

精英接受教育的场所，也不再是学术精英探讨学术问题的机构，大学在逐步走出"象牙塔"，走向经济和社会发展的核心地带，大学也不再是自我封闭的机构，而是向社会日益开放，大学的管理也不再是由少数教授所决定的，而是强调多元参与、民主管理。发达国家高等教育改革中出现了民主管理、社会参与的新趋势。所谓民主管理，即大学的各种决策机构不再完全由正教授组成，而是吸收一般教师、职员代表、学生代表参加，由"正教授统治"变成"群治大学"，力图使其他人员参与学术决策和管理。大学不再是传统的"学者共和国"，而是与社会开展合作，吸收社会力量参与学校办学，这也是现代大学发展的重要战略方向。

长期以来，大学学术治理的正统模式一直是正教授统治大学，即所谓的教授治学、教授治校。但第二次世界大战以后，随着从研究到创新，从教授治学、治校到多元治理模式的转变，由正教授统治大学发展成为群治大学，特别是在大学治理结构中增设了学生代表，体现了大学是由师生共同组成学术共同体的性质，有助于扩大共识，增强师生利益相关程度，巩固学术共同体，提高学术治理成效。德国是现代大学的发源地，教授们垄断了校内各个层面的决策权力，大学被称为"正教授统治的大学"。从20世纪70年代开始，大学生和青年教师对"教授统治"提出了民主化要求，由教授为主的决策体制转化为民主参与、群体共治。所谓"群体共治"，是指高等学校的所有人员分为教授、学术中层人员、大学生和行政人员四大群体，由各个群体选举产生的代表共同进行决策活动。

（二）增强利益相关程度，建立健全学术委员会制度

现代大学学科门类齐全，师生规模庞大，学术功能复杂，学术单位多元，单靠集权模式的全校统一的学校学术委员会已难以胜任学术治理职责，其组织管理体系必然分化为负责专门学术事项的专门委员会、负责特定学部、学院（学系）的基层学术委员会，这就出现了一个重要问题，即学术权力如何在学术组织结构之间分配。从国内外经验来看，学术权力在学术组织结构分配中主要有四种模式：一是纵向完全分权模式，即师生治学完全分散在学部、学院（学系），没有全校层面的学术委员会，如哈佛大学没有全校层面的评议会，只有体系完善、运转良好的学院评议会。这种模式以学校制度完善、学院为法律上独立的办学主体和特定的建校史为前提。二是横向完全分权模式，即学术权力完全分散于依托行政职能部门的专门委员会，没有统筹全局的、实质性的学术委员会。三是完全集权模式，即师生治学权力完全集中于校一级委员会，这种模式仅适合于学科较单一、规模较小、管理幅度窄的高等学校。四是统分结合模式，即学术立法、程序性审查批准集中在校学术委员会，而立法执行和实质性审查评定则分散在基层学术委员会和专门委员会。[①]

适应学科分化与学院组织形态以及教师群体的变化，学术委员会的组织管理体系需要分化为负责专门学术事项的专门委员会，负责学院、学系层面的基层学术委员会。二者功能和职责不同，校级学术委员会的职权定位于学术立法与程序性审查批准，而基层学术委员会和专门委员会的职权定位于立法执行和实质性审查评定。通过学术委员会制度建设，可以发挥基层学术单位的优势，满足不同教师对于不同学术活动的关注与利益诉求（分支委员会），以最大限度地激发大学师生学术共同体的活力，通过统分结合、细化需求模式来增加教师的利益相关程度，满足不同的利益诉求与发展需求，从而有效提升学术治理成效。

（三）重塑学术文化，彰显学术权力

克拉克·克尔认为，"现在比过去更难使大学教师严肃认真地承担他们在系科和学院的任务。他们更加不愿在学术委员会任职，希望倾全力于自己的事务而不是学校的事务"，而且"越来越多的内部管理正在被越来越多的行政人员接过去"[②]。大学行政管理人员权力扩大与教师不愿参与学术治

---

① 杨开忠：《深化高校学术委员会改革的几点思考》，载《中国高等教育》2014年第8期。

② ［美］克拉克·克尔著，王承绪译：《高等教育不能回避历史——21世纪的问题》，浙江教育出版社2001年版，第181页。

理造成了学术治理的失效。如何解决这一问题，克尔认为，要依靠明确的学术行为准则，甚至是法律对学者的学术行为进行管理，"用更加明确的契约和更加公正的内部学术法律制度取代行会的规范和实践"[①]。但对于如何提高大学教师的公民道德水平，维护学术共同体利益，克拉克·克尔并没有给出明确具体的解决办法。

面对行政机构和人员削弱教师权威、侵蚀学术自治及大学教师由于群体分化等因素而产生的自我学术治理责任放弃等客观现实，应该重塑学术文化，建立组织忠诚制度，教师对组织忠诚，对教学、学术忠诚，明确教师作为学术共同体的一员对学术、学者、学院、系科专业与学校乃至整个社会的责任。改变现在部分教师忠诚于功利、商业价值的取向，转向忠诚于学校、学生、学术。无论高等学校的类型、模式和功能怎样变化和多样化，高校教师的身份、地位和职责无论有何不同，无论是从事教学工作，还是在教学之外肩负学术研究和社会服务责任，不管有多少差异和不同之处，只要是大学教师就应是学术共同体的一员，他们具有利益相关性，从而要对学术、学生、学科、学院、学校负有自身的必然职责。也因为如此，大学教师才被称为"学人"（the academic man），他们从事的职业是"学术职业"（the academic profession）。

---

① ［美］克拉克·克尔著，王承绪译：《高等教育不能回避历史——21世纪的问题》，浙江教育出版社2001年版，第3页。

第四节　以知识创新为导向的大学治理
变革逻辑与秩序维度

从知识生产视角看，大学由学科内部的知识生产到多学科、跨学科的交叉知识生产，再到超学科的知识生产，决定了大学治理模式由以学者为主的学术治理到学术与行政合作的学校治理，再到大学与政府、社会、市场等多主体合作的跨界治理的变迁。在跨界治理的秩序维度中，学者与学术仍是大学治理的核心主体，大学需保持合理的治理边界，同时政府、社会、市场应与大学建立有效的合作机制和营造良好的工作环境，以真正促进知识创新。

从诞生之日起，大学就是一个围绕知识而活动的场所。伯顿·克拉克认为："只要高等教育仍然是正规的组织，它就是控制高深知识和方法的社会机构……知识材料，尤其是高深的知识材料，处于任何高等教育系统的目的和实质的核心。"[①]知识的生产与创新、传授与传播、应用与转化是大学尤其是研究型大学的使命与职责。在大学发展的历史长河中，知识的含义与生产模式在不断变化，由此决定了大学创新与传播知识的变革，进而决定了大学内部的同一学科内部、不同学科之间、大学行政与学术之间和外部的大学与政府、社会、市场的不同关系维度以及由此决定的大学治理的变革逻辑与秩序维度。从知识生产视角看，大学由学科内部的知识生产

---

① ［美］伯顿·R·克拉克著，王承绪等译：《高等教育系统——学术组织的跨国研究》，杭州大学出版社1994年版，第11-12页。

到多学科、跨学科的交叉知识生产，再到超学科的知识生产的变革，决定了大学治理模式由学者为主的学术治理到学术与行政合作的学校治理，再到大学与政府、社会、市场等多主体合作的跨界治理的变革。大学治理的主体日趋多元化，跨界治理成为大学治理的新形态。在跨界治理的秩序维度中，最核心的仍然是知识生产与创新，学者与学术仍然是大学治理的核心主体。

一、知识生产方式的变革导致知识生产主体的变迁

人类知识体系由最初的综合积累到逐步分化，进而形成了专业化的学科体系和知识体系。大学在发展过程中，知识生产与创新由中世纪局限在单一学科内部到工业化时代的多学科、跨学科的交叉融合，并在原有学科基础上不断诞生新的学科与专业，进而形成了庞大的学科体系。到20世纪70年代，随着科学发展与技术进步，超学科的知识生产出现，并且已成为当下知识生产的重要方式。无论是交叉学科的概念和实践，还是超学科的知识生产，均对大学的知识生产产生了重要影响。

在工业化发展过程中，复杂的科技与经济社会问题需要多学科的合作与交叉。多学科研究是指不同学科对于同一问题，站在不同学科立场与视角分别进行独立研究，以求从多学科角度实现问题的解决以及知识的创新。交叉学科意味着超越单一学科的边界，从两门及两门以上的学科进行研究与创新。与多学科不同的是，参与交叉学科的学科不再是独立状态，而是实现了学科间的交叉融合。超学科是指科学与社会合作，超越学科、学术与学者的范畴，实现学术、大学与社会、政府、市场的合作，各个主体从不同维度参与知识生产与创新。从这个角度看，交叉学科只是实现了学科之间的知识整合，突破了固有的学科界限，但实际上主体仍然局限于学术共同体内部；超学科的本质是科学与社会的合作，超越了学科与学术的范畴，实现了学术、学者与社会、非学术人员的共同参与，强调通过学术与社会不同利益相关者的合作来解决复杂问题，并促进知识的生产与创新。

多学科、交叉学科尤其是超学科的出现，必然导致知识生产主体与生产方式的变革，即由知识生产模式1转向模式2，[①]由纯基础研究的波尔象限转向巴斯德象限（应用引发的基础研究）和爱迪生象限（产业化的应用研究），[②]由此带来学科、学者、大学与政府、产业、社会之间关系的变迁，即由单向互动走向双向互动乃至多向互动，进而形成一个创新的网络生态系统。一方面，知识生产的主体越来越多元，由传统大学的教师个体转变为由大学主导、社会参与，进而形成由大学与社会、市场、企业、公众共同组成的知识生产合作共同体、创新体；另一方面，知识生产的方式由封闭转向合作、由个体研究逐渐走向多主体协同创新，亦由大学的绝对主导地位（封闭式的）慢慢演化为由大学主导、社会参与（半封闭半开放式的），再到多元利益主体的合作生产伙伴（开放式的合作共生）关系，这必然导致大学社会地位与角色的变迁，大学开始由社会的边缘走向社会的中心，由传统封闭的"象牙塔"转变为"服务站"，进而成为引领科技创新、区域发展、国家繁荣强盛乃至人类文明进步的"发动机"。由此，大学必须借由知识生产创新活动不断增强社会关联度、加强连通性及提高学术生产力。[③]

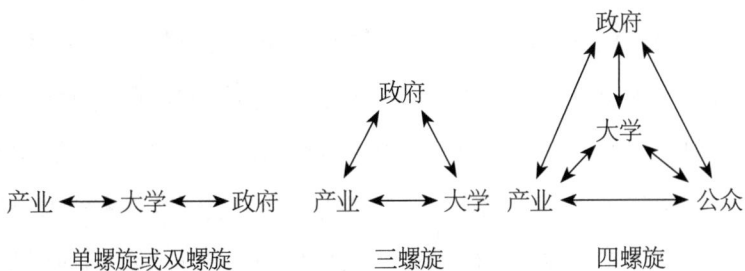

图3-3　知识生产主体的变迁过程

①　［英］迈克尔·吉本斯等著，陈洪捷等译：《知识生产的新模式：当代社会科学与研究的动力学》，北京大学出版社2011年版，第3、4页。

②　Stokes E. D., *Pasteur's Quadrant: Basic Science and Technological Innovation*, Brookings Institution Press, 1997, 73.

③　Proenza M. L., *Relevance, Connectivity, and Productivity: Three Paths to Innovation in Higher Education, Innovations: Technology, Governance, Globalization*, 2010, 3–11.

在以知识为中心的创新活动中，大学的知识生产与创新越来越需要和外部加强合作，从驱动机制、组织机制、运行机制与评价机制的多维度促进和实现知识的创新。在现代社会中，知识不再只是对学者、大学具有意义的活动，知识创新开始被实业领导认为是可消费的，是一个与其他产业同等重要的活动。大学与政府、产业之间的合作关系更加密切，创新政策也不再是来自政府的单方指令，而逐渐成为大学、政府、产业、公众之间交互的结果。大学基于知识创新活动引领科技与经济发展，大学主动探索如何通过知识生产为经济社会发展服务。由此，不同领域的机构代表会聚在一起，结合各自领域的创新元素，共同创建出一个新的组织——"大学—政府—产业"三螺旋区域创新体系。[1]在此区域创新体系中，当创业成为大学一项新的学术任务后，创业型大学就逐渐被视为区域创新体系乃至国家创新体系的重要组成部分，成为"经济发展的原动力"[2]和"大学—政府—产业—公众"四螺旋关系发展的驱动器。如图3-3所示。

大学是一个具有复杂内部结构、制度和文化的庞大组织，其本身具有生态系统的特征。从这个角度来看，现代大学成为一个围绕知识创新而活动的创新创业生态系统（University-Based Entrepreneurship Ecosystems）。[3]该系统包括组织机制、运行机制、驱动机制和评价机制，其中，组织机制表现为重塑组织边界，加强"教学—科研—服务"的耦合与联结；知识生产不再由单一学科所掌控，而以问题情境和需求为导向，由交叉学科与超学科的组织机构进行协同创新；通过创建一批科技园区以及致力于知识资本化、技术产业化的技术转化机构，实现组织的有效运行。运行机制包括有效的保障机制、产学研多元合作机制和协同发展的合作伙伴机制。知识

① 王雁、孔寒冰、王沛民：《两次学术革命与大学的两次转型》，载《浙江大学学报（人文社会科学版）》2005年第3期。

② ［美］亨利·埃茨科维兹著，周春彦译：《国家创新模式：大学、产业、政府"三螺旋"创新战略》，东方出版社2014年版，第56页。

③ Fetters M., Greene P., Rice M., *The Development of University-based Entrepreneurship Ecosystems: Global Practices*, Edward Elgar, 2010, 2.

生产和创新不再仅由学科或个体"闲逸的好奇"所驱动，政府、社会和市场的力量会更多地参与大学的知识生产和创新过程，比如政府通过法律、政策与经费支持来决定哪些领域作为优先资助事项，市场通过技术变革和产业升级来促进大学学科专业结构和人才培养规格的调整，社会则通过扩大入学机会等加强大学与区域的互动和联系。质量评估、绩效评价和责任审计则构成该系统的评价机制。如图3-4所示。

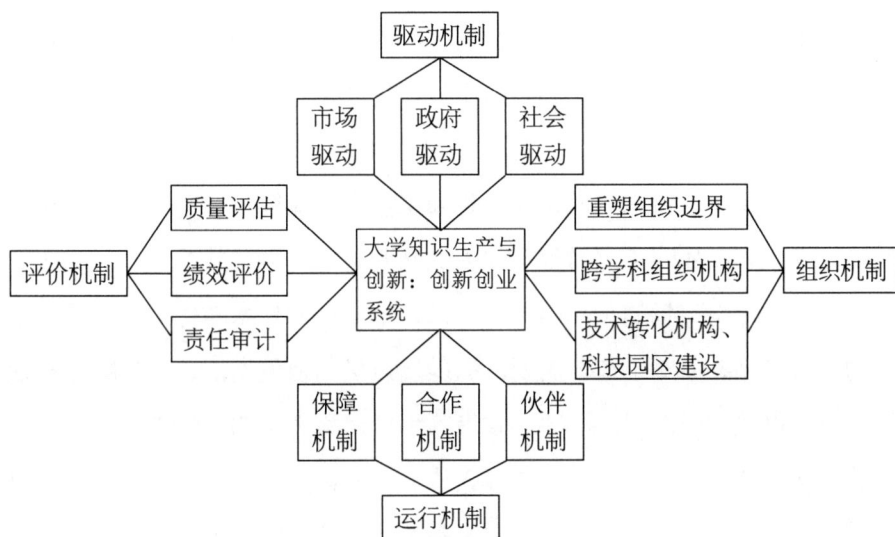

图3-4 大学作为创新创业系统

二、知识生产主体的变迁导致大学治理模式的变革

大学在知识生产中地位和角色的变迁必然带来大学治理模式的变革，即由大学内部的学科治理到大学内部学术与行政合作的学校治理，再到学术、大学与政府、社会、市场的多重互动关系而形成的复杂化网络治理。

（一）学科中心的治理模式

学科中心的治理，亦称学者中心的治理，其治理主体是学者和教师。在此治理阶段，高等教育的规模还十分有限，大学与社会的界限十分清晰。大学作为"象牙塔"，是由志同道合的人员组成的行会组织，其成员有着极强的同质性，在共同的行业标准和规范下进行知识探索，知识的探索和传承方式是师傅带徒弟式的，年长的行会领袖的个体权威、经验与魅力在治理过程中起着非常重要的作用。因此，学科中心的治理模式实质上是一种学术科层制，学者围绕学科知识的生产与传承对大学进行治理。

在学科中心的治理模式中，政府通过法律政策以及财政经费支持大学的发展，大学在知识的生产和创新活动中占据绝对主导地位，并借由人才培养向区域进行知识输出、向市场进行技术转化、向社会提供人才资源。然而，此时大学与区域、市场和社会之间的关系是单向度的。首先，在学科中心的治理实践中，学者和教师个体通过"闲逸的好奇"生产知识，并在学科内部进行传播与扩散，对于区域、国家、全球的发展诉求与战略要求并不那么关注。就本质而言，这种知识生产和输出方式并未与区域经济发展需求、国家战略需求乃至全球人类文明之间产生有效的互动。其次，在学者、教师与市场的关系中，大学通过单向度的技术转化向市场扩散自己的知识产品，而对于市场需要什么以及市场向何处发展，大学缺乏有效的应对。再次，政府通过法律、政策等手段保障大学的办学方向，并予以财政经费支持，大学则为政府培养人才。最后，大学与社会的关系也是单向度的，大学单向度地向社会提供服务，服务是大学作为知识生产、传播和应用场所自然而然产生的附属产品，而非知识生产的核心议题。

（二）学校中心的治理模式

随着高等教育规模的不断扩大，大学与社会的界限日益模糊，大学与社会之间的互动日益增加，大学从"象牙塔"转变为向社会输送创新知识和创新人才的动力站，[①]成为促进区域、国家创新发展的轴心机构。由此，无论是国家还是地方，抑或是社会和市场，均意识到大学知识创新活动的开展对经济社会发展的重要性，于是，纷纷通过各种途径（包括直接的和间接的）介入高等教育的发展。由于大学与外界各利益主体之间的联系日益密切，学

---

① 胡娟：《从学者治理、学校治理到学术治理——高等教育普及化时代的研究型大学治理》，载《复旦教育论坛》2021年第1期。

科中心的治理模式已很难适应这种变化，亟须有一支专业化、职业化的队伍来应对。因而，以校长为首的专业化和职业化的行政管理队伍就诞生了，大学治理在院校层面形成了学术权力与行政权力的二元分割和双重治理中心——由以往单一的学科中心的治理走向以学校行政与学术为中心的合作治理，且基本呈现行政权力不断扩张而学术权力不断弱化的发展趋势。

在学校中心的治理模式中，知识创新的主导者依然是大学，但大学不再是知识创新的唯一参与者，区域、政府、社会、市场等外部利益相关者也通过各种形式与大学的知识创新活动发生联系。在大学与区域、国家和全球的关系上，一方面，大学以区域、国家乃至全球的发展需求为导向办学，通过知识创新与区域发展、国家战略以及人类命运共同体相连接；另一方面，区域、国家和全球的创新需求也在不断重塑大学的教学科研体系，推动大学的教学科研由学科情境转向应用导向的创新情境。在大学与政府的关系上，政府通过法律政策、经费支持等方式，不断介入和干预大学的人才培养方向、规格、质量与目标，并通过政策规定、经费划拨、评估问责来引导大学人才培养结构的调整。在大学与市场的关系上，大学开始根据市场的需求来调整办学重心，而市场则通过对大学生产的知识进行技术转化和商业化来加强与大学的联系，从而实现大学与市场的双向互动。在大学与社会的关系上，大学通过人才培养和普及教育，提升民众的素质，社会通过为大学提供各种教学设施以达到大学为社会服务的目的。由此，大学与政府、大学与市场、大学与社会之间均形成了双向互动的关系，并借此进行动态调整。

（三）知识中心的网络化治理模式

新一轮科技革命和产业革命加速了高等教育形态的变革。数字化、网络化、智能化成为当下政府治理、社会治理和基层组织治理关注的方向。大学治理也被打上了技术的印记，由此带来大学治理主体的多元化，更多的利益相关者借由网络参与大学治理。大学与社会之间的界限逐渐消失，校城互动、校城融合更为频繁。在传统的大学治理中，大学、政府、产业所形成的三螺旋，逐渐演变为四螺旋，即在大学、政府、产业的基础上，社会公众也不断介入大学发展过程，成为问责大学办学效益和办学质量的新主体。由此，现代大学治理形成了以知识为中心的网络化治理格局。

在知识中心的网络化治理中，大学与区域、国家、全球的关系更为密切、融通，与政府、市场、社会等相关利益主体之间的关系也更为复杂，由传统的单向、双向互动转变为多点交叉、相互融合的复杂网络共生关系。从本质上看，这是由问题流、知识流的发展演变带来的必然结果。人类社会的知识和经济深度融合，带来知识和经济的双重转型。知识经济的蓬勃发展，使得创新驱动发展成为国家的优先战略。由于现实社会中的问题流，单一学科的知识生产已经很难有效应对，跨学科乃至超学科的知识生产越来越受到重视。而基于任务导向、问题导向和需求导向的超学科研究日益成为创新活动的主要方式，知识生产和创新也由纯粹地追求真理转向直接服务于解决社会问题，"创新日益以组织或机构范围间的协作与合作为特征，创新活动需要大学、产业、政府乃至公众多方共同参与、协同作战"①。由此，现代大学的知识生产方式正在发生变化，知识生产的优先排序由基础科学、应用科学、技术知识转变为技术知识、应用科学、基础科学。高等教育由注重学术本位到更加重视社会本位，日益强调知识的应用价值，强调高等教育机构为社会发展作出的现实贡献；由注重知识生产到注重知识生产与应用并重，重视产学研相结合。这就使知识生产的大学中心模式被逐步打破，走向大学与企业、政府、研发机构等共同合作的知识创新中心模式。

随着科技与经济社会的发展，知识与技术创新活动的复杂性与融合性不断增加，关键基础知识与核心技术的突破一般需要跨越多个领域，作为依赖外部环境的资源输入型组织，大学建立创新合作共同体进行合作研究、协同创新，成为知识创新发展的必然选择。所谓创新合作共同体，是

---

① 刘小强、蒋喜锋：《论世界一流大学建设的"学科模式"和"中心模式"——"双一流"首轮建设期满之际的反思》，载《中国高教研究》2020年第10期。

指大学与企业、科研机构及其他有关社会机构跨界合作进行知识创新的生产模式。实践表明，大量基础知识与关键核心技术都是复杂的综合性问题，其突破并非单一的创新主体能够承担完成的，组建创新合作共同体是提升大学知识创新能力、实现关键核心技术突破的有效组织形式。创新合作共同体由大学起主导作用，最终要构建起高效强大的知识创新生态体系，形成各创新主体相互协同的效应。可以说，越是核心知识与关键技术，越需要合作攻关。由代表知识创新发展趋势的大学联合各相关方组建创新合作共同体，成为知识创新融合的基本组织模式，是将知识供给与市场、社会需求紧密结合的创新形式，是兼具知识创新主体主导、市场社会需求与政府政策引导相互结合的新模式，有助于从组织系统与治理体系层面促进创新。而治理创新是形成创新合作共同体的关键，因而需要明晰创新合作共同体的治理机制，明确大学、科研机构、企业等创新主体在创新链条不同环节的功能定位，激发各主体的创新活力。

这种知识中心的网络治理模式，不仅注重内部行政管理队伍的专业化和职业化，还强调从外部引入管理技术，尤其注重新技术的运用。在治理方式上，它更多地呈现出一种非结构化的共同治理和合作治理的特点；治理的中心始终围绕知识生产、创新、应用与扩散的全过程；治理主体之间呈现明显的网络化合作共生关系，强调公众参与，注重知识的公共利益和公共福祉，并通过对知识本身的贡献度来分配各利益主体间的权责利。因此，知识中心的网络化治理本质上是一种新型的学术治理形态。

三、跨界治理：面向知识创新的大学治理新形态

在知识中心的网络化治理中，知识生产和创新的主体发生了重大变化，知识生产和创新不再拘泥于单一学科领域或个体的"闲逸好奇"，而是转为问题导向和需求导向的知识生产和创新，政府、产业、市场、社会、研发机构等相关利益主体均参与其中，大学成为一个开放的知识创新体系，进而促使大学组织边界的扩张。但学术性作为大学组织的根本

属性，从根本上决定了大学组织的边界并不是漫无边际的，而是存在一定边界和范围的。

（一）跨界治理：大学治理的新形态

传统意义上的"界"多指地理意义上的界线划分，如两个地区的分界线，或不同事物的分界。然而，伴随信息化、数字化在高等教育领域的不断渗透，大学治理逐渐突破传统的组织边界，助推学科治理、学校治理走向以知识为中心的网络化治理。在这一过程中，大学治理主体的核心不再局限于教师、学生、行政管理人员等大学内部成员，而是突破了大学的内部治理结构层面，指向更为广泛的群体。大学跨越区域、层级、部门等界别限制，如不同行政区域的地理边界，大学与大学之间的界线，线上和线下的虚拟界线，大学与政府、市场、社会、企业、公众等之间的组织边界等，参与治理的跨界行动者在知识创新活动中达成共识，并采取协作行动，旨在实现共同目标——知识创新，增进公共利益。①

然而，大学组织并不像政府组织、军事组织、社会组织或企业组织那样，学术性作为其本质属性，决定了大学组织边界必须保持在一定的范围内，既要开放，又要有一定的边界。组织边界既要将组织与周围环境分隔开来，又要将组织与周围环境连接起来，从而在组织自主性与环境适应性之间达到平衡。作为多元化治理主体的跨界行动者，只有在协作行动中不断提高自身跨越组织边界的能力，跨界治理行动才能得以实现。所以，只有不断提高组织对环境的适应性，跨界行动者才有望获得外部环境的支持而增强其存在和发展的合法性基础。然而，在平衡组织自主性与环境适应性的过程中，跨越组织边界既可能会提高组织的自主性，也可能会有意或被迫削弱、降低组织的自主性。②从这个意义上看，大学治理领域的跨越组织边界意在强调在环境适应性与组织自主性之间保有一定的张力。

---

① 刘祺：《跨界治理理论与数字政府建设》，载《理论与改革》2020年第4期。

② 余亚梅、唐贤兴：《组织边界与跨界治理：一个重新理解政策能力的新视角》，载《行政论坛》2020年第5期。

事实上，组织边界的渗透性与组织活力（发展水平和创造性）之间存在着"倒U形"关系，如图3-5所示，当组织的边界渗透性适中时，才能更有效地激发组织的活力，提高组织的发展水平和创造性；相反，组织边界的渗透性无论是过强还是不足，都不利于组织活力的有效发挥，大学组织更是如此。大学在一个开放的创新创业系统的新格局下，组织与外部环境之间应保持适当的张力，将大学组织边界保持在适当位置，既要开放，又要保有一定的组织边界。也就是说，面向知识创新需求的大学治理，需要在大学与政府、市场、社会、企业、公众等相关利益主体之间架构起更为紧密的松散耦合关系，如此方能有效激发大学组织的创新活力，提高大学组织的发展水平，提升大学组织的创新创造能力和效率。换言之，在外部环境的影响下，大学要保持相对的独立性和自主性，边界不能无限制向外部环境开放。大学组织的边界既要保持向政府、市场和社会开放，同时，也要保持大学自身的封闭空间。事实上，大学既是一个开放组织，也是一个封闭组织，既是社会服务站，同时也具有"象牙塔"属性。

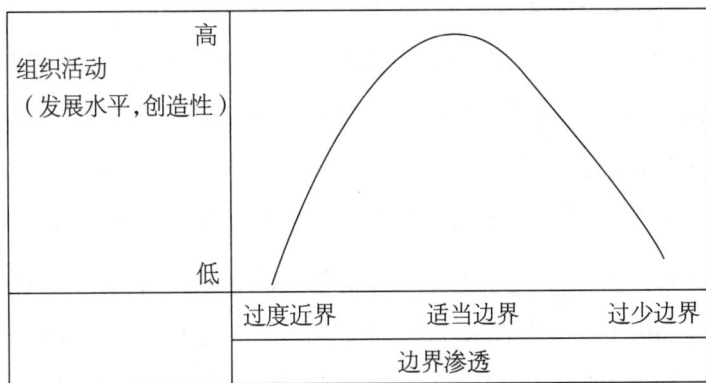

图3-5 组织边界的渗透性与组织创新活力之间关系模型

有效的边界跨越能帮助大学整合组织的内外部资源。大学要具备吸收和整合资金、知识和新技术等资源的能力，包括促进资金来源的多元化能力、对不同资源的整合能力、对知识生产和创新活动的组织协调能力、对知识的应用和扩散能力，以及技术转化和商业化能力。面向知识创新需求的大学治理，并不是将大学完全商业化，而是借助大学围绕知识的传承与保存、整合教学和研究，以及支持创新的网络关系，来推动大学治理机制体制的创新，进而使大学在国家创新发展战略中发挥越来越重要的作用。创新是不同主体与外部环境之间共同作用、相互影响的结果。大学作为知识创新的关键角色，要积极推进学科链对接产业链，主动融入区域和国家创新战略体系之中，通过"政产学研用"一体化，强化创新网络主体之间的联系。也就是说，大学作为边界跨越主导者或领导者，需要通过自身跨越边界创新知识网络能力的提升，从而整合组织的内外部资源；创新网络中的成员越多元，跨界行动者就越能多方位地整合相应的知识、资源和信息。因此，大学应不断拓展与政府、企业、社会等相关组织机构之间的互动合作，通过知识、信息、技术、人员、资金、政策等要素在创新网络中的频繁流动，提升大学创新发展的能力和活力。大学在成为推动企业创新、区域创新、国家创新重要支撑力量的同时，也应从创新网络中获取更多的发展机会、发展活力和发展动力。

（二）跨界治理的主要特征与形式

根据组织边界的渗透性与组织创新活力之间的关系，大学跨界治理是一个围绕知识生产、创新、传播与应用的系统过程，在此过程中，大学发挥着主导作用，大学与政府、市场、社会、企业等相关利益主体根据问题导向（包括区域需求、国家战略需求和全球共同议题）与创新需求进行跨学科研究和创新活动。在实践中，大学跨界治理呈现出以下一些鲜明的特征，如图3-6所示：大学作为一个开放的知识创新系统，在跨越边界的知识创新过程中，始终处于中心地位并发挥着主导作用。当下大学组织的边界已不再固守于内部，而是不断融通于政府、市场和社会之间，并与之形成始终围绕知识而进行跨界行动的互动共生关系。在此阶段，尽管大学的教学、科研、社会服务、文化传承创新、国际交流合作等职能并没有改变，但大学知识生产的属性却在不断发生位移。一方面，更加强调知识的公共性、公益性和公开性，强调大学知识生产对于国家、市场、社会需求的贡献与服务，强调公众参与和区域可持续发展。事实上，在区域创新集群的知识活动中，区域生成的知识越多，越倾向于积极地分享知识；区域分享的知识越多，越能够有活力地使用知识。[1]另一方面，也更加强调知识的公共性、功利性和商业性，大学的知识生产由学科情境转向应用情境和适应情境，坚持问题导向和需求导向，注重大学与大学之间、大学与政府、社会、市场、区域、企业等之间的跨界合作与整合。大学通过合作研究、咨询合同、合同研究、知识产权等多种途径服务区域创新活动，并由此获得更多的资源与经费。

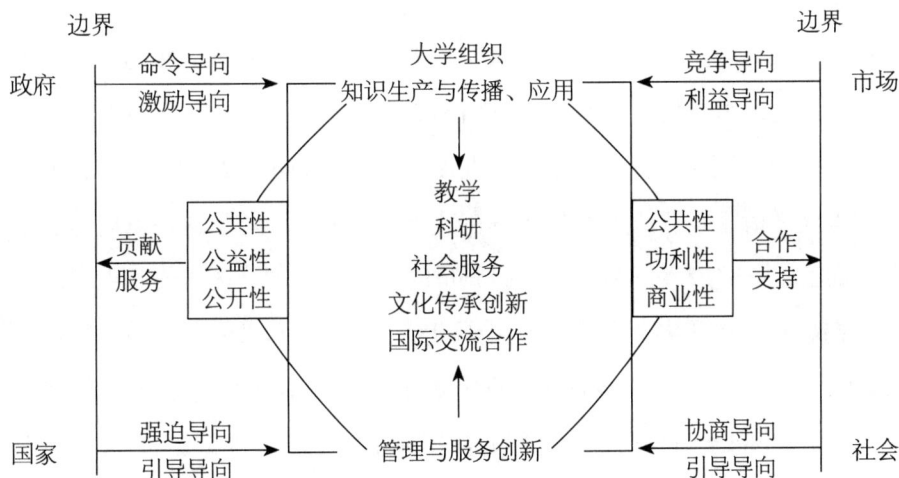

图3-6 大学的跨界治理

大学创新创业生态系统的形成并不是一蹴而就的，而是需要从生产集群、研发集群演进到创新集群。创新集群的演进需要发展创新网络关系，将知识生产与研发、创新应用与扩散活动连接起来，并通过大学这一跨界领导者将政府、社会、市场、企业、研发机构、公众等利益相关者相连

---

① Kongrae L., *Circulative Linkages of Regional Knowledge Activities: Empirical Evidence from the Korean Case*, *Perspectives on Global Development&* Technology, 2003, 2, 237-254.

接，将知识的生产、创造、应用和扩散在创新网络关系的互动中实现增值链的价值整合，例如美国研究型大学不仅是区域创新体系的关键参与者，也因其桥梁作用而成为连接学术界、产业界和政府这一创新体系的枢纽，成为学术综合发现和商业化创新网络的中心。在知识溢出形成的区域创新体系中，大学与政府机构、研发机构、科技园区、实验室、非营利性研究部门等共同构成了知识生产和应用的创新系统。在这一创新系统中，研究型大学通过组织跨学科教学与研究、跨机构合作等方式来协调学术界、产业界与政府的关系，在聚合知识的同时，不断扩大知识溢出范围和提高应用效率，进而不断增强自身的区域创新影响力和核心竞争力。这种区域创新体系的表现形式包括大学自主衍生企业或孵化公司、技术转移与知识的商业化、知识溢出与文化社会资本等。研究表明，2001年至2013年美国大学衍生企业的创办数量平均每年增长4%，且这些衍生企业往往就创建在大学周边，为当地的经济发展作出了直接贡献。2009年至2013年，接近78%的美国大学衍生企业的大部分业务在其所在州进行。对于这些新创的衍生企业而言，研究型大学为其提供了充足的高技能人才、正式或非正式的技术支持、专门的设备以及专家的指导等。[1]此外，欧文-斯密斯（Owen-Smith）在考察了获得美国联邦政府研发资金最多的110所研究型大学和5个产业集群的684家高科技企业之间的合作关系后指出，47.2%的研究型大学与两个或两个以上的产业建立了正式的合作关系；几乎所有的研究型大学均与这些产业建立了基于人员流动的非正式合作关系。[2]如此，通过连接多个产业的前沿领域和创办衍生企业，研究型大学在区域创新体系中作为跨越边界领导者的核心作用越来越凸显。

超学科研究的开展坚持以解决复杂性现实问题为逻辑起点，强调学科

---

① Sac M., Kretz A. J., *The Entrepreneurship Movement and the University*, Palgrave Macmillan, 2015, 37.

② Owen-Smith J., *Research Universities and the Public Good: Discovery for an Uncertain Future*, Stanford University Press, 2018, 134-135.

与社会之间的互动共生，①旨在围绕某个应用领域或学术兴趣建立起持久的协同创新机制，例如，德国卓越大学坚持以"卓越集群"建设为重点，在实践中，"卓越集群"打破了传统以单一学科各自发展的弊端，采取鼓励多元参与的基本发展思路，由不同学科的研究者共同组建协同攻关研究团队，通过跨界整合大学内外部的多样性资源及其在创新网络上的不断流动，推动不同院系教师的交流与合作，包括大学内部各院系（部门）之间的合作，大学与大学之间的合作，大学与政府、社会、企业等跨越公共机构、非营利组织、营利组织之间的合作等，通过影响、引导和参与其创新创业活动，重塑大学及其他组织的边界，并重新配置不同组织、不同部门之间的资源，从而推动它们由满足市场需求和区域需求而谋求更多的创新协同。正是由于"卓越集群"瞄准的是重大的、前沿的、国际领先的研究议题，采用"研究领域"的运作方式，因而在创新实践中更有利于整合学科知识，在一定程度上反哺学科，增强了学科本身的实力与竞争力。②德国科学组织联盟认为，创新活动主要发生在教育、科学和经济活动的网络化过程中，而实现科学卓越的竞争也只能发生在科学领域的具体工作组合中，且必须包括大学与院系之外的所有科研组织，通过建立基于问题的科学集群，把区域作为重点单元来发展。

（三）跨界治理中保持大学与学术的自主性

大学组织在外部环境的影响下不断发展变迁，但无论怎么变化，都要保持大学的组织边界，保持大学与学术的独立性。无论是从中世纪大学到柏林大学的转变，还是从柏林大学到美国研究型大学的转变，都是在不断地重塑大学与外部环境的关系。在重塑的过程中，大学的开放性在不断增强，但大学始终保持着办学自主与学术自主。

---

① 张海生、张瑜：《多学科交叉融合新工科人才培养的现实问题与发展策略》，载《重庆高教研究》2019年第6期。

② 陈洪捷、巫锐：《"集群"还是"学科"：德国卓越大学建设的启示》，载《江苏高教》2020年第2期。

面向知识创新的大学治理，将在保持大学治理自主性的基础上，与全球、国家、区域的政府、市场、社会、企业、公众等相关利益主体形成更紧密的联系，治理的网络化和复杂化也将更加显著。为此，就要重新思考影响大学治理的关键要素，重塑面向创新实践活动的大学治理体系，如图3-7所示。即其面向知识创新的内在动力机制依然受到知识增长的主要影响，但除这一内在主导因素外，外部的利益相关者也日益被卷入其中，包括市场驱动（技术变革与产业升级对大学的影响）、政府驱动（法律政策的规制、财政经费的支持与引导）和社会驱动（扩大入学机会与学科区域化诉求）等，如此，就带来在大学治理中外部力量的统合、延伸、嵌入与大学组织内在本性的动力、冲突、整合之间的张力。

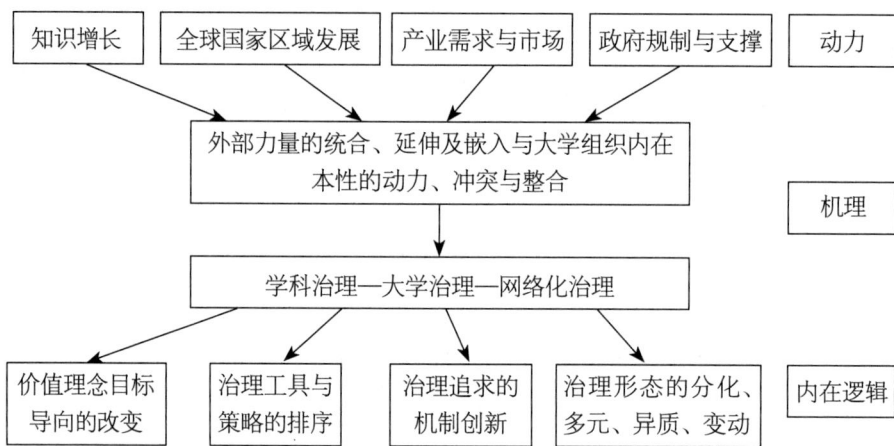

图3-7 面向创新需求的大学治理体系

知识中心的复杂网络化治理模式的形成过程也是大学跨界治理内在逻辑体系的重塑过程，具体包括：第一，价值理念目标导向的改变。大学不仅要承担教学、科研、社会服务的职能，还要为知识创新提供原动力，主动融入并引领科技与经济社会发展。第二，治理工具与策略的重新排序。随着高等教育规模的不断扩大以及信息化、数字化和智能化的不断推进，大学治理工具的选择范围更大，能够依赖的大学治理策略也越来越多，因而大学治理的工具与策略发生了位移，需要同时兼顾不同治理手段和治理方式。大学应在充分尊重以学者、教师为代表的学术权力的同时，依靠行政管理队伍的专业化和职业化优势，并借助技术的强大力量，从而不断推动大学治理效率的提升。第三，治理机制的创新。面向知识创新的大学治理，必须突破单一学科的藩篱，将治理的视野置于更为广阔的空间，创新大学治理的体制机制，坚持问题导向和需求导向，通过跨学科研究中心、科技园区建设、虚拟研究实验室、利益联盟、第三方中介组织机构、基金会组织等各类营利性、非营利性组织以及研发机构，将大学与政府、市场、社会、企业等利益相关者连接，通过各种正式或非正式的创新创业活动，使之都能有效地参与大学治理实践，由以往强调大学内部的静态治理走向动态调整，通过不同利益主体的有效参与、沟通、协商、合作、博弈、妥协，真正实现由大学主导的知识创新活动的跨界治理。第四，治理形态的多元、分化、异质和变动。面向知识创新需求的治理，因其与政治、经济、社会、文化、科技、人口等之间的关系更加密切，涉及的利益群体更加多元、异质，因此，大学治理实践必须综合考虑大学组织的多重属性，并根据大学治理实践的具体情境、历史传统和现实条件，采取适宜的治理方式。事实上，现代大学治理融合了学术治理、科层治理、企业化治理，而且随着技术的不断渗透，基于数据的治理、程序智能等均会对大学治理带来新的影响，也会进一步重塑大学治理形态，[①]大学治理的网络化、复杂化趋势将更加明显。

---

① 张海生：《智能技术赋能下的大学治理形态变革》，载《高校教育管理》2021年第5期。

第四章

高等教育的学科治理与学院治理

第一节　从学科建设到学科治理：基于松散耦合理论的考察

在松散耦合机制下，不同学科发展既保持自主性和相对独立性，又保持与组织的互动关系。松散耦合机制保护了不同学科采用符合自身情况的发展举措应对环境和追求的合法性。松散耦合型学科治理有利于应对外部环境与内部环境的碎片化，顺应了大学组织特性和学科发展的不确定性，有利于学科的发展创新。学科治理中的评价评估、资源配置等应按照不同学科规律与特点进行，体现不同学科特色，避免用统一机械的标准要求所有学科。同时，应通过共享价值和组织文化建设加强学科的耦合性，促进学科整体提升与组织目标的实现。

大学本质上不是典型的理性组织系统，而是具有松散耦合特性的组织。科森提出大学是松散组织（loose organization）。科恩和马奇将大学称为"有组织的无序状态"（organized anarchy）。韦克则将大学这样的教育组织称为"松散耦合组织"（loosely coupled system）。伯恩鲍姆在《大学运行模式》中专门分析了大学组织结构的松散联合特征及在学科与学院运行中所呈现出来的松散耦合样态，[①]不同学科彼此之间具有相互的独立性和差异

---

① ［美］罗伯特·伯恩鲍姆著，别敦荣等译：《大学运行模式》，中国海洋大学出版社2003年版，第37–40页。

性，可谓是"松散耦合、并排而列的专门化细胞"[①]。在大学学科治理中，尤其是在"双一流"学科发展与治理中，可以考虑以松散耦合机制为基础，增加制度弹性和治理空间的多元化，在高度分化和低度整合的制度设计与治理体系中推进学科治理现代化。

从社会科学的理论出发，存在着三种形态的治理结构，即脱耦结构、松散耦合结构和紧密耦合结构。按照上述划分方法，大学学科治理的权力结构形态属于松散耦合结构。松散耦合是指大学组织与学科、学院之间，各个学科之间的相关关系，并非强耦合，而是一种相对不显著的弱耦合关系。此种关系中，大学组织和学科之间不存在直接的密切的互动关系，二者之间的联动相对滞后。学科治理的松散耦合特征首先体现在"耦合"上，其次体现在"松散的弱关系"上。大学学科治理是"有效耦合"和"松散的弱关系"的结合。

一、从学科建设到学科治理

何为学科？学科（discipline）起源于中世纪，来自拉丁语的"disciplina"，含义是"对于门徒的教育"。《牛津词典》对学科有三种定义：一是为控制或者纠正行为所实施的惩罚；二是旨在塑造品格和思想，以培养正确行为的教学或教育活动；三是知识分类。从词源看，学科最早的含义是对于学生的教育、规训、训练与惩戒等，以使学生达到某一学科的行为规范。华勒斯坦在《学科·知识·权力》一书中指出，学科代表了知识与规训两种含义，指出大学通过学系建立起制度化的专业组织、专业期刊和评价体系等，这一过程也是各个学科分门别类地划分知识的过程。华勒斯坦认为，学科有三重含义：一是学术范畴，即一种明确的研究领域；二是制度化的

---

① ［美］伯顿·R·克拉克著，王承绪等译：《高等教育系统——学术组织的跨国研究》，杭州大学出版社1994年版，第17页。

...

组织机构；三是文化。①

为什么要由学科建设推进到学科治理？学科是大学实现人才培养与科学研究的基本单位，是现代大学的立学之本、教学之基。在我国，既有学科，又有学科建设。学科是指知识分类的体系，即按照一定的学术标准将人类浩如烟海的知识积累划分成不同的类别。学科建设是指开展知识活动的组织，提升学科知识生产与传播能力。前者强调的是学科的知识形态，是作为知识体系的学科的不断发展和完善。后者强调的是学科组织形态，注重如何通过人财物等要素以及组织建设提高学科发展水平。从高等教育发展看，西方国家有学科一词，而无学科建设一说。而我国从不同的层面确立了国家级、省部级和校级等"重点学科建设"，并从人财物等方面进行了大量的投入，实施了各种人才类型的人才工程，建设了各种层次的学科平台、研究基地、重点实验室等。学科建设的目的到底是什么？如何推进学科建设？从目的看，学科建设是为了推进学科融合一体化发展？还是各个学科孤立发展？抑或是各学科有机结合的发展？大学是由不同学科组成的，各个学科有着自身的知识特性与话语体系。一方面，大学各个学科不是孤立进行的，也不是没有联系的发展；另一方面，大学各学科之间又不是雷同发展的，各学科要保持自身的相对独立性。由此，学科建设的目的应该是推进学科之间的有机发展。现有的学科评价体系与资源配置方式，强调了统一的目标与指标体系，缺乏对于各学科不同特点的体现，最大的问题是各学科都以学术发表为导向，没有体现各学科知识生产与传授自身的特点。同时，各学科以评价指标和绩效为导向，缺乏合作与交叉融合。实际上，大学内部的各学科更大程度上是孤立发展的，缺乏有机联系。学科评价、资源配置与政策导向属于治理范畴，是当前高等教育治理体系和治理能力现代化的重要方面。为使学科建设达到预期目标，有必要从学科建设推进到学科治理，从治理视野把握学科规律与推进学科建设目标。

---

① ［美］华勒斯坦著，刘健芝等译：《学科·知识·权力》，生活·读书·新知三联书店1999年版，第213-215页。

　　从学科建设到学科治理，也是学科发展的目的与需要。我国高等教育语境下的学科与西方话语中的学科有很大差异，我国的学科更代表了学科发展的布局与资源配置、人才队伍建设等，所以，学科发展不仅关系到学校发展，更关系到学科布局与发展水平是否同国家与地方经济社会发展相适应，是否能培养合格人才与产出优秀科研成果服务社会发展。《统筹推进世界一流大学和一流学科建设实施办法》明确提出："面向国家重大战略需求，面向经济社会主战场，面向世界科技发展前沿，突出学科交叉融合和协同创新。"这"三个面向"，涵盖了我国一流学科的发展定位，一流学科建设不仅是学科自身学术规范的加强、学术训练的改进，更是国家重大战略需求、经济高质量发展与科技进步对学科布局与发展水平的要求。所以，学科发展的目标是服务国家与社会发展，而非单纯学科自身的改进。

　　从纯粹学术意义上讲，学科治理就是关于学习与研究某一方面知识的规则与行为的训练，更多的是教师或者学者自身的事情，所以，有的学者把学科治理理解为教授治学的实施途径，是学术权力的范畴，是学术管理的主要方面。但在我国的高等教育话语中，学科更多体现为知识体系的划分以及与之相关的学科布局、资源配置、人才评价与薪酬、成果评价与奖励等，社会意义上的学科如何布局与发展，已经不再局限于学科规则与规训等内部的学术训练的范围。所以，我国高等教育界所说的学科建设更多体现为与学科发展密切相关的资源配置、教师队伍建设与学科布局等。学科建设本质是管理活动在学科发展领域中的具体实践，是采用行政管理方式对高校中与学科相关的一切事务与活动的规划、管理、评价与调整等。传统的学科建设优势在于可以集中人财物发展某些学科与领域，可以更好地反映学校主要领导关于学科发展的思路，可以有效地在某一时期实现学科建设的目标。但缺陷也是十分明显的，第一是表现为一种行政本位的管理模式，建设一个新学科或者淘汰一个学科，抑或对于某些学科的发展如何调整与合并等，均缺乏规划、论证、协商等程序，多是因某些主要领导的意见、喜好而定。第二是管理思维盛行，没有考虑到不同学科的定位、成果体现形式与评价标准的不同，更多是用同一套价值标准衡量与评价所有学科，导致学科发展的同质化问题突出。第三是学科建设本来是学术管理事务，但是采用自上而下的行政化的单向度运行方式，通过科层式的行政体系开展相关活动以达到相应目标，助长了高校管理的行政化倾向。

二、松散耦合机制与学科治理

学科治理的目标是什么？学科治理从本质上讲就是尊重知识生产、创新与传播规律，促进学科发展。为此，需要在高等教育的评价评估、资源配置与政策导向方面体现各学科的不同境遇与特点，不是用统一的指标与标准衡量评价各学科，不是用统一的标准来进行资源配置和政策支持。同时，在大学内部，学科治理也需要促进各学科的有机合作与交叉融合，既不是目前的各自没有联系的孤立发展，也不是行政化的院系合并和学科组合。

以何种方式推进学科治理？大学学科的特点决定了学科与大学组织，尤其是行政组织之间存在耦合关系，所以，学科治理主要通过学校治理权力结构的嵌入来实现，学科与学校组织目标、权力之间存在着相互认同、嵌入、衔接、适应和依赖等互动关系，形成了包括价值、资源和机制等治理模式生成的空间与渠道。但是，这种耦合关系是松散的弱关系，在学科发展中，教师对于他们所从事的工作具有广泛的解释权和控制权。学科治理的关键问题只有专业人员才能够理解和评判。大学组织依靠严格的权力等级结构难以对学科进行严密的协调和控制。

"耦合"这一概念最初在物理学、通信工程、软件工程和机械工程等领域中被广泛使用，后来被移植到包括高等教育研究在内的社会科学领域。在社会科学研究中，耦合是指两个或两个以上的个体共存于一个系统或结构中，这些个体之间存在着相互依赖、相互影响和相互适应的相关关系。存在耦合关系的单元能够通过相互作用、相互调适，最终使整个系统得到结构及功能上的优化，见表4-1。"松散耦合"源自行为科学，后来成为组织理论的一个概念术语。格拉斯曼提出松散耦合是处于紧密耦合和相互独立中间的一种状态，松散耦合表现了系统的一种存续性，它可以使系统在面对特定的输入时保持相对稳定。韦克将这一概念引入教育管理领域，他视教育组织为一种松散耦合系统，并认为教育组织系统中的要素是相互响应的，但又保持了其自身的分离。[①]松散耦合系统并不是一种有缺陷的系统，它是对持续变化的环境的一种社会的、认知的解决方式。松散耦合可以使组织在保持标准化、合法化、正式结构的同时，又使其具体的活动可因情境而异。松散耦合指一个系统中的要素既是响应的，又保持了其自身的身份在物理与逻辑上的分离。松散耦合适用于一个系统的整体表现和其内部要素的特征同时存在，系统不因其功能分散于各个要素而失去核心，要素也不因融于系统而失去特征的情境。

表4-1　组织结构的耦合形式

耦合类型	自治程度	反应程度
松散耦合	自治的单元	跨单元响应
去耦合	自治的单元	缺乏响应性
紧密耦合	缺乏自主性	执行响应，控制

　　大学是典型的松散耦合组织。大学学科之间的关系体现出鲜明的松散耦合特性。在各个学科的发展中，利益表达与协调被视为固定的问题。在松散耦合结构中，人和子单位能够对彼此负责，而不依赖于正式的权威或规定的角色行为。组织成员被赋予了一定的自由，而不是将权力强加给他们。运用松散耦合机制分析学科治理是适合的，其理论能够解释大学各学科的相对松散耦合关系，也能够为学科治理提供有益的政策建议。

　　学科治理的松散耦合机制体现在以下三个方面：第一，学科之间的关

---

　　① Orton J.D., Weick K., *Loosely coupled systems: A reconceptualization*, Academy of Management Review, 1990, 15, 203−233.

系是松散耦合的，不同学科之间应该既有合作又相对独立，同一学校的学科之间不能"鸡犬之声相闻，老死不相往来"。现代学科与新知识大都在交叉中创新发展，只有交流、合作，才能促进学科交叉发展，才能推进科学研究，才能有效提高人才培养质量。但是，学科交叉不代表学科组合与学院合并，因为不同学科有着不同的研究范式与发展规律，有着不同的境遇与目标导向。所以，学科之间采用松散耦合的治理方式是比较合理的。第二，大学的学科、学院与学校行政部门之间也是松散耦合的治理关系。学科治理的话语权在教师，但是资源配置与政策支持等权力却在行政人员手中。教师与行政人员需要在学科发展中合作而不是对抗。教师更多是从学科本身出发看待问题，行政人员更多代表的是社会需求与政府意志，双方的松散耦合是互相回应，而不是追求彼此高度一致（或者是行政人员必须听教师的意见，或是教师必须服从行政命令），也不是彼此的脱耦机制，即互相之间没有交流与合作。第三，学科治理中的评价评估、资源配置等应按照不同学科规律与特点进行，体现不同学科的特色，避免用统一的机械的标准去要求所有学科。学科评估与资源配置要有利于学科交叉，有利于不同学科发展，有利于学科跨界和与企业的合作。"双一流"建设坚持以学科为基础、为中心、为依据，这是目前的既定政策，但是在强化学科评估和学科建设的同时，对于跨学科、多学科的研究和以应用为导向的问题研究并没有给予相应的政策支持和发展空间。学科治理就是要按照松散耦合的规则，既重视现在倡导的学科导向，也要为学科交叉融合和以应用为导向的问题研究提供政策空间。

松散耦合型的学科治理具有四点优势：首先，大学中存在大量的学科构成的专业化组织，且这些专业化组织之间的差异性较大。在松散耦合机制下，不同学科发展既保持自主性和相对独立性，又与组织保持互动关系，自主发展的同时会推进持续性的变革以追求合法性，即部分满足大学组织目标的要求和学校领导的指示，这既符合学科发展规律与学科现状，又能够有序推进大学组织目标的实现。其次，学科之间的松散耦合机制有利于应对外部环境与内部环境的碎片化。现代大学组织规模庞大，功能多样，结构多元，是一个典型的高度异质化组织体系。作为高度异质化的组织，不同学科在面对外部机会与挑战时的状况不同，发展机遇不同，内部对于不同学科所采取的支持政策与条件不同，面对这种碎片化的环境，不同学科所采取的发展策略也不同。大学学科的松散耦合机制保护了不同学科采用符合自身情况的发展举措应对环境和追求的合法性。再次，学科之间的松散耦合机制顺应了大学组织特性和因果的不确定性。传统组织理论假定大学组织是个理性系统，具有明确的目标、严密的控制结构和协调一致的组织活动，强调必须依靠明确的目标、刚性的制度及缜密的治理体系。但大学是一个学科高度异质化的松散组织，手段与目标之间不再是一种因果决定关系。大学组织目标只是各个学科的一系列不断变化的发展成果的松散联合，大学组织目标实现的整个过程由此呈现出诸多不确定性。作为实现组织目标的一种途径，大学制度与治理的目标、举措与手段并不是固定不变的。[1]学科治理的制度既是相对稳定的，同时也是灵活而有弹性的。最后，学科之间的松散耦合机制有利于学科发展的创新。大学的每个学科保持了其独立的身份，具有相对独立性和分离性，这比紧密耦合组织能够提供更多独创性的发展方案与办法。其影响具有弥散性，不同学科之间、教师群体之间一般不会因某一学科或教师群体的变化及改革而直接影响到另一学科或教师群体。学科之间的有效隔离机制可以对部分问题进行封闭解决，以保护整体，而紧密耦合的组织系统中，某一学科的失败可能会影响整个系统的发展。

松散耦合机制的重要意义在于提供了解决组织中普遍存在的冲突、矛盾与二元对立等现象的一种路径。其独特之处在于，既不强调对冲突的消除和融合，也没有采用制度理论中脱耦的方式，而是采取了一种辩证与包容的解决方式。其在应对外部制度压力时提供了将寻求外部合法性与组织

---

① 李立国：《现代大学治理形态及其变革趋势》，载《高等教育研究》2018年第7期。

内部实际运行采用松散耦合的方式，在组织内部又提供了规则与惯例的松散耦合、特定绩效指标或测量方式与组织目标的松散耦合、物理上的沟通平台之间的松散耦合等一系列的机制与模式。

三、松散耦合理论视角下的学科治理方式

在"双一流"建设背景下，不同学科在高等教育资源配置中的地位不一样，不同学科在院校"双一流"建设中的需求和定位也不同，为分析我国"双一流"建设背景下的学科治理方式，我们把高校"双一流"建设的学科定位分为战略性一流学科、保障性学科、稳定性学科和竞争性学科四大类。这一划分有别于传统的学科门类划分。传统的学科划分多基于知识的类型、属性和特点，诸如基础学科与应用学科，硬科学与软科学，理科与文科，自然科学、工程技术、社会科学与人文学科，哲学、经济学、法学、教育学、文学、历史学、理学、工学、农学、医学、管理学与艺术学，等等。笔者的分类方法主要强调不同学科在院校学科治理特别是"双一流"建设中的不同定位、功能与作用。

以竞争机制和政策保障为横纵坐标轴，形成如图4-1所示的"双一流"建设院校的学科定位类型二维四分图。第一类是高校重点发展的战略性一流学科，这是资源投入最多的、最具竞争性的学科，也是各所高校全力保障的传统优势学科，最有机会发展成为全国高等教育甚至全世界高等教育中最具竞争力的一流学科。第二类是保障性学科，也是基础性学科，包括公共教学的相关学科，比如马克思主义理论和公共英语等，这是学校必须保障的学科课程；即使高校觉得此类学科没有什么优势，但是必须保障这些学科的发展，因为这是高等教育教学的最基本需要。这些学科的发展目前来说也是比较稳定的。第三类是稳定性学科，这是一种社会需求旺盛、适应经济社会发展的学科，比如经济类学科、管理类学科、法学类学科和传统工科等，相对而言招生量较大。稳定性学科对高校发展来说，可能不是优势学科，也不是特色学科，但是这些学科招生量特别大，市场需求

也比较大，充当着招生大户的角色，同时也是学校教师队伍中占比人数比较多的学科，因此，学校也要进行保护，不能掉下去。第四类是竞争性学科，包括新设学科、社会需求不旺盛且发展潜力小的学科，这些是不具备竞争力和发展潜力的学科，是一种弱势学科。

图4-1 "双一流"建设学科定位类型二维四分图

因此，院校对学科的不同定位类型意味着需要考虑如下问题。第一个问题是资源配置的标准与合理化。不同学科的竞争机制和政策支持力度不一，资源配置的地位也不一样。有限的资源如何向一流学科建设倾斜，如何平衡人才培养与科学研究之间的矛盾，如何发展一般学科与弱势学科，如何进行交叉学科建设，这些都是应该关注的重点问题。第二个问题是和学校发展目标相关的发展机制。大部分高校的发展基本上已经完成了基础设施的建设，考察各个高校下一步的"双一流"建设方案，更多是规划学科发展如何进军一流，但是各个学科发展背景不同，与学校发展目标存在一定的差异性。

无论是学校的一流建设目标还是一流学科建设，二级学院都是推进"双一流"的关键部门。基于这一考量，我们问卷调查了来自60多所高校的565位二级学院的院长，对于"双一流"建设的若干重要问题，他们提出了自己的观点和建议。在565位二级学院院长中，有145位（25.66%）来自一流大学建设高校，有269位（47.61%）来自一流学科建设高校，有151位

（26.73%）来自非"双一流"高校；有364位（64.42%）来自部属高校，有164位（29.03%）来自地方高校。与此同时，我们还深度访谈了15位院长，并收集整理了9个二级学院的相关案例。笔者将问卷数据、访谈与案例资料相结合，将松散耦合理论与调查资料相结合，试图从理论视角分析学科治理的目标与特点。

（一）松散耦合将寻求合法性的符号展示与组织中实践层面的活动整合起来

学科发展要尊重自身发展规律，即有所谓的入主流问题，又要与学校的发展战略、发展目标有所契合，即所谓的服从学校一流建设目标与服务国家战略的问题。松散耦合系统的本质在于，其要素既是联系的，又是分离的。要素间确定性的联系是其耦合的特质，而其独立的存在使其具有松散的特质。要做到二者结合，就是要寻求合法性的符号展示与实践层面的活动的松散耦合。学校不能完全按照发展目标要求学科如何改进和发展，学科本身也不能完全无视学校的发展需求，二者的妥协与相互结合就是所谓的松散耦合。

例如一位理工类重点大学的法学院院长说："每个学科都有它自身的发展规律，每个一级学科都有不同的发展规律，每个研究点也有它的发展规律。内涵发展要追求特色、追求差异，但我们不能违背最基本的学科规律。"他们的法学学科在法理学、宪法学、民法学、国际法、刑法等8个二级学科发展的基础上，利用在人工智能和信息科技等方面的优势，在法律与科技交叉融合的过程中，重点瞄准了智能科技法律方向，重点研究人工智能、大数据、网络科技等智能科技与法律的交叉融合，培养具有法律教育科技特色的高层次国际化人才。这一特色可以说树立了当今我国法律教育科技特色人才需求的标准，也得到了行业学界的高度认可。一位农业大学的人文社科学院院长说："我们经常会遇到社会人士问：'你们农业大学还有社会学和传播学？'我们也一直在思考农业大学的社会科学到底应该怎样发展，我们的学科学术如何进行人才培养。"这位院长认为，在强调特异性、差异性和针对性等办学特色的同时，要将学科自身发展与学校主流学科及服务国家重大战略相融合，找准切入点。近年来，该院在服务乡村振兴战略和中国对外援助的研究中取得了突出成绩。2016年11月，该所大学的社会科学总论首次进入世界ESI（基本科学指标数据库）前1%，是中国内地高校中第18个社会科学总论进入世界ESI前1%的高校。

对于"双一流"建设资源配置，院长们认为应该向重点建设学科倾斜。其中，认为应该投向重点特色学科的有321人（56.81%），认为应该投向新兴交叉学科的有176人（31.15%），认为应该投向基础学科的有150人（26.55%），认为应该投向应用学科的有97人（17.17%），认为应该投向其他的有9人（1.59%）。二级学院院长的认识与"双一流"的学科发展方针是一致的，即发展重点特色学科与新兴交叉学科才符合要求。而"双一流"建设高校的非一流学科发展不可能完全照搬一流学科的发展战略，他们在夹缝中求生存，保持松散耦合关系。给予这些学科一定的发展空间，有利于按照学科规律发展这些学科，也有利于按照学校发展目标去要求这些学科体现自身发展特色。

（二）松散耦合机制将特定的绩效指标或测量方式与组织目标相分离

组织中的松散耦合有两大类。一类是组织本身在物理空间上的分离、认知图式与行为范式的差异、目标的冲突造成的自然存在的松散耦合，比如多校区办学造成的物理空间的分离，合并高校中存在的不同利益与对于发展目标的认识的差异，这类松散耦合的存在会造成组织中的各种冲突与矛盾、效率的低下及组织一致性的损害。对这类松散耦合应有意识地强调耦合，弥补松散带来的不足。另一类是出于突破控制的目的而演化出的松散耦合，如新出现事物对原有制度惯例等的反抗，组织实际运作应对外部的制度压力以追求合法性等。这时要强调松散，而弱化耦合，即需要对其进行精心设计与实施。学科评估和绩效考核具有刚性特点，面对不同学科的特点与表现形式，应该弱化耦合，强调松散。

例如一位艺术类学校的二级学院院长说："北师大的戏剧与影视学排在

中央戏剧学院和北京电影学院前面，综合性大学靠论文、课题等，这种评价指标体系是否合理？"另一位院长认为："艺术类学科不能说发多少论文，要看有多少作品，办了多少展览。遵循学术的规律，不要搞短平快的事情。"一位音乐学院院长说："'双一流'建设最终要解决学科发言权的问题，音乐学院走出去，在美国高校开设中国民乐，融入西方主流教育体系。通过'一带一路'倡议推广和传播优秀文化、歌剧与演出等，展示中国的先进文化和有感染力的文化，提升音乐话语权。"艺术类高校凭借特色发展自身，是对传统"一刀切"的评价体系的抵制，这需要松散耦合的自主空间和发展机会。

（三）松散系统的耦合满足来自组织目标的冲突需求或履行不同的职能

大学组织的成功发展通常都伴随着一种战略性的模糊信息的呈现，这有利于激发组织中对发展前景与目标的多种解释。这种战略性的模糊信息对松散耦合型组织的发展尤为必要。只有包容大学内部多种解释、理解学科的存在，才能以更大的灵活性去包容不同学科的发展和重组各种资源以满足学科的需求，才能使在制度环境中处于弱势的那些学科组织通过延展来自学校领导的信任以获取一定的发展空间，使得学科仅进行局部变革就可以有效解决与组织目标的冲突，从而获得学科可持续发展战略在大学组织中的合法性。

二级学院院长在评价如何对待弱势学科时，选择"加大扶持力度，寻求新突破"的有316人（55.93%），选择其余选项的分别为"与其他院系合并"（34.51%）、"直接撤销"（10.09%）、"其他"（4.07%）。可见，超过一半的学院院长认识到弱势学科如要在学校生存和发展，必须有新的突破，不能继续走老路，无所作为。还有约44%的学院院长认为，应该合并或撤销弱势学科。从现实情况看，很多高校的弱势学科已经被撤销了学位点，被迫和其他院系合并，无法再继续招生。所以，对于一般学科而言，必须改变学院的发展目标与战略，争取在一流学科建设中占有一席之地，注重能力提升，争取创设声誉。

以自动化专业发展为例，有理工类学院院长在访谈中说："第一类是清华大学这样的高校，无论是办学体量和实力还是条件保障和学校声誉，其他学校都无法比拟，这类学校可以引领前沿；第二类是和行业结合比较紧的高校，包括浙江大学、东北大学与中南大学等，注重特色培养，在过程控制应用这一领域能站得住脚；第三类是国防特色高校，包括北京航空航天大学、哈尔滨工业大学和西北工业大学等。因此，普通的高校如果想发展自动化学科，寻求新的突破，就只能走交叉学科的路子，找新的增长点。"又如护理专业，全国250多所学校都有护理专业，但生源差异很大，"双一流"高校的生源质量会比较高。然而，这就造成很多时候学生到北京大学读护理学并不能安心学习这个专业，而主要是为了北京大学这个学校的招牌。由于服务对象不一样，这些大学的护理专业培养目标与学校的一流目标有所冲突，如果要发展护理专业，就需要采用松散耦合机制。

（四）松散耦合的直接效应是可以导致学科模块化、必要的多样性和发展自主权

松散耦合系统的本质在于其要素既是联系的，又是分离的。要素间确定性的联系是其耦合的特质，而其快变的、不确定的、独立的存在使其具有松散的特质。认识到学校学科治理中存在的松散耦合的普遍性，进行系统的分析并采取相应的不同措施，使各个学科能够按照自身规律发展并减少管理的负面影响，是基于松散耦合视角分析学科治理的重要基础。

一方面，在"双一流"建设中，学科治理呈现出学科模块化和差异化发展特征，例如地方师范大学的生物学想在各个领域都做到世界顶尖，直接和清华大学、北京大学竞争，这是没有优势的。但是他们可以在某些领域、某个方向错位发展新的特色，如某地方师范大学学校经费充足，地理位置优越，该校"拥有昆虫化石30万件，已经超过了大英博物馆"，研究团队"发现了最早的拟态生物，复原了最早的昆虫生命，研究成果发表在*Science*、*PS*、*Nature*等刊物上"；此外，该校以"极端逆境的植物学研究"为特色研究领域，采集的标本是全世界最多的，其研究成果非常有特色，并在世界相关领域产生了一定影响力。这就是学科专业松散耦合发展的很好的案例。又如医学类院校如何发展外语专业，和普通院校有何区别，学校应该给予什么支持和自主权等问题，某中医药大学进行了有益探索。该校将中医药与英语专业深度融合，探索中医药传播方向，很多家长觉得讲好中国故事和中医药传播很吸引人，在一些高考开展以专业志愿报考试点改革的省份，2019年，在某省招生中该专业名次排在了690名，高出很多"双一流"名校。在人才培养体系上，该专业医学类学时学分的三分之一跟医药类的课程全部打通，只要有兴趣就可以学，资源共享，交叉复核，同时，促进了专业成长。在科学研究上，学校变"纯粹的语言研究"为"中医药经典著作外译"，在交叉研究中产出了很多不错的成果，包括中医药术语、中医药法与中医药知识产权保护等。

另一方面，高校"双一流"建设的学科发展在耦合中保持了一定的自主权。二级学院院长普遍认同"双一流"建设的目标与要求。他们认为，一流大学建设要完成的主要任务是提升人才培养质量（95.4%）、完善治理制度（83.72%）、提升学科科研影响力（82.48%）、提高社会服务和文化传承创新能力（78.23%）与提升国际影响力（77.52%），这与一流大学建设的目标是吻合的，特别是学院院长认识到人才培养是第一位的，是"双一流"最重要的建设任务。以讲好思政课，办好马克思主义学院为例，当前很多高校都开设了马克思主义学院，但如何更好地围绕"立德树人"根本任务，通过教研结合做好既有水平又有特色的思政育人工作对于马克思主义学科建设而言意义重大，例如东北地区部分高校的马克思主义学科在注重加强理论研究的同时，多渠道创新思政课，深入挖掘东北当地和学校自身历史资源，科研反哺教学，把东北抗联的精神融入课堂，真善美的要素可以让学生更容易接受，在加强学生专业素质培养的同时，以德艺双馨、真实生动为目标的思政课的开设，使得学生的综合素质全面提升。

由于每一学科都保持了自己的独立身份，大学学科的松散结构比紧密耦合系统具有更多的应对外部挑战和提供创新方案的能力。创新最大的特征在于不确定性，体现在创新的各个方面，包括学院与学科发展的优势、人才的引进与使用、教学与科研的关系、与学校主干学科的关系等。学科之间的松散耦合可以充分发挥各自的自由竞争与有序选择过程，既利于学科建设的创新，又保障其得到有序的控制以及与学校发展目标的吻合。

四、松散耦合视野下推进学科治理的政策建议

（一）以不同治理机制推进学科之间的有机合作，科研合作更多鼓励教师之间的有效合作，人才培养更多依靠合作机制的行政改革

大学之所以是多学科的综合性大学而非单科的大学，是因为学科是知识体系的人为划分，而知识创新与传播、人才培养与科学研究是需要多学科共同进行的。我国大学的各学科之间缺乏有效的交流合作，更多的是孤立发展，这不符合学科发展规律，不利于学科创新与新知识产生。不同学科的交流既需要教师间的合作，也需要行政支持。

从学术研究看，不同学科之间教师的合作是出于研究需要的合作，不是行政的"拉郎配"，也不是靠行政力量推进的所谓院系合并与学科重组，这些只会加剧不同学科教师因研究范式差异的互不认可和资源配置与评价引起的不和谐与"内斗"。学科、学院之间应该既有合并，又有尊重学术规律的分工，如近年来各个师范大学为了推进教育学科建设，纷纷成立了教育学部，从教育系到教育学院再到教育学部，学科覆盖面越来越宽，但是这种行政力量推动的合并是否推动了学科创新与知识生产，是否提高了人才培养质量，是否提高了治理绩效，还有待时间检验。在师范大学成立教育学部、大搞学科合并的同时，一些综合性大学也在做学院与学科分立的工作，如北京大学将原来的环境学院一分为二，成立了城市与环境学院和环境科学与工程学院；中国人民大学将经济学院分立为经济学院与应用经济学院。不同学科范式需要不同的发展空间，故学科之间的研究合作不在于教师是否在同一行政所属的院系，而在于他们是否有共同的研究话题与合作意愿。因此，在学科治理中，一方面应为大学教师的学术合作提供平

台与政策支持；另一方面不同学科在人才培养层面的合作需要行政力量的支持与推动，通过人才协同培养改革，实现学校之间、学科之间的资源共用与优势互补。

（二）建立符合学科特点的、纵横结合的多元分类评价制度

从松散耦合理论看，评价的"松散"就是体现各学科的特点与不同，"耦合"就是体现学科间的有机关系，使学科评价具有共同的价值导向和一定的可比性。但是，当下学科评价评估的导向存在着学科的多样性、多维性及评价标准与方式的单一性、同一性的矛盾，将大学建设和学科建设混为一谈，抹杀了高校评价的丰富内涵，是用最简单粗暴的方法来评判衡量大学。

在对565位二级学院院长的问卷调查中，院长们比较集中反映的问题还是学科评价问题。有院长认为，"应该明确'双一流'学科建设目标，建立规范科学的'双一流'学科评价体制，考虑学科与专业特色，突出内涵，注重人才培养质量，创新多元评价体系"；有的院长建议"多支持，少评估，少排名，排名是第三方的事，不是政府该做的"；还有的院长提出"避免'华而不实'或唯'帽子'评比""一定要按学科的不同特点（至少要按照文科、理科）制订评估标准，不能完全一刀切！""减轻横向比较评价，重自我评价、纵向对比，取消'双一流'评审评估，以指标为导向会导致急功近利，出不了'双一流'学校和学科，要给学科建设更多时间，让学校安心做好人才培养，让大学不要过于焦虑，让大家安静下来走内涵发展道路"。可见，现有政府主导的评价制度更多是横向比较，更多强调整齐划一的评价方式，制约了学校和学科的内涵发展。

按照松散耦合理论，不同学科的特征不同，需要不同的评价指标；各学校的不同学科目标不同、发展态势不同，也需要不同的评价标准。学科评价亟待按照学科特点和发展实际，既要纵向比较，也要横向比较，建立定量评价与定性评价、客观评价与学术同行主观评价相结合的评价制度。具体而言，在学科考核评价的宏观指导方面，学科考核评价制度需体现高校与学科的差异性、多样性与复杂性；在考核评价手段方面，提升教师本人的参与程度，转变行政人员填表、学校审核考核、结果仅仅用A、B、C等级的简单定性等方式；在考核评价标准方面，扭转重量轻质的倾向，指标体系需全面反映学科发展实际与教师的工作，同时不宜太过复杂，避免操作性不强等问题；在考评评价的发展性功能方面，不能仅仅实行奖惩性考核，需要重视发展性考核，让发展性评估的理念深入人心。

（三）建立学校与院系分工合作的、学术权力参与的资源配置方式

我国现代大学制度的核心是在党的领导和政府宏观调控政策的指导下，大学面向社会，依法自主办学，实现治理现代化。合理划分学校与院系权限，确保学校对学院和学科放权充分、放权到位。在资源配置中，注重发挥学术组织、教职工代表大会等的积极作用，赋予基层教学科研组织更大程度的自主权。要探索矩阵式、团队式、共享式、平台式等多元化的基层教学科研组织形式，建立与之相适应的资源配置机制。

在治理体系改革中，对于应该从哪些方面落实学院权力这一问题，有456人（80.71%）选择"人事管理权"，有428人（75.75%）选择"资源配置权"，有342人（60.53%）选择"学术管理权"，有326人（57.7%）选择"财务管理权"，有299人（52.92%）选择"教学管理权"。由此可见，二级学院院长认为，在学院与学校的关系中，学校应该进一步下放管理权，放松管控，使学院能够按照学科规律和学院实际情况办院治学。院长们呼吁给予学校和学院一定的自主权，"给予学校更大的自主权，下拨经费要常态化、规范化，不要以各种项目或工程名目下达；主管部门少干涉，在目标、定位确立的情况下，依赖学校层面持续推动，让高校管理层安心于教育；设立多元分类评估体系，延长评审期限"；部分院长提出"大学内部治理机制很重要，学校与二级学院的权责划分需要有一定的规范，应将更多的管理权限下放到院系，加大院系单位的自主性"，应坚持"政府支持，学校统筹，学科主导，注重长远，强化学校规划发展自主权，设立'创新发展路径'，试验宽松的项目资金使用等管理方法与机制，鼓励出'新品'"，应

"按照教育规律办事，尊重学术，尊重学者与学生，尊重文化的多样性，注重差异化和特色化办学思路，创造稳定健康的学术氛围，让学科带头人发挥更大作用"等建议。

（四）合理运用松散耦合与紧密耦合，通过共享价值和组织文化建设加强学科的耦合性，促进学科整体提升与组织目标的实现

松散耦合系统的存在对组织而言既是解决问题之道，也是未来问题之源。研究发现，组织中紧密耦合的结构有利于间断性的变革，而松散耦合的结构更有利于持续性的变革。研究还注意到，短期来看，松散耦合能为组织带来益处，从长期来看，则会产生负面的影响。对于学科发展而言，如果只有松散耦合，可能部分学科发展无法与学校组织目标相吻合，造成学科发展效率低下，各自为政，难以实现学校既定发展目标。这就要求我们摆脱传统科层制与控制的思维方式看待组织松散耦合的本质，采取相适应的治理措施。正如韦克所指出的，决定组织职能的并不在于松散耦合是否存在，而在于如何恰当地应用松散耦合与紧密耦合。松散耦合与紧密耦合分别在组织中扮演着互补的角色，二者的共存与互补才能保证组织的续存。应充分分析学科发展各个层面的关系结构，判断其中的关键与冲突，从而决定松散耦合与紧密耦合的使用，充分发挥其各自的特性，保障协同学科的自主发展。因此，学科治理要以松散耦合为主，必要时采取紧密耦合机制，通过紧密耦合机制，促进和实现学科各个层面重大的全局性的组织变革，如学校人事制度改革、薪酬待遇改革、资源配置机制改革等，这种全校层面的改革会有力促进学科改革，这需要采用紧密耦合机制而非松散耦合机制。实践证明，这种人事制度和资源配置机制改革单纯在个别学科搞试点是不成功的，必须采用紧密耦合机制在全校层面实施才有实效。

与此同时，大学组织并没有一套严格的管理与控制系统，而主要是依赖组织的共享价值和信念进行整合。虽然不同学科具有自身的学科文化，但从学校层面看，需要加强大学组织文化的塑造与共享价值观的培育。[①]共享价值和组织信念不是一套强制的制度设计与治理规范，而是依靠组织成员的自觉与自律。从某种意义上讲，观念的力量比指令和规则更强大。因此，必须理解大学组织的这一特性，在克服松散耦合机制带来的负面影响的过程中，应善于运用观念、价值和组织文化来协调大学的组织活动，促进大学组织目标的实现。

总之，学科治理改革是一项极其复杂的系统工程，当前要更加注重学科发展的社会环境和制度供给，促进国家宏观制度尤其是评价制度改革与高校内部治理改革的政策协同和双向互动。高校学科治理改革的广度和深度，首先取决于国家宏观政策所给予的空间。当务之急是加快推进评价制度与资源配置方式的改革步伐，特别是以"破五唯"为导向的制度改革；明确界定政府和高校的职责权限，下放高校办学自主权；高校加快治理现代化改革，学校要向学院下放学科治理权，学科治理要依靠学术力量来开展；改变目前学科评价单一与资源配置同质的倾向，改变学科之间缺乏互动合作的状况，改变依靠行政手段推进学科重组和院系合并的情况；建立起针对不同学科特点与发展要求的评价制度与资源配置方式，促进学科之间的松散耦合和有机互动。

---

① 李立国：《什么是好的大学治理：治理的"实然"与"应然"分析》，载《华东师范大学学报（教育科学版）》2019年第5期。

第二节　学科治理的三重逻辑及其互动机制

　　学科治理的主体既包括学术、学者、高校，又包括国家、各级党委、政府，其治理方式既有自上而下的科层制度，也有自下而上的学术治理，也包括各级横向沟通的制度设计，治理目标既要促进知识增长和人才培养效能，也要满足国家战略需求和经济社会发展需要。由此，学科治理是以实现高等教育职能为目标、以资源配置和政策保障为导向、国家与政府主导的、学校与学者共同参与的带有项目制特征的治理模式。国家、大学与学术所分别代表的国家权威（政策权威）、行政力量和学术力量，构成了学科治理的三大关键主体。其中，国家和政府始终主导和引领学科建设的方向，大学组织是学科建设的实施主体、组织者和推进者，以学者为代表的学术力量则构成了学科建设的生产主体。学科治理需要在国家、大学和学术之间建立不同主体间的良性互动机制。当下的学科治理正在经历由统一模式向混合模式的变革，未来的学科治理需要进一步凸显学科的特色与优势要素，走向学科发展的多元治理模式。

　　学科是人类知识体系的划分。关于学科，在高等教育领域语境中存在着较大差异。在西方，学科只是关于知识的划分与分类体系；在我国，学科既是知识的划分，也是进行科学研究与人才培养的基础和载体。在西方高等教育领域无学科建设一说，而在我国，学科建设尤其是学科重点建设是高等教育发展目标和资源配置的重要载体，关系到学科专业的设置与建设，关系到人才培养的目标与规格，关系到教育教学资源的配置和协调，关系到高等教育的质量和效益，也关系到高等教育与经济社会发展的协调与适应。通过有效的学科治理，以科学设置学科、优化学科结构、提高学科建设质量，是适应经济社会发展需求和人的全面发展需要的基本保证。2015年，我国启动的"双一流"建设政策更是明确了一流学科建设是重中之重，也是"双一流"战略的起点。学界普遍认为，一流学科是一流大学的核心要件，没有一流学科就没有一流大学；一流的治理构成一流大学的保障，没有一流的学科治理，难有一流的学科，更妄谈一流的大学。一流学科建设迫切呼唤学科治理。如果说学科建设是大学各项工作的"龙头"，学科治理则是构成学科建设的"龙头"。在此背景下，探讨学科治理的内涵与运行的逻辑关系，通过学科治理提高建设质量，具有一定的理论意义与政策价值。

一、学科治理的内涵：基于高等教育宏观政策的解读

据统计，在《中国知网》期刊数据库中，2000年至2020年主题为"学科治理"的文章有221篇，其中题目中涉及"学科治理"的有13篇。何为学科治理？目前主要的学术观点虽然区分了学科治理与学术治理、大学治理的区别，但更多是从微观角度理解和认识学科治理。王周谊认为，学科治理是学术治理在学科领域的表现形式，是对大学内部有关学科的事务进行引导、协调和规范的过程。主体是高校内部的学科利益相关者，治理对象是大学内部的相关学科事务。[①]谢凌凌等认为，学科治理就是在学科建设和发展过程中，学科诸多重大事务决策的结构和过程，学科决策主体依据既定的学科决策权安排，经由特定方式和过程做出学科发展相关重大事务的决策。[②]陈金圣等认为，学科治理可理解为围绕着学科知识的生产、传递及

---

① 王周谊：《论"治理"视域下的大学学科建设》，载《中国大学教学》2017年第7期。

② 谢凌凌、陈金圣：《学科治理：地方高校学科建设的核心议题》，载《教育发展研究》2017年第7期。

应用，政府、社会、市场和大学等学科发展的诸种利益相关者通过特定的路径对其重大事务进行决策的结构和过程。[①]何晓芳认为，学科治理是大学组织中学科主体参与决策学科事项、分配学科资源、制定学科规则的过程与结果。从系统维度上看，学科治理体系包括学校层级的学科治理，以及学部、院系的基层学科治理。从要素维度上看，学科治理包括对学科结构、制度、机制和文化等的治理。[②]

从我国学科与学科建设的语境及政策看，党和政府历来是把学科尤其是重点学科建设作为国家高等教育政策的重要策源点。从20世纪80年代的国家重点学科到今天的"双一流"建设，无一例外都是把学科建设提升到高等教育发展的国家战略层面，旨在通过学科的重点建设，提高高等教育质量和国际竞争力、高等教育科学研究水平和人才培养质量，以适应国家经济社会发展需求和国际科技发展的趋势。因此，在我国高等教育领域，学科治理是一个宏观概念而非微观的学校治理与学术治理层面的概念，是一个涉及国家、政府、高校和学术几个层面共同协作的治理概念，是一个需要从高等教育宏观政策来理解和阐述的治理概念。学科治理的主体既包括学术、学者、高校，又包括国家、各级党委、政府；其治理方式既有自上而下的科层制度，也有自下而上的学术治理，还包括各级横向沟通的制度设计；治理目标既要促进知识增长和人才培养效能，又要满足国家战略需求和经济社会发展需要。由此，学科治理是以实现高等教育职能为目标的，以资源配置和政策保障为导向的，国家与政府主导的、学校与学者共同参与的带有项目制特征的治理模式。

二、学科治理的主体：政府、大学与学术

国家与政府是学科治理的主导者。在学科治理中，国家具有政治权

---

① 陈金圣、邹娜：《论高校的学科治理》，载《高教探索》2019年第6期。
② 何晓芳：《学科嵌入式治理：一流学科生成与发展的制度逻辑》，载《中国高教研究》2019年第9期。

威，政府具有政策权威，在指导学科发展方面起着主导作用。学科建设只有面向本国实际和时代要求，为国家和社会服务，才能够获得巨大的发展动力，展现巨大的价值和发展前景。尤其是在文化和价值日趋多元化的时代背景下，学科建设必须和国家的发展命运联系起来，这也是政府的职责所在。正如布鲁贝克所说的那样："如果大学拥有大量的为社会服务的知识，但是缺乏把这些知识用于实践的决心和责任感，那么大学将因无用而失去存在的根据。"在日常的学科治理中，政府一直把优化学科结构作为优化高等教育结构特别是人才培养结构的重点。通过建立新型机制，促进教育部门与经济部门、社会发展部门密切结合，推动市场调节作用与政府宏观调控职能有机结合，构建主动适应、动态调整的有效机制，持续促进学科优化调整和可持续发展。建立学科专业调整与毕业生就业、人才培养模式改革、教育资源配置和经费投入的联动机制，使人才培养的"入口"与需求和使用相匹配。根据不同时期区域经济社会发展目标、产业调整、就业岗位变化等情况，健全学科专业预警机制。建立并逐步完善"奖优退劣"的激励机制，提高学科专业设置的质量，促进结构的优化。

在重点学科和一流学科建设中，国家和政府更是发挥着主导作用。1985年5月，在颁布的《中共中央关于教育体制改革的决定》中就提出："根据同行评议、择优扶植的原则，有计划地建设一批重点学科。"根据这一要求，国家教育委员会于1987年8月发布了《国家教育委员会关于做好评选高等学校重点学科申报工作的通知》，决定开展高等学校重点学科评选工作，重点学科建设从此正式开始。1987年，国家教育委员会组织了全国第一次重点学科评选。进入新时代，国家继续重视重点学科建设。2015年10月，国务院印发《统筹推进世界一流大学和一流学科建设总体方案》，开启了世界一流大学与世界一流学科建设的新征程。2017年1月，教育部、财政部、国家发展改革委制定了《统筹推进世界一流大学和一流学科建设实施办法（暂行）》，具体了"双一流"实施方案。2020年8月，教育部办公厅下发了《关于开展2016—2020年"双一流"建设周期总结工作的通知》，当下是

"双一流"建设第一周期总结的关键节点。随着"双一流"建设的推进，首轮建设周期已经结束，第二轮建设名单即将发布。国家和政府在"双一流"建设中起着主导者和规划者的关键作用。党的十九大报告明确指出，要推进一流大学一流学科建设，为一流学科建设指明了方向，明确了一流学科的目标是把原始创新能力提升，摆在更加突出的位置，面向世界科技前沿、面向经济主战场、面向国家重大需求、面向人民生命健康，推进一流学科建设和发展。国家的一流学科建设，不是单纯为了追求国际排名和各种荣誉，而是为了切实促进知识的增长和满足国家战略发展的需要，为国家发展培养高层次人才和实现科学研究的重大突破。构建新发展格局必须坚持创新驱动，一方面，以创新引领发展不仅有助于提高经济的潜在增长率，也有利于实现高水平的自立自强；另一方面，以创新引领发展不仅是应对国际竞争新格局的关键之举，也是破解"卡脖子"问题的内在要求。一流学科建设必须面向大局，坚持产学研深度融合，发挥大学与学科作为基础创新能力的关键作用。

围绕这一目标，政府对于一流学科建设进行了统筹规划，掌握了政策制定权、资源配置权和检查评估权，通过带有项目制特征的这种总体性与技术性相结合的国家治理机制嵌入大学治理与学术治理中，[①]融入大学学科建设的制度构建及其运行机制中，使一流学科建设带有明显的政府驱动特性，其核心制度逻辑是以政治权威、政策动员、项目制及三者相互渗透为核心，以大学组织的行政力量为依托，以政策指令和资源配置为驱动，以层级化项目为导向，以调动学术力量的主动性、积极性为重点，以问责评估为合法性依据的学科治理体系。

高校是一流学科治理的实施主体和组织者推进者。任何组织的发展都要从它所在的环境出发，只有适应环境满足周围需求的需要才不至于被社会淘汰，大学也一样。学科作为大学组织得以存在与发展的基本单元和组

---

① 李立国、张海生：《高等教育项目治理与学术治理的张力空间——兼论教育评价改革如何促进项目制改革》，载《重庆大学学报（社会科学版）》2021年第5期。

织载体，其得以存在的合法性不仅依赖于以知识发展为主导的学科建制的形成，也依赖于以绩效评估为主导的大学行政的干预，是学术治理与行政治理的复合体。学科作为知识创新与发展的重要阵地，实际上承担着人才培养、科学研究和服务社会的主要职责，但囿于中国现行的学科制度，学科建制的形成与否，实际上决定了学科发展所需要的经费、资源、招生等重要资源，^①由此也就决定了大学组织在发展学科过程中，不仅要考虑学科本身的优势地位，还要考虑学科发展所需要的各种资源——既要结合国家重大战略需求和经济社会发展急需，又要关照学科发展特色凝练和学科结构持续优化，平衡优势学科与弱势学科。从这个角度看，尽管国家和政府依赖政治权威和政策权威来引导一流学科的建设方向和资源配置，但大学实际上是作为一流学科治理的实施主体和组织者推进者的角色而出现，在一流学科建设过程中起到真正的决策主体作用。换言之，在学科治理中，大学实际决定着哪些学科可以成为优先发展领域，哪些学科需要缩减、合并乃至裁撤。而大学所做出的一流学科建设决策的合法性来源和评判标准，并不都是基于国家发展战略需求和促进学科知识增长，更多的是出于受短期的大学排名和学科评估的诱导，即学科排名越靠前，就越有希望获得国家政府的支持、政策资源的倾斜，也就越容易获得高校行政领导的青睐，入围中央和地方一流学科建设的支持名单，因而也就越容易获得更为广阔的发展前景。由此，也就出现了首轮"双一流"学科建设与国家战略需求，尤其是科技创新发展之间存在极不相称的反差现象。^②这种反差现象的存在表明，在决定哪些学科能够成为优先发展领域时，大学并不会一味地坚持学科特色发展逻辑，而更多秉持的是一种"运动式"治理的发展思维，以学科排名为主要考虑因素，以入围一流学科建设名单为目标追求，

---

① 潘懋元、蔡宗模、朱乐平等：《中国高等教育改革发展70周年：回顾与前瞻——潘懋元先生专访》，载《重庆高教研究》2019年第1期。

② 李立国、张海生：《"双一流"学科建设与社会需求的反差现象及评价的逻辑转向》，载《大学教育科学》2022年第1期。

希冀通过获取国家"双一流"建设资源和政府政策支持来实现学校学科排名的快速增长和大学声誉的骤然提升。

围绕学科排名和大学声誉提升这一目标，大学会基于学科发展现状进行一流学科建设领域的调整与优化。大学通过学科评估、学科排名、绩效考核等技术理性和数据结果来实现学科建设的行政干预，使一流学科建设突破单一学科发展的思维局限，使之在国家战略需求与学科知识增长之间始终保有一定的张力。然而，就当下的学科治理而言，大学在推进一流学科建设与治理过程中，更多遵循的是大学排名的诱导，而非满足知识增长和国家发展需求。在大学内部，面对日益激烈的资源和声誉竞争，大学为了自身的整体利益，进一步集中权力，通过行政介入的方式集中资源和力量应对来自多方利益相关者的考核和问责，完成各种任务、指标。[①]在此语境下，学科治理就不再仅仅是在国家和政府主导下的带有项目制特征的政治（政策）治理模式，也不再是以促进知识增长和科技创新为主要目标的学术治理模式，更多是在大学行政力量主导下的以提升学科排名和声誉为主要目标的行政治理模式。事实上，大学作为国家和学术之间的桥梁，理应在学科建设与治理中发挥承上启下的枢纽作用。然而，大学要想在国家需求、大学排名和学科发展之间实现良性互动，就需要构筑国家、大学组织和学术力量三者之间的良性互动机制。在这方面，如果大学的角色和地位如果不能摆正，学科建设的目标就很难达成。

学者（学科共同体）是学科建设的生产主体。学科作为学术共同体依赖生存和发展的栖息地，承担着知识传承与创新、生产与应用的主要职责，并借由学科高深知识的持续生产来推动学科的发展与壮大。由此，学科共同体也就构成了学科建设的生产主体，即成为学科治理的关键主体。一方面，学科本身具备的自组织性特征，要求学科治理必须坚持学术导向和学术治理模式，要确保学者在学科建设与治理过程中的决

---

① 许杰：《试析"双一流"建设政策工具视角下的学科治理》，载《国家教育行政学院学报》2021年第12期。

策主体地位，坚持学科发展的本原逻辑和学者行会式的集体决策机制。坚持学术导向就是要坚持以学术成果为导向，尊重学术自由，维护学术民主，切实保障学者在学科重大事务决策中的参与度和话语权。坚持学术治理模式，就是要充分发挥学者个体的专业知识、学术权威和学术影响力，借由各种学术委员会的组建来表达各自的利益诉求，并通过反复沟通、协商、妥协、交流等方式，达成学科建设与治理的共同意志和发展共识，积极发挥学科权力在学科结构调整、学科发展建设以及学科集群生长等方面的作用。

另一方面，学科与权力相伴相生，学术权力是学科治理中的重要力量，学科治理还需要处理好不同学科之间的发展关系，构筑良好的学科发展生态。伯顿·克拉克认为："根据独特的理智任务，每一个学科都有一种知识传统……和相应的行为准则……不同学术专业的人，实际上进入了不同的文化宫，在那里，他们分享有关理论、方法论、技术和问题的信念。"[1]可见，不同的学科，其知识生产的范式和能力也是有所区别的。学科治理需要消除学科间的恶性竞争，确保每个学科均能通过交往对话和制度规则获得合法的生存空间，而不至于因学科发展传统和学术成果多寡而丧失发展机会，建立不同学科发展之间的融合机制。在实践中，很多高校在遴选一流学科过程中，并没有有效处理好新兴优势学科与传统特色学科之间的关系，一味地推崇具有显性成果的学科领域，只顾眼前的利益和资源，而罔顾学科的传统以及长远发展，将传统的优势学科和特色学科抛诸脑后，致使一流学科建设的根基不稳以及学科发展生态失衡。因此，坚持学者为主的学科治理，需要通过学术共同体的共识决策来遏制这种急功近利的学科建设行为。[2]

综上所述，政府、大学与学术所代表的国家权威（政策权威）、行政力

---

① ［美］伯顿·克拉克著，王承绪等译：《高等教育系统——学术组织的跨国研究》，杭州大学出版社1994年版，第87页。

② 田贤鹏、徐林：《面向高等教育强国的前沿学科布局：战略图景与政策取向》，载《重庆高教研究》2022年第1期。

量和学术力量，构成了学科治理的三大关键主体。其中，国家和政府始终
主导和引领着学科建设的方向，大学组织是学科建设的实施主体和组织者
推进者，以学者为代表的学术力量则构成了学科建设的生产主体。三大主
体的良性互动机制的形成，能够有效促进学科治理目标的形成——同时满
足国家战略发展需求、大学排名和声誉提升、促进学科知识增长的要求，
实现学科建设的高效率推进和高质量发展，如图4-2所示。

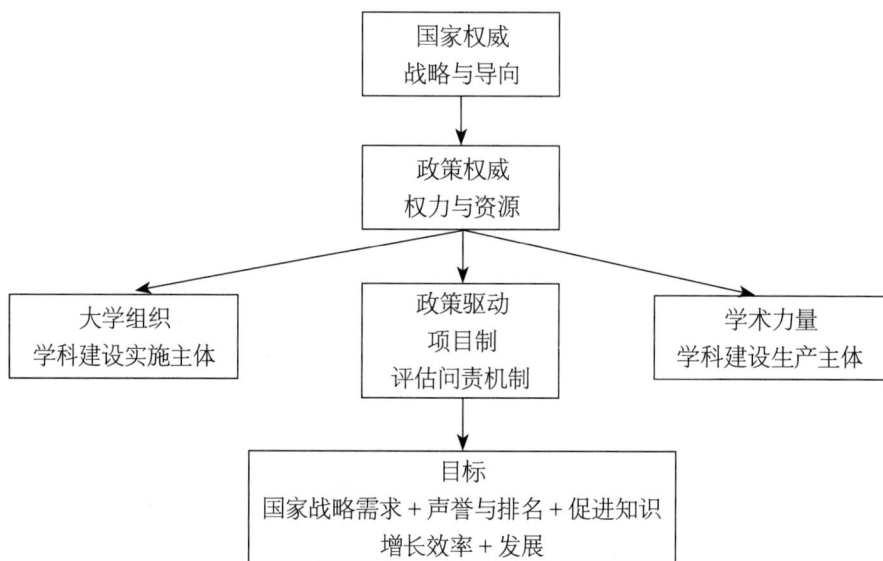

图4-2　学科治理的三大关键主体及其目标追求

三、学科治理的逻辑：实现治理主体间的良性互动

根据国家（政府）、大学组织和学者三者在学科治理中的作用及其特
征，学科治理在中国语境下存在着三种不同的发展逻辑：学术逻辑、大学
逻辑和国家逻辑，如图4-3所示。在不同逻辑下，因其学科建设与治理的使
命、目标和动力机制不同而使得学科治理的机制、原则和主体之间存在较
大的差异，见表4-2，而正是这种差异的存在，最终导致各个利益主体之间
的矛盾冲突不断，即三重逻辑之间均存在一定的张力空间。

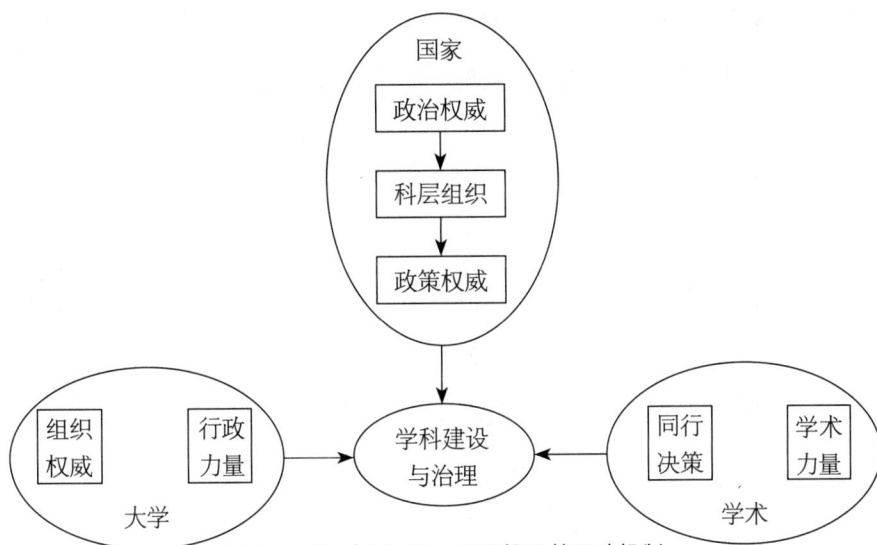

图4-3　学科治理的三重逻辑及其互动机制

表4-2　学科治理的三重逻辑

	学术逻辑	大学逻辑	国家逻辑
使命	学术声望	大学声誉与一流学科	知识创新，服务国家建设
目标	知识创新（学术发表）	学科排名	提高服务能力
动力机制	内部驱动	利益驱动	外部驱动
治理机制	同行评议 行会式治理	学术治理—行政治理 二元权力	国家—大学—学科 引导模式
治理原则	自主配置	行政主导	需求导向
治理主体	学者	学校	利益相关者

　　在学术逻辑下，学科治理的使命和目标在于提高学科的学术声望，通过学术发表实现学科知识的创新与增长。由于学术研究本就源于学科成员个体闲逸的好奇，因而，其治理机制是基于同行评议的行会式治理，而且在学术治理中，学者可以根据自己的需求自主决定学科资源（包括人财物）的分配。在大学逻辑下，学科治理的使命是建成世界一流学科，目标是提升学科排名和大学声誉，因而其动力机制是利益驱动的，旨在为大学

的发展获取更多的政策、资源、经费和项目支持。作为大学组织的重要权力来源，学术权力和行政权力的二元权力结构在大学组织中的存在，也就决定了大学的学科治理也必然兼具学术治理和行政治理的双重特征。在此治理机制下，学科资源配置的原则不再由学术权力（学者）单一自主决定，而需要在行政权力的主导下从大学组织层面综合考虑学科建设的整体规划和布局。在国家逻辑下，学科治理的提出是外部驱动的结果，国家将学科治理作为一种治理手段，旨在通过学科知识创新来为国家建设需求服务，提高大学以及学科的现实服务能力。国家根据现实发展需求，对学科建设采取的是一种渐进的引导模式，即由政治权威和政策权威来引导学科建设的方向，并借助科层制和项目制依托大学的行政力量来实现学科治理。

可见，三重逻辑下学科治理的使命和目标之间是存在错位的。这种错位的存在，不仅是当下一流学科建设未达到预期效果的根源所在，也是在一流学科建设过程中三者之间互相不满意的问题所在。进一步而言，在三重逻辑中，真正掌握资源配置权力的是大学，而不是国家和学术力量，即在学科治理中，大学组织的力量过大，政治权威和政策权威虽然有很强的渗透性，但它掌控的更多的是宏观层面的方向性，实际上，一流学科建设主要是由大学组织层面在推动和实施的；学术治理模式也难以发挥实效，存在学术权力被行政权力僭越的问题，学术力量作为学科建设生产主体，在日益激烈的竞争模式下，很多具有特色的学科领域或因其生产能力不足而被抛弃或搁置，或因其学科归属难以界定而被耽误，这实际上都是三大治理主体之间未能形成良好的互动机制而导致的。

此外，三重逻辑下的学科治理主体之间的互动关系也是十分复杂的，因此，下面有必要深入探讨一下由三大治理主体的不同互动关系而形成的学科治理模式的发展形态，如图4-4所示。根据治理主体的成员角色以及治理模式的标准，学科治理模式的发展形态应由统一模式走向混合模式，再到多元模式，而且三者博弈下的多元治理模式更加符合学科建设与发展的未来目标，更有助于营造良好的学科发展生态，助力一流学科建设目标的

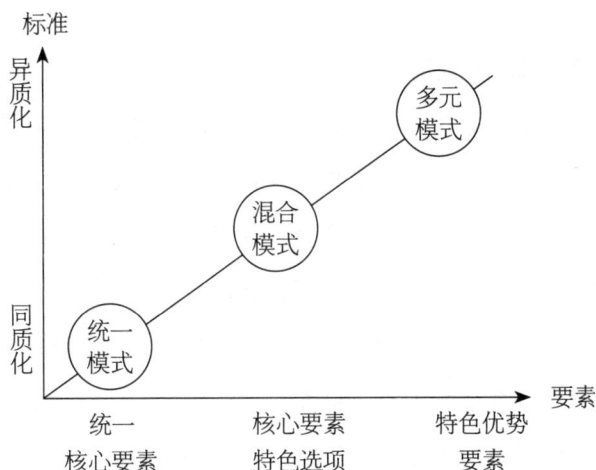

图4-4　学科治理模式的发展形态变迁

达成。学科治理的统一模式的成员角色是高度同质化的，即其评价主体是单一的，治理模式的标准是统一的，十分强调学科核心要素指标的达成，包括大学排名、学科排名、知识生产等指标设定。2022年2月8日，教育部官网发布的《教育部2022年工作要点》对2022年"双一流"建设做出了新的部署，按照基础研究、工程技术、人文社会科学人才培养的不同规律和需求标准，完善多元评价体系和常态化监测系统，逐步淡化一流大学建设高校和一流学科建设高校的身份色彩，选择具有鲜明特色和综合优势的建设高校赋予一定建设自主权，探索分类特色发展模式，即要淡化身份，探索完善多元评价和常态化监测，实质是一流学科的评价由统一的一元模式走向强调不同学科的核心要素的多元模式。

学科治理的混合模式的成员角色不再单一，并逐渐走向多元，即该模式的治理主体的成员越来越多元；学科治理的成效与评估不再局限于学科核心要素指标的简单完成，而是开始注重一流学科特色选项的概括与凝练，开始考虑学科特色、地域需求等问题。学科治理的多元模式的成员角色是多元的，评价因素是高度异质性的，不再局限于大学与学术，更多的外部利益相关者积极参与学科建设与治理过程；学科治理的成效与评估更多注重学科特色优势要素的集聚和形成，此种模式理应成为未来学科治理的基本形态。

就当下而言，我国学科治理的研究与实践均刚刚起步，正在由统一模式走向混合模式的制度变迁中，学科治理不再仅仅是学科共同体发挥学术权力参与学科建设的重要抓手，也不再仅仅是高校的内部事务，更成为国家和政府推动世界一流学科建设和高等教育强国建设的重要手段。未来，学科治理需要更多的利益相关者积极参与进来，通过各种制度设计和互动机制的建构，实现各利益主体诉求的有效表达、沟通协商和合作共赢；同时，还需要根据学科发展传统、发展潜力和发展前沿来实现学科特色优势要素的塑造、凝练和升华，确保学科治理能够有效支持一流学科建设。

那么，在国家、大学与学术多元利益主体的互动关系下，学科治理如何才能平衡各个利益主体之间的矛盾和冲突呢？既然不同逻辑下的学科建设与治理存在较大的错位倾向，就必须通过顶层设计和制度安排将三者之间的矛盾降至最小，使三者之间始终保有一定的张力空间，形成相互支持、相得益彰的良性互动机制。总体而言，就是要增加国家层面和学科层面在学科治理过程中的发言权，打破大学组织单一按照学科排名进行一流学科遴选和建设的弊端。当然，大学排名并不是不要，而是只将其作为参考，大学评价应引导和促进大学突破排名追求。[①]具体而言，国家应根据战略需求来规制大学对学科的治理，通过政策倾斜等手段，对绩效评估结果较差的学科领域进行关注和扶持，为营造良好的学科发展生态奠定基础。大学应转变"唯排名"的发展理念，通过学科的自我评估、记台账、学科数据动态监测等方式，以多元的标志性成果（不同的学科可以有不同的标志性成果）为考核依据，适当参考学科排名，推进一流学科建设。学科及其学科组织应根据历史传统和发展前沿，充分挖掘学科发展潜力，不断凝练学科发展特色，走特色发展、差异发展和融合发展之路，实现在不同竞

---

① 史静寰、刘璐璐：《大学评价值得关注的视角转换》，载《河北师范大学学报（教育科学版）》2021年第4期。

争梯度上竞争，^①通过各种途径不断表达学科发展的合法性、必要性和可行性，争取更多内外部资源的共同关注和支持。

学科治理并不是简单地由国家和政府主导下的带有项目制特征的科层治理，也不是单一学校行政力量主导的行政治理，更不是纯粹的学者共同体的学术治理，而是需要在国家、政府、大学组织以及学者等治理主体之间实现权力的有效使用，以促进不同利益主体之间的良性互动。由此，国家（政治权威）和政府（政策权威）、大学（行政力量）以及学者（学术力量）就构成了学科治理的三个重要治理主体，并在实践互动中形成了比较复杂的互动关系及运作机制，而学科治理的目标就需要在三者的利益诉求之间找到一个平衡点，最终形成满足国家战略需求、大学排名发展、学科知识不断增长的多赢局面，推动一流学科建设的高质量、高效率发展。在国家、大学与学术三重逻辑下，实现一流学科建设与治理的效果，一方面，要在项目治理与学术治理之间始终保有一定的张力关系，既要发挥政府项目制和科层制（政治权威和政策权威）在一流学科建设过程中的积极作用，又要保障学者的学术权力（学术力量）在一流学科建设过程中的相对独立地位，实现一流学科治理的外部治理主体的方向引领、有效监管和评估问责，在国家战略需求、学校特色与一流学科形塑之间实现有效耦合；另一方面，要在学科组织者实施者与学科知识生产者之间建立良性的互动机制，既要发挥大学组织（行政权力）在一流学科治理过程中的组织者角色，又要充分尊重学者（学术权力）在一流学科治理过程中的主体地位，通过自上而下和自下而上相结合的方式推动行政权力和学术权力实现有效互动，构筑大学学科治理的良性生态环境，使二者之间的互动始终保有一定的张力空间。当下的学科治理，正经历由标准统一模式向混合模式的变革；未来的学科治理，需要进一步彰显学科特色优势要素，进而走向学科建设和发展的多元治理模式。

---

① 张应强：《正确认识"双一流"建设成效评价与动态调整的关系》，载《西北工业大学学报（社会科学版）》2021年第3期。

第三节 "双一流"学科建设与社会需求的反差现象及评价的逻辑转向

首轮"双一流"建设的优势学科和社会需求尤其是与国家科技创新战略发展之间明显存在不相称的问题。造成这种反差现象的根源在于传统的学科评价逻辑与科技创新之间始终存在一定的张力空间，即传统学科评估更加强调学科自身的发展逻辑与诉求，遵循的是学术逻辑；科技创新发展需要学科交叉融合，更加注重社会导向和需求导向，遵循的是社会需求逻辑。然而，学术逻辑与社会需求逻辑并不会一直保持同向而行，会出现不一致的情况。学科评估应该将学科逻辑与社会需求逻辑相结合，将更多的基础学科和战略新兴学科纳入"双一流"建设范围。因此，对于"双一流"学科评价改革而言，应以增量改革撬动存量优化，在保持存量部分的传统优势和国际竞争地位的同时，通过增量部分的政策倾斜，加大对基础学科和交叉学科研究的扶持力度。具体来说，一是重构学科评价标准，根据不同学科类型和研究形态确定分类评价标准，实现学科导向、需求导向与应用导向的统一；二是改变主要依靠学者、同行评议的学科导向评价的传统，拓展学科评价主体，实现学术、政府、社会等主体相结合的多元评价；三是根据不同研究类型特点，探索定性与定量相结合的综合性评价方法。

一、现状审视:"双一流"学科建设优势与社会需求之间存在反差现象

2015年10月,国务院印发《统筹推进世界一流大学和一流学科建设总体方案》的通知,开启了世界一流大学与世界一流学科建设的征程。2017年1月,教育部、财政部、国家发展改革委联合印发了《统筹推进世界一流大学和一流学科建设实施办法(暂行)》,进一步明确了"双一流"建设的具体实施步骤。随着"双一流"建设的推进,首轮建设周期已经结束,第二轮建设名单即将发布。那么,首轮"双一流"建设的成效究竟如何?不可否认,无论是世界大学排名,还是建设高校的公开数据,首轮"双一流"建设确实取得了很大的成绩。然而,这种以量化指标和数量规模快速达成的"一流"水平,是否真的有助于我国科技发展"卡脖子"问题的解决以及基础研究水平和原始创新能力的有效提升?换言之,首轮"双一流"优势竞争学科是否与社会需求以及国家科技创新发展需求相匹配?这无疑会对接下来"双一流"建设的努力方向产生重大影响。为此,本研究从首轮"双一流"建设入围名单出发,通过首轮一流学科遴选的重要参考条件之一(ESI全球表现)对入围的学科全球表现进行纵向比较,对首轮"双一流"优势竞争学科与社会需求之间的匹配度进行现状审视,分析原因,并提出改进的建议。

2017年12月,教育部、财政部、国家发展改革委公布了世界一流大学和一流学科建设高校及建设学科名单。结果显示,有137所"双一流"建设高校,共涉及一流建设学科465个(含自设学科44个),其中排名前3的一流建设学科分别为材料科学与工程(30个)、化学(25个)、生物学(16个)。从首轮我国高校入围ESI全球前1%和前1‰的结果看,化学分别有120个和20个,工程学分别有118个和15个,材料科学与工程分别有92个和15个,这些领域可以说是我国高校当时具有国际竞争力的学科领域。然而,这种结果也间接表明,首轮"双一流"建设学科的集中度较高,多聚集于理工科领域,涉及工程技术类的学科入选数量更多一些,而作为基础学科的数学却只有27个进入全球前1%,没有一个进入全球前1‰;物理学也只有

34个进入全球前1%，3个进入全球前1‰。①这样就造成首轮"双一流"学科建设主要涉及领域为工程技术类，而基础学科较少的局面。当然，我国工程技术领域本身就有很多前沿问题和关键技术问题没有取得重大突破。之所以如此，很重要的一个原因就是我们的基础学科薄弱，科技创新的发展后劲不足，原始创新潜力有限。由此也可以看出，"双一流"学科评价（遴选）的标准，或者说当时的"双一流"建设只是在将我们的传统优势进一步做大，而并没有涉及"卡脖子"的关键领域和核心技术问题，没有从根源上解决原始创新问题，这在很大程度上使得本就有限的"双一流"建设资源和经费难以发挥实际效用。随着我国科研实力的增强，在由"跟跑"向"并跑""领跑"转变的过程中，原有的评价标准和方式已明显不利于原创性重大成果的出现。

单从2021年我国高校ESI进入全球前1%和前1‰的数据看，很显然，在很大程度上，"双一流"建设的成效显著。我们仍以传统优势学科中的化学、材料科学与工程、工程学为例，可以看出，首轮"双一流"建设的实施，进一步增强了这些传统优势学科的国际竞争力，其中化学进入全球前1%的高校增加到202个，进入前1‰的高校增加到31个；材料科学与工程进入全球前1%的高校增加到166个，进入前1‰的高校也增加到31个；工程学进入全球前1%的高校增加到225个，而进入前1‰的高校增加到41个。数学、物理学、计算机科学与技术等学科也有了明显的进步，见表4-3。但是，这种情况也很清晰地反映出另一个侧面，即在数学、物理学、神经系统学与行为学、分子生物学与遗传学、免疫学、微生物学、综合交叉学科、精神病学与心理学、空间科学等基础学科、新兴学科、交叉学科和学术前沿领域，我们的原始创新和科技创新依然没有得到较大突破，科技创新的"卡脖子"问题依然存在。而且，当下我国高校的基础研究在很大程度上依然是在跟随西方的步伐，模仿的成分大于创新的进程，原始创新性

---

① 李立国：《"双一流"高校的内涵式发展道路》，载《国家教育行政学院学报》2018年第9期。

和处于国际前沿的研究成果还不足以支撑国家科技创新的发展需求。根据麦肯锡全球研究院发布的报告，在我国技术较为成熟的光伏、高铁等领域，零部件进口比例在10%～25%，而在货船、智能手机、云服务、机器人等领域，零部件进口比例均超过50%，其中技术较为薄弱的半导体、飞机等领域，80%以上的零部件需要从国外进口。[①]世界银行的统计结果也显示，相比于美国、日本等发达国家2017年的净知识产权约为4‰，中国的净知识产权长期处于负值区间，基本保持在-1.95‰。[②]由此可见，首轮"双一流"建设的优势学科和社会需求尤其是与国家科技创新战略发展之间存在明显的不匹配的问题。

表4-3　我国高校2017年与2021年入围ESI学科排名数量比较[③]　　　　　单位：个

学科领域	ESI前1%		ESI前1‰	
	2017	2021	2017	2021
化学	120	202	20	31
工程学	118	225	15	41
材料科学	92	166	15	31
农业科学	43	83	5	8
临床医学	74	114	5	16
物理学	34	41	3	3
计算机科学	33	90	1	15

① 麦肯锡全球研究院：《中国与世界：理解变化中的经济联系》，https://www.mckinsey.com/~/media/mckinsey/featured%20insights/china/china%20and%20the%20world%20inside%20the%20dynamics%20of%20a%20changing%20relationship/mgi-china-and-theworld-executive-summary-feb-2020-cn.pdf，访问日期：2021年11月3日。

② 刘俏：《"十四五"科研攻关：增强基础研发，迈向价值链上游》，http://m.thepaper.cn/uc.jsp?contid=11473360，访问日期：2021年11月3日。

③ 数据来源：http://gfgga860a7e9aabb2423dsux90oxkfuk5665po.fhaz.libproxy.ruc.edu.cn/；统计时间：2021-11-03。

续表

学科领域	ESI前1%		ESI前1‰	
	2017	2021	2017	2021
数学	27	46	0	0
植物与动物科学	40	75	2	7
药理学与毒理学	40	79	2	10
地球科学	21	43	1	4
生物学与生物化学	48	82	0	4
环境科学与生态学	29	96	0	6
神经系统学与行为学	24	44	0	0
分子生物学与遗传学	21	45	0	1
社会科学总论	20	61	0	0
免疫学	12	32	0	0
微生物学	11	23	0	0
经济与商业	2	14	0	0
综合交叉学科	2	6	0	0
精神病学与心理学	2	15	0	0
空间科学	0	1	0	0

　　如果第二轮"双一流"学科评估依然采取首轮的方式，无疑会进一步增强传统优势学科的国际竞争力，将有限的资源（包括存量部分和增量部分）进一步集聚到这些学科领域。如此，就会使得"双一流"建设的资源配置呈现出"重工程技术而轻基础研究"的发展态势，而且这种态势会随着学科评价指挥棒的政策引导而更加凸显，从而带来学科建设的马太效应。那么，是不是化学、材料科学、工程学等学科领域就不重要呢？答案当然是否定的。这些有着明显的国际竞争力优势的传统学科，无疑对于提升我国"双一流"大学世界排名、夯实这些学科领域的前沿地位是有益的，但有益并不意味着关键。要真正解决"卡脖子"问题，必须重视原始

创新和交叉学科发展，而原始创新成果的诞生，单靠以应用研究为主的工程技术类学科是远远不够的，还需要将重心转移到基础研究领域，包括数学、物理学、医学、计算机科学等基础学科和交叉学科等学术前沿领域。只有不断增强基础研发能力和促进学科交叉融合，才能为取得核心技术突破和原始创新研究成果奠定基础，才能为我国迈向并始终保持在世界价值链的上游保驾护航。

二、原因探讨：传统优势学科评价与科技创新发展之间存在张力关系

"双一流"学科建设优势与社会需求之间之所以会存在反差现象，其根源在于，传统的学科评价逻辑与科技创新之间始终存在一定的张力空间。也就是说，传统优势学科评估更加强调学者主导和同行评价，遵循的是学术逻辑；而科技创新发展需要学科交叉融合，更加注重社会导向和需求导向，遵循的是社会需求逻辑。然而，学术逻辑与社会需求逻辑并不会一直保持同向而行，会存在不一致的情况，而且这种不一致的情况是常态。换言之，学科评估的评比并不能有效对接国家科技创新战略的发展急需，二者之间经常存在不匹配、不相称的反差现象。

教育评价"评什么"，在一定程度上决定了老师"教什么"、学生"学什么"、社会"用什么"。[①]《深化新时代教育评价改革总体方案》（以下简称《总体方案》）的出台实施，对于改善学科评价具有重大而深远的意义。然而，从当前主流的六大学科评价指标体系（分别为U.S.News、QS、THE、CUSR、ARWU和RCCSE）看，无一例外，均表现出明显的"重科研、重论文"的学术导向。[②]"双一流"优势学科的诞生，实际上就是在这种学术导向下评价的必然结果。在现有的学科评价指挥棒下，学科评价被科研评价、获奖和论文影响力所替代，成为衡量学科实力的主要指标，

---

① 田妍：《深化改革，立好教育评价指挥棒》，载《人民日报》2020年11月3日。

② 彭颖晖、刘小强：《学科评价：从学术导向走向服务需求导向——从知识与经济双重转型看学科评价改革》，载《南昌大学学报（人文社会科学版）》2021年第4期。

而且在学者主导的同行评议中，最简单的操作方式就是看论文数量和引用率。由此也就从根本上决定了"双一流"优势学科的确立，是学术权力在发挥着主导作用。这就出现了一个问题——学者在进行同行评价时，更多的关注点会聚焦于科研成果的学术成分和学理成分，即学术维度，而并不会过多地考虑外部的需求如何，包括国家科技创新战略需求和区域社会发展急需等。[①]此外，加之学科评估和学科排名的钳制，大学领导人为了短期的政绩，迎合评估指标，就不得不采用简单粗暴的方式（即通过数量、规模等可以量化的指标，而非完全依靠传统优势和社会需求）来确定哪些学科可以成为优先发展领域，由此，一些优势传统学科会被更加容易出成果的学科领域挤压，更多的大学会优先发展那些具有显示度的学科领域（尤其是应用研究领域），舍弃那些基础研究领域和新兴学科领域，也就难以将学科建设与世界科技前沿、经济主战场、国家重大需求和人民生命健康有效结合起来，从而进一步导致学科资源向应用学科和应用研究领域集聚。尽管这种变化趋势符合当下知识生产由模式1到模式2的转型特征，[②]即由纯基础研究的波尔象限转向巴斯德象限（应用引发的基础研究）和爱迪生象限（产业化的应用研究）。[③]但在这种短期功利性和实用性的发展理念主导下，单纯的应用研究是不能解决国家科技创新发展战略需求的，而必须走向学科交叉融合发展，走跨学科、多学科乃至超学科的发展之路。

2020年9月11日，中共中央总书记、国家主席、中央军委主席习近平在京主持召开科学家座谈会并发表重要讲话："我们必须走出适合国情的创新路子，特别是要把原始创新能力提升摆在更加突出的位置，努力实现更多

---

① 张海生：《世界一流科技期刊的建设模式与中国抉择》，载《编辑学报》2021年第5期。

② ［英］迈克尔·吉本斯、卡米耶·利摩日、黑尔佳·诺沃提尼等著，陈洪捷等译：《知识生产的新模式：当代社会科学与研究的动力学》，北京大学出版社2011年版，第3、4页。

③ Stokes E. D., *Pasteur's Quadrant: Basic Science and Technological Innovation*, Brookings Institution Press, 1997, 73.

'从0到1'的突破。希望广大科学家和科技工作者肩负起历史责任，坚持面向世界科技前沿、面向经济主战场、面向国家重大需求、面向人民生命健康，不断向科学技术广度和深度进军。"①随后，中共中央、国务院印发《深化新时代教育评价改革总体方案》，进一步强调要"改进学科评估，强化人才培养中心地位，淡化论文收录数、引用率、奖项数等数量指标，突出学科特色、质量和贡献，纠正片面以学术头衔评价学术水平的做法，教师成果严格按署名单位认定、不随人走。探索建立应用型本科评价标准，突出培养相应专业能力和实践应用能力。制定"双一流"建设成效评价办法，突出培养一流人才、产出一流成果、主动服务国家需求，引导高校争创世界一流。改进师范院校评价，把办好师范教育作为第一职责，将培养合格教师作为主要考核指标。改进高校经费使用绩效评价，引导高校加大对教育教学、基础研究的支持力度。改进高校国际交流合作评价，促进提升校际交流、来华留学、合作办学、海外人才引进等工作质量。探索开展高校服务全民终身学习情况评价，促进学习型社会建设。"②可见，在"双一流"建设要为国家科技强国战略和区域经济社会发展需求服务的大趋势下，纯粹的学科逻辑下的学科评价方式显然是不合时宜的。那么，我们当下需要做的就是必须改变"双一流"学科评估完全坚持学术逻辑而罔顾社会需求逻辑的传统弊端，思考如何在学科评价中，将学术逻辑与社会需求逻辑相结合，将更多的基础学科和战略新兴学科纳入"双一流"建设范围。可行的思路是：一方面，继续保持存量部分的传统优势和国际竞争地位；另一方面，通过增量部分的政策倾斜，加大对基础研究和新兴交叉学科领域的扶持力度，为应用学科的发展提供原动力，激发应用学科的发展潜力和后劲。

---

① 习近平：《在科学家座谈会上的讲话》，https://baijiahao.baidu.com/s?id=167754946 0000006891757&wfr=spider&for=pc，访问日期：2021年11月4日。

② 中共中央国务院印发《深化新时代教育评价改革总体方案》，http://www.gov.cn/zhengce/2020-10/13/content_5551032.htm，访问日期：2021年11月4日。

当然，无论是主流学科评价的学科导向，还是基础学科和新型交叉学科的社会需求导向，其本质上涉及的是评价导向与评价标准的设置问题。要想将学科逻辑与社会需求逻辑充分结合起来，就不能按照单一逻辑进行学科评价，而应根据不同类型学科的特点，确定不同的评价导向与方式，建立不同的评价主体、评价标准、评价导向、评价方式、评价方法，从而更有效地发挥评价指挥棒的积极效应，在最大程度上规避评价指挥棒带来的消极影响。

三、逻辑转向：按照学术与社会需求导向以及学科特点、服务面向开展分类评价

学科评价与世界一流学科建设是"规定动作"与"自选动作"的统一。[1]学科评价不仅要为"双一流"建设服务，还应在一定程度上引领"双一流"建设。[2]如此，方能实现学科评价与"双一流"学科建设的同向而行。

按照学科评价模式，纯基础研究、应用基础研究、应用研究（技术创新和成果转化）因活动类型和研究规律不同，涉及的评价主体、评价标准和评价方式也有所区别，见表4-4。基础学科领域的纯基础研究以学者、同行的评价为主，坚持的是学科逻辑，强调研究成果的原创性、思想性和知识贡献度，以定性评价为主。而具有战略性和前沿性的交叉学科领域和新兴学科，则更加注重学者、政府、社会等多元主体的共同评价，融合定性评价和量化评价。工程技术类学科的应用研究以社会、市场、政府的评价为主，坚持的是社会需求逻辑，注重研究成果的标准化、指标化和转化率，以量化评价为主。

---

[1] 周继良：《学科评估结果的理性评判及其与世界一流学科建设的关系》，载《重庆高教研究》2021年第1期。
[2] 张应强：《正确认识"双一流"建设成效评价与动态调整的关系》，载《西北工业大学学报（社会科学版）》2021年第3期。

表4-4　不同研究类型的分类评价

研究类型	评价主体	评价标准	评价方式
纯基础研究	学者、同行	学科逻辑：原创性、思想性和知识贡献度	同行定性评价为主
应用基础研究	学者、政府、社会	学科交叉逻辑：前沿性、战略性、关键技术、核心领域	同行定性评价与量化评价相结合
应用研究	社会、政府、市场	社会需求逻辑：社会效益（标准化、指标化、转化率）	量化评价与社会评价相结合

　　我国"双一流"建设中的所谓"优势学科"与国家战略、科技进步及社会需求之间存在很大的反差，其中的原因既有学科评价标准单一（以量化为主）的问题，又有外部环境（大学排名）的诱导和影响，还有评价参与主体不够多元的限制。要想缩小并逐步解决这种反差现象，就需要根据基础研究、应用基础研究、应用研究不同活动的规律和特点，为科研人员营造既有相同又有不同的科研生态环境和分类评价方式。

　　在评价标准上，应根据不同学科类型和研究形态确定分类评价标准，实现学科导向、需求导向与应用导向的统一。对于基础学科的评价而言，要改变以往只靠同行、学者的学科评价逻辑，融入社会需求逻辑，因为在基础学科领域，基础研究只有"1"没有"0"，基础研究需要从跟跑到并跑再到领跑，而领跑是关键。对于这种需求，"双一流"建设必须回应，而且必须在基础研究上有所突破。不同于一般学科尤其是基础学科的评价体系和标准，应用学科、交叉学科的评价体系、评价标准应按照应用学科、交叉学科、前沿学科的特点进行。[①]交叉学科要求不能用单一的标准来对待学术评价，应该根据问题和学术成果组织跨学科的评价专家队伍。前沿学科体现了知识与学科的前瞻性，应该允许探索式研究，鼓励创新，不歧视失

---

　　① 李立国：《"双一流"高校的内涵式发展道路》，载《国家教育行政学院学报》2018年第9期。

败者。需要注意的是，交叉学科的知识生产和评价，并不是多门学科知识的简单拼凑与堆积，而是基于社会重大问题、社会需求导向从学科间的内在逻辑结构中形成学科交叉融合发展机制。事实上，以学科交叉融合为表征的知识生产已经成为新知识生产的重要源泉和基本范式，对于科技创新的突破以及现实复杂问题、棘手问题的有效解决，光靠单一学科的研究范式与思维模式是难以实现的。研究表明，20世纪诺贝尔自然科学奖中交叉研究的比例从36.23%上升为47.37%，各门学科日益紧密地联系在一起。[①]应用学科的评价应该注重社会效益，以解决社会问题为旨归，并能为政府等公共机构或公益类部门提供决策服务和政策支撑。

在评价主体上，改变传统主要依靠学者、同行评议的学科导向的评价方式，拓展学科评价主体，构建学术、政府、社会等主体相结合的多元评价体系。在"双一流"学科评价中，既要发挥学术评价的积极作用，又要融入行政评价和社会评价，实现同行评价、政府评价与社会评价的融合。对于基础学科和交叉学科的评价，仅仅用学者同行评议进行学科评价，只会让传统优势学科的评价优势凸显，而更多的基础学科和战略新兴学科很难在"双一流"评比中突围。在很大程度上，知识的增量实际上多存在于基础学科和基础研究领域，因此，必须改变传统学科导向的评价，在坚持学者同行评价的基础上，辅之以行政评价和社会评价，即通过社会需求导向来确定需要大力发展的关键领域和核心技术，并以行政评价的倾斜性政策，以增量部分将那些排名不那么靠前但有发展潜力的基础学科纳入建设名单中，使"双一流"学科建设的竞争优势与国家科技发展战略需求同向而行。

在评价方式上，应根据不同学科类型特征，探索融合定量与定性的综合性评价。不同学科的评价方式应当有所侧重、区别。实际上，关于评价方式到底是以定量为主还是以定性为主，不论是中国还是西方国家一直存

---

① 李立国、赵阔：《跨学科知识生产的类型与经验——以21世纪诺贝尔自然科学奖为例》，载《大学教育科学》2021年第5期。

在着争议，但定量评价与定性评价相结合是总体趋势，例如2014年《莱顿宣言》提出合理利用期刊评价指标的原则，也强调量化评价需要与定性评价相结合，指出基于指标的量化评估是辅助性的，而基于同行专家评价的质性评估是主导性的；量化评估应该支撑专家的评价，而不是取代它；量化指标可以降低同行评价中的偏见并促进更为深入的评价。[①]具体到"双一流"学科评价改革中，就是要探索融合定量与定性的综合性评价机制，比如对于基础学科的评价，就不能完全依赖定量评价，而应通过学者同行的定性评价，结合科技发展前沿，对战略性和前沿性的学科发展进行研判，使真正"卡脖子"的问题与关键技术领域得到关注和支持。对于基础学科的排名、ESI全球表现、论文数量、前沿论文、影响因子等外在的数据指标而言，我们要有一个清醒的认知，只能将其作为一个参考，而不能以这些数量、规模和指标为主，也就是说，"双一流"优势学科的评价与遴选，必须跳出单纯依靠学科排名的传统思维惯性，将定量数据处理、定性评价、院校自我评价以及第三方评价结果结合起来，超越以定量指标为主要依托的技术理性评价范式。[②]

四、优化路径：以增量改革撬动存量优化，构筑良好的学科发展生态

在中国语境下，学科不仅是高校进行人才培养、科学研究的基本单元，也是国家进行教育资源配置的一种载体和制度安排，即学科与资源是紧密相连的。[③]在"双一流"学科遴选和评比中，只有被遴选为世界一流建设学科，才能被社会"高看一眼"，进入发展的"快轨道"，才能拥有更多的经费投入、招生指标和社会地位；反之，则会被"冷落"，成为边缘

① Hicks D., Wouters P., Waltman L., *Bibliometrics: The Leiden Manifesto for research metrics*, Nature, 2015, 429-431.

② 史静寰、刘璐璐：《大学评价值得关注的视角转换》，载《河北师范大学学报（教育科学版）》2021年第4期。

③ 潘懋元、蔡宗模、朱乐平等：《中国高等教育改革发展70周年：回顾与前瞻——潘懋元先生专访》，载《重庆高教研究》2019年第1期。

学科，甚至会面临被裁撤的风险。然而，从首轮"双一流"优势学科的遴选与社会需求之间的反差现象中可以看出，过于强调学术主导下的学科评价方式是很难满足社会发展需求的。为此，《"双一流"建设成效评价办法（试行）》强调坚持"需求导向，聚焦服务贡献"的原则，要求建设高校主动将优势学科与区域及行业产业发展需求相融合，通过学科特色发展建成一流。

在"双一流"建设资源总量一定的条件下，只有让有限的资源发挥更大的效应，才能进一步提高学科建设的社会服务贡献度。按照产业结构优化原理，在资源给定的基础上，要想实现资源的优化配置和提高资源的利用效率，围绕存量调整的难度较大，而围绕增量调整则相对容易。具体到"双一流"学科建设动态调整上，就是首轮入选的优势学科存量实际上已经决定了接下来"双一流"动态调整的部分是有限的，即资源的增加幅度是有限的，增设的建设高校和入围的优势学科也是有限的。因此，"双一流"学科评价改革必须在增量上下功夫，以增量改革撬动存量优化。

然而，这种以增量改革撬动存量优化的有效推进，只靠学者、大学的力量是难以实现的，还需借助国家和政府强大的宏观调控力量来引导，即国家应借助对"双一流"建设进行动态调整的契机，以需求导向为原则，通过资助政策的倾斜和引导，改变以往只将建设资源全都投放于既有优势学科领域的做法，转而把"双一流"建设资源的增量部分更多地投向基础研究、新兴学科和交叉学科领域，让更多与世界科技前沿、经济主战场、国家重大需求和人民生命健康相关联的学科领域得到支持和关注，从而实现"双一流"优势学科结构的优化。

"双一流"建设高校也应转变学科发展思路，改变以往以学科排名为主的单一遴选方式，在夯实优势学科的基础上，通过超前布局基础研究、战略新兴学科和交叉学科领域，不断增加优势学科的数量，调整学科结构发展生态，让不同类型的学科都得到更多的支持和关注，并在相互融合的过程中，不断提升学科发展的社会贡献度。具体而言，建设高校应以学科为基础，根据办学传统、学科优势以及建设目标，主动融入和支撑区域及行业产业发展，积极围绕学科特色做文章，通过学科的特色化发展和交叉融合发展，以突破关键核心技术、解决重大社会现实问题、融入区域发展急需及行业产业发展需求、为人民谋福祉以及为党和国家培养治国理政人才为原则，进一步提升优势学科服务社会发展需求的能力，进而提升优势学科的建设质量及其国际竞争力，并在自己的学科领域和方向建成世界一流。

一言以蔽之，学科世界排名的不断提升固然重要，但如果所遴选的"双一流"优势学科不能有效解决社会现实问题和主动服务国家发展需求，其建设成效就是不合格的，其排名的靠前最多也只是一种指标意义上的一流，而不能实现真正的一流。相反，在"双一流"建设规模和资源总量的限制下，只有坚持以增量改革撬动存量优化的原则，才能将学科评价的学术逻辑与社会需求逻辑结合起来，让基础学科、应用基础学科和应用学科等不同类型的学科领域都得到关注和支持，实现学科间的均衡发展，并在相互融合发展的过程中实现互帮互助、互予养分和共同进步，进而构建结构更为优化的"双一流"优势学科发展生态，形成富有时代特征、彰显中国特色、体现世界水平的学科评价体系。①

---

① 李立国、张海生：《高等教育项目治理与学术治理的张力空间——兼论教育评价改革如何促进项目制改革》，载《重庆大学学报（社会科学版）》2021年第5期。

第四节　高等教育项目治理与
学术治理的张力空间

　　项目制作为一种治理工具，已经内嵌到我国高等教育领域，并逐渐固化为一种常用的治理手段。项目制在带来治理效率和治理效果等正向积极作用的同时，也存在一些违背学术治理规律的问题，致使学术治理与项目治理之间存在一定的矛盾，其中既包括治理目标的确定性、精准性与不确定性、模糊性之间的矛盾，也包括治理方式的专向性、碎片化与灵活性、整体性之间的矛盾，以及权力运行机制中自上而下与自下而上之间的矛盾。鉴于此，应通过加强制度建设创新学术评价体制机制，推动项目制改革，将项目治理中不适宜学术评价改革的部分以及不符合学术发展规律的部分，加以调整和优化，进而实现既充分发挥项目治理的独特优势和技术理性，又遵循学术治理和学术评价的内在逻辑和发展规律的统一，在学术治理和项目治理之间始终保持一定的张力空间。

一、高等教育项目制的引入、发展及其局限性

　　项目制在各个领域的不断渗透，使得项目治理成为国家治理的重要手段。高等教育也不例外，各种项目在高等教育领域层出不穷，项目制实际上已经成为政府干预高等教育改革发展的重要方式。然而，项目制侧重绩效考核、标准评价、短期效益特性，实际上与高等教育组织兼具学术机构

与大型社会机构的双重属性之间存在一定的张力空间和矛盾冲突。随着《深化新时代教育评价总体方案》的颁布实施，教育评价改革势在必行，学术评价体系必然需要重构。但项目治理与学术评价改革之间的矛盾冲突能否化解？是不是推进教育评价改革，就必须将项目治理完全弃之不用？事实上，在实践中，项目制已经深深嵌入高等教育领域的方方面面，也渐渐内化为具有中国特色高等教育治理体系的重要内容。在此背景下，短时期内完全消解项目制的影响并无可能，现实中也没必要。当下我们需要思考的是，如何在大学治理中既能有效发挥项目制在大学治理中的正向积极作用，又能将项目制中有违学术治理和学术发展规律的成分控制在一定张力空间内，并借助深化教育评价改革、重构教育评价体系这一利好契机，对项目治理进行改革和优化，如可以通过制度（常规化、标准化和形式化）体制机制创新，将制度优势转化为治理效能，进而为高等教育治理体系和治理能力现代化的有效实现保驾护航。

项目是为创造独特的产品、服务或成果而进行的临时性工作，[1]原本是一种事本主义的动员或组织方式，即依照事情本身的内在逻辑，在限定时间和限定资源的约束条件下，利用特定的组织形式来完成一种具有明确预期目标（某一独特产品或服务）的一次性任务。[2]鉴于项目不仅具有生产性功能，还是进行资源配置的有效工具之一，有助于暂时突破常规性组织结构，打破纵向的层级性安排和横向的区域性安排，能够实现为完成一个专门的预期事务目标而将常规组织中的各种要素加以重新组合，因而被广泛运用于国家治理尤其是公共治理领域，成为实现国家治理体系和治理能力现代化的重要手段。事实上，当下的项目制已经突破了项目本身的意义和价值——项目制不仅是一种体制，也是一种能够使体制积极运转起来的机制；同时，它更是一种思维模式，决定着国家、

---

①［美］项目管理协会：《项目管理知识体系指南（PMBOK GUIDE）》，电子工业出版社2018年版，第4页。

②渠敬东：《项目制：一种新的国家治理体制》，载《中国社会科学》2012年第5期。

社会集团乃至具体的个人如何构建决策和行动的战略和策略。①

随着项目制的发展，其作为一种自上而下的资源配置形式，②已经溢出财政领域，成为其他许多领域中自上而下推动任务部署的一个重要形式。③项目制作为一种新型的治理模式，一方面影响和塑造了稳定的制度安排，另一方面也诱发了各层次上相应的政府行为，成为认识国家治理运作过程和政府行为的一个新维度。④高等教育作为典型的公共治理领域的代表，自然也深受项目制的影响和渗透。自20世纪90年代中期以来，在高等教育领域不断渗透的项目制逐渐成为政府支持高校在教学、科研、人才、学科等方面发展的一种特定的经费与制度安排，旨在提升我国高等教育的整体实力。⑤随着项目制在高等教育领域的渗透，大学治理中学术权力与行政权力的博弈也主要围绕"项目"展开，进而重构了"政府—大学—教师"之间的关系链条——一种基于"项目"的制定、申报、审核、检查、评估、结项的互动过程。⑥同时，高等教育作为资源高度依赖型组织，其发展必然会受到政府等外部利益主体的社会问责，尤其是在"强政府—弱市场"的办学体制下，高等教育发展所需的绝大部分资源和经费来自各级政府及其设定的各类项目或计划这种独特的办学体制，这在很大程度上决定了中国高等教育发展会烙上各种项目的印记：一方面，国家和各级政府通过各种重点建设项目或计划进行资源配置，并推动世界一流大学建设；另一方面，又通过一系列的基金项目和人才计划对学术资源进行配置，将个体的兴趣与经济社会发展、国家民族复兴结合起来。

---

① 渠敬东：《项目制：一种新的国家治理体制》，载《中国社会科学》2012年第5期。

② 周雪光：《项目制：一个"控制权"理论视角》，载《开放时代》2015年第2期。

③ 折晓叶、陈婴婴：《项目制的分级运作机制和治理逻辑：对"项目进村"案例的社会学分析》，载《中国社会科学》2011年第4期。

④ 渠敬东：《项目制：一种新的国家治理体制》，载《中国社会科学》2012年第5期。

⑤ 熊进：《"项目化"：项目制影响高校组织的实践表达及理性审视》，载《高校教育管理》2019年第6期。

⑥ 姚荣：《大学治理的"项目制"：成效、限度及其反思》，载《江苏高教》2014年第3期。

在实践中，高等教育项目制集中体现在国家及其教育行政主管部门的政策文件与规章制度中，包括"211工程""985工程""2011协同创新中心建设发展规划""中西部高等教育振兴计划"，以及"双一流"战略、"六卓越一拔尖"计划等，也体现在高等学校的各种规范性文件中，包括高等学校人才引进办法中对各级各类人才项目的重视、科研成果奖励制度中对获取人才项目与科研项目的物质激励、职称评定条件中对科研项目的硬性规定等，如此就在高等教育领域逐渐形成一个作为"尺度"和"标准"的高等教育项目制。在这个尺度和标准下，高等教育项目制得以形成，并建构出一个关乎资源、资格、职称、关系和声誉的制度运行空间，进而塑造着高等教育中的"二元对立""等级"与"边界"[①]。事实上，在高等教育领域，项目制已固化为一种常见常用的大学治理模式，并逐渐走向了"项目治教"的路径依赖，影响着政府组织以及高等学校对于大学学术衡量与评价的价值观、认识论和方法论的整体变迁。正是这种项目式管理方式与资源配置方式紧密结合，因而在高等教育领域尤其是对于高校教师的考核评价过程中，过度强调项目治理的独特价值和治理效率，而忽视了高校教师本身的工作属性和岗位特征，进而形成了所谓的评价考核"唯论文、唯项目、唯职称、唯帽子、唯学历"的顽疾。

当前，项目制作为一种高等教育管理体制和运行机制，已经成为国家支持、引导和规范大学发展方向的重要技术手段。虽然这种管理方式确实能够打破高等教育管理条块分割的弊端，集中资源办大事，将国家相关的战略意图加以贯彻落实，也能在很大程度上有效避免相关政策被歪曲的风险，提高资源配置的效率和效果，然而这种治理方式确实也存在明显的不足，如过分强调短期效益和治理效果，缺乏长期的整体规划；强调结果导向，忽视建设过程，过分注重显性指标的达成，忽视良好高等教育生态环境的打造；容易带来高等教育发展的恶性竞争和马太效应，造成高等学校的身份固化和同

①　熊进：《高等教育项目制的组织阐释与大学学术场域变迁》，载《高教探索》2019年第4期。

质化发展；过于聚焦某一具体目标的实现，忽视项目职权范围以外的事项处理，造成资源的浪费和治理的碎片化；容易将治理手段变成追求的目标等。由此，也就强化了高等教育评价过程中的外部问责、量化指标和目标达成——此种评价方式在很大程度上忽视了高等教育作为围绕高深知识而活动的学术机构的本真，将所谓的"项目""荣誉""身份""地位"奉为圭臬，而忽视了高等教育发展的基本规律和学术评价考核的自身特性，使得"唯论文、唯帽子、唯职称、唯学历、唯奖项"在高等教育评价中大行其道。事实上，形成该局面的主要原因在于，在高等教育发展过程中，没能准确将项目治理与学术治理把握在一个均衡状态，过分依赖项目治理的技术理性和治理效率，而忽视了学术发展的价值理性和评价规律，致使治理的天平失衡。

二、高等教育项目治理与学术治理之间的矛盾审视

高等教育项目治理模式及其后果都体现了其独特的治理意图，集中表现为"一事一议"、择优、技术理性与规划控制等方面，这种治理形态和治理方式与高等教育始终作为围绕高深知识而活动的场所，其组织特性之间存在一定的冲突，即高等教育项目制在治理目标、治理方式、治理焦点、治理指向、权力结构等方面均与学术治理的特性以及学术评价的规律之间有着很大的差异，见表4-5。而正是这种差异的存在，使得项目治理与学术治理之间难以融通，显得有些格格不入，且在治理实践中逐渐呈现出项目治理钳制学术治理的倾向。

表4-5　项目治理与学术治理的区别

	项目治理	学术治理
治理目标	一事一议，事项的确定性和精准性	不确定性和模糊性
治理取向	契约合同、外部问责、评价考核与绩效，工具理性	多元参与、协商共治，价值理性
治理焦点	治理效率和效果，目标导向和结果导向	形成共同意志，达成共识

	项目治理	学术治理
治理指向	专向性、碎片化	整体性、灵活性
权力结构	纵向等级、自上而下	扁平化、自下而上
治理优势	治理效率高，效果明显，利于短时期的目标达成	符合学术评价规律，能够有效体现学术权力
治理局限	过分追求绩效和短期利益，与学术评价的本真背道而驰	治理的效率低；行政化倾向严重

（一）项目治理目标的确定性、精准性与学术治理目标的不确定性、模糊性之间的矛盾

在治理目标上，项目治理与学术治理的重心不一样。项目制强调"一事一议"，因而其治理目标更为明确、精准，即在一定时期内，需要解决的问题明确，需要达成的目标能够用数据和指标衡量；相反，学术评价与考核因其成果的生产与应用存在很大的偶然性，使得学术治理的目标难以用精确的数字或计划加以明确，存在一定的不确定性和模糊空间。进而言之，这种不确定性主要体现在：一方面，学术科研成果的发现具有极大的不确定性，尤其是原始创新成果的研发和突破，更多是一种偶然的结果——很难由确定性的项目或计划方式来实现；另一方面，学术评价讲求原创性、思想性和知识贡献度，这种特性决定了学术评价的生命周期较长，而不能直接通过短时期的绩效考核来完成，因而，不能将学术评价限定在固定的时间范围内，更不能用临时性项目来进行片面考核评估。

以高校各类人才项目的引进与考核为例，当下部分高水平大学对青年教师实行"非升即走"的制度，其本质就是一种在短时期内要完成相应的科研指标和教学任务的项目合同。考核期满，如果达到引进合同中的各类项目指标，则可以长聘教职；反之，就需要另谋出路。2018年，武汉大学对首聘期满（3年）的青年教师进行考核，97%的青年教师被淘汰，这是一个典型的案例。当然，从另一个角度看，即从短期效益看，在学术评价中

侧重项目治理的目标导向和结果导向，确实能提高效率，激发潜能，实现既定目标。但这种以结果导向和目标导向的考核方式，实际上与学术评价的长周期和生命线（学术质量）相违背。因为数量和指标的有效完成，并不代表学术质量或"卡脖子"问题的有效解决。

在实践中，大学学术评价往往被项目治理的技术理性主导，目标导向和结果导向日益成为高等教育治理中的主流趋势，学术自主发展空间被日益压缩，各类项目、计划的短期性效益指标的有效完成成为政府有效干预大学及其成员的主要手段，而学术本身的发展规律在更大程度上被忽视。当然，过于强调学术评价的价值理性，即过于强调学术评价的不确定性和模糊性，也存在明显的优缺点。一方面，对于学术评价规律的坚守，确实能为广大的科研工作者潜心于学提供优良环境；另一方面，又会在一定程度上难以把握学术的发展方向和科研效率，大学组织合法性的根基会因外部社会的不断问责而有所松动。因此，如何将项目治理目标的确定性与学术治理目标的不确定性结合起来，并在二者之间形成合理的张力空间，是当下亟待解决的课题之一。

（二）项目治理的专向性、碎片化与学术治理的灵活性、整体性之间的矛盾

从治理方式看，项目制主要依赖契约治理来实现高等教育资源的分配，尤其是在"委托—代理"关系下，政府通过项目发包的形式对高等教育资源进行配置，改变以往直接以行政指令式的资源配置方式，用一种更具有竞争意识和激励机制的方式，引导学校及其成员或以组织的名义、个体的名义经自由申报、绩效评价等方式，围绕政府提供的优质资源而展开激烈的竞争，进而实现在一定周期内解决某一具体问题（如科学研究项目、人才项目、教学项目等）的治理目标，即任何一个项目都有一个特定的关注点、需要解决的具体问题及其达成的目标。可见，项目治理实际上是一种强调技术理性的治理模式，具有资源配置专向性和治理方式碎片化的特征。这种专向性的资源配置模式，就由具体化与专项化的问题指向而逐渐导致服务功能分割，进而使得社会组织强功能化、弱联合化，由此，就为基层学术组织资源和经费的灵活使用埋下了隐患——在很大程度上限制了此类专项资源和经费效用的发挥，进而会造成学术生态的破坏。因为学术评价和考核的不确定性在很大程度上决定了学术治理并不可能完全按照预定的目标来进行，而需要根据学科知识发展特性以及外部环境变化进行综合确定，由此也就决定了学术治理必须从长远的战略眼光进行统筹规划，治理过程中更注重灵活性，而不能完全按照预先设定的目标加以推进，无视前进的方向是否正确、科学。

在实践中，为了实现各类项目的有效完成，很多高校不得不严格按照项目的总体目标和阶段任务来执行，将任务分解到不同的院系和部门，并通过层层加码的形式，达到项目到期完成或超额完成预期目标的目的。然而，对于建设周期内的项目执行过程如何，大家并不会特别关注，因为大家关注的是项目指标的完成度，而对于该项目实际上解决了什么核心问题，对知识生产和理论创新有什么贡献——这些理应更受关注的点被忽视，加之项目经费一般是按照项目最初设定的经费开支项目进行年度拨款的，这种专款专用且比例固定的经费使用方式，无疑忽视了学术自主权尤其是资源配置权的灵活性。由此，就会出现项目经费"年底突击花钱"现象，并带来"某些领域的专项资金剩余过大而某些领域的经费缺口甚大，但二者之间又不能统筹使用"的两难境地。

此外，从项目制的视角看，项目越专门化、越细化、越具体，就越容易执行，效率也会越高，也就会越容易实现线条式控制。然而，项目细化最终解决的只是"具体的工作"，而不是"某类型的事项"，更像"头痛医头，脚痛医脚"的专项服务而不是行业或领域内的制度建设。[1]这种具体而琐碎的项目分类，容易造成组织的碎片化发展，而对组织本身的长远战略和全局规划缺乏统筹安排，因而无法实现学术组织的自主发展与长远进步，即项目治理的单一具体问题指向性特征及其"只见树木，不见森林"的治理方式，

---

① 王向民：《中国社会组织的项目制治理》，载《经济社会体制比较》2014年第5期。

无法从整体或全局的层面统筹推进高等教育治理现代化的有序发展。实践证明，任何单一项目的改革往往很难获得成功，一个项目制的完成，往往会带来更多的其他问题，随之就会出现更多的项目或计划对这些问题进行弥补和修正，致使高等教育治理陷入多领域碎片化治理的泥沼。

（三）项目治理自上而下权力运行机制与学术权力自下而上运行机制之间的矛盾

从权力运行机制看，项目治理带有明显的刚性特征，强调标准化、技术化程序，其中各级政府作为制度的设计者与运行的掌舵者，实际上不仅控制着项目的运作程序和操作规则，也对大学组织的合法性与生产效率进行有效监督和问责，所以这种遵循自上而下权力运行机制的项目制，带有明显的激进主义和工具理性色彩。将之应用到大学治理中，就会与大学组织中的学术权力运行机制相互冲突。因为学术权力的运行，追求的并不是标准化的专业技术治理，而是对于学术自由精神和学术自治空间的向往，强调学术观点的继承与批判，学术事务处理中的协商、共治，注重利益主体的有效参与、利益诉求表达和相互博弈，其本质是一种自下而上的权力运作机制，尽管中间由于科层的嵌入，也存在自上而下的权力运作机制，但总体上使学术组织的稳定性较强，当中任何制度的变迁过程都是渐进的，而非突进的。

在高等教育治理实践中，项目制与科层制相互嵌入与合谋进一步强化了中国大学内部治理结构的二元对立格局，所有的行政人员和学术人员均围绕项目而展开工作，均将各级政府的项目意图作为组织发展和个体成长的目标，而无视大学具有底部沉重、决策弥散的组织特征，进而在大学内部乃至高等教育领域形成一种基于项目导向的强制性的恶性竞争机制和模仿机制。因为项目的获得就意味着资源的获得，发展机遇的有效把握以及政府和社会的认可，进而为项目制嵌套在大学组织中提供合法性基础。尽管在大学内部治理结构中，依然存在着自上而下和自下而上两种权力运行机制，但带有项目制自上而下的运行机制却日益掌握了治理话语权，泛行政化或学术治理行政化的出现，实际上就是项目制这种权力运作机制在大学治理中的强化和定型。

当然，项目制的权力运行机制对于提升大学治理效率是有促进作用的，但同时也会造成不尊重学术发展规律、违背学术评价特性的刚性制度的形成，造成制度运行成本的增加，诱使传统评价考核方式的制度变迁。当项目制的考核方式施加到学术领域时，量化的显性指标就成为进行学术评价的新的指挥棒，数量、级别、身份、荣誉自然也就成为政府、高校、教师所追逐的目标，即"专业化和分工程度越高，从最初生产到最终消费者的整个生产环节也就越多，考核（考核必然在每一个环节上存在）费用也就越多。组织形式的选择将受到产品或劳务特性以及特定的考核技术的影响"①。因此，如何让项目制有效嵌入学术治理领域，既保有项目治理的有效性和高效率，又能兼顾学术发展规律和科研评价规律，真正落实高校办学自主权，减少政府对高校的直接干预，也是当下亟待解决的问题。

总体而言，在中国大学治理中，项目治理发挥着举足轻重的作用，但也存在违背学术发展规律的治理局限。事实上，要想大学治理有效果、有效率，单纯依靠学术治理是难以实现的，必须借助项目制和科层制的治理优势；要保有大学组织的学术性本真，过度依赖项目制进行治理，又容易带来大学自治与学术自由传统被日益侵蚀的风险，进而造成大学行政化泛化。因此，如何在现代大学治理过程中，既能保持学术自由和学术自治的传统，又能借助项目制提升组织的效率和效能，并在政府干预、大学自治和学术自由之间保有一定的张力空间，是当下高等教育领域深化教育评价改革需要重点考虑的议题。

三、以教育评价改革推进高等教育项目制改革

一方面，在项目制已经内嵌到大学治理结构中这一既定事实下，项目

---

① ［美］道格拉斯.C.诺思著，陈郁等译：《经济史中的结构与变迁》，上海人民出版社1994年版，第43页。

治理不可避免，也不可忽视；另一方面，大学作为学术机构的组织特性，要求学术治理不能直接将用于政府、社会组织和经济领域的那种强调绩效评估和目标导向的项目制（刚性项目治理方式）直接照搬移植，而应在充分考虑大学组织特性和评价规律（包括治理的不确定性和模糊性、学术评价的长周期性）的基础上，在项目治理与学术治理之间保持一定的张力空间——既发挥项目治理的目标导向和绩效考核的优势，又充分考虑大学组织的学术性本真，并通过制度创新和运行机制改革使之更加符合中国大学治理的实践需要，进而将学术治理与项目治理的优势充分发挥出来，形成具有弹性空间的项目治理形式。

当下，正值深入推进教育评价改革的关键期，高等学校理应借此利好契机，不断推动项目制改革，将项目治理中不适宜学术评价改革的部分、不尊重学术发展规律和评价要求的部分，加以调整和优化，通过加强制度建设，不断创新学术评价体制机制，[①]进而实现既充分发挥项目治理的独特优势和技术理性，又遵循学术治理和学术评价的内在逻辑和发展规律的统一。

那么，如何才能做到学术治理与项目治理的统一呢？习近平总书记关于教育、科技和人才评价的系列重要讲话为新时代教育评价改革定下了基调。2020年10月，中共中央、国务院印发的《深化新时代教育评价改革总体方案》，则进一步为形成科学合理的教育评价体系提供了方向指引。概而言之，就是要通过体制机制创新，在充分遵循学术发展规律和学术评价特性的基础上，最大限度地继承并发扬学术自由和学术自治的传统，并将项目制的治理优势（如治理效率、标准化、技术化、规划控制等）融入学术评价之中，进而提升学术评价的有效性、科学性和治理效能，使项目治理与学术治理之间始终保有一定的张力空间。

---

① 李福华：《从单位制到项目制：我国高等教育重点建设的战略转型》，载《高等教育研究》2014年第2期。

（一）改革项目治理目标的硬性规定，使之更具弹性空间，提高项目发包资源使用的自主性和灵活性，不断激发基层学术活力

习近平总书记在2016年全国科技创新大会上强调："要尊重科学研究灵感瞬间性、方式随意性、路径不确定性的特点，允许科学家自由畅想、大胆假设、认真求证。不要以出成果的名义干涉科学家的研究，不要用死板的制度约束科学家的研究活动。"[①]可见，学术研究的不确定性，尤其是有意义、有价值和有前瞻性的原始创新，并不在于项目计划和规划得多好、多完美，而在于科研人员的自由探索及其学术潜力的充分激发。因此，在教育评价改革和评价体系重构的过程中，必须充分考虑并尊重学术发展规律和科研评价特性，对项目治理目标的确定性及精准性进行适当调整，使之更具有弹性空间。而改革的关键在于进一步激发科研人员的学术活力，如在基础研究和原始创新领域，不能过多地运用项目治理的方式来加以严格控制和硬性规划，而应该给予科研人员更多的自由探索空间，通过为他们营造更为和谐平等的创新环境和文化氛围，助力学术研究（包括科技）的原始创新以及"卡脖子"问题的解决。

当然，鼓励和支持原始创新和学术突破并非漫无目的，也需要对学术研究的"投入—产出"进行科学评价和社会问责，即需要通过教育评价改革这一有利契机，改变传统项目治理只注重短期效益的局限，推进项目治理与高等教育组织特性以及学术发展规律和科研评价规律相结合。以科研项目为例，可以试点科研经费包干制度，探索首席科学家负责制（PI制）。通过真正落实科研人员的科研自主探索空间和经费使用权限，激发基层学术组织活力，激发科研人员的潜能和创造性。进而言之，一方面，要保障科研项目经费的长期稳定（至少5年），如此方能让科研人员不会为了科研经费而到处活动，使之全身心投入科研事业；另一方面，还要提高项目经费的自主使用空间，突破传统按一定比例的报销方式，简化财务报销流

---

① 习近平：《为建设世界科技强国而奋斗——在全国科技创新大会、两院院士大会、中国科协第九次全国代表大会上的讲话》，载《科技管理研究》2016年第12期。

程，可以试点采用年度科研审计的方式，让科研人员真正从烦琐的报销环节中解脱出来。

（二）完善项目制的设计与相关配套机制，兼顾短期效益和长远规划，提高项目治理的整体性和协调性

项目治理碎片化问题的解决，需要结合学术评价本身的特性，通过完善相关配套制度，提升项目治理与学术治理之间的融通性。其关键在于通过体制机制创新，推动项目制相关配套制度的常规化、标准化运行，真正将项目治理的制度优势不断转化为治理效能，进而提升项目治理的整体性和协调性，具体可以从延长项目的评价周期、提高项目考核的评价标准等方面加以尝试。

一是延长项目评价的考核周期。学术评价的长周期性在很大程度上决定了学术考核和评价不能只注重短期内的学术GDP的考核，过度关注成果的数量和规模的急速扩张，而应给予教师更多的自主空间和试错空间，绩效考核不是不可以有，而应将绩效考核的评价周期进一步拉长，为广大的教师做出原始创新成果提供适宜的环境和弹性空间，即高等教育项目制的考核评价不能过于凸显单一具体项目的绩效考核、结果导向和数量指标，而应从更为长远和整体的视角来评估，通过多个项目的协同攻关和相互配合，以增强评价的科学性、有效性和协调性。

二是提高项目考核的评价标准。如上所述，在进行项目治理改革过程中，无论是项目经费还是考核周期，包括学术环境和文化环境的营造，均可以通过相应的配套制度加以改善和协调，而且这种制度的设计与安排在实践中确实也具有很强的可行性。既然项目经费、考核周期、学术环境等都营造好了，相应地，对于科研人员的评估标准也理应提高，而不能是简单地数数量、看级别。"科学研究是人类的智力竞赛，必须尊重规则、优胜劣汰。一流的科研条件和充分的科研自由，必须由一流的成果来验证。"①

---

① 赵永新、刘诗瑶、谷业凯：《看北生所如何做原创性基础研究》，载《人民日报》2021年3月2日。

因而，必须改变以往那种单纯以短期效益和数量指标达成的学术考核方式，转而将学术贡献度和取得原创性发现作为主要的评价标准。对于这种评估，国际上通行的做法是通过（国际）匿名同行评议制度，让学术评价真正归于学术，充分发挥国际同行评议的积极作用，通过制度将关系、人情拒之门外。因为一旦关系、人情因素介入学术评价，就会抵消评价的客观性、公信力和有效性。

（三）坚持分类分层评价，在适合的学科领域保持项目制的治理优势，在不适宜的领域弱化项目制的嵌入和渗透，坚持数量与质量相结合，破除"唯数量"一刀切的弊病

从知识属性看，并不是所有的知识领域都适用于项目治理。不同学科领域和工作岗位有其不同发展规律，所以在高校科研评价中，应按学科门类特点，建立分类评价指标体系和评价程序规范。[①]实际上，一个学科的知识发展水平和成熟度从根本上决定着学科的等级状态、评价范式和考核标准，比如自然科学领域的学科劳动分工存在"普遍性的自然等级制"（Natural Hierarchy of Generality），而社会科学和人文学科往往在许多方面是一致的。[②]此外，对于不同层次的大学而言，也应当采取不同的评价标准。在一定程度上，大学的层次与声誉是相对应的，比如享有一定声誉的研究型大学或高水平大学，其教师工作情境似乎更多的是平等分享权力，管理的、官僚主义的特征在逐渐减少；相反，社区学院或地方性大学教师则经历着强烈的制度"管理主义"（managerialism）。[③]所以，在享有一定声誉的大学评价中，就不能过分地依赖项目治理的方式。以物理学科为例，不同声誉下的高校物理学系中，学系的奖励体系的运作是不一样的。在国

---

① 李立国：《建立符合高校教师工作特点的学术评价体系》，载《清华大学教育研究》2019年第1期。

② ［美］帕翠西亚·冈伯特著，朱志勇等译：《高等教育社会学》，北京大学出版社2013年版，第217、218页。

③ 同上，第218页。

内排名较低的学系，教师晋升的衡量标准更可能仅仅看重出版物的数量，而排名较高的学系奖励制度取决于研究论文的质量。[①]因此，对于这种等级制明显、内部结构更具有凝聚性的学科，其有效评价追求的是以"功利主义"为主的方法，强调科学范式和绩效导向；相反，社会科学和人文学科领域的研究成果，因其具有很强的主观色彩，[②]就不能按照这种科学范式进行评估。

此外，在进行分类分层评价的制度设计中，还应考虑到性别、年龄、资历对于项目制的影响情况。一般而言，较为年轻、资历较浅的教师，在争夺研究经费上与资历较深的教师相比，境遇是不一样的。[③]事实上，无论是"破五唯"教育评价改革，还是其他改革，首当其冲的都是青年教师和青年学者，而对于资历较深和已获得高级职称或人才称号的教授的影响较小。因此，在教育评价制度设计和安排中，必须充分考虑青年学者的发展境遇，坚持以保障科研人员和教职工的利益为主要原则，如此，方能提高广大科研人员对于学术评价制度的认同感，发挥制度的规范作用和激励作用。[④]

（四）淡化各种项目与资源挂钩的传统做法，将项目的评审权重心下移，给予高校更大的资源配置权和项目评价自主权，破除"唯帽子、唯身份"弊端

以教育评价改革推进高等教育项目制改革，就是要通过淡化各种项目与资源挂钩的传统做法，将各种项目的评审权和考核权重心下移，改变政府既是项目资源的发包人又是项目评价考核"裁判"的做法。在实践中，

---

① Cole S., Cole J. R., *Scientific Output and Recognition: a Study in the Operation of the Reward System in Science*, American Sociological Review, 1967, 32（3），377-390.

② 许心、蒋凯：《学术国际化与社会科学评价体系：以SSCI指标的应用为例》，载《重庆高教研究》2014年第6期。

③ ［美］帕翠西亚·冈伯特著，朱志勇等译：《高等教育社会学》，北京大学出版社2013年版，第233页。

④ 李立国、赵阔、王传毅等：《超越"五唯"：新时代高等教育评价的忧思与展望（笔谈）》，载《大学教育科学》2020年第6期。

有两种途径可以尝试：将项目的评审权下放至高等学校层面，或通过政府购买部分服务的形式，将评价考核权授权或让渡于独立的第三方评价机构。如此，就能在政府、市场和高校之间建立一种新型关系。此外，还需要明确的是，淡化各种项目与资源挂钩，并不是对政府自上而下的资源配置方式的完全否定或彻底脱钩，而是对于以往那种刚性的项目制进行弹性调控的一种手段——只是意味着将更多的资源配置权下放至高等学校层面，增强并赋予高校更大的项目经费使用自主权、统筹权以及项目考核、问责的自主评价权，让各种项目所涉及的资源、经费都发挥出最大效用，进而提升项目治理的效能。

以国家各类人才称号项目为例，破除"唯帽子"的弊端，并不是不要各种人才称号，而是要结合评价改革的精神，将各类人才称号回归学术本身，将人才称号的荣誉特征不再与国家的各种激励、资源、地位相挂钩，而将各类人才称号的赋予权和评价权下放至学校，使之转化为一种学术荣誉和精神激励，让学校成为各类人才称号的管理主体和评价主体，进而避免人才尤其是高层次人才之间的盲目竞争和恶性竞争。毕竟，学术水平的高低，学科领域的学者以及校内的同行是非常清楚的，他们能够根据学科领域的发展情况，对研究成果的原创性、思想性以及学术质量进行科学判断——实际上，学术评价是同行共同参与评价的开放过程，不仅仅是一种对成果数量和级别的简单确认。

此外，还可以探索实行年薪制，将科研人员的收入、福利、待遇与帽子、身份脱钩，即科研人员的收入既不与论文挂钩，也不与帽子有任何关联。一流人才要有一流的待遇，要让他们过上体面、有尊严的生活，要通过制度创新留人、待遇福利留人和文化环境吸引人，不能完全依靠制度限人、情感留人和情怀留人。由此，就需要通过文化建设和制度创新来营造和谐平等的学术生态环境和学术创新氛围。这就意味着，不再按照人才荣誉、帽子、身份进行区别对待，而应将所有成员的工作环境、享受的福利和待遇，包括就餐环境、办公室的面积等，进行一致性安排与设计，去除外在的光环庇护，让学术真正回归学术。因为从某种意义上讲，科学的本质就是怀疑，就是挑战权威，尤其需要有批判性思维，而批判性思维的前提是平等，有平等才有批判，[①]才能促进科学向前发展。

自20世纪90年代以来，我国高等教育治理始终受到"项目治教"的影响。[②]无可否认，项目治理的数据化、高效率、高技术和专业化，在很大程度上确实保证了学术评价的客观性和科学性，然而，这种刚性的管理方式嵌入到学术评价领域，就需要具有更大的弹性空间，通过广泛参与、信息公开、同行评议和社会监督等方式，让项目治理更具人文关怀和制度支持。事实上，对于日益复杂的大学组织而言，任何单一形式的治理方式都不可能有效解决学术评价这一复杂的问题，而是需要借助不同的治理方式和手段，尽可能做到兼顾各方利益，既尊重学术发展规律和科研评价规律，又能将项目治理的制度优势转化为治理效能，进而提升学术评价的客观性、科学性和认可度，也就是说，并没有一种完美的或一成不变的治理方式可以包打天下，在学术评价改革中亦是如此，我们既不能为了"破五唯"而完全抛弃量化指标，也不能为了追求学术理性而忽视效率和目标的达成，理想的状态应当是做到学术治理与项目治理的统一，即通过强制性制度变迁和诱致性制度变迁相结合的方式，在项目治理与学术治理之间始终保有一定的张力空间。

为此，我国的教育评价改革，一方面，必须在遵循评价普遍规律的基础上充分体现中国国情，特别是在评价思想和评价导向上必须彰显中国特色——项目制就是具有中国特色的治理方式；另一方面，必须以我国大学的特殊性为基础来构建富有时代特征、彰显中国特色、体现世界水平的高

---

① 赵永新、刘诗瑶、谷业凯：《看北生所如何做原创性基础研究》，载《人民日报》2021年3月2日。

② 姚荣：《从政策思维走向法治思维：我国高等教育治理现代化的核心要义》，载《重庆高教研究》2019年第3期。

等教育评价体系，[①]充分尊重学术发展规律和学术评价规律。而评价的有效性和科学性的达成，在于尊重科技创新特别是基础研究的自身规律，要按照科学发展的规律办事；相反，如果背离科技创新的基本规律，即便经费项目再多、规章再多、制度再严、考核再频繁，恐怕也会适得其反。[②]

第五节　美国研究型大学学院治理模式探析

　　学院治理是高校治理的重要模式。美国研究型大学在学院治理上一直是高等教育领域的典范，引领着世界高等教育的潮流。笔者试分析其学院治理的行政结构与学术结构，讨论学院治理内部的权力分配，院长、副院长、系主任的领导角色和职责以及教授委员会等组织的运行，总结美国高校学院治理的具体模式和治理理念。

　　美国作为高等教育最发达的国家之一，研究型大学的治理有其独特性。目前，美国研究型大学形成了清晰的校、院、系三级权力结构，在学校事务中有各自的权力重点和范围，学院作为三级权力结构的中间一环，形成了一个强有力又富有自主性的权力层级，在美国研究型大学的治理中尤为重要。学院作为大学组织机构的基础单元，是大学学科发展、教师管理和学生管理的载体，学院管理着专业课程的设置与改革、教学人员的人

---

①　张应强、赵锋：《从我国大学评价的特殊性看高等教育评价改革的基本方向》，载《江苏高教》2021年第2期。

②　赵永新、刘诗瑶、谷业凯：《看北生所如何做原创性基础研究》，载《人民日报》2021年3月2日。

事问题、本科生入学标准及第一级专业学位的授予。其治理模式和结构对于大学的发展起着至关重要的作用，学院治理的好坏也直接关系到大学的发展。

我们所探讨的是美国研究型大学的学院治理，其中"治理"（governance）一词由拉丁语"gubernace"演化而来，意为"驾驭"（to steer）。不同于管理，治理主要指的是分配所有权和控制权，界定责任、权力和利益，确定组织目标、实现有效监督等，可以说，治理是一种在协调基础上的战略管理。具体到研究对象——美国研究型大学，大学治理是一个不同于大学管理或大学行政的概念，其强调的是各利益相关者之间的博弈和互动。在大学治理层面，包括董事会、校长、教授、学生、行政人员等各方的角力。而在学院治理层面，则是更为具体的学院里的各利益相关者的博弈和互动，主要涉及院长、系主任、学院教授会等，在学院决策过程中所起到的作用和影响以及学院权力在各方的分配和彼此博弈等。

一、美国研究型大学学院治理的行政体系

美国研究型大学学院的行政管理体系主要是以院长为首，由副院长、系主任及其他相关管理人员组成。副院长可能有多名，分别负责学院的不同事务。院长的任命因学校而异，有的由校长在经董事会批准后直接任命，有的则由教师选举产生。一般而言，院长、副院长还配有助理，一些规模较大的文理学院院长的助理可能会有多名（学院的行政系统结构如图4-5所示）。以加利福尼亚大学伯克利分校为例，其文理学院的领导团队除院长和执行副院长以外，还包括来自下属四个学部的主任各1名，以及负责对外关系的副院长和负责财务管理的院长助理，共8名成员。而作为专业学院的自然资源学院的领导成员更为精简，包括院长、执行副院长、学术副院长、教学副院长以及学院关系副院长，共5名成员。

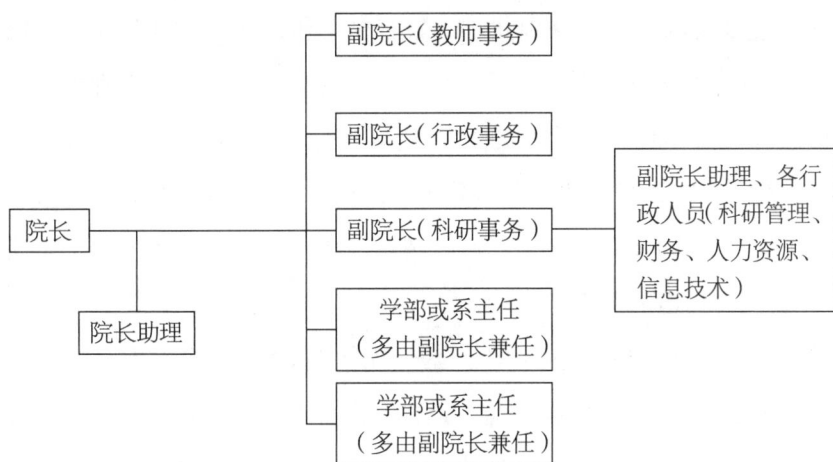

图4-5　美国研究型大学学院的行政结构

（一）院长的职责与角色定位

院长作为学院的首要领导者，在学院治理和决策中起着最为关键的作用。院长（dean）一词来源于拉丁语"decanus"，其含义是"十个人的领导"，此词出自欧洲中世纪的修道院。一些修道院规模巨大，常常有数百名修道士，为了管理方便，他们被分为10人一组，由一名资深修道士领导，这名修道士就被称为"decanus"。当大学从教会分离出去时也沿用了"decanus"一词，后演化为"dean"，即院长，是大学中这一行政岗位的名称。院长作为学院管理者这一职位是一直到19世纪才在美国高校出现的，并获得了很大的发展，"在南北战争前，美国绝大多数高校都依赖校长、一名出纳和一名图书管理员来履行行政职责"[1]。院长一职是伴随着高等教育的发展而出现的，19世纪美国社会经济迅猛发展，高校招生人数成倍增长，管理难度增加以及教师需要从管理工作中解脱出来，院长这一管理角色也就在大学里出现了，教育学家古尔德（Gould J. W.）认为："院长角

① Frederick R. udolf, *The American College and University: A History*, University of Georgia Press, 1990, 435.

色产生于校长需要一个人来帮助他减轻其档案和日常事务的压力。"[1]1816年，哈佛大学在医学院任命了第一任院长，在之后的30年，哈佛和其他大学陆续在法学、神学、文科和理科领域增设了院长，到1913年，院长一职普遍设立。[2]院长既要负责学院行政工作，也要管理学术工作，其最大使命是"维系学术共同体和人的价值"[3]。随着时代的发展，院长职责也越来越复杂，其工作外延不断拓展。

一方面，美国研究型大学对于院长的遴选有着一套非常严格的规范和程序。美国各大高校都根据章程规定，制定了规范的院长遴选制度，大部分高校是通过面向全社会公开选拔之后，由校长进行任命。同时，大学对于院长的任职资格也有明确规定，例如伊利诺伊州立大学的董事会章程里甚至对院长候选人的资格作了详细规定：从本学院选举出来的候选人需要是拥有终身教职的教授，并且在本学院里的学术成就排名靠前；从校外选拔出来的候选人也需要拥有教授职称，并且有相应的学术成就材料证明。[4]美国研究型大学的院长任命在每个环节都有着严格的规定，在评选过程中，力求做到严格、透明，院长可以从本院、全校甚至是全国进行公开选拔，选拔后由校长或者主管教务的副校长负责任命，校长还有权利罢免院长的职务。如此严格的规定，也体现了院长在美国研究型大学当中的重要性以及其在学院治理中的突出地位。

另一方面，院长的职责也是不断变化的。对于院长的职责很难进行简单的概括，20世纪初，院长职责就已经较为复杂了，哥伦比亚学院院长豪

① Gould J. W., *The academic deanship*, Teachers College Press, 1964.

② Mimi W. olverton, Walter H. Gmelch, *The Changing Nature of the Academic Deanship*, Jossey Bass, 2001, 5.

③ Frederick R. Udolf, *The American College and University: A History*, University of Georgia Press, 1990, 434-435.

④ Illinois State University, *University Policy and Procedures for Academic D ean R esponsibilities, Appointment, C ompensation, And Evaluations*, http://policy.illinoisstate. edu/ employee/3-2-16.shtml, 2016-05-13.

克斯在20世纪30年代说："根本就不存在一个标准的院长，只有这所或那所学院的院长，我从来没有看到过两位院长可以交换岗位而保持职责不变的现象。"①确实，自院长这一职位诞生以来，其职责就是变动的，所管理的职责越来越多。根据大学的不同规模、类型，校长的不同管理方式，学院的不同定位，院长的角色和职责也会有所差别。从20世纪上半叶到20世纪90年代，院长的角色经历了从只关注学生事务，到主要关注学生和课程，再到关注课程和教师，最后到多层面、全方位的管理者的转变。②院长要负责鼓励好的教学、代表学院、参与财政计划和预算，建立和维持好的学院工作环境，给予指导、招聘优秀教师等，甚至在一些大型的学院，院长还需要承担具有市场取向的职责，例如寻求新的学生市场，寻求连接学术兴趣与工商利益相结合的机会等。笔者对比了伊利诺伊州立大学③、约克大学④以及马里兰大学⑤，对于院长职责的描述，见表4-6。尽管三所大学在院长职责的表述上有所不同，但是其基本内涵是一致的，在美国研究型大学的学院治理当中，院长无疑是核心的领导者，且具有相当大的权力，其管理内容涉及行政、财务、课程、教学、教师聘任等多方面，院长所扮演的角色也是多元化的。总结下来，在美国研究型大学中，院长主要承担着以下多种角色：

---

① Nicola. C. Fronzo, *The Academic Dean*, http://www.new-foundations/orgtheory/DiFronzo7216.html, 2014-06-11.

② Gardner, W. G, *Once a Dean: Some Reflection, Journal of Teacher Education*, 1992, 357-366.

③ Illinois State University, *University Policy and Procedures for Academic Dean Responsibilities, Appointment, Compensation，And Evaluations*, htttp://policy.illinoisstate.edu/employee/3-2-16.shtml，2016-05-13.

④ *IU University Administrative Handbook*, http://www. iu. edu/VPAS/handbook/policies/acadeans.s.html, 2016-05-13.

⑤ *ARHU Administrative Handbook*, http://www. arhu. umd. edu/about/admin/handbook. html, 2016-05-13.

表4-6 伊利诺伊州立大学、约克大学以及马里兰大学院长职责规定

伊利诺伊州立大学	约克大学	马里兰大学
1. 协调制定和实施学院的愿景和目标； 2. 制定学院预算；管理学院财务； 3. 领导和协调学院战略规划和课程制定； 4. 监督、评价和支持全院争取教学优异，提升学术创新力以及开展校内服务； 5. 领导学院管理者的选拔程序，监督教师和职员的选聘和留任；协调学院管理者和职员的专业发展； 6. 在咨询学院教师和职员后，对学院管理者和职员进行评价；评价系主任和院各部门主任； 7. 评价各系的政策和程序，就教师的聘任、工资、留任、终身聘用和晋升提出推荐意见； 8. 对各系教学、研究和服务职责进行评价； 9. 就大学的政策和程序的实施向教务长提出建议； 10. 管理学院的非教师成员； 11. 开发、领导和鼓励筹款以支持学院、系和专业项目目标的实现，推进校外拓展和公共服务工作。	1. 制定长远的学院目标；制定学术发展计划；协调学科的检查；指导课程发展； 2. 培训本学院教师，计划和执行继续教育项目；提供充分信息渠道使本院教授了解学院的计划、活动； 3. 观察、监督和评估战略实施情况；为战略实施提出策略措施和建设性意见； 4. 拟定学院预算；管理学院预算；起草年度报告；监督资源分配；促进规划全面实施；筹集项目资金； 5. 与系主任沟通学院需要，与上级领导加强联系；与外部群体协调各种活动；处理学院公文函件和信息咨询；开创和维持与外部机构部门的交流与合作； 6. 督促和协调招聘与遴选过程；减少、解决和防止教职员工之间的矛盾；协调其他的人事行为； 7. 规划学院公共关系和学生招生，执行学校大范围的招生政策； 8. 监督和评估学院办公室人员和技术人员；确保学院有关信息数据及时报送学校备案；处理各种办公文件、审批。	1. 作为学院主要负责人有义务贯彻并执行学院以及学校的政策和规章制度； 2. 制定学术标准，推进科研、学术以及数学活动，培养为师生服务的良好环境； 3. 在大学管理和与社区的联系中作为主要的代表和倡导人； 4. 对学院的预算、学术和管理负有最终责任； 5. 按照大学章程推荐并任命系主任及终身教授，评定学术及管理非终身教职员工； 6. 在学院内推进各种肯定的行动政策； 7. 负责维持学院内部学生的建议系统以及确保学生学位要求的完成； 8. 按照组织章程，作为学院评议会的一员，有建议权无投票权，需寻求委员的建议及赞同； 9. 主持管理委员会并获取相应事务的建议； 10. 加强组织章程的执行； 11. 经过学院委员会许可成立专门的委员会； 12. 每年向学院委员会汇报学院的情况等。

首席行政负责人。美国大学院长享有一定的自主权，负责学院的行政工作，通常包括人事、专业、预算、设备、学生事务等内容。

首席学术管理人。院长是学院学术理念、学术标准和学术项目的护卫人，院长要尽力确保学院的学术水平、学科专业结构和提供的课程能有效满足社会需求和时代变化的要求，在顺应社会发展与尊重学术传统之间保持平衡。

首席发言人。院长担负着向学院内外进行信息沟通、传递的角色。对内要善于进行组织发展的宣讲，向师生介绍学院的历史、使命与发展目标；对外要善于与新闻媒体打交道，努力树立学院良好的公众形象。在一些大型活动当中，经常要代表学院作为主持人或出席嘉宾，也是校级会议和活动的学院首席代表。

公正的裁判员。美国高校的多元化色彩非常浓厚，来自不同国家、不同种族的教职工和学生在价值观、文化背景、宗教信仰等方面都有着明显的差异。因此，难免会出现摩擦与冲突，当教职工或学生向校内审查机构寻求帮助时，审查机构则会把意见建议反馈给院长，这就要求院长要熟悉问题处理的机制，要能良好地与审查团体沟通交流，核查事实，判别是非，并决定如何处理。

加油队长。良好的氛围对一所学院的发展非常重要。院长作为学院的基石，直接影响着学院教职工对学院的信心与士气，院长要尽可能保持积极乐观的态度，勇于面对学院在发展中遇到的困难，并以积极的心态去解决，以此带动学院教职工。

应对困难的导师。院长还承担着帮助教师应对各种困难或错误的指导者的角色。当教师遇到困难或犯错的时候，院长要站出来为教师提供帮助与指导，促进教师健康发展与专业成长。

由此可见，美国高校的院长担负多重职责和扮演多重角色。这些角色既有行政事务又有学术事务，所以，在学院治理当中，院长是一个多元化的职位，已经不是纯粹的行政人员或者学术人员了。

（二）副院长的职责与角色定位

随着社会分工的细化，大学内部环境的日渐复杂，以及教师和学生的增多，学院规模和功能的扩大，学院事务和管理变得更加复杂，只有院长作为学院事务的管理者已经显得力不从心，副院长这一职务应运而生，其产生主要是为了分担院长日益繁重的管理事务，使院长能够专注于一些关键和优先的事务。

在美国研究型大学中，副院长职务日益呈现出专业化的倾向。在20世纪90年代之前，副院长通常从现有教师中选举产生，完成为期三年的"责任期"。[1]但是从90年代起，副院长的任命产生了很大变化：开始出现由资深学术型教师担任副院长向行政管理专业人才担任副院长的转变。特别是一些90年代后新成立的大学向外界刊登广告招聘资深的学术管理者担任副院长，即专门的行政管理人才担任学院的副院长。

副院长的角色更像是一个协助者和执行者，职责是相对不确定的，其管理权由院长授予。副院长管辖的事务一般包括教师和科研、教学项目和课堂质量、教师工作量和考核、招生或对外宣传等。[2]由于副院长的职责是由院长授权的，所以上述有些活动尽管是副院长的职责，但也可能授权委托给专业教师去做。

（三）系主任的职责与角色定位

系是大学最基本的组织，随着大学规模的扩大，其组织结构和日常管理活动也日趋复杂，系这一最小组织单元的管理工作就显得尤为重要。有学者指出，在美国研究型大学中，有80%的决定都是由学系作出的，[3]因而，系主任就成了学院治理中不可或缺的角色。

系主任的选拔主要有三种方式：一是由系里成员选举产生；二是由院

---

① Effrey Richards, *Uneasy Chairs: Life as a Professor, in Higher Education*, 1997, 35.

② Allan Bolton, *Managing the Academic*, Open University Press, 2000, 46.

③ Roach J.H.I., *The Academic Department Chairperson: Roles and Responsibilities, Educational Record*, 1976.

长在学院终身教职教师咨询后直接任命；三是由系里向学院提供推荐名单，再由学院教师会议讨论通过后任命。在有些大学里，系主任是由学院里获得终身教职的教授轮流担任的。担任系主任并不是一件轻松的事，需要有管理能力，还需要有较强的个人魅力，因为系主任既是大学院校系三级管理结构中的管理者之一，同时又是系里的教师，其管理的基础来源于系里同事的支持，一般而言，系主任一般由在某一学科领域具备一定成就且又在学院里站稳脚跟的教授担任。[①]

系主任作为系的领导者，在治理中所起到的作用对于学院乃至整个大学的发展都有着重大影响。尽管系主任的决策往往需要上级复审，但是系主任在教师任命、课程和教学等事务中具有很强的控制权。美国学者查克（Tucker. A.）认为："如果一所著名大学的管理阶层吸纳了无能的系主任，那么，这所大学将很难生存下去；相反，一个平凡的大学管理组织，如果有卓越的系主任们的支持帮助，通常可以生存下来。"[②]系主任在学院当中扮演的角色，大致可以总结为几个方面。

第一，系主任是学术力量的引领者。系主任需要衡量学系教师价值观与学校行政要求之间的微妙关系，把握专业的研究方向，成为两者之间重要的纽带。另外，系主任作为学术的开发者，还需要对新教师的招聘严格把关，鼓舞教师士气，提升教师的教学质量和科研产出。

第二，系主任是内外兼通的管理者。系主任的一项重要管理职责是制定本系的长远发展战略规划。作为系里的领导者，系主任往往需要具有敏锐的学科嗅觉和前瞻性，通过制定本专业的长远发展规划，从而给教师更替、完善或开设新的项目、制定课程计划以及为组织其他活动提供标准和

[①] 王庆辉等：《世界一流大学系主任的基本特征及其启示——基于美国AAU大学的调查分析》，载《高等教育研究》2012年第10期。

[②] Tucker. A., *Chairing the Academic Department: Leadership Among Peers*, American council on Education, 1984.

指南。①另一项重大任务则是系主任需要掌管预算编制和经费管理。在美国研究型大学中，系主任在财务方面的管理权限差异比较大，主要取决于学科及系的规模。有的系主任可能只负责财务管理中关于本系办公用品的预算和开支；而有的系主任则可能在财务方面享有较大的管理权限，负责制定购置贵重仪器和设备预算，并具体采购；有的还管理本系编外人员的预算方案，如技术人员和特聘教师。②而对外，系主任还要主动承担起筹措研究经费的职责，由于财政紧缩，美国高校的办学经费严重缩水，特别是一些公立大学，来自联邦政府和州政府的资助和拨款连年削减，为了争取更多的科研项目，促进系里良好的科研产出，系主任也必须承担起筹措资金的重任。

第三，系主任还要成为师生的服务者，善于帮助其他教师和学生顺利地解决所面临的问题。在大学这样一个研究高深学问之所，系主任要想顺利开展工作，得到教师们的推崇和尊重，就要求系主任不但要具备突出的教学和研究能力、兢兢业业的工作态度，还要拥有乐于助人、任劳任怨的奉献精神。系主任由于经常与教师和学生打交道，所以还需要具备很强的个人魅力和感染力、耐心和亲和力，成为师生们能够依靠和信任的服务者。

二、美国研究型大学学院治理的学术体系

研究型大学各个学院的最主要工作是进行教学和研究，因此，除上述行政管理体系之外，在学院中还存在着学术管理体系，二者共同享有学院的治理责任，互相渗透，形成了学院一级的二元权力结构。学术体系主要包括学院教授委员会和由师生代表共同组成的各事务委员会。这些机构不定期开会听取学院委员会或院长的报告，通过集体协商、投票就有关学术

---

① Jenski L. J., Lees N. Douglas: *Department Planning within the Context of Institutional Exceptions*, The Department Chair, 2003, 11.

② Denny, C.: *Tips for Managing the Department Budget*, American Council on Education.

问题进行决策或者向院长提出咨询意见。[①]

(一) 学院教授会

学院教授会是大学学术评议会在学院层面的延伸，具体承担学院治理中学术事务的责任。教授委员会是学院学术力量的代表，教授通过教授委员会行使学术权力，不定期地举行会议讨论和制定学术方面的政策，给院长提出建议和意见，监督学院财务状况等。

在学院教授会的构成当中，最重要的职务是教授会主席，有的学院还会设置副主席，以便在主席临时缺席时代行职务。教授会主席一般由教师选举产生，但主席不能是院长或者执行副院长，因为他们是行政体系内的职员，这也体现了美国研究型大学在学院治理中分权制衡的思想。但是院长是教授委员会的成员之一，也具备投票权。除了教授会主席，一般还会设置教授会秘书长等职务，在学院教授会之下会设置执行委员会作为常设机构代表其行使权力。

纵观美国的高等学府，教授委员会主要有两种类型：一种是"纯粹型"评议会，其成员完全由教师组成，可能是学院内部的全体学术人员，也可能仅限于某些职位以上的教师；另一种则被称为"混合型"评议会，大学和学院的管理者尤其是高级管理者，是学院评议会的当然成员，还包括来自学院的学生代表和行政人员代表等，[②]如哈佛大学文理学院教授会就是比较偏"纯粹型"的教授会，只由教师代表组成，成员由教师选举产生；哈佛大学文理学院现任教授委员会共有19名成员，来自哈佛学院、文理研究生院与工程和应用科学学院三个学院，其中2/3为拥有终身教职的教授。[③]与哈佛大学不同，加利福尼亚大学伯克利分校的文理学院教授会则是

---

① 别敦荣：《中美大学学术管理》，华中理工大学出版社2000年版，第11页。

② Neil Bucklew, Jeffery D.Houghton, Christopher N. Ellison, *Faculty Union and Faculty Senate Co-Existence: A Review of the Impact of Academic Collective Bargaining on T aditional Academic Governance*, Labor Studies Journal 4, 2012, 373-391.

③ *Harvard University, Self-study for NEASC Accreditation*, http://www. provost. harvard. edu/institutional_research/Havard University Self-Study.pdf, 2016-05-13.

"混合型"的教授会，校长、教务长都是学院教授会的当然成员，除此之外，还包括所属各学部的所有教师。当召开会议时，规定该学院中每个提供课程的系都要指定至少1名代表参加会议，但是明确规定工作不足两年的教师没有投票的权利。其常设机构是执行委员会，具体负责监督文理学院教学和科研事务，评估各系的主修和辅修项目，执行委员会成员由文理学院院长和来自不同系别的7名教授组成。[1]

相比于学校学术委员会，学院教授会的权力显得更为集中和突出，因为学院和系是承担学术工作的实体，越往基层，事务越集中，教授委员会的权限也随之扩大。美国高校的学院教授会主要负责本院的学术事务，学院教授会的运行有着严格的组织制度规定，包括每次会议的参与人数、投票原则等都有着详细规定，这也给教授会的良好运行提供了组织保障。有的学院的教授会运行是全体教师参与，实行一人一票制，采用集体决策的方式来组建教授会；而有的学院规模比较大，教师人数众多，则会采用代议制，从各个系、科、学部选举代表参加教授会进行决策。从职责方面看，学院教授会的权力也是很大的，几乎所有与学术相关的事务都由教授委员会负责决定。其首要职责是对学院学术事务的决策，决策权涵盖了学院的学术政策、规划学科建设和发展、教师聘用、考核与晋升、本科生和研究生教学、课程设置、学位事项和任命下属委员会等内容。虽然不同高校、不同学院的教授委员会在决策权限上有所不同，但是我们可以看到，学院内部的学术权力是学院治理当中一股非常强大的力量。教授委员会的第二个职责就是利益表达，教授委员会为学院的教员提供了表达自身利益诉求的渠道。这种功能起到了整合教师利益需求，疏通"民意"，维护学院内部团结的巨大作用。因为在教授会上，代表可以自由发表观点，会议

---

① *University of California Manual, By-Laws of the Berkeley Division of the Academic Senate*, http://academic-senate.berkeley.edu/commitees/re/Laws-berkeley-division-contents, 2016-05-13.

的所有议题都有讨论环节，向参会的成员自由开放，尽管向全院教师表达不同意见需要一定的勇气，但在美国大学的学院教授委员会中，演讲、游说、辩论的情形并不少见。教师只要找到一定数量的愿意支持自己见解的代表，就能够提交议案供会议讨论，如果在讨论中成功说服了多数代表，则很可能通过投票形成决议，即使没有形成决议，也能让学院领导层听到不同的观点和呼声，对一些问题加以重视。在一些较大规模的学院，例如文理学院的教授会就常有学校的高级行政官员到访和讲话，他们的讲话一般有特定主题和目的，会说明学校近期的相关政策或者是寻求某种支持，在行政官员发言之后，教师代表可以随意提问，表明自己的意见和看法，进行有效的对话。通过这一过程，教师能够有效表达需求，而行政官员能够就要采取的政策或行动事先了解民情，防止决策失误或引起反感。这样的对话，畅通了教师与学校、学院行政之间的利益表达通道，效果不容忽视。

（二）其他各类委员会

在学院治理的学术系统里，在学院教授委员会之下，往往还设立诸多的具体委员会来管理和执行具体事务。各委员会的委员一般由教师选举产生，有的则是由院长直接任命，各委员会对全体教师负责。表4-7搜集了哈佛大学文理学院、加利福尼亚大学伯克利分校文理学院、印第安纳州立大学文理学院所设立的委员会，从中可以看出美国高校的哪些具体事务是由委员会来负责的。

表4-7 哈佛大学、加利福尼亚大学伯克利分校、印第安纳州立大学文理学院的委员会

哈佛大学	加利福尼亚大学伯克利分校	印第安纳州立大学
学位项目课程委员会 教育项目委员会 跨学科协调委员会 研究委员会 非课程的本科学生委员会 管理委员会	改革委员会 课程委员会 评估委员会 计划和预算委员会 教师事务委员会 学生教师关系委员会	学术事务委员会 管理和教师事务委员会 奖励委员会 晋升和终身教职委员会调解委员会 基础课程委员会 学生成绩申诉委员会

从三个学校的委员会设置情况看，委员会设置的领域主要集中在课程、科研、学生事务、教师事务等。从职权看，各委员会各司其职，负责监督和执行自己领域的相关政策和活动，例如哈佛大学课程委员会主要负责提供课程指南，监督和协调各系的课程安排；教育项目委员会主要负责开设本专业以外的课程和指导等。所以，在美国高校的学术事务当中，不仅有教授委员会负责决策，还有各委员会负责监督执行，是一套非常完善的体系。一方面，属于学院行政管理体系中的院长、副院长、系主任往往也是学术管理体系中学院教授会的成员，并具有投票权，他们还可以担任某些委员会的执行委员；另一方面，教授会的一部分教师也参与到各个委员会当中，从而保证教师能参与某些重大行政事务的决策。由此可见，在美国研究型大学的学院管理中，行政权力系统和学术权力系统相互渗透和协调，实现了有效的管理共享。

（三）教师行使权力的机制

美国研究型大学学院治理的总体框架设计是一个分权的结构，行政体系和学术体系各司其职，互相制衡又互相配合。正如前文所述，学术体系能得以建立并掌握学术事务的主管权力，主要得益于教师维护自身权益的意识觉醒。特别是在美国大学教授联合会（AAUP）建立以后，高校教师对于维护自身权益的行动就开始具有了更强的主动性，除教授会之外，一般美国研究型大学还会定期召开全体教师会议，一般每个学期召开一次，主要是为了院长了解学院的基本情况和教师们发表对学院发展的建议。教师权利主要集中在与教师相关的学术事务上，一方面，教师有权参与学院制定规则和决策的过程，对一些重大决策有投票的权利，这种权利一般情况下由教授评议会代为行使，同时，教师也有权对教授评议会作出的决策通过联名请愿书的方式予以质疑或反对；另一方面，教师对于一些可能影响到教育政策的事务享有咨询权，可以积极建言献策。在美国研究型大学学院治理中，通过章程的设定，严格规定了学院教师所享有的权利，以文本的形式，保证了教师权利不受侵犯，教师在学院治理中享有主体地位并发挥实质性的作用。

　　美国大学教师权利的实体性作用，可以从哈佛大学文理学院的案例中得到具体体现。2001年，美国财政部前部长劳伦斯·萨默斯（Lawrence Summers）就任哈佛第27任校长，上任之后，萨默斯发表了一系列言论，引起了文理学院教师的反对，例如他约见了文理学院著名的研究非裔美国人的学者康奈尔·韦斯特（Cornel West），指责其不务正业，要求他带头治理教授个人膨胀的问题，多从事一些严肃的学术活动。韦斯特否认了这一指控，随即辞职，并导致其他从事非洲和非裔美国人研究的教授一起离开了哈佛大学，导致哈佛大学在这一领域遭受巨大打击。而后在2005年，萨默斯又在一个由国家经济研究局举办的论坛上被怀疑发表了对女性含有歧视的言论，他说性别差异可能导致了女性在科学领域建树较少。这一言论引起哈佛大学文理学院教师们的极大愤怒，在文理学院教授评议会上，通过了对萨默斯领导能力的不信任案。但在文理学院的不信任案通过后，校董事会却坚定地表达了对萨默斯的支持，萨默斯得以继续担任校长。随后在2006年，文理学院院长威廉·柯比（William C. Kirby）辞职，有内部消息透露，是萨默斯要求其辞职的，愤怒的教授们再次通过了对萨默斯的不信任投票。在巨大的压力下，萨默斯不得不宣布在学期结束后卸任。萨默斯在公开信中说道："我不得不承认，我与文理学院部分教员间的分歧使我无法推进那些我认为对哈佛大学未来至关重要的工作。"萨默斯是哈佛大学在370多年发展史上第一位因教师不信任案而辞职的校长。在哈佛大学只有董事会才有权力决定聘请或解雇校长。但是文理学院教师的不信任案，让萨默斯的任职充满压力，直接导致其辞职。正是因为萨默斯对教师权利的不尊重，导致其被教师排挤，最终被迫辞职，可见教师权利的重要性以及其发挥影响的巨大作用。

三、美国研究型大学学院治理的模式分析

（一）学院治理的类型

　　美国大学的学院治理是以院长为主的行政体系和以教授为主的学术体

系的相互作用和制衡的结果。但学院治理并没有固定的模式，在不同学院，由于学院规模不同，院长的领导方式不同，行政权力和学术权力的力量配比往往有所差异，因而也就形成了不同的领导模式。

根据学院决策方式、过程和最终决定权的不同，在美国研究型大学学院治理中，主要存在集权式和分权式治理类型。[①]所谓集权型主要是指在学院的人事、财务、发展方向等方面，院长起着主导作用，最后的决策往往与院长的个人意志有很大关系，教师委员会或者相关的事务委员会起到的作用不大。而分权型则是指在学院的决策过程中，大部分决定由教授会作出，院长等领导只是以顾问的形式参与到决策当中，既不占据主导地位，也没有最终决定权。一般而言，在集权式治理模式中，决策方式和过程不固定，会根据领导者的领导风格而变化，由于缺乏明确的决策规定，强势型的院长比较容易大权独揽。而在分权式治理的模式中，一般对于决策方式、过程有着明确的议事章程，依照规矩办事，院长等领导层很难起到主导作用。

美国学者约翰逊（Johnson Dewayne J.）通过对美国几十所研究型大学院长的研究，根据学院治理的集权程度高低，将治理类型进一步细分为寡头决策型、领导决策型、参与决策型和共同决策型。[②]寡头决策型和领导决策型都属于上面所提到的集权式，而参与决策型和共同决策型都属于分权式。在前两种模式当中，院长或管理层更像是大学里的政治家，而后两种模式则更像是学者型的领导。不同的治理类型，对于具体事务的决策主体和决策过程是不同的。判断学院治理属于哪种模式，主要标准有三个：对于学院决策的制定流程是否有明确的规定；学院决策的讨论是否通过教师大会或委员会，相关委员会是如何选拔产生的；学院重要决策的最终主体

---

① Ryan, D.W, *The Internal Organization of Academic Departments*, Journal of Higher Education, 1992, 478.

② Johnson, Dewayne J, *Relationship Between Administrators Personality and How They and the Faculty Perceived the Administrator's Role and Degree of Success*, Administrator Role, 1976, 11.

是谁，是院长、委员会还是教师大会。

在寡头决策型当中，决策主体是学院领导层，最终决定基本由行为强势的院长作出，学院设置的课程委员会、人事委员会等只在最终决定作出前起到建议作用，在院长作出决定后，也不需要经过委员会的批准，教师在学院决策中的存在感很低，他们经常私下评论这样的院长决策如同"父亲般的独裁者（Paternal dictator）"。随着民主化和学术权力的加强，寡头决策型的治理模式在美国高校中已经非常少见，只在一些规模很小的学院或者是一些院长任职多年并且享有非常高声望的学院当中存在，这样的治理模式对于院长的能力要求非常高，他既需要在学院内部拥有很高的威望，同时又有足够强的个人素质，不仅是在对学科的把握和学术素养层面，还要能够在处理事务的时候有准确的判断力。

而在另一种集权型的领导决策型中，决策主体则是学院的相关委员会，决策过程呈现出很强的集中性。根据学院章程，学院的大部分决策需要通过相关委员会最终作出，院长在决策时需要向委员会咨询和讨论，委员会对于决策有着很强的影响力，但在这种治理模式中，学院重要的委员会的委员基本是由院长任命或提名产生的，而强势或者声望很高的院长会倾向于任命与自己关系比较亲近的人进入这些委员会当中，并且由院长或者副院长兼任重要委员会的主席，所以大多数时候，委员会所作出的决定更多的是体现出领导层的意志。在此治理模式当中，学院领导层占据主导地位，教师能够在一定程度上参与到决策当中。

分权型治理模式的决策主体和决策过程则与集权型有很大不同。在参与决策型的治理模式中，决策主体仍然是学院设置的相关治理委员会，但是主导者却变成了教师，决策过程也充分体现民主原则。学院各委员会成员由教师大会选举产生，院长是委员会的当然成员，但是并不占据主导地位。由于委员是选举产生的，所以往往在决策中体现教师的意志，因而全院教师都能通过自己所支持的委员意志参与决策过程，或多或少地通过正式或非正式的方式对决策产生影响。但是在参与决策型的治理模式当中，对于委员会成员的身份一般会有所限制，例如规定必须是获得终身教职的教授才能进入，所以在委员会中，一些比较有资历的教授能发挥很强的作用，但是年轻教师或者讲师在决策中起到的作用很有限。而另一类分权型治理模式——共同决策型，决策主体则变成了教师委员会，大多数重要决定，例如教师的聘任、晋升、终身教职的评定以及学院的重大改革，都需要经过教师大会讨论，在教师会议上，所有教师只要有意愿发表看法都可以提出自己的见解，如果教师拥有足够强大的理由和说服力，每个教师都可以在决策当中起到一定作用。同时，相关具体事务委员会也按照一定的比例吸纳年轻教师进入，因此，在学院大大小小的决策当中，教师们都能参与其中，例如印第安州立大学的自然资源学院在章程里就明确规定，学院的新教师聘任、终身教职评定，需要公开在教师大会上讨论并投票。对于学院的任何决策和行动，在120天内，学院教师都拥有投票权，只要在规定时间内，获得25位以上教师的联名请愿书，就可以申请召开专门的教师会议，重新讨论相关政策和问题。[1] 由此可见，在共同决策型治理模式下，教师对于治理决策的参与度是很高的。

（二）不同学院治理模式的内部特征

随着学术权力的加强和民主化思想在大学治理中的不断深入，集权型治理模式尤其是寡头决策型模式，在美国研究型大学当中已经比较少见，大多数学院在决策过程当中都越来越多地引入更多的教师参与。当然学院治理模式也是变动的，在不同院长的领导下，根据院长个人的领导风格和行为方式，学院的权力分配结构和治理模式会有所不同，目前，在美国的学院治理中，决策的民主化是一个大趋势，但是民主化的程度有所不同，为了提高决策速度和效率，一些学院也会在一定程度上采取集权的决策模式，同时，在不同的治理模式下学院也呈现出不同的特点。

1.学院治理模式的选择与学院规模有很大关系

学院治理的集权程度与学院规模大小有着很强的关联。一般而言，规模

---

① *Indiana State University Faculty Handbook*, http//www.indstate.edu/cas/faculty_and_staff/faculty Council2014_2015.html, 2016-05-13.

越大，下属科系和教师人数越多的学院，集权程度越低，多采取分权型治理模式，例如耶鲁大学的耶鲁学院、哈佛大学的哈佛学院。而集权程度较高的学院，则往往是规模偏小的学院，以大学里的专业学院为主，例如神学院、教育学院等。根据瑞恩（Ryan Doris W.）在俄亥俄州立大学15个学院所做的调查，教职职工数小于30人的学院大多数偏向于集权式的治理方式，教员人数在30人以上的，规模相对较大的学院则更倾向于分权式治理。[①]因为在规模较大的学院中，下属的科系越多，管理的跨度越大，领导者不得不分散一些权力到下属的团队决策中，这样才能更好地协调各方利益。

以俄亥俄州立大学为例，在其15个学院中，有8个学院（A-H）的教师人数在30人以上，人数最多的有87人；有7个学院（I-O）的教师人数在30人以下，人数最少的只有13人。规模不同的学院在委员会设置、委员会成员选拔等方面都呈现出巨大不同，见表4-8。人数在30人以上的学院当中，所设置委员会数量的平均数为9.5个，而规模在30人以下的7个学院当中，所设置委员会的平均数量仅仅为4.5个。管理具体事务的委员会越多，说明管理层级越细，权力分工越明确。规模越大的学院越倾向于通过建立相关事务的委员会去处理相关事务。在委员会成员组成上，虽然大多数学院都是以获得终身教职的教授为最主要的组成部分，但是规模较大的学院更倾向于加大副教授和助理教授在委员会中的比例，给予更多教师参与决策的权力，在俄亥俄州立大学8个规模较大的学院中，有5个学院都允许助理教授进入委员会当中，而在7个规模较小的学院中，只有2个学院允许助理教授加入委员会当中。同样，在委员会主席的产生方式上，在规模较大的8个学院里有6个学院的委员会主席都是通过选举或者部分选举（部分选举是指在规定的范围内进行选举，例如只有获得终身教职的教师才有资格投票等）产生的，而7个规模较小的学院，其委员会主席则都是由任命产生的。正如前文所述，教师选举产生的委员会主席，在决策的时候会更多地反映教师的意志，治理模式也就更

[①] Ryan, Doris W., *The Internal Organization of Academic Departments*, Journal of Higher Education, 1972, 468.

为分权；而院长任命主席时，一般会任命与自己关系较为亲密的教授作为主席，治理模式也就更为集权。还有一点，在规模较大的学院中，有5个对于决策过程都有明确的制度规定，为权力的规范行使提供制度保障，而规模较小的学院里只有1个有相关制度规定，这也导致了小规模学院更容易受到领导层意志的影响，采取集权式治理模式。

表4-8　俄亥俄州立大学学院委员会基本情况统计

学院序号	委员会数量	委员会主席职称			委员会主席产生方式	有无明确议事章程
		教授	副教授	助理教授		
A	16	13	3	0	部分选举	有
B	9	3	3	3	部分选举	有
C	11	8	3	0	选举	有
D	7	4	2	1	选举	有
E	10	4	5	1	任命	无
F	10	4	4	2	部分选举	无
G	6	6	0	0	任命	无
H	8	6	2	0	部分选举	有
I	5	4	5	1	任命	无
J	8	3	5	0	任命	有
K	0	0	0	0	任命	无
L	7	5	2	0	任命	无
M	7	4	2	1	任命	无
N	1	0	1	0	任命	无
O	3	2	1	0	任命	无

2.学院治理模式不同，教师所能参与的决策程度不同

在不同的治理模式下，教师能够参与到决策中的程度是明显不同的，在集权型治理模式中，教师往往只能起到咨询的作用，最终决策权是在院

长等领导层的手中，教师意见并不重要，而在分权治理模式中，教师能参与决策的方方面面，大部分决策都是通过教师大会或者委员会投票做出，教师有权自由发表意见甚至提出反对提案。

课程设置、教师招聘、职称评定是三项与教师最为息息相关的决策。从俄亥俄州立大学15个学院对于这三项决策的决策主体也可以明显看出教师参与程度的不同。根据统计，在俄亥俄州立大学的15个学院当中，关于课程设置的决策是教师参与程度最高的，有5个学院将课程设置通过全体教师大会进行讨论决策，所有教师都可以参与其中，并且所有学院在做出最后决策时都会进行相关必要的咨询。而关于教师招聘、职称评定这两项决策的参与程度明显较低，只有2个学院的决策通过教师会议讨论，大多数则是通过只有教授参加的委员会或者领导层参加的会议作出最后决策。在教师招聘方面，有10个学院在决策前，院长或委员会会对相关教师进行咨询，而在职称评定上只有8个学院会进行必要的咨询，并且一般是向高于所评定职称的教师进行咨询。这说明在一些关键问题上，治理模式不同，教师能够参与的决策程度也就不同，见表4-9。

表4-9　俄亥俄州立大学各学院最后决策者（final decision）统计[1]

最后决策者	课程设置	教师招聘	职称评定
管理层	2	6	7
相关委员会	8	7	6
教师会议	5	2	2
决策前对相关方进行咨询	15	10	8

这一点，也可以从耶鲁大学耶鲁学院的治理模式当中得到证明。耶鲁大学一直提倡尊重学术权力，耶鲁学院作为耶鲁大学的代表，是典型的共同治理模式。耶鲁学院的教师可以通过教授会，在确定课程开设、学习

---

[1] Ryan, Doris W., *The Internal Organization of Academic Departments*, Journal of Higher Education, 1972, 473.

标准、入学考试和学位授予以及教师招聘、终身教职、奖惩政策等方面，直接参与和制定有关政策。耶鲁学院著名的历史学家皮尔逊（Abraham Pierson）对于耶鲁学院学术权力行使的民主性曾有过这样的描述："在耶鲁学院，每个教师都是代表；共同体的决策由每个教师亲自参加。当人们对任命存在异议时，永久性教师委员会则会出面解决。绝大多数事务都是由耶鲁学院的全体教师协商解决。讲师、助教与教授有同等的发言权及同样的责任。青年人可以与老年人辩论、提出问题、对动议提出修改意见——虽然在一群威严挑剔的听众中间站起来发言本身是一项巨大的考验，甚至可能会面临难堪，因为老教师可能对于所提出的问题已经有了成熟的考虑，但是耶鲁学院始终鼓励教师参与其中。"[1]由此可以看出，在耶鲁学院这样的分权治理模式下，教师对于决策的参与面和参与程度都是很高的。

以耶鲁学院教师聘任过程为例，我们可以看到教师聘任的各个环节都有教师的参与。耶鲁学院的教师聘任工作由学院的文理科教授会负责，新教师聘任程序和标准开始于系和学院，首先在岗位的分配决定中，主要由文理科教授会的指导委员会作出决定，委员会主席由学校教务长担任，成员包括院长、学院教务长、助理教务长以及耶鲁学院下属四个组（生物科学、人文科学、自然科学与工程学、社会科学）的负责人。在这个过程中，各个组的负责人会广泛收集来自各个学系教师的意见，并将意见提供给指导委员会，以利于将招聘岗位转移到学生感兴趣的学科以及新出现的科研领域。接下来在聘任过程中，在岗位分配确定后，各个拥有招聘名额的学系会成立遴选委员会，遴选委员会的组建要接受教务长的监督，其成员构成必须是多元的，要包括女性和少数族裔。遴选委员会成员的任命需要在教师会议上公布，任何教师都有权力质疑。进入投票与核准环节，在确定若干最优候选人后，学系会召开会议投票，所有获得终身教职的教师

① 陈宏薇：《耶鲁大学》，湖南教育出版社1990年版，第60页。

都必须出席投票，同时，在招聘岗位级别同级或以上的教师也都会被邀请参加投票，这样就保证了教师在聘任环节中最大程度的参与，保证学院所招聘的教师是受教师们欢迎并且真正需要的。

3. 学院治理的模式不同，教师与领导的关系也不同

在不同的治理模式中，教师与学院领导层的关系呈现出明显的不同。在领导层起主导作用的集权治理模式下，教师与领导层的关系趋向于疏远，教师们对领导的评价也趋向负面。而在教师起主导作用的分权治理模式下，教师与领导层的关系则更为亲近，评价也趋向积极。

在一项面向美国研究型大学41位院长以及所在学院的教师的调查中，揭示了在不同的治理模式当中学院领导与教师之间的关系，在不同的治理模式当中，院长和教师对于管理工作的认知和评价有很大不同。[1]在偏向集权的院系治理结构中，院长占据主导地位，大权独揽的院长通常会认为自己将学院管理得很好，为学院奉献了很多，但教师却并不买账，除非院长享有很高声望，同时又确实提高了教师的待遇。否则，在集权型领导下，教师对于学院的忠诚度会普遍不高，教师和领导层之间也比较缺乏团结，教师们普遍不喜欢强权型的领导。如果院长在学院里越以领导自居，那么他的工作就越难得到教职工的认可。而在分权型的学院治理结构当中，院长的领导工作和决策方式往往比较民主，尽管可能院长认为自己做的事情并不多，但是却能得到教师很高的评价。在分权式结构当中，院长与教职工之间的关系更为亲密，教师们都比较偏爱不那么强势、行事更为民主的院长，因为这样的院长或领导层不会过多干涉教师事务。

这一点可以从哈佛大学文理学院20世纪50年代至70年代两位院长乔治·邦迪（George Bundy）和罗索夫斯基（Henry Rosovsky）与教职工的关系中看出。乔治·邦迪在1953年至1961年担任文理学院院长，任职期

---

[1] Ohnson, Dewayne J., *Relationship Between Administrators Personality and How They and the Faculty Perceived the Administrator's Role and Degree of Success*, Administrator Role, 1976, 11.

间，哈佛文理学院的知名度和影响力都有巨大提升，而且面对经济的不景气，邦迪大力为学院争取足够的资金，但是他与文理学院教师的关系却很紧张。邦迪采用集权式的管理方式，崇尚精英主义，通过建立各种委员会来进行管理，以避免直接与教师发生冲突。邦迪的一系列专断措施，与教师利益产生了冲突，尽管他做了很大的付出，但是教师们对他的评价并不高。首先，他在任期间，大量从外校聘请学界知名学者和年轻精英，教授数量增加了近一倍，一方面，这确实使哈佛的学术水平得到了巨大提高，但是人数的增加也导致了竞争加剧，许多教师职称晋升更加困难；另一方面，他还坚信哈佛大学应该不断补充新鲜血液，所以对于一些达到退休年龄的教授并不积极返聘，这更加导致了他与一些教师的关系紧张。其次，邦迪一些大胆的任命也遭到了保守教师的批评，例如他聘任活跃于政坛的基辛格（Henry Alfred Kissinger）为政治学系的终身教授，他将英语系、日耳曼语系、斯拉夫语系和罗曼语系合并成了现代语言学院，希望建立一个有良好秩序的大型院系，但是却收效甚微，各语系之间缺乏沟通，互相争夺资源，导致多位教授反对这项决议。尽管在邦迪离开文理学院后，他被当时的校长评价为"有才能、有干劲又有魄力的院系领导……对哈佛作出了突出的贡献"[①]，但是他在教师中的口碑却并没有这么高。而之后罗索夫斯基在20世纪70年代担任了哈佛大学文理学院院长一职，他是位典型的民主院长，他提倡教授委员会通过选举组成，并将许多事务交由教授委员会开会处理。他非常注重与教授的沟通，他在每年的预算报告中都要就文理学院的财务状况作出书面解释，用语力求使每一位教授都能理解，并且他在任期间，还提出大幅度增加教师工资，以提高哈佛大学教师的待遇和竞争力，这些举措都使他在文理学院教授中广受欢迎，尽管他在任期间，哈佛文理学院的各项评价指标较之前期都并没有显著提升，但是他仍然得到

---

① ［美］莫顿·凯勒著，史静寰等译：《哈佛走向现代：美国大学的崛起》，清华大学出版社2007年版，第310页。

了巨大支持，许多教员都希望他进一步成为哈佛大学校长。[1]

在美国当前的学院治理当中，居于主流的还是倾向分权的共同治理的模式，行政权力的存在有利于协调学校和学院之间、学院内各部门之间的关系，使大学具有整体性，而学术权力的存在则确保了学院在教学、科研等学术事务上的基本属性，二者相辅相成，共同推进学院的科学治理以及学院目标的实现。

美国研究型大学的管理重心在学院，学院自主权较高，在人事、科研、课程、财务等方面都有一定的自主决定权，同时，学院也建立起了完善的规章制度，各项事务都有章可循。在权力结构上，美国研究型大学的学院治理形成了行政权力与学术权力的二元权力结构，两者相互配合又相互制衡，共同分享学院的管理职责，以院长为首的行政体系主管行政事务，以教授委员会为主的学术系统主管学术事务，明确分工，但成员间又互相渗透，让二者更好地分工与配合，同时设置诸多委员会来负责具体事务的执行和监督，让行政和决策更为有效。美国研究型大学的学院治理体现了美国大学一直以来所追求学术自由、分权制衡、民主化与专业化的价值诉求，通过完善的制度设计，来保障这些价值理念的顺利施行。在充分尊重教师权益和教授专业意见的同时，尽量保证行政的高效，正是这些治理上的独特之处，为美国高校那么多享有盛名的学院和世界一流的学科奠定了基础。

（三）学院不同治理模式特点的分析

美国研究型大学的学院治理所形成的集权和分权两大类型以及寡头决策型、领导决策型、参与决策型、共同决策型四种具体治理模式都是相对而言的，其都是大学作为一个具有松散耦合特性的组织建立在对民主决策、大学教师学术性和专业性的尊重基础之上的。尤其是随着民主化思想和分权制衡理念的深入，美国研究型大学中的集权治理、分权治理也都是

---

① ［美］莫顿·凯勒著，史静寰等译：《哈佛走向现代：美国大学的崛起》，清华大学出版社2007年版，第552页。

相对而言的，权力分配更为集中或更为分散，权力的行使仍然受到来自制度、校级层面、教师层面的多方监督。

美国研究型大学学院治理的根本还是共同治理，只是不同学院从自身实际出发，采取了不同的治理模式。大学作为一个具有松散耦合特点的科层化组织，其治理充分建立在对民主、学术自由、分权制衡思想理论的基础之上，同时，不同时代和不同社会需求，又需要适当考虑决策效率和精英治理等因素。

虽然民主思想渗透到了美国大学的方方面面，但是民主也并不能解决一切问题，民主也有其固有的局限性，主要反映在可能出现决策低效和多数人专制的弊端。因此，在美国研究型大学的治理中，一些学院在治理过程中，倾向于采用更为集权的方式来治理，即上文所提到的寡头决策型和领导决策型，这两种治理模式更多强调的是对科层化高效决策的追求和对精英思想的推崇。作为科层化的行政体系，以院长为代表的学院行政系统，尽管与纯粹的科层组织有着一定区别，但是也有着高度的相似性。院长作为学院的首席行政官员，依照学校的相关规定，设立必要的组织机构，配备相应的工作人员，控制与协调学院各方面的运作。在寡头决策模式里，院长是学院里的决策核心，对于学院的重要决策会经过正式或非正式的咨询后，快速地作出决定以实现决策的高效。这反映了大学作为一种社会组织也需要追求效率，通过尽可能少的投入来获得尽可能多的回报，学院如果过分强调民主，过分追求决策的高质量，而忽视决策和执行的高效率，不仅难以实现学院的目标，甚至会影响学院的长远发展。同时，以寡头决策型和领导决策型为代表的集权型治理模式，还反映了美国研究型大学对精英主义的推崇。在寡头决策型中，决策主导权在院长手里，而在领导决策型中，决策的主导权则在一批具有较高学术地位、学术水平和经验较强的终身教授手中，他们与院长一起构成学院的决策层，主导整个决策过程。美国研究型大学的行政体系和学术体系的共享治理模式，并不是单纯地建立在民主思想之上的，更多的是基于专门知识和专业主义。在一些采取集权型治理模式的学院里，虽然学院教授会名义上涵盖全体教师，但实际上其中的一些重要委员会，例如执行委员会、人事委员会通常都只局限于少数正教授参与。年轻教师在决策中的地位和角色无法与资深教授相提并论，反映了美国研究型大学对精英在大学治理中所发挥的作用的重视。

而在分权型的治理模式中，主要反映的是学院在治理当中对民主参与和学术自由思想的重视和追求。受分权制衡等民主思想的启发，大学教师作为大学的主体，其权利意识不断增强，要求自主处理涉及自身利益的相关事务的呼声也越来越高。所以，在分权型的治理模式的参与决策型、共同决策型这两种类型当中，教师可以更为广泛地参与学院的决策过程，在这两种模式中，最终的决策是由相关的委员会或者教授委员会作出的，学院的教授会和委员会的运作在程序上和形式上均采用民主的方式，成员由民主选举产生，决策通过无记名投票作出，为了防止少数学术寡头和学术部门把持教授委员会，分权型学院对于委员会主席的任期和任职资格都有明确的规定。

综上所述，美国研究型大学目前所存在的几种治理模式，都是在科层化和松散耦合组织形式基础上形成的对不同思想理论和价值目标追求的反映。集权类型更多注重的是效率和精英主义，而分权类型则更多注重民主参与和教师的学术主体地位。不同类型是根据学校、学院的不同情况，学院所面临的不同挑战，所作出的不同模式的选择。

第五章

高等教育治理改革的
发展趋势

第一节　国家治理视野下的高等教育治理变迁：高等教育治理的变与不变

中国高等教育治理变迁70多年，大致经历了中国高等教育制度的探索与建立（1949—1977年）、中国高等教育办学体制和管理体制改革（1978—2011年）以及以治理体系和治理能力现代化改革为旨归（2012年至今）三个阶段。从70多年的治理变迁中不难发现，我国高等教育改革发展呈现出鲜明的中国特征，主要体现为：始终坚持和完善党的领导、政府政策始终发挥主导作用、高等学校内部治理的基本制度框架始终是党委领导下的校长负责制等。这些相关治理制度在高等教育实践中不断形成、确立、完善和定型，并逐渐成为中国高等教育治理的根本制度。同时，在这70多年中，中国高等教育治理在高等学校的法律地位、学术权力在高等教育治理中的作用以及在全球化背景下中国高等教育治理方式等三个方面都发生了转变。未来，在国家治理视域下，中国高等教育治理应着重考虑如何将制度优势转化为治理效能。

一、高等教育治理变迁的历史回顾

2019年10月，中共十九届四中全会审议通过了《中共中央关于坚持和完善中国特色社会主义制度 推进国家治理体系和治理能力现代化若干重大问题的决定》（以下简称《决定》）。《决定》重点论述了"坚持和完善中国特色社会主义制度，推进国家治理体系和治理能力现代化"这一重大议题，并明确提出国家进行治国理政的总体目标和行动计划。^①这就为接下来中国的改革发展提供了现实指引，也为把我国的社会主义制度优势更好地转化为国家治理效能，为实现"两个一百年"奋斗目标和实现中华民族伟大复兴的中国梦提供了有力保障。

高等教育作为国家事业的重要组成部分，其治理体系和治理能力现代化的有效实现也是国家治理体系和治理能力现代化得以全面实现的重要标志。随着"国家治理体系和治理能力现代化"不断被提上议事日程，关于高等教育治理体系和治理能力的研究也逐渐增多，^②研究的重心也开始发生转向：从静态的制度、结构、模式的探讨转变为对高等教育治理能力的研究；^③从治理主体转向治理规则；^④从治理体系转向治理能力；从治理目标转向治理效能。^⑤因此，在新中国成立70周年之际，在高等教育治理体系和治理能力研究发生重大转向的新形势下，我们必须改变以往多从学术史进行高等教育治理变迁研究的路径依赖，应从国家治理的高度来审视新中国成立以来高等教育治理变迁的轨迹，也就是要将高等教育置于更为宏观的大背景中。这样，有利于我们更为准确地把握新中国成立70多年来高等教育治理变迁的历程、主要特征和未来趋势，从而为我们今后高等教育治理体系和治理能力现代化的有效推进提供政策指引和实践基础。系统总结新中国成立70多年来高等教育制度建设的经验，还有利于明确以下问题：我们应该坚持和巩固什么样的高

---

① 新华社：《中共中央关于坚持和完善中国特色社会主义制度推进国家治理体系和治理能力现代化若干重大问题的决定》，载《人民日报》2019年11月6日。

② 李立国：《大学治理的内涵与体系建设》，载《大学教育科学》2015年第1期。

③ 李立国、王梦然：《新中国成立70年教师参与大学治理的发展历程与制度逻辑》，载《国家教育行政学院学报》2019年第10期。

④ 李立国：《大学治理：治理主体向治理规则的转向》，载《江苏高教》2016年第1期。

⑤ 李立国：《什么是好的大学治理：治理的"实然"与"应然"分析》，载《华东师范大学学报（教育科学版）》2019年第5期。

等教育制度；我国高等教育的制度优势是什么；如何将制度优势转化为治理效能，并在治理实践中补齐制度短板，提高制度执行力，不断推进高等教育治理现代化。鉴于以往针对高等教育治理变迁的研究多侧重于历史梳理和政策文本研究，本研究虽然也注重政策文本的分析，但不同点在于从更为宏观的层面即国家治理视野来审视中国高等教育的历史变迁，并着重刻画和重点阐述高等教育治理70年进程中高等教育治理的变与不变。

从颁布实施的一系列关于高等教育事业改革和发展的政策、法规和规范性文件中不难看出，自新中国成立以来，中国高等教育治理大致经历了中国高等教育制度的探索与建立（1949—1977年）、中国高等教育办学体制和管理体制改革（1978—2011年）、以治理体系和治理能力现代化改革为旨归（2012年至今）三个阶段。

1949—1977年，我国高等教育治理模式经历了由"全面学苏"到"探索和建立适宜当时中国国情的高等教育管理体制——国家趋向的本土治理模式"[1]，集中表现为中央高度集中统一。在这一阶段中，中国高等教育外部治理的总体趋势是中国高等教育制度的探索与建立，着重点在高等教育管理体制改革上，主要围绕中央和地方的集权与放权，并形成了"中央高度集中统一"的高等教育宏观管理体制；在高等学校内部管理体制上，确立了高等学校的内部领导体制和治理制度的雏形，即初步形成了党委领导、校长负责、教授治学和民主管理的高校内部治理结构。[2]此后，高等学校内部治理结构均是在此基础上不断完善的，见表5-1。

---

① 周光礼：《中国大学办学自主权（1952—2012）：政策变迁的制度解释》，载《中国地质大学学报（社会科学版）》2012年第3期。

② 马广见、王先俊：《新中国成立初期高校内部治理结构探析》，载《安徽师范大学学报（人文社会科学版）》2017年第5期。

表5-1　1949—1977年中国高等教育治理变迁的演变特征

治理维度		1949—1958年	1959—1965年	1966—1977年
外部	办学体制	国家统一办学	全国规划和地方分权相结合	
	宏观管理	中央对全国高等学校（军事学校除外）实施统一的领导	中央集中统一领导，中央和省、自治区、直辖市两级管理	
内部	领导体制	校务委员会—校长负责制	学校党委领导下的校务委员会负责制——党委领导下的以校长为首的校务委员会制	党的集中统一领导

　　1978—2011年，这一时期的高等教育治理主要围绕办学体制和管理体制而展开，见表5-2。在高等教育外部治理方面，主要体现为：（1）办学体制逐渐由中央、省、中心城市三级办学体制转变为以中央和省、自治区、直辖市两级政府办学为主，社会各界广泛参与办学的格局；（2）宏观管理体制由集中领导、分级管理转向中央和省级政府两级管理，分工负责；（3）开始注重法律制度的建立，即从法律上确定了高等学校的法人地位，为"依法治教"和"依法治校"提供了法律依据。在高等学校内部治理方面，主要体现为：（1）高等学校内部领导体制经历了党委领导下的校长分工负责制、党委领导下的校长分工负责制与部分高校实行校长负责制试点并行、党委领导下的校长负责制与校长负责制并存、党委领导下的校长负责制等四个阶段；[①]（2）持续推进人事制度改革，恢复实施教师职务聘任制度和职称评审制度，发挥学生和教职工参与治理和民主监督的作用；（3）内部管理体制主要体现在高校后勤社会化改革。

_____

　　① 李海萍：《改革开放40年中国高校内部领导体制改革审视》，载《湖南科技大学学报（社会科学版）》2018年第5期。

表5-2　1978—2011年中国高等教育治理变迁的演变特征

治理维度		1978—1992年	1993—2011年
外部	办学体制	中央、省、中心城市三级办学的体制	以中央和省、自治区、直辖市两级政府办学为主，社会各界广泛参与办学的新格局
	宏观管理	确立了集中领导、分级管理的体制	中央和省级政府两级管理，分工负责
	法律制度	加强法治建设	确定法人地位，依法治教，依法治校
内部	领导体制	党委领导下的校长分工负责制；党委领导下的校长分工负责制与部分高校实行校长负责制试点并行；党委领导下的校长负责制与校长负责制并存；党委领导下的校长负责制	党委领导下的校长负责制
	人事制度	恢复教师职务、聘任制度	改革和完善用人制度、岗位设置、聘用考核
	管理体制	后勤社会化	后勤社会化的深化

党的十八大以来，我国高等教育治理主要围绕治理体系和治理能力现代化而展开。从外部来看，在法律制度方面，通过一系列法律的修订和规章制度的建立，不断使高等教育治理合法化、规范化、科学化，如2012年教育部开始实施的《高等学校章程制定暂行办法》，《中华人民共和国高等教育法》在2015年和2018年进行了两次修订，为进一步明确高等学校与政府、社会的法律关系，依法落实高等学校办学自主权提供了法律依据。在宏观管理方面，核心议题是转变政府职能，进一步扩大和落实高校办学自主权，例如《教育部关于深入推进教育管办评分离　促进政府职能转变的若干意见》（2015）、《教育部等五部门关于深化高等教育领域简政放权放管结合优化服务改革的若干意见》（2017）等文件的颁布实施，为完善中国特色现代大学制度建设、加快推进教育治理体系和治理能力现代化提供了制度框架。在高等学校内部管理制度方面，主要形成了具有中国鲜明特色的

高等学校内部治理结构——党委领导、校长负责、教授治学和民主管理。在高等学校内部规章制度建设上，一方面以高校章程制定和修订为契机，不断促进现代大学制度建设，并通过制度建设不断完善大学内部治理结构，如2019年2月颁发的《中国教育现代化2035》就明确指出，要推进教育治理体系和治理能力现代化，完善学校治理结构，继续加强高等学校章程建设。[①]《加快推进教育现代化实施方案（2018—2022年）》提出，要深化简政放权、放管结合、优化服务改革，推进政府职能转变，构建政府、学校、社会之间的新型关系，推进学校治理现代化。[②]另一方面，通过学术委员会制度的建立，不断加强学术权力尤其是教授在高等教育治理中的作用，最典型的就是2014年教育部颁布与实施的《高等学校学术委员会规程》。

总体来看，新中国成立70多年来，高等教育治理变迁主要围绕扩大和落实高等学校办学自主权而展开，[③]经历了集权—放权—集权—放权的反复。自2012年以来，实现高等教育治理体系和治理能力现代化成为我国高等教育改革发展的新愿景。[④]经过70多年的治理变迁，中国高等教育逐渐改变了中央集权统一的管理体制，走向统一领导、分级管理；形成了以公办高等教育为主体、社会力量积极参与的多元办学体制；建立了以"党委领导下的校长负责制"为重点的高校内部领导体制；构建了以"建立和完善现代大学制度治理体系和治理能力现代化"为旨归的、具有中国特色的高等教育治理机制。

---

① 新华社：《中共中央办公厅、国务院办公厅印发〈中国教育现代化2035〉》，载《中国教育报》2019年2月24日，第1版。

② 新华社：《中共中央办公厅、国务院办公厅印发〈加快推进教育现代化实施方案（2018—2022年）〉》，载《中国教育报》2019年2月24日，第1版。

③ 姚荣：《从政策思维走向法治思维：我国高等教育治理现代化的核心要义》，载《重庆高教研究》2019年第3期。

④ 陈亮：《高等教育改革与发展70年的中国特色道路》，载《内蒙古社会科学（汉文版）》2019年第2期。

二、高等教育治理的根本制度

我国高等教育治理变迁70多年，形成了高等教育改革与发展的中国道路，呈现出鲜明的中国特色。这种中国特色主要体现为相关制度在高等教育实践中不断地形成、确立、完善和定型，由此，也成为中国高等教育治理的底色和特色。在高等教育治理体系和治理能力现代化建设过程中，我们必须始终坚持，一以贯之。

（一）高等教育治理始终坚持和完善"党的领导"这一根本制度

70多年来，中国高等教育治理始终未变的就是坚持和完善了"党的领导"这一根本制度，而且在进入新时代后，党的核心领导地位得到进一步加强，如2018年，中国共产党中央教育工作领导小组的成立，就旨在加强党中央对教育工作的集中统一领导。[①]具体而言，坚持"党的领导"表现在以下两个方面：（1）中国高等教育的治理变迁史本质上是一个在党的领导下不断贯彻落实党的教育方针——坚持教育为社会主义现代化建设服务、为人民服务，把立德树人作为教育的根本任务，全面实施素质教育，培养德智体美劳全面发展的社会主义建设者和接班人，办好人民满意的教育的过程。党的教育方针的不断完善，从根本上解决了教育培养什么人、怎样培养人、为谁培养人这一根本问题。（2）党和国家一直非常重视教育，尤其是高等教育的发展，在众多重要的发展规划和战略中，均把教育放在了非常重要的位置，形成了诸如"科学技术是第一生产力""教育优先发展""科教兴国"等宏观战略规划与发展布局。为了有效实施这些战略规划，党和国家颁布了一系列法律法规和规章制度，如《中共中央关于教育体制改革的决定》（1985）、《中华人民共和国高等教育法》（1998）、《中共教育部党组关于进一步加强直属高等学校领导班子建设的若干意见》（2013）、《关于坚持和完善普通高等学校党委领导下的校长负责制的实施

---

① 黄兴胜、黄少成：《改革开放40年中国高校内部治理嬗变、动因与启示》，载《复旦教育论坛》2018年第6期。

意见》（2014）、《中国教育现代化2035》（2019）等，从国家整体的高度保障了高等教育改革与发展的顺利实施和有效推进。

一言以蔽之，中国高等教育70多年治理变迁所取得的成就，离不开党的统一领导，党在高等学校的核心地位和指导思想为高等教育事业的改革和发展从根本上提供了合法性前提。实践也证明，党对高等教育的领导核心地位的制度安排是党的领导在高等教育治理中的有效实现形式。正是由于我们始终坚持和完善党对高等教育事业的领导核心，才有效保障了我国高等教育事业的社会主义性质和高等学校的办学方向，[①]才为诸多教育问题的有效解决提供了组织保障。因此，推进教育现代化，办好人民满意的教育，必须始终坚持和完善党的领导这一根本制度。

（二）国家政策直接主导下的高等教育治理方式

中国高等教育的发展史是一部国家政策主导下的高等教育治理变迁史。[②]无论是高等教育外部治理还是高等学校内部治理，中国高等教育治理变迁都与国家政治和经济制度改革紧密相连。可以说，在很大程度上，国家政治体制和经济体制的改革与推进，尤其是党和国家颁布实施的一系列的政策和法规，深刻影响着高等教育治理的变革路径。换言之，高等教育治理变迁对国家政治体制和经济体制改革有着很大的路径依赖。但这种路径依赖不是直接作用于高等教育的，而是通过国家和教育行政主管部门颁布和实施的一系列政策间接对高等教育治理发生作用的，政府政策实际上在高等教育治理变迁中发挥着直接的主导作用，推动着中国高等教育治理的变迁。[③]举例来说，无论是新中国成立后接管和改造旧中国的高等教育，还是1952年全面学习苏联进行大规模的全国院系调整，都是在政府政策的

---

① 陈立鹏、杨阳：《我国高等学校内部管理体制改革60年：回顾与思考》，载《大学教育科学》2009年第6期。

② 张德祥：《1949年以来中国大学治理的历史变迁——基于政策变革的思考》，载《中国高教研究》2016年第2期。

③ 同上。

统一直接领导下进行的。1978年后，随着改革开放和市场经济体制的建立，高等教育也逐渐改变了以往那种由国家包办的办学体制，尤其是1985年《中共中央关于教育体制改革的决定》的出台，为中国高等教育后续的改革与发展包括高等教育办学体制、高等教育宏观管理体制、高等学校内部管理制度等提供了政策指引。时至今日，《中共中央关于教育体制改革的决定》中的很多规定仍没有完全落实；再如在2012年之前，只有极小比例的高等学校拥有自己的学校章程，但随着2012年教育部《高等学校章程制定暂行办法》的颁布实施，全国的高等学校基本上很快制定了属于自己的"宪章"，不仅为高等学校办学自主权的落实提供了制度基础，也为政府、高校、社会三者之间的新型关系建立指引了方向，这是政府政策推动高等教育改革和发展的有力证明。

中国高等学校的内部治理结构变迁也具有明显的政策主导特征。据统计，在1949—2018年，与我国高等学校内部治理相关的政策文本共计91份，计596147个汉字。[1]为贯彻和落实党和国家对教育尤其是高等教育的宏观战略和发展规划，教育部还针对重大的教育议题出台了一系列有针对性的教育政策对接国家宏观战略规划和长远目标，并为高等教育改革和发展目标的有效实现提供政策指引，如《中国教育改革和发展纲要》（1993）、《国家中长期教育改革和发展规划纲要（2010—2020年）》（2010）、《教育部关于深入推进教育管办评分离 促进政府职能转变的若干意见》（2015）等。在此基础上，各级政府尤其是省级政府根据专项文件的精神，结合本地实际，不断加大对省域高等教育的统筹力度，进而提升高等教育服务地方经济社会发展的能力。[2]各高等学校则根据本校实际和发展传统，制定适宜于自身发展的规划。这种层层传达的"自上而下"的政策实施方式，

---

① 蔡连玉、李海霏：《我国高校内部治理的制度变迁（1949—2018）：基于历史制度主义的分析》，载《清华大学教育研究》2019年第2期。

② 汪华、孙霄兵：《中国高等教育70年：成就与政策》，载《中国高等教育》2019年第12期。

从本质上来说就是政策主导下的高等学校内部治理变迁。实际上，70多年来，尤其是改革开放40多年来，国家政府部门通过颁发一系列的政策和法规，不断明确了政府、高校、社会等相关利益主体的权、责、利，由此，也就形成了我国高等教育治理变迁的主要特征之一——政府政策主导的高等教育体制和机制变革。

需要注意的是，对政府政策的过度依赖极易造成高等教育改革发展的路径依赖。如何将政策的有效引导与高等学校的自主发展和自我约束相结合，是后续高等教育治理需要思考的重要议题，也是更好推进现代大学制度建设过程中必须认真思考的问题。

（三）高等学校内部治理的基本制度框架保持稳定

高等学校内部治理70多年的变迁也呈现出鲜明的中国特色，即形成了具有中国特色的社会主义高等学校内部治理基本框架结构——党委领导、校长负责、教授治学和民主管理。其中，党委领导是核心，校长负责是关键，教授治学是根本，民主管理是基础。简言之，就是在院校层面形成了符合中国国情的高等学校内部领导体制——党委领导下的校长负责制，形成了校务公开制度、学术委员会制、教职工代表大会制度等；在院系层面则形成了党政联席会议制度、院学术委员会制等。尽管这些制度设计和安排在不同的时期对党政之间的关系的关注重心不同，但总的趋势是党对高等学校的领导核心地位不断明确和强化。

下面以党委领导下的校长负责制为例详细阐释之。党委领导下的校长负责制作为一种组织制度设计与安排，充分体现了党委和校长职权的有机结合：作为一种权力配置和运行机制，党委领导下的校长负责制在决策过程中强调重大事项是在师生充分参与的基础上由委员会集体决定；而在执行过程中则强调以校长为首的行政权力。这就在一定程度上使决策与执行相分离，保证了决策的科学性和民主性以及执行的有效性，同时，也体现出权力制衡与决策集中的统一。可以说，这一制度设计使得高等学校内部领导体制的议事规则更加明晰，决策程序更加规范，执行效率更加有效。

实践证明，"党委领导下的校长负责制"不仅是新时代中国特色高等教育继续前行的最大体制性优势，也是有效推进高等学校内部治理体系和治理能力现代化的根本性原则，是党和国家针对高等教育有效治理而进行的制度设计，具有强大的生命力和实践活力。因此，在我国高等教育规模成为世界第一大国且正向高等教育强国迈进的征程中，[①]必须毫不犹豫地坚持和完善"党委领导下的校长负责制"这一根本领导制度，加强党对高等教育的绝对领导。[②]

三、高等教育治理的发展与完善

从上述对中国高等教育治理变迁的历史梳理中，我们发现，中国高等教育至少在以下三个方面发生了根本的转变：

（一）高等学校法律地位的确立

在1998年之前，我国高等学校的地位不明确，导致政府、高校、社会等相关利益主体的权责不明，致使高等教育管理体制陷入尴尬的境地。尽管在此之前，党和国家以政策的方式不断明确了高等学校的地位，如1992年《关于国家教委直属高校内部管理体制改革的若干意见》首次提出"国家教委直属高校是……教育实体，具有法人地位"[③]；随后，作为教育基本法的《中华人民共和国教育法》第三十一条首次以法条的形式规定学校具有法人资格[④]；1993年《中国教育改革和发展纲要》也提出"逐步建立……学校面向社会自主办学的新体制……使高等

---

① 潘懋元、蔡宗模、朱乐平等：《中国高等教育改革发展70周年：回顾与前瞻——潘懋元先生专访》，载《重庆高教研究》2019年第1期。

② 柳友荣：《新中国成立70年来我国高等教育质量的政策文本研究》，载《中国高教研究》2019年第6期。

③ 国家教委：《关于国家教委直属高校内部管理体制改革的若干意见》，http://www.chinalawedu.com/falvfagui/fg22598/19341.shtml，访问日期：2019年11月17日。

④ 中国人大网：《中华人民共和国教育法》，http://www.npc.gov.cn/wxzl/gongbao/1995-03/18/content_1481296.htm，访问日期：2019年11月17日。

学校真正成为自主办学的法人实体"①，但高等学校的法律地位一直不明。而真正确立高等学校法人地位的标志是1998年《中华人民共和国高等教育法》的颁布实施，对高等教育的一系列重大问题作了法律上的规定：第六条规定了高等教育办学体制；第十三条规定了高等教育管理体制；第三十条重申了高等学校的法人地位，并明确指出"高等学校的法人代表是高等学校的校长"；第三十二条到第三十八条规定了高等学校的七项办学自主权；第三十九条明确规定了我国高等学校的内部领导体制；第四十二条和四十三条则分别规定了要在高等学校设立学术委员会和以教师为主体的教职工代表大会等组织形式，以保障教师对学术事项以及参与学校管理的合法权益等。②由此，我国高等教育进入了法人治理阶段。③

这一切，都表明党和国家开始意识到法律制度在明确高等教育管理体制和扩大高等学校办学自主权的重要性，并力图由纯靠经验的管理方式转向依赖制度和法律来管理。《中华人民共和国高等教育法》的颁布为政府、高校、社会三者之间新型关系的建立提供了法律依据，也为扩大和落实高等学校办学自主权以及高等学校依法办学和依法治教提供了法律支持。可以说，这是一种根本的转变。随后，党和国家颁布的一系列政策、法规（包括修法）和规范性文件无不都是在扩大和落实"高等学校办学自主权"这一关键性议题，核心议题实际上是改变以往政府"管得过多、统得过死"的弊端，简政放权、放管结合、优化服务成为新趋势。由此，政府对高等教育的管理也逐步制度化、规范化和法治化。

---

① 国务院关于《中国教育改革和发展纲要》的实施意见，http://old.moe.gov.cn//publicfiles/business/htmlfiles/moe/moe_177/200407/2483.html，访问日期：2019年11月17日。

② 《中华人民共和国高等教育法》，http://www.people.com.cn/item/faguiku/jy/F44-1020.html，访问日期：2019年11月17日。

③ 罗红艳：《我国公立大学治理政策变迁的制度逻辑——基于历史制度主义的分析》，载《中国高教研究》2014年第3期。

（二）学术权力在高等学校治理中地位与作用的确立

70多年来，人事制度改革一直是我国高等学校为实现用人治事、激发教师参与治理的重要手段。[①]进入新时期后，尤其是国家开始实施"双一流"战略后，如何有效激发教师参与治理的积极性和主动性，成为高等学校（院系）内部治理结构改革的重点工作之一。事实上，70多年来，国家通过制定一系列与大学教师相关的政策文本，已经从制度上基本构建了高等学校教师有效参与高等教育治理的方式和路径，例如《国家中长期教育改革和发展规划纲要（2010—2020年）》提出，建设现代大学制度要充分发挥学术委员会及教授等在学术发展、学科建设、内部治理等方面的作用；2014年《高等学校学术委员会规程》的颁布，标志着教师尤其是教授参与高等教育治理不再是一句空话，学术委员会对教学、科研等学术事务不仅有批评建议权，还有决策权，这无疑是国家在顶层设计和制度安排上的一个巨大进步，也充分反映了教师有序参与高等教育治理的重要性。

70多年来，学术权力在高等教育治理中的作用不断增强的发展轨迹表明，学术委员会参与大学治理的广度和深度在不断加大，主要表现为：学术委员会制度的建立和确认，尤其是2014年《高等学校学术委员会规程》的颁布，可以看作是党和国家重视发挥学术权力在高等学校内部治理过程中的积极作用的典型表现，也是党和国家充分尊重学术权力、尊重学术发展规律所作的顶层设计和制度安排，从根本上扭转了学术事务为行政所把持的尴尬局面。需要注意的是，制度设计好了，不代表能够落实下去，这涉及政策执行的效果问题。毋庸置疑，制度的确立和定型为扩大和落实高等学校教师（尤其是教授）有序参与高等教育治理、提升教师在大学治理中的作用提供了制度支持。可以预测，随着各高校对"教师"这一关键主体作用的认识不断提高，教师将会在高等教育治理能力提升方面发挥更大的作用和效能。

---

① 赵俊芳：《新中国成立以来我国高校人事制度回溯及评价》，载《中国高教研究》2019年第8期。

（三）我国高等教育治理对于国际经验的借鉴与转化

在不断推进的全球化进程中，中国高等教育治理在制度设计和治理方式等方面，不断受到国外先进制度设计的影响。这种影响主要表现在以下两个方面：高校人事制度改革和国家科研制度改革。限于篇幅，以下主要以高校人事制度为例加以说明。

自20世纪60年代起，欧美等发达国家就开始了对高校教师发展和管理的探索，逐步形成了较为完善的制度体系。[①]随着全球化的不断推进以及我国高等教育的日益开放，这些先进的教师发展理念及制度逐步被引入我国高校的人事制度改革实践中。可见，高等教育外部环境的变化和示范效应对我国高校一直实行"精英主义和单位制"的组织和管理制度形成了压力，倒逼我国高校开始进行改革与探索。[②]具体而言，在人事制度改革方面，我国高校主要受到国外教师岗位分类设置、进入退出、评价激励等成熟人事管理制度的深刻影响，并在实践中不断践行这些制度，[③]例如在教师岗位分类设置上，一方面，越来越多的中国大学尤其是研究型大学逐渐建立了长聘教职制度和终身教职制度，对于青年教师则采取"非升即走"的准聘教职制度；另一方面，越来越多的高校根据教师所承担的主要任务和个人特长将教师群体进行分类分层管理——科研为主型教授、教学为主型教授、教学型教授。事实上，无论是终身教职制度还是准聘教职制度，抑或是教师的分类分层管理制度，均是立足国情并借鉴西方经验的制度设计。

四、将制度优势转化为治理效能

中国高等教育治理70年变迁的总体特征是，逐步形成了具有中国特色

---

① 牛风蕊、沈红：《新中国成立以来我国高校教师发展制度的变迁逻辑——基于历史制度主义的分析》，载《中国高教研究》2015年第5期。

② 赵炬明：《精英主义与单位制度——对中国大学组织与管理的案例研究》，载《北京大学教育评论》2006年第1期。

③ 王金友、蒲诗璐、王慧敏、李妮：《高校教师岗位分类管理刍议——国外一流大学的经验和我国高校的实践》，载《四川大学学报（哲学社会科学版）》2014年第2期。

的治理制度，包括始终坚持和完善党对高等教育事业改革和发展的绝对领导、政府政策主导下的高等教育治理路径依赖、高等学校内部治理基本制度框架的确立等。这些制度在国家整体治理下有效地推动了高等教育治理体系和治理能力现代化进程。但我们接下来需要思考的是，如何将这些具有中国特色的教育制度优势转化为治理效能？我们认为，应主要从以下几个方面协同考虑：

第一，继续坚持和完善党的领导。坚持党对高等教育的领导核心地位不动摇，贯彻落实党的教育方针和坚持立德树人的根本任务，始终保持高等教育的社会主义性质和办学方向。这是推进中国高等教育治理体系和治理能力现代化必须坚持的根本制度和基本前提。

第二，坚持依法治教。坚持依法治教，就是要坚持高等学校的独立法人地位，根据法律规定，进一步扩大和落实高等学校办学自主权，把该归学校的自主权还给学校。其中的核心就在于转变政府职能，政府要真正做到简政放权、放管结合和优化服务，即由"强政府"转变为"弱政府"、由"大政府"转变为"小政府"、由"全能型政府"转变为"服务型政府"。

第三，进一步提升高等学校依法自主办学的能力。扩大高等学校办学自主权的前提在于高等学校依法自主办学能力的提升，否则依然会陷入"放—乱—死—收"的怪圈。因此，高等学校应以新一轮大学章程的修订为契机，进一步推进具有中国特色的现代大学制度建设，做到依法、依章程自主办学，并逐步形成自我管理、自我约束、自我提升的治理机制。

第四，发挥学术权力在高等教育治理中的实质性作用。《高等学校学术委员会规程》已经将高等学校的教学、科研等学术事务的决策权、审议权、评定权和咨询权等进行了制度设计与安排，但如何将这些职权真正落地，是摆在高等学校面前的重要议题。因此，高等学校应根据学校办学条件和历史传统，不断加强学术委员会制度的建设，使学术委员会真正在教学、科研等学术事务中有效发挥作用。

第五，坚持民主办学。在高等学校内部治理结构上，民主管理是非常重要的一环。教师和学生作为高等学校的关键主体，必须通过制度设计使之有效地参与高等教育治理。具体而言，就是要将现有制度的优势充分发挥，通过相关配套制度的设计和安排，进一步落实和发挥教职工代表大会制度和学生代表大会制度等能够实质性地参与高等教育治理制度的效能，使教师和学生真正成为参与高等学校民主管理和民主办学的重要力量。

第六，强化社会参与治理。就是要提高外部社会利益主体对高等教育治理的参与度，充分发挥董事会和理事会的制度优势。近些年，尽管很多高校的董事会和理事会制度已经建立起来，但其制度优势还多局限于筹钱等单一事务上，尚未将其参与高等教育治理的效能充分发挥。后续需要考虑的是，如何激发董事会（理事会）在高校办学理念、战略发展规划、人才培养目标等方面的积极性和主动性，使之与高等学校、政府、社会、市场等相关利益主体之间实现良性互动，进而推动高等教育治理走向协商共治。

第二节　大学治理：治理主体向治理规则的转向

在大学治理主体走向多元化并有明确制度安排的背景下，以行政权力与学术权力二分法为对象的、从治理主体出发来理论预设与推理演绎治理成效的应然研究意义不大。解析大学治理的路径应从治理主体的辨析转向支配治理实践的规则，从实然的角度探讨治理实践的具体实现形式与治理效果，由探讨"谁在治理"转向研究"如何治理""怎样治理"，由探讨从以主体为中心的"表层结构"转向以实践为中心的"深层结构",揭示大学治理的系统性、复杂性和多维性。

从国际高等教育发展趋势看,知识生产模式与传播模式正在发生激烈变迁,学校治理主体日益多元化,并且,我国在有关法律法规中对学校治理的多元主体已有明确的制度安排。在此背景下,探讨大学治理应该从治理主体转向治理规则。

一、大学治理主体已经走向多元化,用学术与行政二分法难以概括治理主体的多元现状

大学是以知识为核心的组织,随着知识生产与知识传播模式的转变,除传统的以学科为基础,由学术共同体为组织单位的知识生产模式[①]之外,开始出现了为了某种实用目的而进行的知识生产,由政府、学界、企业等多种因素、多种主体作用于知识生产。在吉本斯等西方学者的研究中,知识生产模式正由模式1向模式2[②]发生转变。知识生产模式1是以学科为基础,由学术兴趣所引发的,由学术共同体和学者所主导的知识生产;而知识生产模式2则是为了某种实用目的而进行的知识生产,这种知识生产是由政府、学界、企业等多种因素、多种主体共同作用的结果。知识生产模式1是在学科范畴内,遵循学科范式从事学术研究,一个知识发现可能是建立在另一个知识发现基础之上的,其成果是对学科知识的贡献;而知识生产模式2是跨学科的知识生产,超越现有学科界限,在更广的知识和社会需求上进行研究和探索,以解决具体问题,达成具体目标为目的。知识生产模式1是在大学内部,由学科专家所主导的,生产机构与方式表现出同质性、稳定性等特点。而知识生产模式2不再局限于大学内部,而是把大学与非大学的研究机构、政府部门、企业的实验室、社会咨询机构、智库等联系

---

① [英]吉本斯等著,陈洪捷等译:《知识生产的新模式——当代社会科学与研究的动力学》,北京大学出版社2011年版,第1页。

②同上。

起来，由网络式结构组织进行，呈现出异质性与组织多样性的特征。研究团队成员很少以稳固制度化形式出现，而是在研究结束之后解散。"成员们可能与不同的人，通常是在不同的地点，围绕不同的问题，重新组合到不同的团队中。在这个过程中所积累的经验创造出一种能力，这种能力非常宝贵并且被转移到新的语境之中。尽管问题和解决问题的团队都可能是暂时性的，但是这种组织和沟通的形式却作为一个矩阵持续存在，从而将会形成针对不同问题的团队和网络"。知识生产模式1从根本上是靠同行评议来进行质量控制，"同行评议引导着学人去研究那些被认为处在学科发展核心的问题。用来定义这些问题的主要标准反映了学科及其'守门人'的学术兴趣和关注重点"①，而模式2则承担了更多社会责任，是更加具有反思性，涵盖了更广的、临时性的从业者，在一些特定的、本土的语境所定义的问题中进行合作。

知识生产模式的转型必然带动大学内部的机构重组，跨学科组织的新型组织化图景已经在大学中蔚然成风，打破学科分界是必然趋势。从知识发现规律看，新的知识增长点往往来自学科交叉融合。关键是如何打破学科界限？跨学科组织建立的最大阻碍在学术界，因为，学科这种人为的划分是学科历史、既得利益者、经费分配、学术联盟共同作用的产物，"学科的团结来自学科间同行的期望和奖责都会鼓励个人遵守这种'规则'"②。但是，传统的知识生产已不能满足现实需求，适应性变革是必然的，政府、社会与大学之间在这一问题上形成了一定的张力，而大学内部支持变革的力量与保守的学术力量及院系学科之间也会形成张力，需要通过组织再造以形成知识生产的新型组织图景。

总之，大学的知识生产模式正在发生变化，知识生产的优先排序由基础科学、应用科学、技术知识变化为技术知识、应用科学、基础科学。高

①［英］吉本斯等著，陈洪捷等译：《知识生产的新模式——当代社会科学与研究的动力学》，北京大学出版社2011年版，第8页。

②同上，第132页。

等教育由注重学术本位到更加重视社会本位，日益强调知识的应用价值，强调高等教育机构为社会作出的现实贡献；由注重知识生产到注重知识生产与应用并重，重视产学研相结合。大学的知识生产性质正在发生变化，知识的价值正由非功利性、公益性、公共性走向功利性、现实有效性。大学已不再仅仅是知识生产机构，更重要的是作为知识传播与普及、扩散机构存在。知识生产模式的变化带来了大学治理主体的复杂化和多元化。

由于高等教育大众化和普及化迅猛发展，高等教育规模出现了全球性扩张态势。1900年，全球高等教育机构在校生人数为50万人，仅占适龄人口的1%。[①]然而到2007年，其规模增长了约305倍，全球高校学生总数高达1.525亿人，毛入学率已急增至26%。[②]学生群体由精英时代的"中产阶级的男性"转变为"性别和阶层更为均衡"的人群，学生来自更广泛的社会阶层。大学已从学术象牙塔转变为社会服务站，学生不再只关心学习与学术，而是更关心就业、职业与薪酬，知识传授已从以博雅教育为核心转向更为关注职业培训。知识生产模式2的"知识"更为学生所关注，"大学功能逐渐趋于多样化，从最为抽象的研究到最为实用的培训皆有。因此，教育机构的中心和边缘界限不再清晰"。"从自由教育到职业教育的转变在知识方面造成的影响是显而易见的，但是累积效应只有在重塑新教育方面才体现出决定性作用。"[③]

知识生产模式2的出现和学生规模的急剧扩张及培养目标的变化，带来了教师群体的激烈变革。大学教师群体正在由同质化的学术群体日益成为

① Banks Arthur S., *Cross-National Time-Series Data Archive*, Computer Systems Unlimited, 2001.

② UNESCO. *Global Education Digest 2009, Comparing Education Statistics Across the World* [R/OL]. http://gfgga1b6aa7225a154ed1hux90oxkfuk5665po.fhaz.libproxy.ruc. edu.cn, 2012−02−21.

③ [英] 吉本斯等著，陈洪捷等译：《知识生产的新模式——当代社会科学与研究的动力学》，北京大学出版社2011年版，第67页。

异质化的职业群体。①"大学将仅仅构成知识生产部门的一部分,并且不再处于决定何谓卓越的强势地位。"由此,"大学教师不再享有崇高的地位,大学构成了一个更大、更紧密的并深入产业界、政府和媒体的知识机构网络的一部分"②。高校教师已不再是传统意义上的学术人员,如美国的大学,终身职和终身轨道职教师的比例从1975年的57%下降到2007年的31%,非终身职教师比例则大大增加,目前已经接近69%,且大多数非终身职教师是兼职教师。终身轨道教师处于教师群体的上层,还属于传统意义上的大学教师,是终身教职的拥有者。全职非终身职教师只是拥有全职工作,但得不到终身职特权的保护,不是传统意义上的大学教师。兼职教师一般只承担教学任务,不参与学术事务管理,不享受各种福利。同样,教师中形成了新的分工模式,即不是所有的教师都承担教学、科研和社会服务三项工作,而是只有少数的教师从事这三项工作,特别是科研工作,大多数教师则主要从事教学工作。我国的大学也在实施教师岗位分类管理,把教师岗位分为"教学科研岗""研究岗""教学岗"等,对不同岗位的教师提出不同的工作岗位要求,实行不同的考核评价方式。教师群体产生分化,不再是传统意义上的同质化的学术人员和知识分子,而是成为利益多元、结构多样、利益相关度逐步降低的分散的异质化的职业群体。他们也不再是传统意义上的学术权力的代表,只有部分核心教师在行使所谓的学术权力,大多数教师远离学术权力,只是名义上拥有学术权力。

高等教育大众化和巨型大学的出现,形成了一个规模庞大的专业管理群体。大学组织越复杂,规模越庞大,专业管理群体就会呈现上升趋势。1975—2005年,美国大学管理职位类别,如校长、学术副校长助理等增加了85%,专业管理人员增加了240%,但大学教师只增加了51%。随着高等教育

---

① 李立国:《由学术群体到职业群体:现代大学教师的组织变革》,载《国家教育行政学院学报》2014年第10期。

② [英]吉本斯等著,陈洪捷等译:《知识生产的新模式——当代社会科学与研究的动力学》,北京大学出版社2011年版,第62页。

大众化时代的到来，学生规模与学校职能快速扩张，学校管理职责与管理人员会以比教师增速更快的速度发展，这是国际趋势。根据对欧美10所大学（哈佛大学、耶鲁大学、普林斯顿大学、哥伦比亚大学、麻省理工学院、康奈尔大学、威斯康星大学、牛津大学、剑桥大学、伦敦政治经济学院）的师资与职员结构进行分析，其平均师生比为9.62：1，师职比为0.24：1，生职比为2.15：1。其中，公立大学师职比为0.23：1，私立大学师职比为0.25：1，公立大学的生职比为3：1，私立大学的生职比为1.26：1，差别并不显著。而我国10所大学（北京大学、清华大学、复旦大学、中国人民大学、浙江大学、南京大学、南开大学、中国科学技术大学、北京师范大学、上海交通大学）的师职比为1.27：1。[1]较少的职员数量和较低的师职比反映了我国高校教师得不到相应的辅助支持，不得不分心做许多杂务。教师人力的滥用和浪费必然妨碍教学质量和科研水平的提升，并且，我国高校职员分布呈倒金字塔形，职员主要分布在校部机关，大多数院系等基层教学科研单位的职员数量远远不足，有时是一个教学秘书对着上千名学生和数百名教师。而国外大学职员主要分布在院系，职员分布呈金字塔形。所以，我国高校建立学术权力体系并不意味着要减少职员数量，关键是合理布局职员在院系和学校的分布，科学合理配置人力资源，使他们专注于服务师生而不是管理师生。大学组织的庞杂也导致了效率和科层制问题，管理主义盛行，大学组织形成更趋专业化，有着高级管理团队和战略规划、职能部门和成本控制中心，"院系大多已经成为行政的而非智力的中心，而真正的学术单位则变为课程或研究团队"[2]。高级管理人员控制着预算、规划和其他权力，从而削弱了教师的权力和学术自治，教师的权限仅限于学术领地。大学治理越来越离不开行政管理团队，他们在学校中的作用越来越大。

---

① 胡娟、舒颖岗：《加强高校职员队伍建设的国内外比较及对策建议》，载《中国高等教育》2009年第1期。

② ［英］吉本斯等著，陈洪捷等译：《知识生产的新模式——当代社会科学与研究的动力学》，北京大学出版社2011年版，第69页。

大学规模的扩张，知识生产模式和传播模式的变革，教师群体的变化和专业管理团队的增强，意味着大学治理主体正在走向多元化，教师、行政职能部门、企业、社会、政府部门都参与到大学治理中，大学已经由纯粹教授治理大学变革为群治大学，主体多元化成为现代大学治理的基本特征。治理的主体多元化也意味着大学不再是弗莱克斯纳（Abraham Flexner）在20世纪30年代所说的"大学是有机体"，而变为克拉克·克尔（Clark Kerr）所说的"大学已经成为无机体"，大学内部的联系在弱化，与外部的联系在加强。大学不再是传统的"学者共和国"。与社会开展合作，吸收社会力量参与学校办学，是现代大学发展的重要战略方向。这些制度创新体现在以下三个方面：一是决策机构人员构成多元化。大学内的各种委员会，尤其是具有权力与决策职能的委员会、董事会、议事会，都扩大了它的来源和构成面。美国大学董事会在强调外部人士参加的同时，近年来，也强调教师代表和学生代表的加入，如康奈尔大学董事会确立有两名学生代表参加的制度；欧洲一些大学则在各种委员会中增加了青年教师和学生代表以及校外人士。人员构成的多元化，有利于各类决策机构更好地表达利益相关者的利益诉求。二是决策机制科学化。各级委员会大都采用委员会集体决策的机制，吸收了委员会负责制在制定政策方面的优点和个人负责制在执行方面的长处。三是管理中的变革。从大学的学科与组织特性出发，强化院系的管理权限和自主权，改变了传统大学教授个人权力过大的局面，扩大了民主，增强了组织活力，也从而增强了学校和学院层面的行政权力，制约了少数教授权力过大、缺乏监督的局面。

二、法律法规对高校治理主体的规定突破了行政权力与学术权力的分割与冲突

我国现代大学制度建设过程中，也提出了"党委领导、校长办学、教授治学、社会参与"的治理结构，在形式上确立了多元主体共同治理的模式。《中华人民共和国高等教育法》确定了"党委领导下的校长负责制"，

《关于坚持和完善普通高等学校党委领导下的校长负责制的实施意见》指出，党委领导下的校长负责制是中国共产党对国家举办的普通高等学校领导的根本制度，是高等学校坚持社会主义办学方向的重要保证，必须毫不动摇、长期坚持并不断完善。高等学校党的委员会是学校的领导核心，履行党章等规定的各项职责，把握学校发展方向，决定学校重大问题，监督重大决议执行，支持校长依法独立负责地行使职权，保证以人才培养为中心的各项任务完成。校长是学校的法定代表人，在学校党委的领导下，贯彻党的教育方针，组织实施学校党委有关决议，行使高等教育法等规定的各项职权，全面负责教学、科研、行政管理工作。

我国高校现在已经形成了较为完善的治理体系，党委统一领导学校工作，校长主持学校行政工作，健全党委与行政议事决策制度，完善协调运行机制，加强组织领导。领导权力、决策权力在党委会和党委常委会，我国公立高校实行党委领导下的校长负责制；行政权力在学校的校长办公会，党委领导、校长负责，校长办公会是行政的执行和落实的中枢所在；学术权力在学术委员会，确立了学术与行政的权力分解，学术委员会是学术最高权力机构；民主办学体现于教职工代表大会和学生代表大会的制度设计，保障了教师利益和学生利益；理事会（董事会、校务委员会）是社会机制在高校治理制度中的反映，解决了学校与社会的关系问题。同时，制定与颁布大学章程，通过建章立制，确保学校依法办学、依法治校。党委会及其常委会、校长办公会、学术委员会、教职工代表大会及学生代表大会、董事会（理事会、校务委员会）构成了大学治理的制度体系，形成了较为完善的大学内部治理体系。

三、从治理主体出发推理和演绎其治理行为，难以反映大学治理实践的复杂性与多维性

在我国大学治理中，行政权力与学术权力，谁是主角？谁是配角？在大学的治理研究中，关于治理主体一直存在研究假设，即大学存在一个分

割的二元结构：一元是以书记、校长、职能部门为代表的行政权力来治理学校，另一元则是由教师，特别是教授、学术委员会为代表的学术权力进行治理。在研究中，学术权力与行政权力的行使者是争夺治理主角与配角定义权的两大主导力量。在以学术权力与行政权力为核心的治理主体的研究中，对治理主体的构成、身份地位、行为特征，特别是通过推理和演绎他们应该具有的治理行为进行了分析，应该说，理论推导和演绎占了绝大部分内容，其结果是简化了治理实践的复杂性。以学术权力、行政权力的二元对立为路径的研究，赋予他们的行为以明显的工具性色彩，以治理主体的身份角色来判定治理行为的性质与正当性。由此，治理行为内在的张力以及行为生成过程的复杂性被研究者人为简约化，行为仅成为治理主体行使者身份的辨识工具。

从高等教育发展和治理实践看，以行政权力与学术权力的二元对立来判断治理主体身份标识，并由此判定和论证治理行为的合法性与正当性，是不准确和模糊的，很难反映大学治理的系统性、复杂性、多维性。作为学术权力与行政权力治理者的身份属性固然会对治理产生影响，但这种推理只是对应然状态的一种描述与想象，缺乏对治理实际状态的把握，忽视了治理规则的建构、应用和治理实践的复杂性、多维性，如在学术权力与行政权力的分析中，总是有意无意地放大或强调符合自身利益诉求的规则以影响治理，抵制不符合自身利益的规则以改变治理，难以呈现大学治理的多向性的实践状态。

如在我国高等教育界讨论热烈的管理负责人退出学术委员会的问题，其实就是一个假问题。学校管理负责人是否参与学术委员会，从美国经验看，大致有四种模式：第一种模式是管理负责人参与但无表决权，例如，斯坦福大学评议会包括了校长、教务长、秘书长、七大学院院长等重要管理者，但是这些人在评议会中没有表决权。第二种模式是管理负责人参与且有表决权，例如哥伦比亚大学评议会包含了校长、教务长、研究生院院长、本科生院院长以及校长指派的核心管理者，在评议会中，这些管理负责人拥有表决权。第三种模式是管理负责人参与且构成评议会全部成员，如麻省理工学院评议会。这种模式的前提是全校教授会的体系非常健全。第四种模式是管理负责人不参与，如密歇根大学，但此模式实属罕见。①最近一些年，在去行政化的思潮之下，国内一些大学倾向于管理负责人退出学术委员会，但是这样就能解决学术委员会的公平公正问题吗？这需要建立规则，健全学术委员会的组织管理制度，而不是简单地用行政与学术二分法处理此问题。

如在对大学学术委员会的研究中，如果仅从治理主体出发，即学术权力行使者的角色定位出发，就会得出学术委员会组织模式和运行机制的一致性的结论。但是在治理实践中，不同高校、不同类型的学术委员会发挥的作用与扮演的角色有较大差异，其自身的组织管理体制与运行机制也在治理实践中形成各具特色的模式。从国内外经验看，学术委员会的组织结构主要有四种模式：一是纵向完全分权模式，即师生治学完全分散在学部、学院（学系），没有学校层面的学术委员会，如哈佛大学没有学校层面的评议会，只有学院评议会。二是横向完全分权模式，即学术权力完全分散于依托行政职能部门的专门委员会，没有统筹全局的、实质性的学术委员会。三是完全集权模式，即师生治学权力完全集中于校一级委员会，这种模式仅适合于学科较单一、管理幅度较窄的高等学校。四是统分结合模式，即学术立法、程序性审查批准集中在校学术委员会，而立法执行和实质性审查评定则分散在基层学术委员会和专门委员会中。②在治理的参与方面，学术委员会在高等教育组织决策过程中发挥的作用也是不同的。迈纳通过对15所大学学术委员会在不同类型决策中的不同功能的考查，将大学学术委员会分为功能型、影响型、仪式型和颠覆型4类，其中功能型就是学术委员会的传统职能；影响型学术委员会在组织的各项决策中都充当合伙

---

① 杨开忠：《深化高校学术委员会改革的几点思考》，载《中国高等教育》2014年第8期。
②同上。

人的角色，有相当大的发言权；仪式型学术委员会在组织治理中的角色相对被动，只保留了诸如选举、日程安排等其象征意义的功能；而颠覆型学术委员会在形式上保留了学术决策的相关职能，同时，在其他决策方面有时以非正式的形式发挥作用，与管理人员是此消彼长的对抗关系。[1]

四、从治理主体的探讨转向治理规则与实践，是突破大学治理困境的必由之路

规则是"活着"的行为规范，是实践中的行为准则，有别于文本式的制度。一般来讲，制度是指有正式属性的规则与规范。

之所以要从治理规则与实践入手，是因为治理必须与有效性联系在一起，如果制定了制度文本，但在运行中却是无效的，就是无效治理。在制度与规则建设中，如果只讲行政与学术二分法，搞单纯的学术治理、协商民主、参与民主，而忽视了学校的组织特性，忽视现实中最重要、最基础的治理形式，如依法治校、权力制约等，就可能使这些治理形式走向现实的反面，演变为无效治理。程序性、正当性必须与具体情境相适应，如果工具性形式不能为实质性治理作出贡献，那么这种好看好听的治理形式就要被质疑。治理必须与有效性联系在一起，让治理为高校发展提供切实的制度保障与规则体系。

当大学治理呈现出多元化的治理主体时，试图分辨谁是治理主体并实施何种行为可能是无效的，而解析大学治理的路径应从治理主体的辨析转向支配治理实践的规则，由探讨"谁在治理"转向研究"如何治理""怎样治理"，由探讨从以主体为中心的"表层结构"转向以实践为中心的"深层结构"。

从治理规则与治理实践的角度看，治理实践受规则制约，但同时又受

---

[1] Minor J., *Understanding Faculty Senates: Moving from Mystery to Models*, *The Review of Higher Education*, 2004, 3: 343−363.

到个体与日常行为习惯的极大影响。从理论上看，规则与日常生活是两种不同的程序观：前者是基于明确的价值观念和理论理性（reason）而制定的明文规定，具有简洁化、清晰性等特征；后者只有局部且模糊的合理性（rationality）。①正式规则与学校的日常生活之间存在着一定程度的张力，因为，正式规则不可能解决所有问题，也不可能覆盖所有的治理实践，不同的价值取向、利益追求、时空环境变迁及设计者知识背景的差异，都会造成规则与实践难以彼此完全无缝对接。吉登斯（Anthony Giddens）指出，人们经常把规则看作是单称的，好像各条规则可以分别对应于不同的特定情况或行为片段。然而，在社会生活的运作过程中，实践是通过或多或少松散地组织在一起的集合得以维持的。②第一，对于正式规则与制度的安排，学校不同人群有时以种种办法对其进行反击，有各种格式的"变通"策略、非正式运作及其他策略。观察高校评聘职称和处理学生时遇到的阻力与障碍就会明白这一点。第二，代表制度方的不同利益群体也会因价值、权力和利益而产生分化、对立与冲突，因为，一种正式制度的安排和实践必然使其代理人和行使者内部同时出现得利者与失利者两个群体，不同位置与利益的正式制度代理人之间会因价值、利益与权力而产生矛盾乃至冲突。在高校治理实践中，学术权力与行政权力两大群体，可能基于特定的目的，跨越制度界限与日常工作界限而结成各种或长期或短期的联盟，如在评聘职称中，教师可能更相信校方的公正性，而不信任学院和学术委员的公正，他们在遇到不公正待遇时，会找行政职能部门而不会找评审委员，因为各种学霸、学术利益代理人可能会操纵评审过程，人们相信行政力量的进入有可能会制约不公正与不公开，希望行政权力的介入与监督。各种学术评价与课题评奖也是如此，少数的所谓学术大佬操纵资源为

---

① ［美］斯科特著，王晓毅译：《国家的视角》，社会科学文献出版社2004年版，第128页。

② ［英］吉登斯著，李康等译：《社会的构成》，生活·读书·新知三联书店1998年版，第80页。

己所用，把学术公器变为一己私利。人们在对这些行为的批判与声讨中，迫切希望改变评审规则、制度，加强监督与公开透明化，减少暗箱操作。

治理的实践过程是一个具有高度组织差异、角色差异和个性化差异的过程，治理实践不一定会完全遵照正式制度的规定去执行。现实总是复杂的，治理的实现形式也是多种多样的。权力意味着强制力，但权力的运用与行使却并非都是单向的，较弱的一方可以向权力较大的一方施以道德和情感压力，从而获取一定限度的无形权力。①如同社会治理一样，大学治理实践同样会受到情、理、法因素的制约。"情"是中国社会所重视的，既指我们的"恻隐之心"，也指治理中的人文关怀与人道、人性。弱势一方总是会使用情感表现，以获取"同情的力量"，营造合情性策略，如在评聘职称时，年纪大的教师就会经常使用这一策略而获得成功，学术标准让位于情感与恻隐之心。"理"是指"合理性"，孔子曰"名不正言不顺""名正言顺事成"。他们以自己的诉求合理性为基准，以传统或国内外高校的经验作为依据，据理力争，再加上许多问题并没有明确的法律或政策依据，从而获取成功。合法性则指对特定正式制度与规则的服从。合情、合理与合法之间并不一定是统一的，实践中的情形可能恰恰相反。在大学治理实践中，"合法性"在三者之中处于基础地位，但合法性的制度规定往往是抽象的，而情和理往往是具体、鲜活的，更容易打动他人，从而影响治理实践，有时比合法性更有力量。这也正是治理的复杂性之所在。

大学治理实践具有复杂性、多维性，必须超越传统的用学术权力与行政权力二分法的治理主体来分析和指导大学治理实践的研究模式。在治理规则中，不仅要看到正式制度的作用，还要看到治理规则、日常生活的价值与影响，从我国高校治理实践中建构和确定问题意识、概念、视角、分析框架乃至理论体系，从实践角度把握和认识真实的高校治理及其变动逻辑，不能简单地用理论代替实践，用目的代替过程，用规则代替分析和解

---

① 肖瑛：《从"国家与社会"到"制度与生活"：中国社会变迁研究的视角转换》，载《中国社会科学》2014年第9期。

释，用二元分割代替复杂的多元关系。要真正从治理规则、治理实践的角度洞察中国高校治理的基本机制和逻辑，需要正式制度及其代理人更平等和更包容地正视教职工、学生的利益诉求，更主动和更积极地改革制度与规则，把符合学校长远发展和办学规律的诉求与期待以制度化的方式予以落实。同时，大学治理的多元主体应更为积极地把正式制度的要求转化为自我反思、自我提升的准则和动力，从而推出超越群体利益的制度变革的公共力量，增强不同治理主体之间的良性互动和相互信任，从而推动在制度与实践这两个层面展开大学治理规则的重构。

第三节　大学治理的转型与现代化

随着高等教育规模扩张和知识生产模式的变迁，大学治理模式开始由学术治理转型为共同治理，大学的治理主体、治理体系与治理实践也随之发生变化。大学治理在由传统的学术治理迈向共同治理的过程中，由于治理与管理的边界不清晰，各方对于利益的不同诉求，商业与政治等外部因素对于大学治理的冲击以及教师参与治理的问题较多，导致共同治理面临困境。大学治理现代化的方向应该是协商式共同治理，既遵循大学作为学术性组织的特性，遵循学术治理要求，落实教师在大学治理中的主体地位，又强调协商在共同治理中的价值，突出尊重、平等、合作与沟通，以保障治理的成效与质量。

大学治理是大学实现自身目标和任务的治理结构、治理规则和治理实践的总和，包括治理主体及各主体责任的分配、利益相关者的行为的控制和标准、决策的程序和过程及规则的规定，以及在实践中对未能有效解决问题的探索等。对于大学治理的认识，应该从古典大学的"观念导向"的理想主义路径转向"现代大学的实践和问题导向"的现实主义路径，即从大学治理的应然状态走向实然状态。前者基于学术权力、学术共同性的思想和观念，着眼于古典大学的学术权力与教授治校的进步，着重于大学如何保障学术权力与学术共同体的利益，这是以学术为中心的流行观念，其最大缺陷是忽视了大学治理中大学作为一个整体组织所具有的基础性地位和价值。后者是把大学组织看作一个整体，既强调教师与学术权力的地位，也看到学生、大学领导、行政人员、外部利益相关者的地位和力量，关注建立有效的权威秩序和提高治理质量。经济合作与发展组织（OECD）秘书长曾言："高等教育体系的管理框架必须鼓励高校在个体和整体上都能实现多重发展目标，高等教育体系及其利益相关者必须保证高等教育的各个方面都能达到优质、公平和高效。"[1]现实主义路径更强调大学治理的有效性，站在大学整体治理绩效的立场上，关注大学整体竞争力，而理想主义更关注学术权力，更强调传统的学术治理模式。当然，以组织为中心的大学治理模式并没有忽视教师与学术权力，而是更强调大学组织设计的合理性。组织是现代大学的基础，也是大学治理的基础，它提高了大学治理行为的效率，是大学治理行为存在问题的根源，也是现代大学的共同治理存在问题和饱受诟病的原因。

大学治理如同公司治理、国家治理一样，是伴随着大学利益主体的多元化而出现的。企业利益主体多元化催生了企业治理，虽然公司股份制早在19世纪就出现了，但是直到20世纪80年代，由于股东、董事会、经理人、员工之间权责利关系的复杂化，不同的利益主体之间需要形成一个共建共享的利益共同体，这催生了企业组织形式的创新。国家治理也是由于不同阶层、不同利益群体逐渐形成，经济社会主体日渐多元化，仅靠原有

---

① 经济合作与发展组织编：《教育政策分析2005—2006——聚焦高等教育》，教育科学出版社2008年版，第8页。

的统治与管理模式难以适应这种变化，需要一种新的国家结构包容越来越复杂的利益关系，协调各种利益冲突，这就出现了国家治理结构或国家治理体系的创新。随着大学规模的扩张与利益的多元化，原来的学术管理或者行政管理体系难以适应新的形势，需要协调大学内部行政与学术的力量、教师与学生的诉求，处理好大学与社会、政府的关系，从而使不同利益主体的博弈竞争转化为大学发展的合力，而不是成为导致大学发展停滞不前的阻力，这就需要大学治理的改革与完善。从20世纪90年代开始，西方主要发达国家的大学治理模式从传统的学术治理、科层管理转化为共同治理，虽然治理的重点与模式不同，但是强调学术与行政的协调、强调社会参与大学治理的共同治理是发展方向。从本意上看，治理强调的是共治，是多元主体的共同参与，是组织秩序的重新整合，故治理是内生秩序，而管理是维护固有秩序。治理也强调原来的组织秩序不适应发展变化的需要，而新的秩序主要由内部产生而不是外部强加，治理是内部组织结构与体系的重新整合。

在经济全球化和教育国际化的背景下，高等教育的历史成为世界历史，大学治理形成世界维度。大学治理超越单一和封闭的治理传统与固有模式，运用人类文明在不同文化背景下形成的治理形态，不断推进对于大学与大学治理的理解，并使之走向现代形态。各国大学治理模式虽有差异，但这种差异、不同乃至冲突，又内化于大学治理的历史发展进程中，各国各地区的大学治理离不开普遍的世界视域。故站在全球高等教育发展的视野下，看待大学治理的转型与现代化是极为必要的，既可以看出全球大学治理的相互影响与治理的共有特性，又要分析各国大学治理的不同路径与特征方式。

一、从学术治理转向共同治理

自中世纪大学诞生起，就存在大学治理。中世纪大学形成了阿尔卑斯山脉以南的以学生治理为主体的学生大学和阿尔卑斯山脉以北的以巴黎大学为代表的教师治理为主体的教师大学。[①]教师大学就是以教授治校为基本特征的学术治理模式，这是西方大学最为经典的治理模式，延续了几百年。随着高等教育规模扩张，知识生产与传授模式转变，大学治理模式由传统的学术治理转向了共同治理。而大学的共同治理模式亦存在许多难以克服的缺陷，协商式共同治理是现代大学治理的转型和现代化发展的方向。

西方学者在探讨大学治理问题时，大致归纳了以下几种大学治理模式：一是学院治理模式，由美国组织管理学家马文·彼得森（Manin. W. Peterson）等人提出，亦称为学术同行治理、学术同僚治理，其基本特征是教授治校，学术同行掌握各项权力，不必顾忌外部的领导权力。称其为学院治理模式，是因为"在过去的组织机构中，大学不过是学院的组合，真正的权力属于学院院长"。学院院长是由教授同行选举产生的，不仅具有重要的法律地位，而且具有重大的实际权力。然而，学院院长的权力并不是行政式权力，不能独断专行，每个教授都有参与决策的机会，决策结果是学术同行的共识或妥协的产物。二是科层治理模式，亦称官僚治理模式。源于德国社会学家韦伯，强调基于合法理性的权力，组织结构严密，下级服从上级。20世纪中叶以后，随着高等教育规模扩大，巨型大学出现，高等教育管理日趋复杂，科森和斯特鲁普提出了这一治理模式，强调以大学校长为首的行政权力和董事会作为决策机构在大学治理中发挥重要作用，大学治理由学术同行治理转向威权治理。三是政治治理模式，由鲍德里奇、萨兰奇克、佩弗克等学者提出并完善。自20世纪70年代以来，大学治理变得愈加复杂化和多样化，与大学事务相关的利益群体日益增加且对大学有着不同的利益诉求，并且逐步地参与到大学治理中来。与科层理论着眼的大学治理属于封闭的组织内部决策不同，政治治理模式强调大学治理的开放性和外部利益群体参与大学治理的可行性。四是创业式或企业式治理模式。克拉克提出了创业型大学的概念，主张在国家紧缩公共预算并减

---

① 黄福涛：《外国高等教育史》，上海教育出版社2003年版，第71、72页。

少财政拨款的背景下，大学应该多用企业式的灵活经营方式，加强与社会的合作，促进学术服务事项的发展，以期获得更多资源。该理论模式强调外部力量参与大学治理并提出建立强有力的核心行政领导，强调决策的高效与有效，强调学术服从于行政，有人将其称为高等教育公司模式。其中，第一个模式是由传统的教师为主导的学术治理模式，后三个可以归纳为大学的共同治理模式。

当前，世界主要国家和地区的大学都在不同程度地由传统的学术治理模式转型为共同治理模式。当然，在共同治理模式中，有的大学强调学术权力的重要性，有的强调外部力量参与的重要性，在政治模式、科层模式、创业式模式中各有侧重。将其归纳为共同治理，是因为虽然校内行政力量及校外利益相关者参与大学治理，但他们必须与教师共同治理大学；作为学术性组织，大学治理不可能无视教师的治理主体地位，而单纯由外部力量或行政力量治理大学。大学作为学术性组织和教学科研单位，其本质和组织特性决定了大学治理有着共同规律和共同特性，如强调学术治理，强调师生权益等。在中世纪大学以来的几百年发展历程中，大学治理积累了丰富的经验，形成了大学自身独有的治理内容。但自二战之后，随着高等教育规模的扩大和高等教育大众化、普及化的发展，面对规模庞大、层次不同、类型多样、成分复杂的高等教育体系，西方国家纷纷实施改革，将大学由教师治理机构变为法人型机构，转向共同治理。丹麦于2003年颁布了《新大学法》，改变了大学的国有高校属性，成为"自治"学校。日本从2004年开始推进国立大学法人化改革，增加大学自主权。瑞典在2010年3月颁布《瑞典自治法》，高校由此获得特殊的公法人地位。芬兰也于2010年颁布新的《大学法》，赋予大学独立法人地位，校长不再由在职教师选举产生，而是由新成立的校董事会任命，校董事会成员必须有40%是大学之外的成员。教师也不再是公务员身份，改变了政府聘任教授的做法，教师的任命权下放到大学。大学的高层决策部门终于获得了学校管理中具有决定性意义的人力资源配置的权限，动摇了教授会自治制度的基础。从总体上看，世界主要国家和地区的大学治理有了转型，一方面是政府向大学放权，扩大大学治理权限；另一方面大学内部治理改变了教师主导的学术治理格局，形成了以教师、校长为首的行政力量与外部利益相关者共同治理大学的模式。国家的管控要得法，大学的学术治理要适度，校内行政权力要制衡，外部力量要引入，大学治理在各种权力博弈中出现了转型，转向了共同治理的道路。在大学治理转型与现代化的历史过程中，世界主要国家和地区的大学治理既表现出同质化的一面，又因各国政治制度、文化传统及高等教育发展阶段不同而呈现出不同的治理特色，即所谓的"同质异形"。但无论运用何种治理模式发展共同治理，建立学术治理与以校长为首的行政力量、外部利益相关者相互制约，协调管理的新型关系，提升大学治理水平是共同趋势。

美国大学治理是从学术治理最早转向科层治理、政治治理的典型。当欧洲殖民者在北美建立大学时，也沿用了"教授治校"的理念，如1819年，美国第三任总统托马斯·杰弗逊（Thomas Jefferson）创办的弗吉尼亚大学，被称为"第一所真正的州立大学"。托马斯·杰弗逊坚信权力必须受到制约，他深受启蒙运动的影响，坚持教师应从事教学，也从事管理，认为大学是教师主导的"学术村落"，拒绝设立校长职位，而是由教师轮流担任主席，与董事会共同治理学校。因此，弗吉尼亚大学在最初一个世纪内都没有校长，而是由教师轮流担任的教师主席与董事会共同治理大学。但是，随着时代的发展，教师也认识到校长监管行政的必要性，1904年，埃德温·埃尔德曼（Edwin Alderman）出任弗吉尼亚大学第一任校长。教师们也在反省召开教师全体大会参与治理的问题，教师全体会议在1925年决定成立教师评议会（faculty senate），由教师选出的代表参与治理。由此，坚持教师治校的弗吉尼亚大学也形成了董事会、校长、学术评议会、学生等多方面参与的共同治理模式。弗吉尼亚大学是美国大学的一个缩影。与欧洲大学不同的是，美国大学较早确立了董事会制度，这种由外行参与治理的董事会制度是美国最具特色的制度；同时，美国大学较早强调了以校长为代表的行政力量参与治理的科层治理模式，也较早实施了外行董事会、州政府参与治理的政治模式。1966年，美国大学教授联合会（AAUP）、美国教育理事会（ACE）以及美国大学与学院董事会协会（AGB）共同发布《大学和学院共同治理的联合声明》（*Statement on Government of Colleges and Universities*）。该声明确立了管理者和教师共同治理大学的原则，确立了教师参与大学治理的程序和标准，对教师、校长、管理者和董事会各自在决策中的位置和职权提出了建议。20世纪60年代提出的共同治理更多是科层治理模式，更多地强调从学术治理转向行政力量、董事会、校长发挥作用的治理。这种治理是把大学治理视为封闭的内部治理，描绘的图景是在威权治理下，校长、董事会、教师、管理者把大学治理作为自身内部事务，采取封闭治理模式。而20世纪80年代之后，随着美国高等教育繁荣时代的结束，社会各界对于大学的批评不绝于耳，人们更多地相信介入大学内部治理事务才能使大学更好地代表公共利益而非私人事务，大学作为公共利益组织，应该接受社会的监督和利益相关者的建议，于是，政治治理模式出现。这种外部力量介入大学内部管理的趋势导致了在共同治理中加入了外部力量的成分。

英国的大学治理模式可以分为由牛津大学、剑桥大学的学者为主导的学术治理模式和城市大学的政治治理模式以及创业型大学治理模式。牛津大学、剑桥大学的治理权属于全体教职工，根据大学章程，全体教职工对大学的治理拥有最高权力。教职工大会（剑桥大学称为摄政院）是大学的最高立法机构，牛津大学有4500多人，剑桥大学有3500多人。牛津大学章程规定："董事会负责大学目标的发展，大学行政事务管理，大学财政及资产的管理，并拥有履行这些职责所需的一切权力。"董事会在履行职权时，须受到教职工全体会议通过的决议约束。大学校长由学校评议会选举。学院拥有高度的自治权，有自己的领导机构和章程。大学不直接干涉学院的管理，而是通过大学章程等法律、制度来规范学院的行为。城市大学是政治治理模式的典范，经济因素塑造了大学治理模式，大学的治理主体在教师之外增加了社会人士，形成了外部治理的形态，如曼彻斯特大学，与传统大学相比，最大的区别是引入了外部治理，设立董事会和全体大会，董事会是最高权力机构，共有25位董事，外部董事有14人，占比高达56%。学校大会成员有200人左右，既有校内教师、管理人员和学生，也有外部各界人士，如工商业者、政府官员、地方教育机构人士、外界学者等。学校大会是大学与社会双向沟通的桥梁，向外界展示大学的成就，接受来自外界的反馈，就大学事务提议。评议会是学术机构，担负着向董事会提供咨询和建议的责任。撒切尔时期后，英国步入"新公共管理"时期，政府削弱了对高等教育的财政支持，大学为了生存发展，引入了市场机制，体现出经营性特征，被克拉克·克尔归纳为创业式大学，形成了带有公司性质的新型治理模式。英国法律规定1992年后建立的大学要设立董事会和学术委员会双会制，如威斯敏斯特大学，董事会是学校的最高治理机构，学术委员会负责学术事务，向董事会负责。董事会下设执行董事会，成员包括校长（任执行董事会主席）、执行校长、副校长、大学注册主任和秘书、财务总监以及各学院院长。执行委员会集中了大学的核心行政领导，形成了一个强有力的行政核心，提高了决策效率和执行效率。

法国大学逐步从传统的教师主导、学院式治理的学术治理模式转向科层治理模式，强化了校长和教授的共同治理理论。巴黎大学是教授治校经典治理模式的发源地，教授力量强大，并且各学院独立治理。1968年之前的法国的大学实际上是学院的集合，学院院长拥有控制权和支配权，大学校长由各学院的代表轮流担任。从某种意义上说，法国的大学是"学院共和国"。1968年的《高等教育法》规定了校外人士对于大学治理的参与，打破了大学中教授一统天下的治理结构。1984年的《萨瓦里法》，沿袭了大学治理的参与原则，规定了学校决策机构（行政委员会）的人员由30—60人组成，其中校外人员占20%～30%。2007年的《综合大学自由与责任法》，赋予了行政委员会较大的权力，成员数压缩到20—30人，教师占8—14人，校外人员占7—8人，学生代表占2—3人，行政与服务人员占3—5人，增加了校外人士的比例。大学校长由行政委员会选举产生，改变了传统的由行政委员会、学术委员会和学生学习与生活委员会组成的选举大会选举产生的方式。校长不必具有法国国籍，也不限于本校人员，但必须是学术人员，任期由5年改为4年，可以连任。校长权力的扩张导致了大学治理权力的集中化。大学治理的核心团队由校长指定，形成了由校长、副校长、秘书长、校长办公室主任、财务主任、人力资源部主任等行政人员组成的"核心领导团"，改变了大学学院式治理的传统，形成了由教授、学院与校长、核心领导团共同治理的格局。法国大学治理既有学术治理的因素，也有科层治理的因素，并且后者开始发挥重要作用。2013年的《高等教育与研究法》赋予了大学更多自主权，使大学治理更具效率，也更具学院式治理的特色。所谓效率，就是大学各委员会能够作出重大决策。大学行政委员会由24—36人组成，总数比2007年的规定有所增加，增加了大学生与行政人员的比例，其中教师为8—16人，校外人士为8人，学生为4—6人，行政与服务人员为4—6人。学术委员会为负责教学和研究的决策与咨询机构。所谓学院式治理，则是指大学治理应由教师、管理人员和学生共同努力。校长的权力受到削减和制约，正如法国高等教育与研究部部长菲奥拉索（Genevieve Fioraso）所言："应当重新引入学院式治理，这才是大学的精神。校长作为经营者，根本行不通。"[1]

德国大学继承欧洲中世纪大学教授治校的传统，近年来的改革赋予了校长更大的管理权限，设立了大学理事会和大学评议会。大学理事会由校外和校内人士组成，如海德堡大学的理事会由6名校外人士和5名大学成员（3名教授、1名学术人员和1名学生）组成，他们具有选举和罢免校长、总务长的权力。但任免校长，需经大学评议会和州科学部认可，由州政府任免。大学评议会是大学的自主管理机构，主要负责学术事务，大学教授占多数，如海德堡大学评议会有39位成员，19人是基于工作岗位自动进入评

---

[1] 王晓辉：《法国大学治理模式探析》，载《比较教育研究》2014年第7期。

议会的成员，包括1名大学校长、4名副校长、1名总务长、12名学院院长、1名女性特别委员。选举产生的评议会成员20位，包括8名大学教授代表、4名学术人员代表、4名行政技术人员代表、4名学生代表。评议会的任期为四年，学生成员任期为一年，无论是评议会还是大学理事会，都注重让大学的各个群体共同参与，也赋予大学教授群体最多的席位。[①]在大学决策机构中，当涉及学术事务时，教授群体占半数以上席位，他们是大学决策管理机构中最具影响力的群体，体现了教授治校的传统。同时，大学理事会的构成及校长权限的扩大也体现了分权制衡、共同治理的精神。

日本在大学法人改革之前，文部省对大学的管控较多，学校内部是以教授治校为主的方式进行治理。在2004年法人化改革之后，政府向学校下设了财务管理权与人事管理权，改革拨款制度，加大竞争性拨款份额，扩大学校经费使用自主权；在人事管理上，取消国立大学的教师与行政人员的公务员身份，也改变了国立大学教职工薪酬标准由文部省制定的传统，取消了大学与教职人员之间的终身聘用关系，教职工与大学签订定期聘用合同，学校自行决定教职工薪酬。文部省在下放管理权限的同时，建议大学重构内部治理体系，建立起以校长为核心的、董事会、行政委员会与学术委员会相互合作的共同治理架构。董事会是最高决策机构，行政委员会成员由校长任命，负责审议学校重要行政事务，学术委员会负责审议重要的教学与科研事务。在共同治理下，以校长为首的行政委员会权限不断扩大，教师的治理权限受到压缩，文部省对国立大学的管理由直接管理转向了间接调控。日本的大学治理由传统的欧洲式的教授治校转向了以校长为核心的共同治理模式。

二、大学与政府关系对大学治理模式的影响

发达国家的大学，尤其是公立大学的治理受到政府影响较大，政府一

---

① 孙进：《德国一流大学如何选校长？——海德堡大学的个案分析》，载《比较教育研究》2014年第3期。

般运用法律法规、战略规划、拨款资助、行政干预、质量评估、社会舆论等多种政策工具，对大学发展施加影响。不同国家的政府与大学也形成了不同的关系模式，美国学者伯顿·克拉克（Burton Clark）曾将它们的关系描绘成三角模型，即政府主导型、市场主导型、大学主导型，见表5-3。政府主导型是指政府在大学发展中起重要作用，法国是其代表；市场主导型是指大学面向社会自主办学，美国和英国的新式大学是其代表；大学主导是强调学术治理在大学中的主导作用，德国是其代表。从总的发展趋势看，一是政府对大学直接控制不断减少，扩大大学的自主治理权限；二是政府对大学的控制更加强调客观、间接、法治、指导、管理与服务结合，授权与激励并重，监督与保障同行；三是随着政府对大学的控制减弱，大学内部的行政力量与外部的利益相关者参与大学治理的权限增加，形成了共同治理模式。

美国虽然强调高等教育发展的市场导向，强调大学自治，但州政府对公立高等教育机构有着重要影响力，并且从法律关系和管理方式两个层面形成了不同的公立高校治理模式。从政府与大学的法律关系上看，卡普村按照州宪法规范的高校和依照普通法规范的高校将美国公立高校分为两类。[①]依照州宪法建立的高校，董事会可以依照州宪法及宪法中明确规定的法律行使职责和运用权力，不必受到州行政法的制约，董事会可以自主地对高校的事务，如校长的遴选、薪酬与任命、学位与课程设置，经费分配和基建维护等作出决策。这类公立高校治理权限较大，影响与制约决策的力量主要来自高等教育市场与社会需求。依照普通法规定建立的高校，董事会权力较小，学校治理受到州公共权力机构干预较深，决策要受到立法机关的频繁干预，自主治理权限较小，如不能自主决定校长薪酬。依照管理方式，美国公立高校可分为统一治理模式和分类治理模式两种类型。自

---

① 王绽蕾：《美国公立高校治理模式对办学水平影响的统计分析》，载《比较教育研究》2013年第1期。

20世纪60年代以来，各州纷纷成立高等教育治理机构对本州高等教育进行统筹规划和管理，在不同的州，高等教育治理机构的权限不同，名称也有区别，有的州称之为协调委员会，有的州称之为治理委员会，有的州则称之为咨询委员会。所谓统一治理模式，是指州的高等教育治理机构对该州所有公立高等学校进行管理和规划，一般包括校长任命和薪酬决定权，提出和审批高校预算及其分配方案的权力、基建项目审批权等。而分类治理模式是指一个州对不同类型的高校由不同的机构进行治理，如加利福尼亚州将公立高校分为加利福尼亚州大学系统、加利福尼亚州州立大学系统和社区学院系统，分别由各自的系统董事会进行治理。当前，美国绝大多数州采用分类治理模式。

表5-3　不同类型大学的治理权限

		政府主导型	市场导向型	大学自主型
大学的制度结构	决策者	政府、教师评议会	大学管理者、学校董事会	学术团体
	治理途径	官僚科层体制	企业式管理	学术自治、教师与州政府合作
	使命	与政府经济社会需求相一致	满足消费者和市场需求	学术自由、创新知识
监控模式	监控主导者	教育管理部门	政府认证机构、中介机构	自我评估、教师自我评估
	监控内容	教学科研工作程序	教学科研产出质量与效益	学术出版、学术论文发表
	评估标准	政府设定的目标	社区、国家与全球的经济需求、效益、可持续性	科学与学术目标

续表

		政府主导型	市场导向型	大学自主型
与政府、社会的关系	政府管制工具教学科研的目标	战略规划与设立目标 政府拥有一定权力	竞争，质量控制市场与社会需求	财政拨款、法律法规 学术进展
	外部利益相关者的角色	管控	市场化	限制
	主导力量	政府	大学管理者	学者团体
经费使用机制	主要经费来源	政府预算	竞争性，学费来源多样化，如捐赠、研发经费、政府拨款、学校创收	政府预算与大学预算
	管理方式	清单式管理（学校自主使用权限较小）	总量控制，学校拥有充分自主权	混合式（学校拥有部分自主权）
	分配标准	投入与产出效益	产出质量与效益	投入要求
	使用效果评估	政府评价定期评估	多元评价方式定期评估	学校和学院自评、不定期评估
个体与机构自主权	教师职称	政府	学术评议会与大学管理者	教授
	高级管理人员聘任	政府	大学管理者	教授
	辞退教授权	没有	有	没有
	院长系主任的职业角色	公共事务管理者	管理者	学术管理者
	学术团体参与学校管理事务	限制	允许	积极参与
	课程与专业设置	政府、学者	大学管理者、学者	学者
	研究计划设置	政府、学者	大学管理者、学者	学者
	设立学术机构的条件与标准	政府	大学管理者	大学与政府协商

　　欧洲各国政府与大学的关系不同。法国是国家主导型，自拿破仑时代以来，法国建立了教育的中央集权体制。这种体制有两个方面：一是行政体制，教育行政部门负责学校经费的划拨和管理规范；二是行会体制，学院式行会决定教师的职业和教学工作，如制定预算、决定经费分配、组织教学、决定教师聘用等。德国大学受政府管理控制较弱一些，一向被视为教授治校的典范。自20世纪70年代以来，联邦德国把大学视为公法团体，政府通过负责管理大学事务的委员及作为公务人员的教授施加影响，州教育行政部门对大学非学术事务进行管控，包括预算和人事任命等。近年来，德国各州与大学的关系开始出现了新的管理模式，强调"通过设立目标进行管理""对结果进行问责"，扩大了高校的决策权与自治权，放松了财务权与人事管理权；扩大了大学领导层权限，强调专业化管理，进行合同管理，州政府与高校签订目标合约，高校建立成本与绩效的控制和评估机制，并定期履行汇报义务，从而使高校拥有更多的自主权限。英国1992年后成立的新大学被伯顿·克拉克称为创业型大学，学校自身拥有广泛的自主管理权限，政府较少干预学校事务，学校内学术人员的权限较小，学校的董事会与核心行政领导拥有治理权限，如在课程管理上，法国大学的学院课程由国家制定标准，不过每一门课程的内容都由学者决定。德国高校的学者和学校拥有决定课程内容和教学方式的权利。英国对课程管理较为宽松，高校开设学位课程不需国家授权。[①]

三、从学术治理转型为共同治理的原因

　　大学是学术性组织，是以知识生产与知识传播、知识服务为内容的组织，由此，也决定了大学的教学、科研与社会服务三项职能。大学是以知识为核心的组织，随着知识生产与知识传播模式的转变，大学的治理主

---

　　① 王秀彦、王超：《欧洲高等教育区改革的新趋势及启示》，载《中国高等教育》2013年第8期。

体、治理体系与治理实践也随之发生变化。

（一）知识生产模式转型

在吉本斯等西方学者的研究中，知识生产模式正由模式1向模式2发生转变。大学知识生产模式出现变化，除传统的以学科为基础、由学术共同体为组织单位的知识生产模式1之外，开始出现为了某种实用目的而进行的知识生产。知识生产模式1是以学科为基础的，由学术兴趣所引发的，由学术共同体和学者所主导的知识生产；而知识生产模式2则是为了某种实用目的而进行的知识生产，这种知识生产是由政府、学界、企业等多种因素、多个主体共同作用的结果。知识生产模式1是在学科范畴内，遵循学科范式从事学术研究，一个知识发现可能是建立在另一个发现基础之上的，其成果是对学科知识的贡献；而知识生产模式2是跨学科的知识生产，超越现有学科界限，在更广的知识和社会需求上进行研究和探索，以解决具体问题、达成具体目标为目的。"在模式2中，发现存在于任何特定学科的限制之外，而参与者不需要回归学科之中寻求确认。以这种方式生产出的知识，可能很难与对这一成果有贡献的某一个学科相符合，也很难确认其与某一学科机构相关联或者作为学科的贡献被记录下来。"[①]知识生产模式1是在大学内部，由学科专家所主导的，生产机构与方式表现出同质性、稳定性等特点；而知识生产模式2不再局限于大学内部，而是把大学与非大学的研究机构、政府部门、企业的实验室、社会咨询机构、智库等联系起来，由网络式结构组织进行，呈现出异质性与组织多样性的特征，研究团队成员很少以稳固制度化形式出现，而是在研究结束之后解散。"成员们可能与不同的人，通常是在不同的地点，围绕不同的问题，重新组合到不同的团队中。在这个过程中所积累的经验创造出一种能力，这种能力是非常宝贵并且被转移到新的语境之中。尽管问题和解决问题的团队都可能是暂时性的，但是这种组织和沟通的形式却作为一个矩阵持续存在，从而将会形成

---

① ［英］吉本斯等著，陈洪捷等译：《知识生产的新模式——当代社会科学与研究的动力学》，北京大学出版社2011年版，第9页。

针对不同问题的团队和网络。"①知识生产模式1从根本上是靠同行评议来进行质量控制，"同行评议引导着学人去研究那些被认为处在学科发展核心的问题。用来定义这些问题的主要标准反映了学科及其'守门人'的学术兴趣和关注重点"②。而模式2则承担了更多的社会责任，更加具有反思性，涵盖了更广泛的、临时性的从业者，在一些特定的、本土的语境所定义的问题中进行合作。

知识生产模式的转型必然带动大学内部的机构重组，跨学科组织的新型组织化图景已经在大学中蔚然成风，打破学科分界是必然趋势。从知识发现规律看，新的知识增长点往往来自学科交叉融合。在跨学科研究中，新生产出来的"种子"需要播种在坚实的田地中，才能生根发芽，硕果累累。关键是如何打破学科界限？跨学科组织建立的最大阻碍在学术界，因为学科这种人为的划分是学科历史、既得利益者、经费分配、学术联盟共同作用的产物，"学科的团结来自学科间同行的期望和奖责都会鼓励个人遵守这种'规则'"③。但是，传统的知识生产已不能满足现实需求，卓越的适应性变革是必然的，政府、社会与大学之间在这一问题上形成了一定的张力，而大学内部支持变革的力量与保守的学术力量及院系学科之间也会形成张力，需要通过组织再造以形成知识生产的新型组织图景。

总之，大学的知识生产模式正在发生变化，知识生产的优先排序由基础科学、应用科学、技术知识变化为技术知识、应用科学、基础科学。高等教育由注重学术本位到更加重视社会本位，日益强调知识的应用价值，强调高等教育机构为社会作出的现实价值；由注重知识生产到注重知识生产与应用并重，重视产学研相结合。大学的知识生产性质正在发生变化，知识的价值正由非功利性、公益性、公共性走向了功利性、现实有效性。

---

① ［英］吉本斯等著，陈洪捷等译：《知识生产的新模式——当代社会科学与研究的动力学》，北京大学出版社2011年版，第7页。

② 同上。

③ 同上，第132页。

大学已不再仅仅是知识生产机构，而更重要的是作为一个知识传播与普及、扩散机构存在。知识生产模式的变化带来了大学治理主体的复杂化和多元化。

（二）高等教育规模扩张、学校管理日趋复杂化

由于高等教育大众化和普及化迅猛发展，高等教育规模出现了全球性的扩张态势。1900年，全球高等教育机构在校生人数为50万人，仅占适龄人口的1%。[1]然而到2007年，其规模增长约305倍，全球高校学生总数高达1.525亿人，并且毛入学率已急增至26%。[2]学生群体由精英时代的"中产阶级的男性"转变为"性别和阶层更为均衡"的人群，学生来自更广泛的社会阶层，并且女性超过了男性，如我国女性大学生人数占54%，而男性大约为46%，女性高于男性是高等教育大众化和普及化之后性别变化的规律，世界各地莫不如此。万人大学随处可见，多元巨型大学在各地出现，高等学校的人才培养与教学模式发生着剧变，其培养目标不再是社会精英，而是普通专业人士或普通劳动者，大学已从学术象牙塔转变为社会服务站，学生不再只关心学习与学术，而是更关心就业、职业与薪酬，知识传授已从博雅教育为核心转向更为关注职业培训。知识生产模式2的"知识"更为学生所关注，"大学功能逐渐趋于多样化，从最为抽象的研究到最为实用的培训皆有。因此，教育机构的中心和边缘界限不再清晰"。"从自由教育到职业教育的转变在知识方面造成的影响是显而易见的，但是累积效应只有在重塑新教育方面才体现出决定性作用。"[3]

知识生产模式2的出现和学生规模的急剧扩张及培养目标的变化，带来了教师群体的激烈变革。大学教师群体正在由同质化的学术群体日益成为

① Banks Arthur S., *Cross-National Time-Series Data Archive*, Computer Systems Unlimited, 2001.

② UNESCO, *Global Education Digest 2009: Comparing Education Statistics Across the World*, http://www.uis.unesco.org，2012-2-21.

③ ［英］吉本斯等著，陈洪捷等译：《知识生产的新模式——当代社会科学与研究的动力学》，北京大学出版社2011年版，第38页。

异质化的职业群体。[①]"大学将仅仅构成知识生产部门的一部分，并且不再处于决定所谓卓越的强势地位。"由此，"大学教师不再享有崇高的地位，大学构成了一个更大、更紧密的并深入产业界、政府和媒体的知识机构网络的一部分"[②]。高校教师已不再是传统意义上的学术人员，如美国，终身职和终身轨道职教师的比例从1975年的57%下降到2007年的31%，非终身职教师比例则大大增加，目前已经接近69%，且大多数非终身职教师是兼职教师。终身轨道教师处于教师群体的上层，还属于传统意义上的大学教师，是终身教职的拥有者。全职非终身职教师只是全职工作，但得不到终身职特权的保护，已不再是传统意义上的大学教师了。兼职教师一般只承担教学任务，不参与学术事务管理，不享受各种福利。同样，教师中形成了新的分工模式，即不是所有的教师都承担着教学、科研和社会服务三项工作，而是只有少数的教师从事这三项工作，特别是科研工作，而大多数教师则主要从事教学工作。如对1998—1999年美国高校全职教师时间分布分析看，70%的教师基本不从事研究工作，60%的教师不从事社会服务，即大多数教师的职责是从事教学工作，他们主要分布在教学型高校、社区学院的大部分教师和研究型大学的部分教师。我国的大学也在实施教师岗位分类管理，把教师岗位分为"教学科研岗""研究岗""教学岗"等，对不同岗位的教师提出不同的工作岗位要求，实行不同的考核评价方式。教师群体产生分化，不再是传统意义上的同质化的学术人员和知识分子，而是成为利益多元、结构多样、利益相关度逐步降低的分散的异质化的职业群体。他们也不再是传统意义上的学术权力的代表，只有部分核心教师在行使所谓的学术权力，大多数远离学术权力，只是名义上拥有学术权力而已。

---

① 李立国：《由学术群体到职业群体：现代大学教师的组织变革》，载《国家教育行政学院学报》2014年第10期。

② ［英］吉本斯等著，陈洪捷等译：《知识生产的新模式——当代社会科学与研究的动力学》，北京大学出版社2011年版，第72、73页。

高等教育大众化和巨型大学的出现，形成了一个规模庞大的专业管理群体。大学组织越复杂，规模越庞大，专业管理群体就会呈现上升趋势。1975—2005年，美国大学管理职位类别，如校长、学术副校长助理等增加了85%，专业管理人员增加了240%，但大学教师只增加了51%。随着高等教育大众化时代的到来，学生规模与学校职能快速扩张，学校管理职责与管理人员会以比教师增速更快的速度发展，这是国际趋势。对欧美10所大学（哈佛大学、耶鲁大学、普林斯顿大学、哥伦比亚大学、麻省理工学院、康奈尔大学、威斯康星大学、牛津大学、剑桥大学、伦敦政治经济学院）的师资与职员结构进行分析，其平均师生比为9.62∶1，师职比为0.24∶1，生职比为2.15∶1。其中，公立大学师职比为0.23∶1，私立大学师职比为0.25∶1，公立大学的生职比为3∶1，私立大学的生职比为1.26∶1，差别并不显著。而我国国内十所大学（北京大学、清华大学、复旦大学、中国人民大学、浙江大学、南京大学、南开大学、中国科学技术大学、北京师范大学、上海交通大学）的师职比为1.27∶1。[1]较少的职员数量和较低的师职比反映了我国高校教师得不到相应的辅助支持，不得不分心做许多杂务，教师人力的滥用和浪费必然妨碍教学质量和科研水平的提升，并且，我国高校职员分布呈倒金字塔形，职员主要分布在校部机关，大多数院系等基层教学科研单位的职员数量远远不足，有时是一个教学秘书对着上千名学生和数百名教师。而国外大学职员主要分布在院系，职员分布呈金字塔形。所以，我国高校建立学术权力体系并不意味着要减少职员数量，关键是合理布局职员在院系和学校的分布，科学合理配置人力资源，使他们专注于服务师生而不是管理师生。大学组织的庞杂也导致了效率和科层制问题，管理主义盛行，大学组织形式更趋专业化，有着高级管理团队和战略规划、职能部门和成本控制中心，"院系大多已经成为行政的而非

---

① 胡娟、舒颖岗：《加强高校职员队伍建设的国内外比较及对策建议》，载《中国高等教育》2009年第1期。

智力的中心，而真正的学术单位则变为课程或研究团队"[1]。高级管理人员控制着预算、规划和其他权力，从而削弱了教师权力和学术自治，教师的权限仅限于学术领地。大学治理越来越离不开行政管理团队，他们在学校中的作用越来越大。

（三）外部利益相关者迫切希望参与大学治理

大学规模的扩张，知识生产模式和传播模式的变革，教师群体的变化和专业管理团队的增强，意味着大学治理主体正在走向多元化，教师、行政职能部门、企业、社会、政府部门都参与到大学治理中，大学已经由纯粹教授治理大学变革为群治大学，主体多元化成为现代大学治理的基本特征。治理的主体多元化也意味着大学不再是弗莱克斯纳（Abraham Flexner）在20世纪30年代所说的"大学是有机体"，而变为克拉克·克尔（Clark Kerr）所说的"大学已经成为无机体"，大学内部的联系在弱化，与外部的联系在加强。大学已不再是自我封闭的机构，而是日益向社会开放，大学的管理也不再是少数教授所决定的，而是强调多元参与、民主管理。国际高等教育改革中出现了民主管理、社会参与的新趋势。所谓民主管理，即大学的各种决策机构不再完全是由正教授组成，而是吸收了一般教师、职员代表、学生代表参加，由"正教授统治"变成"群治大学"，力图使其他人员参与学术决策和管理。大学不再是传统的"学者共和国"，与社会开展合作，吸收社会力量参与学校办学，是现代大学发展的重要战略方向。这些制度创新体现在以下三个方面：一是决策机构人员构成多元化。大学内的各种委员会，尤其是具有权力与决策职能的委员会、董事会、议事会，都扩大了它的来源和构成面。西蒙·马金森（Simon Marginson）教授曾经选取澳大利亚17所大学为个案进行了为期3年的研究，从大学的权利结构、管理模式和再造方式进行了分析，认为从20世纪80年代末期以来，澳大利亚是采用较为接近公司和企业的方式来管理大学教育

---

[1] ［英］吉本斯等著，陈洪捷等译：《知识生产的新模式——当代社会科学与研究的动力学》，北京大学出版社2011年版，第72页。

的国家之一。①马金森教授认为，企业方向可以快速满足学生和产业界的需求，有助于研究和工商界的密切合作。从消极方面看，大学按照企业运作会忽视大学自身的学术使命以及国家的基础研究能力所带来的长期利益，削弱了学生更深更广的知识体系以及大学对于国家的文化和身份认同所作的贡献。美国大学董事会在强调外部人士参加的同时，近年来，也强调教师代表和学生代表的加入，如康奈尔大学董事会确立有两名学生代表参加；欧洲一些大学则在各种委员会中增加了青年教师和学生代表以及校外人士。人员构成的多元化，有利于各类决策机构更好地代表利益相关者的利益诉求。二是决策机制科学化。各级委员会大都采用委员会集体决策的机制，吸收了委员会负责制在制定政策方面的优点和个人负责制在执行方面的长处。三是管理中的变革。从大学的学科与组织特性出发，强化院系的管理权限和自主权，改变了传统大学教授个人权力过大的局面，扩大了民主，增强了组织活力，从而增强了学校和学院层面的行政权力，制约了少数教授权力过大、缺乏监督的局面。

四、大学共同治理的评价

美国是发达国家中最早步入大学共同治理的国家，大学的共同治理比较成熟。在美国大学共同治理的实践中，既有优势，也有值得关注的问题。

（一）大学教师的治理主体地位得到了保障

教师作为治理主体是由大学组织特性和大学性质所决定的。大学作为从事知识生产、创新和传授与传播知识的组织，教师担负着主体责任，大学治理的制度安排应有利于激发教师工作的积极性、主动性和创造性，大学治理体系也是围绕着教师的选任、晋升和激励、监督而设计的。大学知识的生产与传授主体是教师，评价也是同行评价，而非顾客评价、外部评

---

① ［澳］西蒙·马金森、马克·康西丹著，周心红译：《澳大利亚企业型大学的权利结构、管理模式与再创造方式》，浙江教育出版社2007年版，中文版序号部分第2页。

价。这种同行评价机制决定着教师占据着学术话语权，控制着学术治理，并有权参与大学其他方面的治理工作。故从中世纪大学起，大学就是学术领地，大学治理的基本特征是教授治校、学术治理。尽管有教师抱怨和组织批评，认为在大学共同治理中，由于董事会成员、校长、行政管理人员及外部利益相关者拥有与大学教师不同的价值观，导致在治理过程中发生冲突，并导致了教师权力萎缩，治理主体受到削弱的问题。但是，一些对于共同治理现状的调查报告揭示了教师在大学共同治理中的作用并没有下降，反而有所上升。2001年，据对美国1321所四年制院校的调查，35.5%的受访教师认为，在过去20年的共同治理实践中，教师治理群体的权力有所增长，56.5%的受访教师认为权力没有变化，只有8.0%的受访教师认为权力变小了，大约90%的来自教师治理群体的受访者觉得教师所拥有的权力比20年前更多或者没有变化。[1]从1970年到2001年的30多年里，在大学治理的15项决策中，教师参与的平均水平都有所增长。教师在决策领域的控制和权力显著增加，明显表现在教师任命和晋升、学科规模的设置、学院院长的任命和系主任的任命以及教师治理机构的权力和成员的决定等。在学术事务之外，教师可能与董事会或者行政部门共享权力（联合行动），可能是董事会或者行政部门在采取行动前先与教师协商，也可能是在事后与教师讨论已通过的方案，或者是董事会或者管理者在作出重要决策前咨询教师，但是决策时不一定采纳他们的意见。

当然，在大学共同治理实践中，教师参与共同治理也有一些问题。大学校长承担筹款和行政工作，他们更乐意学校尽快改革，吸取更多资源，如亚利桑那州立大学校长迈克尔·克洛（Michael M. Crow），自2002年上任开始，就积极投入地方服务和科技转化中，为此实施了大规模的组织变革和院系重组，有些院系甚至没有召开教职工会议进行研究。实行变革中，教职工意见没有得到重视。行政人员的核心价值是绩效，倾向于实施

---

① ［美］罗纳德·G.艾伦伯格著，张婷姝、沈文钦等译：《美国的大学治理》，北京大学出版社2010年版，第137页。

彻底的变革。而学术人员的核心价值观是学术治理，对管理和绩效本能地抵触。行政人员通过绩效考核的方式，对学术人员实施"非升即转"的管理方法，是行政人员而非学术人员自己掌握着教师的命运。行政人员的管理权力超过了教师，行政人员掌握着资源分配权力更像是老板，而教师则类似于公司的雇员。同时，随着高校规模扩张，专业数量不断增加，教师作为共同体的同质性减少，有些教师不愿参加学术和学校管理工作，部分大学的评议会和教师董事会力量薄弱。美国大学教授联合会（AAUP）曾经做过一次调查，由于教师认为评议会的工作不重要，原本应由教师选举的评议会代表，改而由院长和系主任指定。而且，随着终身教职的减少，兼职教师和非终身轨教师的占比增加，但他们无权参与大学评议会和学术组织，导致教师参与共同治理的问题更加突出，如何保障教师主体地位，如何让教师在共同治理中充分发挥作用成为难题。

（二）利益相关者参与治理的边界不清晰，在治理实践中出现困境

大学治理在由传统的学术治理迈向共同治理的过程中，由于治理与管理的边界不清晰，各方对于利益的诉求不同，商业与政治等外部因素对于大学治理造成冲击，导致共同治理面临困境。

美国大学教授联合会、美国大学与学院董事会协会和美国教育理事会于1966年联合发布的《大学和学院共同治理的联合声明》及大学和学院治理委员会于2010年发布的《院校治理宣言》，都试图对董事会、校长、教师的治理边界和权限做出清晰划分，实现由董事会决策、校长执行、教授治学、学生自我管理的清晰的大学治理路线图。[①]但是在实践中，董事会、校长与教师的利益经常难以清晰化，如教师试图抵制董事会的决策，校长与董事会试图管理教师事务，校长与董事会也经常发生冲突。2012年6月，弗吉尼亚大学董事会认为时任校长特雷莎·沙利文（Teresa A. Sullivan）不能领导大学应付经费紧张、网络冲击和高科技迅猛发展的挑战，要求其辞职。

---

① 孟倩、许晓东、林静：《美国大学协商治理机制及其挑战》，载《复旦教育论坛》2014年第12期。

但董事会这一决定遭到了教师、学生、行政管理人员的反对。教师评议会要求与董事会会谈，并提出4条建议。教师评议会和学生还组织全校师生静坐以支持校长。迫不得已，16天后，董事会同意复聘特雷莎继续任校长。再如在佛罗里达大学校长遴选案例中教师与董事会的冲突。[①]2000年，佛罗里达大学启动了新校长遴选工作，时任佛罗里达总校校长和州董事会主席的赫伯特决定采取双重遴选制度，组建了一个由教师、学生和校外人士等54人组成的遴选咨询委员会。委员会只是起到建议与咨询作用，并无实质性价值。对于大学校长遴选真正发挥作用的是赫伯特本人及其聘用的猎头公司。赫伯特与教师们对于候选人有不同的期待。赫伯特认为，需要聘任有管理经验、善于筹款的已有校长经历的人选，而教师们则期待新校长学术卓越，最好是来自美国大学协会（AAU）。赫伯特和猎头公司遴选出的候选人遭到了教师们的反对。270名教师联合署名质疑候选人的资格，大学评议会也在联合声明上签字，要求停止遴选工作，直至大学治理制度改革问题得到解决，这导致了初次遴选的终止。2003年，佛罗里达州高等教育治理机构改革，新的州高等教育治理董事会（Florida Board of Governors）决定，在10所州立大学各自建立董事会，并予以大学董事会招聘和解雇校长的权力，而州高等教育治理董事会则具有否决权。2013年10月8日，佛罗里达大学董事会遴选出了新校长詹姆斯·马森，并获得了州治理董事会的同意。佛罗里达大学校长的遴选体现了州教育机构、董事会、教师对于大学校长的不同价值观，使得大学校长遴选面临董事会、教师、外部力量的不同诉求，这也增加了新任校长治校与外界联系、沟通及决策的难度。

教师的选聘、晋升和激励制度属于学术性事务，是教师自我管理的最重要体现，是学术团体的主体能力。但是，今天美国的州政府和大学董事会开始干预终身教职制度，提出了终身后评估政策。普林斯顿大学在1920年就规定讲师和助理教授在任期的第三年或者第四年可申请终身教职；

①　王占军、瓮晚平：《政治模式下的美国大学校长遴选：以佛罗里达大学为个案》，载《复旦教育论坛》2015年第3期。

1939年，哈佛大学规定八年必须获得终身教职；同年，耶鲁大学规定助理教授五年、讲师四年作为试用期。1940年，美国大校协会（AAU）和美国大学教授联合会（AAUP）联合发布了《关于学术自由与终身教职的原则声明》，明确了终身教职的试用期限、同行评议、聘任程序和解聘原因等，被视为终身教职制度在美国高等教育界确立的标志。但是，这一制度在20世纪90年代遭遇挑战。1992年，威斯康星大学董事会通过了终身后评审方案，要求每五年进行一次终身教职后评审。1995年，佛罗里达州立大学董事会决定实施终身后评审，以合同制代替终身教职，新雇佣的合同制教师工资比选择终身轨的新任教师高30%。1996年，田纳西大学董事会和马里兰大学董事会制定了终身后评估政策。1997年，亚利桑那大学董事会通过终身后评估方案，每三年评审一次，评审不合格教师有一年改进时间，如果一年之后仍不合格，会面临正当程序的解聘。1996年，明尼苏达大学董事会提出，对于表现不好的教师，董事会有权解聘终身教授。如果此项改革建议通过，所有教师都会面临被解雇的风险。当时，明尼苏达大学有87%的教师是终身教师。所以，此项改革遭到教师的反对，美国大学教授联合会（AAUP）也向全国大学呼吁抵制明尼苏达大学改革方案。最终，明尼苏达大学董事会不得不做出妥协，同意在不废除终身教职的前提下，实行终身后评审。自20世纪90年代以来，弗吉尼亚州、科罗拉多州、南卡罗来纳州、得克萨斯州也以立法形式要求对终身教授实行评估制度，如1998年，得克萨斯州立法会通过了终身教职后评审法案，规定州内所有州立大学的终身教授必须每六年进行一次评估，如果连续两次被评定为不合格，则可能面临被解聘的危险。[①]美国各州和各大学董事会出现的终身教职后评审制度改革，旨在激励教师保持较高的学术生产力，但在一定程度上干预了教师内部的学术事务，遭到了美国大学教授联合会（AAUP）的反对，"职后评审将会削弱学术自由的传统，并用来作为终止终身教职的工具。而且还会产

---

① 孟倩、许晓东、林静：《美国大学终身教职制度改革的路径》，载《比较教育研究》2013年第6期。

生额外的费用，浪费教师的时间，抑制教师的创造性，对同行关系产生坏的影响"。但是，随着大学董事会和州立法会出台终身教职后评审制度，美国大学教授联合会（AAUP）也被迫做出让步，1998年，美国大学教授联合会（AAUP）发布了《终身教职的评估：AAUP的回应》，认可终身教职的评审，但指出这不是对终身教职资格的评估，评估结果不能作为取消终身教职资格的依据，其目的是促进教师的职业发展和提高教师的工作业绩。

五、大学治理现代化的方向——协商式共同治理

自2010年《国家中长期教育改革和发展规划纲要（2010—2020年）》颁布实施以来，我国提出了建立现代大学制度的新要求，大学治理结构和治理现代化进入新时期。目前，我国已基本确立了党委领导、校长负责、教授治学、民主管理、社会参与的大学治理结构，但如何使这一治理结构有效实施与运转，需要明确的治理体制与机制，这是大学治理现代化的根本要求。中国大学治理要坚持中国特色，扎根中国大地，传承中华优秀传统文化；同时，也应具有国际视野，吸收世界上先进的办学治校经验，把大学治理的共同规律与我国的现实国情相结合，形成具有中国特色的大学治理模式。立足中国国情，借鉴国际大学治理趋势，我国大学治理现代化的方向应该是协商式共同治理。协商式共同治理的要义有三点：一是共同治理是国际高等教育与大学治理的发展趋势，也是我国建立"党委领导、校长负责、教授治学、民主管理、社会参与"这一治理结构的反映和要求；二是遵循大学作为学术性组织和教学科研组织的特性，遵循学术治理要求，落实教师在大学治理中的主体地位；三是强调协商在共同治理中的价值，突出尊重、平等、合作与沟通，以保障治理的成效与质量。

（一）首先需要确立大学办学地位，明确大学与政府关系

西方大学虽然讲大学自治，但大学自治是有范围和限度的，大学自治并不是大学不受限制的自由办学，而是以法律形式对学校内部事务进行管理的方式。"自治"的英语"autonomy"、法语"autonomie"、意大利语

"autonomia"和德语"autonomie"均来源于希腊语"autonomos"，其本意是能够自己制定法律，自我规定自己的权力。大学自治是大学组织所拥有的权力，能够在法律框架内自行承担处理内部事务。学校作为公务法人，享有在其公务领域内制定内部规章和规则的权力，这些内部规则一律被视为内部规范，对外不具备法律效力，因而，学校可以在没有法律授权之下自行制定内部规则并可依据内部规则作出处理决定。一般来讲，大学章程中规定的是大学可自行决定的事项与界限，而章程之外的事项与事务，无论与大学关系多么密切，如财务、人事及监督等，均属于政府事务。因此，大学的自治行为是在国家与地方的法律法规范围内进行的，并且大学自己要制定章程，并依章治校，故大学自治亦可视为一种实质意义上的大学法治。

我国一般是讲落实高校办学自主权，而不是大学自治。推进大学治理现代化首先要明确大学与政府的关系，落实高校办学自主权。政府应该进一步简政放权，下放办学自主权，政府依法治校，学校依法办学，使高校成为法人办学实体。政府的管理方式应该向实施宏观、间接、法治、指导的方式转变，力争控权与激励并存、监督与保障并行，运用法律法规、发展标准、战略规划、拨款资助、行政干预、督导评估、社会舆论等各种政策工具推进治理现代化。中央和省级政府应该设置高等教育协调机构或治理机构，作为非官方的机构统筹规划高等教育发展，提供咨询与政策建议。在推进高校分类发展的同时，政府对不同类型的高校应该进行分类治理，对于不同特色、不同职责、不同类型的高校在治理结构、资源配置方式、办学权力等方面进行制度设计，使不同类型的高校拥有的办学自主权有所区别，更好地适应学校发展的需要，建立多样化的政府与高校关系，推进高等教育治理体系改革和治理能力现代化。

（二）我国已建立起了较为完善的高校领导体制，但治理规则与治理机制仍有待完善

"党委领导下的校长负责制"是高校的根本领导体制，健全党委与行政议事决策制度是这一领导体制在治理层面上的集中体现。党委常委会和校长办公会的参加人员包括哪些，主要讨论什么工作，讨论和决策的程序是什么，都需要明确回答。"首先，要建立职责权力的正面清单和负面清单，使职责分工具体化、规范化、法治化，减少在落实党委领导下的校长负责制中的主观性随意性。其次，要解决好'规则'问题，对党委领导、校长负责的相关议事决策规则要有更加清晰、具体的规定，通过完善的程序来保障职责权力的规范行使。党委领导实行的是集体领导、分工负责，决策上是集体讨论、做出决定。校长履行学校的行政管理职责，也是按照一系列规则和程序来进行的。"[1]据对全国40所教育部直属高校的党委常委会和校长办公会议事决策制度的调查看，许多高校的议事范围规定较为粗放，一般是把相关法律法规条款照搬照抄，职责的规定也是分割的，没有体现党委常委会和校长办公会两者职责的内在联系。[2]党委常委会的议事人员是学校党委常委，不是常委的有关人员可根据会议议题需要列席会议，这个情况在所调查的学校中是一致的。但据参与调研的40所高校的校长办公会的参会人员相差较大。第一种情况是行政班子成员参加会议，包括校长、副校长、校长助理、其他行政班子成员，如北京大学；第二种情况是行政班子加党委书记，包括校长、副校长、校长助理、其他行政班子成员，党委书记，如北京师范大学；第三种情况是行政班子成员和党委常委参加会议，包括校长、副校长、校长助理、其他行政班子成员，党委书记、党委副书记、其他常委，如清华大学；第四种情况是行政班子成员、党委常委，有关职能部处负责人参加会议，包括校长、副校长、校长助理、其他行政班子成员，党委书记、党委副书记、其他常委，有关职能部门负责人，如上海交通大学。从理论角度分析，党委常委会是做决策性质的会

---

[1] 建设中国特色现代大学制度课题组：《建设中国特色现代大学制度的四个问题》，载《中国高等教育》2014年第20期。

[2] 严蔚刚、王金龙：《完善我国高校党委与行政议事决策制度的探讨》，载《中国高教研究》2015年第2期。

议，参加人员当然是学校党委常委，其他人有必要可以列席会议，但无决策权。高校党委常委会是委员会制，重要决策应实行票决制，并且应该是实名制，少数服从多数，贯彻党的民主集中制。常委会成员的不同意见，应该记录在案，保留少数人的权利。校长办公会议属于执行党委常委会决议和其他事项的以执行为主的会议，属于首长负责制，参加会议的固定成员一般为学校行政领导班子成员。对于各项工作，参会人员可以讨论，但以校长的决定为准。校长办公会议不宜采用票决制，应体现"校长负责"的制度安排。《关于坚持和完善普通高等学校党委领导下的校长负责制的实施意见》对校长办公会的规定是"会议成员一般为学校行政领导班子成员。党委书记、副书记、纪委书记等可视议题情况参加会议"。对于党委常委会和校长办公会议议事决策制度的规则依据、成员构成、议事范围、议事程序、会务安排、监督约束机制等有明确规定。这是大学治理规则的重要方面，也是落实高校领导体制的重要制度安排。

（三）落实教师在大学治理中的主体地位

大学的组织特性和知识生产与传播的特点决定了教师是大学治理的主体，大学治理应该依靠教师。大学治理的关键问题也是如何对教师选任、激励和监督。如何选聘优秀教师，如何建立教师退出机制，如何激励教师努力工作，如何保障教师的学术生产力，一直是现代大学治理面临的核心命题，这也是为什么十几年前北京大学人事制度改革和今天的清华大学综合改革能成为世人关注的话题。要真正推进教师人事制度改革，推进治理变革，就必须遵循大学作为学术共同体的特征，建立"学术本位"的价值规范，在学术事务和学术、学生、教师相关的事务上确立起以学术权力为主导的运行机制，建立以学术委员会为载体的学术权力组织系统，使教授治学落在实处。

学术委员会是大学治理体系的学术中枢，在保障教师治学、学术治理方面起着重要的制度保障作用。《高等学校学术委员会规程》的发布，标志着我国高等学校学术委员会改革进入到新的历史阶段。但是，学术委员会权力的内涵和边界仍需界定厘清，进一步明确学术委员会的具体职权，特别是在涉及学术权力与行政权力的交叉权限领域中，应明确规定相关事项最终决定权的归属。①对于《高等学校学术委员会规程》规定的，属于学术委员会审议决策权限内的事项，应明确学术委员会享有最终决策权；对于学术委员会只享有咨询建议权的有关事务，要让学术委员会有充分的发表意见的权力；行政职能部门若不接受学术委员会的建议，必须公开说明原因及具体意见。学术权力也需要监督机制，学术委员会同样要有问责机制。有些学校的学术委员会长期为某些个人所把持，自己成为"学霸"，只考虑自己和自己团队的利益，大肆排斥异己，这显然是学术权力的异化。为了使学术权力有效运转，应该健全学术委员会规范化的席位分配制度和选举制度，实现学术委员会委员从行政主导向按分配席位选举制度的转变，强调任期制度和定期更替制度，防止学术权力异化，出现"学霸"和学术权力垄断。建立学术委员会的问责机制，避免权力行使脱离责任监控。当学术委员会运行出现重大失误或过错时，谁来追究责任，谁来承担责任，如何追究责任，都应有明确的规定。

需要建立健全管理负责人参加学术委员会的制度，如在我国高等教育界讨论热烈的管理负责人退出学术委员会的问题，其实就是一个假问题。学校管理负责人是否参与学术委员会，从美国经验看，大致有四种模式：第一种模式是管理负责人参与但无表决权，例如斯坦福大学评议会包括了校长、教务长、秘书长、七大学院院长等重要管理者，但是这些人在评议会中没有表决权。第二种模式是管理负责人参与且有表决权，例如哥伦比亚大学评议会包含了校长、教务长、研究生院院长、本科生院院长以及校长指派的核心管理者，在评议会中，这些管理负责人拥有表决权。第三种模式是管理负责人参与且构成评议会全部成员，如麻省理工学院评议会。这种模式的前提是全校教授会的体系非常健全。第四种模式是管理负责人

———————
① 汪洋、龚怡祖：《〈高等学校学术委员会规程〉的突破与展望：文本分析的视角》，载《复旦教育论坛》2014年第5期。

不参与，如密歇根大学，但此模式实属罕见。[1]最近一些年，在去行政化的思潮之下，国内一些大学倾向管理负责人退出学术委员会，但是这样就能解决学术委员会的公平公正问题吗？这需要建立规则，健全学术委员会的组织管理制度，而不是简单地用行政与学术二分法处理此问题。

在对大学学术委员会的研究中，如果仅从治理主体出发，即学术权力行使者的角色定位出发，就会得出学术委员会组织模式和运行机制的一致性的结论。但是在治理实践中，不同高校、不同类型的学术委员会发挥的作用与扮演的角色有较大差异，其自身的组织管理体制与运行机制也正是在治理实践中形成各具特色的模式。从国内外经验看，学术委员会的组织结构主要有四种模式。一是纵向完全分权模式，即师生治学完全分散在学部、学院（学系），没有全校层面的学术委员会，如哈佛大学没有全校层面的评议会，只有学院评议会。二是横向完全分权模式，即学术权力完全分散于依托行政职能部门的专门委员会，没有统筹全局的、实质性的学术委员会。三是完全集权模式，即师生治学权力完全集中于校一级委员会，这种模式仅适合于学科较单一、管理幅度窄的高等学校。四是统分结合模式，即学术立法、程序性审查批准集中在校学术委员会，而立法执行和实质性审查评定则分散在基层学术委员会和专门委员会中。[2]在治理的参与方面，学术委员会在高等教育组织决策过程中发挥的作用也是不同的。迈纳通过对15所大学学术委员会在不同类型决策中的不同功能的考察，将大学学术委员会分为功能型、影响型、仪式型和颠覆型4类。其中，功能型就是学术委员会的传统职能；影响型学术委员会在组织的各项决策中都充当合伙人的角色，有相当大的发言权；仪式型学术委员会在组织治理中的角色相对被动，只保留了诸如选举、日程安排等其象征意义的功能；而颠覆型学术委员会在形式上保留了学术决策的相关职能，同时，在其他决策方面

---

① 杨开忠：《深化高校学术委员会改革的几点思考》，载《中国高等教育》2014年第8期。
② 同上。

有时以非正式的形式发挥作用，与管理人员处于此消彼长的对抗关系。[①]

（四）建立健全协商治理机制，在治理实践中完善协商式共同治理

我国大学治理的实践是中国特色社会主义民主的重要组成部分。协商民主在我国民主制度中具有重要地位，也是我国民主特色的体现。我国大学治理也应该坚持实施协商治理机制，推进协商式共同治理。一是决策的原则与程序。协商治理不是每个人都要参与大学治理，而是指每个个体在自己能够参与的治理范围内实现最大限度的参与度，如教师对于学术事务的参与、学生对于自身事务的参与等。二是统筹协商，治理实践中肯定有相互交叉的方面，有规定不甚清晰的内容，有新情况新问题的出现，这些都需要在党委领导下统筹协商，治理还是需要"礼法合治"。三是相互尊重、平等沟通。有研究者指出，大多数高校治理失败的原因在于，各主体之间不知道如何谈判，如何礼貌地拒绝，如何适应双方之间改变的关系。大学共同治理需要相互依存、相互尊重、相互影响、相互协商。这可能会降低决策的效率，但可使各方形成合意，保证决策的科学化、合理化，也可为决策的实施铺平道路。

从治理主体的探讨转向治理规则与实践，是突破大学治理困境的必由之路。"规则"一词，按新制度主义者的解释，是"什么行动（或结果）是必须的、禁止的或允许的，以及不遵守规则时会受到什么制裁的规定"[②]，规则更关注"人们的行为实际上遵循的东西，不论他们是否承认或认识到，这些规则是正在发挥作用的东西"[③]。规则是"活着"的行为规范，是实践中的行为准则，有别于文本式的制度。一般来讲，制度是指有正式属性的规则与规范。

---

① Minor J., *Understanding Faculty Senates: Moving from Mystery to Models*, The Review of Higher Education, 2004, 3: 343–363.

② ［美］奥斯特罗姆等著，王巧玲等译：《规则、博弈与公共池塘资源》，陕西人民出版社2011年版，第39页。

③ 张静：《现代公共规则与乡村社会》，上海书店出版社2006年版，第14页。

为什么要从治理规则与实践入手？因为治理必须与有效性联系在一起，如果制定了制度文本，但在运行中却是无效的，这就是无效治理。在制度与规则建设中，如果只讲行政与学术二分法，搞单纯的学术治理、协商民主、参与民主，而忽视了学校的组织特性，忽视现实中最重要、最基础的治理形式，如依法治校、权力制约等，就可能使这些治理形式走向现实的反方面，演变为无效的治理。程序性、正当性必须与具体情境相适应，如果工具性形式不能为实质性治理作出贡献，那么这种好看好听的治理形式就要被质疑。治理必须与有效性联系在一起，让治理为高校发展提供切实的制度保障与规则体系。

当大学治理舞台上呈现出多元化的治理主体时，试图分辨谁是治理主体并实施何种行为可能是无效的，而解析大学治理的路径应从治理主体的辨析转向支配治理实践的规则，由探讨"谁在治理"转向研究"如何治理""怎样治理"，由探讨从以主体为中心的"表层结构"转向以实践为中心的"深层结构"。

从治理规则与治理实践的角度看，治理实践受规则制约，但同时又受到个体与日常行为习惯的极大影响。从理论上看，规则与日常生活是两种不同的程序观：前者是基于明确的价值观念和理论理性（reason）而制定的明文规定，具有简洁化、清晰性等特征；后者只有局部且模糊的合理性（rationality）。①正式规则与学校的日常生活之间存在着一定程度的张力，因为，正式规则不可能解决所有问题，也不可能覆盖所有的治理实践，不同的价值取向、利益追求、时空环境变迁及设计者知识背景的差异，都会造成规则与实践难以彼此完全无缝对接。吉登斯（Anthony Giddens）指出，人们经常把规则看作是单称的，好像各条规则可以分别对应于不同的特定情况或行为片段。然而，在社会生活的运作过程中，实践是通过或多或少松散地

---

① ［美］詹姆斯·C. 斯科特著，王晓毅译：《国家的视角：那些试图改善人类状况的项目是如何失败的》，社会科学文献出版社2004年版，第128页。

组织在一起的集合形成得以维持的。①第一，对于正式规则与制度的安排，学校不同人群有时以种种办法对其进行反击，有各种格式的"变通"策略、非正式运作及其他策略。观察高校评聘职称和处理学生时遇到的阻力与障碍就会明白这一点。第二，代表制度方的不同利益群体也会因价值、权力和利益而产生分化、对立与冲突，因为一种正式制度的安排和实践必然使其代理人和行使者内部同时出现得利者与失利者两个群体，不同位置与利益的正式制度代理人之间会因价值、利益与权力而产生矛盾乃至冲突。在高校治理实践中，学术权力与行政权力两大群体，可能基于特定的目的，跨越制度界限与日常工作界限而结成各种或长期存在或短期的联盟，如在评聘职称中，教师可能更相信校方的公正性，而不信任学院和学术委员会的公正，他们在遇到不公正待遇时，会找行政职能部门而不会找评审委员，因为各种学霸、学术利益代理人操纵了评审过程，人们相信行政力量的进入有可能会制约不公正与不公开，希望行政权力的介入与监督。各种学术评价与课题评奖也是如此，少数的所谓学术大佬操纵资源为己所用，把学术公器变为了一己之私利。人们在对这些行为的批判与声讨中，迫切希望改变评审规则、制度，加强监督与公开透明化，减少暗箱操作。

治理的实践过程是一个具有高度组织差异、角色差异和个性化差异的过程，治理实践不一定会完全遵照正式制度的规定去执行。现实总是复杂的，治理的实现形式也是多种多样的。权力意味着强制力，但权力的运用与行使却并非都是单向的，较弱的一方可以向权力较大的一方施以道德和情感压力，从而获取一定限度的无形权力。②如同社会治理一样，大学治理实践同样会受到情、理、法因素的制约。"情"是中国社会所重视的，既指我们的"恻隐之心"，也指治理中的人文关怀与人道、人性。弱势一方总是

---

① ［英］吉登斯著，李康等译：《社会的构成》，生活·读书·新知三联书店1998年版，第80页。
② 肖瑛：《从"国家与社会"到"制度与生活"：中国社会变迁研究的视角转换》，载《中国社会科学》2014年第9期。

会使用情感表现，以获取"同情的力量"，营造合情性策略，如在评聘职称时，年纪大的教师就会经常使用这一策略而获得成功，学术标准让位于情与恻隐之心。"理"是指"合理性"，孔子曰"名不正言不顺"，"名正言顺事成"，他们以自己的诉求合理性为基准，以传统或国内外高校的经验作为依据，据理力争，再加上许多问题并没有明确的法律或政策依据，从而获得成功。合法性则指对特定正式制度与规则的服从。合情、合理与合法之间并不一定是统一的，实践中的情形可能是恰恰相反的。在大学治理实践中，"合法性"在三者之中处于基础地位，但合法性的制度规定往往是抽象的，而情和理往往是具体、鲜活的，更容易打动他人，从而影响治理实践，有时比合法性更有力量。这也正是治理的复杂性之所在。

大学治理实践具有复杂性、多维性，必须超越传统的用学术权力与行政权力二分法的治理主体来分析和推导大学治理实践的研究模式。在治理规则中，不仅要看到正式制度的作用，还要看到治理规则、日常生活的价值与影响，从我国高校治理实践中建构和确定问题意识、概念、视角、分析框架乃至理论体系，从实践角度把握和认识真实的高校治理及其变动逻辑，不能简单地用理论代替实践，用目的代替过程，用规则代替分析和解释，用二元分割代替复杂的多元关系。要真正从治理规则、治理实践的角度洞察中国高校治理的基本机制和逻辑，需要正式制度及其代理人更平等和更包容地正视教职工、学生的利益诉求，更主动积极地改革制度与规则，把符合学校长远发展和办学规律的诉求与期待以制度化的方式予以落实，同时，大学治理的多元主体更为积极地把正式制度的要求转化为自我反思、自我提升的准则和动力，从而推出超越群体利益的制度变革的公共力量，增强不同治理主体之间的良性互动和相互信任，从而推动在制度与实践这两个层面展开大学治理规则的重构。

第四节　大学治理的"现代性"与"本土化"

中国式高等教育现代化是中国式现代化的重要组成部分。推进中国式高等教育现代化是一项系统、持续的工程，既要廓清理论认识，又要探索实践方略。高等教育从面向现代化到建设中国式现代化，体现着党对教育现代化本质和规律认识的新高度；中国式高等教育现代化要确立"中国式"的基本遵循、做出"中国式"的理性选择、承载"中国式"的神圣使命；要着力在服务国家现代化的战略需求、把握建设高等教育强国的历史目标、夯实高质量高等教育体系的基本内涵等方面下功夫；大学要主动支撑中国式现代化建设，在坚持使命任务、把握科学内涵、推动教育科技人才协同发展、扎根中国大地办大学、实施高水平开放、深化改革和创新发展中发挥支撑作用；全面提高人才自主培养质量，亟须构建培养共同体以造就拔尖创新人才；要在把握"现代性"和"本土化"的关系中推进中国式高等教育治理现代化；高等教育现代化与技术进化相应合是创新驱动发展战略的核心，也是高等教育现代化的关键；高等教育现代化与课程教学的关系密不可分，应加强课程建设为高等教育现代化筑基、深化教学改革为高等教育现代化增能、提升课程教学效能为高等教育现代化蓄力。

在大学发展道路与模式选择的背后，是一种文化的选择。世界主要国家和地区之所以形成不同的大学治理模式，既与这些国家和地区相互影响、相互借鉴学习相关，更与他们以本国国情与本土文明为基础有关。在中国式现代化发展进程中，如何构建中国特色的大学治理模式，需要借鉴世界各国，尤其是西方大学治理的经验与做法。学习借鉴的关键是如何科学认识大学治理的"现代性"与"西方性"，学习世界大学治理中具有共同性的"现代性"要素，抛弃西方大学治理中只适合西方特点的"西方性"要素，这是中国式高等教育现代化治理的重要方面。所谓"现代性"，是指大学治理中形成的符合现代大学办学治校特征、体现现代大学发展规律的治理理念与内容；所谓"西方性"，是指西方大学形成的只适合西方文化与本国国情的制度设计与治理体系。

一、如何认识、理解和借鉴西方大学治理

对于西方大学治理的认识与理解，涉及价值论与认识论问题。从价值的哲学意义上讲，价值不可能中立，价值是有倾向性的和意识形态性的，比如大学的领导权问题、大学与政府的关系问题，我国与西方国家的大学具有不同的认识与制度设计。故大学治理的价值层面是有争议、有不同认识的。从认识论的知识层面看，知识具有迁移性，是有相对客观的认识和标准的，西方大学治理的一些制度设计与权力架构等可以借鉴，如西方大学的学术委员会、教授会等制度设计。从经验层面来说，是指还未形成系统的理论认识，比如西方大学治理的具体经验与做法，也可以学习为我所用。

对于西方高等教育治理的经验、知识与价值，可以分为三种观点：一是西方的就是西方的，没有共同性；二是西方的就是世界的，西方是现代化的化身和代表；三是西方的既是西方的，也是世界的，具有一定的共同性。西方是大学治理的策源地，对于世界高等教育发展具有示范意义。高等教育治理、制度、体系到底有没有共同性价值存在？如何认识大学治理思想、理念与智慧的共同性？可以说，在每个历史时代，占主导地位、发挥最大影响力的理念、制度、思想就具有共同性。大学治理的共同性不是一成不变的，而是与时俱进始终处于时代前列的。大学治理的内涵是随时代变革而不断变迁和发展的，永远不会终结。因此，所谓大学治理的现代性，是在发展中进行动态构建的，是大学治理现代化的充分展开和实现，

是体现时代发展的先进治理理念与体系。我国要成为世界高等教育的领跑者，应该学习西方大学治理中具有现代性的经验与做法，并与我国国情、中国文化和高等教育实际相结合，进行创造性转化和创新性发展，才能在成为世界高等教育高地的基础上建成具有世界意义的、具备现代性和共同性的大学治理思想与智慧。

二、对于西方大学治理的借鉴学习要以我国国情与文化为基础

湖南大学位于我国著名的岳麓书院旧址，书院至今已有一千多年的历史，在我国教育史上具有重要地位。我国的现代大学是学习借鉴西方大学的产物，但是这种借鉴与学习不是模仿、照搬，而是基于中国文化与传统基础上的消化吸收，是力图用中国本土化思想改造西方的大学治理理念与制度，从而转化和重构中国式大学治理。中国现代大学从开始设置就不是简单地移植西方大学，而是有意识地将现代大学理念与中国教育传统相结合，在中国教育传统与西方现代大学制度对话、抗争中形成了我国的现代大学制度。正如梅贻琦所讲的："今日中国之大学教育，溯其源流，实自西洋移植而来，顾制度为一事，而精神又为一事。就制度言，中国教育史中固不见有形式相似之组织；就精神言，则文明人类之经验大致相同，而事有可通者。"诚如梅贻琦所讲"制度为一事""精神又为一事"，大学的制度是学习西方的，但大学的精神却与中国教育传统有着不可分割的联系。大学的制度又何尝不与中国文化及国情密不可分呢？从大学的观念到人才培养、学校管理等，都渗透着中国传统教育精神。传统教育构建了国人思想认知的"房屋"，西学可以改变其中的格局，却不能完全替换支柱的房梁。涂又光在评价蔡元培教育思想时曾说："传统文化是蔡氏教育思想的主根。"[1]这句话同样适用于梅贻琦等人。蔡元培曾说："如果只看到西方影响，看不到中国传统，就有一种危险：把中国固有的好东西，当成西方

---

[1] 涂又光：《中国高等教育史论》，湖北教育出版社1997年版，第119页。

传来的坏东西。"①因此，在蔡元培的教育思想中，他始终坚持保留传统教育思想中的合理内核，在此基础上构建适应时代的本土化大学治理制度。西方大学治理对于蔡元培等人的启发及借鉴意义诚然十分重要，但教授治校模式之所以在近代大学取得成功，重要的原因是蔡元培等大学校长敏锐地察觉到其与中国传统文化根基的适切之处，并对其进行了本土化改造。近代大学的教授治学、治校与西方大学的教授治学、治校具有很大不同之处。中国的"尊师重教"传统才是"教授治校"之所以能在民国大学落地生根的合理性精神根基所在。"师严然后道尊，道尊然后民知敬学"，尊师重教，可以说是中国传统教育精神的核心内容之一。这对于近代大学的教授治学和教授治校具有重要影响。中国传统教育的发展历程中亦有"教师治校"的传统。以汉代太学为例，自设立起，就是博士（太学教员）治校，重在师生的自我管理，而非由外人管理师生，这对于太学氛围的养成至关重要。②梅贻琦、蒋梦麟、张伯苓分任校长时，对待"教授治校"的态度各有不同。梅贻琦仍旧尽可能地保持"教授治校"的传统，"让清华教授在实质上享有其他国立大学未曾有的教授治校权力"③。张伯苓对于"教授治校"的态度和蒋梦麟更为相似，衍生了"校长主导、教授参与"的治校模式。蔡元培和梅贻琦都推崇"学术至上"的精神，蔡元培盛赞德国的"为学问而学问"的"极端平民主义"管理方式，而梅贻琦也在竭尽全力保证教授掌握实权。但由于近代内忧外患、动荡不定的社会大环境，大学治理的大部分时间处于学校与政治、教师与学生、教师与校长等多重矛盾中，无论"教授治校"还是"教授治学"都不可能落在实处。"教授治校"是近代大学治理的重要内容，尽管"教授治校"的模式设计与概念定义是从西方大学传入的，但实际上，中国近代大学根据中国文化与教育的

---

① 高平叔：《蔡元培教育论著选》，人民教育出版社2011年版，第515页、第516页。
② 涂又光：《中国高等教育史论》，湖北教育出版社1997年版，第119页。
③ 苏云峰：《从清华学堂到清华大学》，生活·读书·新知三联书店2001年版，第51页。

特点，做了改革完善，使之更能适应我国教育实际。近代包括治理在内的大学教育理念的形成，实际上是借助"吸收"和"消化"西学中的新鲜营养成分并对传统文化进行了创造性的重构。新中国成立后，我国的大学治理坚持党的领导和社会主义办学方向，同时也尊重中国文化"尊师重教"的传统，通过学术委员会、教授会等制度设计，真正使教授治学、自主办学落到实处，实现了近代以来的大学治理理想。这表明，中国大学治理在学习借鉴西方大学治理的概念、理论与经验时，要以中国文化与国情为根基，探索出具有本体化的现代性治理经验。

三、探索建构具有世界意义的大学治理的"现代性"理念与智慧

在大学治理发展中，对于西方大学治理的"现代性"，我们秉持学习、借鉴的态度，同时，立足中国本土文化和制度进行转化与重构，以期探索建构具有世界意义的大学治理的"现代性"理念与智慧。一方面，要积极吸收高等教育发展的世界文明成果以丰富自身，故步自封地坚持本土化和民族性只会阻碍大学的发展，反而会使得原来有所进步的大学滞后于世界教育发展的潮流。另一方面，要以本土文明融化国际理念与制度。外来文化一经吸收采用，就必然与本土文化相结合，就会产生基于本土文化的新的文化形态。吸收借鉴是手段，探索中国特色的大学治理才是目的。只有创新发展具有世界意义的现代性的大学治理理念与发展模式，才能不断提高高等教育的影响力，彰显高等教育本土文明与中国特色的世界意义。没有必要全盘肯定西方大学治理和完全否定中国传统教育，也没有必要全部回归传统而全盘否定西方大学治理的现代性。拒绝现代性就等于自绝于现代文明，而拒绝传统就是自绝于中国本土，自绝于更有作为的可能。我们要摒弃民族的狭隘性、地域的局限性与文明的封闭性，从世界高等教育治理的多元发展中寻求智慧，建立起基于本土文明的、具有普遍共识的现代性的大学治理理念与智慧。

后　记

　　这本小册子是我在中国人民大学长期从事高等教育治理的教学与研究成果的集合。我为博士研究生开设了"高等教育组织与管理"这门课程，主要是从高等教育组织，特别是大学组织特征出发研究高等教育管理与治理的理论与实践问题。在此基础上，在《高等教育研究》《清华大学教育研究》《华东师范大学学报（教育科学版）》《复旦教育论坛》《中国高教研究》《大学教育科学》《国家教育行政学院学报》《江苏高教》及《光明日报》等报刊发表了系列论文，有的研究成果曾在中国高等教育学会的高等教育国际论坛、高等教育学分会的学术年会、北美高等教育学术年会、北美国际与比较教育学术年会上作过报告。这些论文大部分为我独立撰写完成，还有一部分是与我指导的博士研究生张海生、王梦然、赵阔及硕士研究生张翼等合作完成。在教学与研究过程中，得到了众多领导、专家与主编、编辑老师的指导，一并表示感谢。承蒙临沂大学原校长韩延明教授和山东教育出版社的厚爱，得以结集出版，衷心感谢。学术乃天下之公器，但愿该研究能对高等教育治理研究及实践有一点价值。文中不当之处，还请大家批评指正，待将来再出版高等教育治理的著作时加以修改完善。

李立国

2023年8月1日于中国人民大学教育学院